LA LIBERTÉ AU PRINCIPE

ESSAI SUR LA PHILOSOPHIE DE PATOČKA

BIBLIOTHÈQUE D'HISTOIRE DE LA PHILOSOPHIE

NOUVELLE SÉRIE

Fondateur : Henri GOUHIER — Directeur : Jean-François COURTINE

LA LIBERTÉ AU PRINCIPE

ESSAI SUR LA PHILOSOPHIE DE PATOČKA

par

Émilie TARDIVEL

Préface de

Françoise DASTUR

PARIS

LIBRAIRIE PHILOSOPHIQUE J. VRIN

6, Place de la Sorbonne, V e

2011

Imprimé en France
ISSN 0249-7980
ISBN 978-2-7116-2333-4

www.vrin.fr

À Renaud Barbaras

PRÉFACE

L'œuvre de Jan Patočka commence à être bien connue des lecteurs francophones, grâce en particulier à l'inlassable énergie d'Erika Abrams qui, depuis le début des années 1980, s'est consacrée à la traduction de l'ensemble des écrits du philosophe tchèque. C'est ce qui explique qu'un certain nombre de travaux aient déjà été consacrés en langue française à la pensée et à la vie du penseur de Prague, dont il faut rappeler qu'il mourut en mars 1977, à l'âge de soixante-dix ans, à la suite des longs interrogatoires que la police lui fit subir en tant que porte-parole de la Charte 77 – la pétition des dissidents opposants au processus de normalisation de la société tchécoslovaque mis en place au lendemain du « Printemps de Prague » de 1968. Jan Patočka, qui avait poursuivi les études de philosophie entreprises dans son pays à la Sorbonne, où il rencontra pour la première fois Edmund Husserl qui y prononça en 1929 une série de conférences dont seront issues ses célèbres « Méditations cartésiennes », choisit de les continuer en Allemagne, à Berlin d'abord, puis à Fribourg en Brisgau, où, au cours de cette année 1933 qui fut celle de l'investiture au poste de chancelier de Hitler, il retrouva le fondateur de la phénoménologie et fit la connaissance de son assistant, Eugen Fink, qui deviendra par la suite son interlocuteur privilégié, et où il suivit également le séminaire de Martin Heidegger, lequel était devenu au printemps de cette même année le recteur de l'Université de Fribourg. De retour en Tchécoslovaquie, c'est en tant que secrétaire du Cercle Philosophique de Prague qu'il invita Husserl à y prononcer en 1935 ses conférences sur « La crise de l'humanité européenne et la philosophie ». Il rendra visite une dernière fois à Husserl à Fribourg à son retour du Congrès Descartes qui se tint à Paris en 1937. Sa thèse d'habilitation, *Le monde naturel comme problème philosophique*, consacrée à une problématique d'inspiration husserlienne, avait paru l'année précédente, ce qui lui permit de commencer à enseigner à l'Université Charles de Prague. Sa carrière d'enseignant fut interrompue, par la guerre d'abord, de 1939 à 1945, puis, à nouveau, par le pouvoir communiste en 1949. D'abord archiviste à l'Institut Masaryk, il devient par la suite un des collaborateurs de l'Institut Komenský (Comenius), théologien et philosophe tchèque du XVIIe siècle, considéré comme le fondateur de la pédagogie moderne, auquel il consacrera de nombreux écrits de 1941 à 1970. Devenu membre de l'Institut de philosophie de l'Académie des sciences en 1958, il ne sera nommé professeur à la Faculté de philosophie qu'en 1968 et pour quelques mois seulement. Interdit de publier, sauf en ce qui concerne ses travaux sur Comenius, et d'occuper son poste, c'est donc en privé qu'il continuera jusqu'à sa mort de donner des séminaires de philosophie, sa qualité d'académicien lui permettant néanmoins de voyager et d'enseigner à l'étranger, en Belgique et en Allemagne, et de participer à des colloques internationaux.

On comprend à partir de là que l'œuvre de Patočka soit disséminée dans une multitude d'écrits, dont certains furent d'ailleurs rédigés directement en allemand et en français, ce qui fait qu'il n'est pas facile de se faire une idée précise de son chemin de pensée. Or c'est précisément ce à quoi s'est attachée Émilie Tardivel dans ce livre consacré à la thématique de la liberté chez Patočka. Il s'agit cependant là non pas simplement d'une monographie, mais d'un véritable travail d'interprétation visant à faire apparaître l'unité cachée d'une œuvre éclatée. Cela requerrait non seulement de bien connaître la pensée des deux maîtres que se reconnaît Patočka, Husserl et Heidegger, mais aussi d'avoir une conscience claire des enjeux de leurs différences ou différends de pensée, et enfin d'avoir pris connaissance, dans sa langue originale, de la totalité de l'œuvre de Patočka, ou de sa quasi-totalité, puisque seul l'ensemble des travaux consacrés à Comenius est ici laissé de côté. Il fallait enfin être en mesure de découvrir un fil conducteur permettant de rendre compte, dans un nombre restreint de pages, du parcours complet, à la fois systématique et chronologique, accompli par le philosophe dans une œuvre aussi prolixe. En montrant comment la thématique de la liberté permet de traverser l'ensemble des écrits de Patočka, aussi bien ceux qui relèvent de l'histoire de la philosophie, que ceux qui traitent de la phénoménologie et de la philosophie de l'histoire, Émilie Tardivel nous ouvre ainsi un accès privilégié à sa pensée, en en faisant ressortir ce qui en est pour ainsi dire le « moteur ». Il s'est agi en effet pour elle essentiellement de *comprendre* l'évolution de la pensée de Patočka, plutôt que d'en proposer une évaluation critique, ce qui l'a engagée dans une reconstruction d'un itinéraire de pensée qui l'expose aux risques qui sont ceux d'une interprétation, laquelle la conduit par exemple à parler de « définition historiale » de la liberté ou de « phénoménologie événementiale », dans des termes qui ne sont pas ceux employés par Patočka lui-même. Mais c'est par là que nous est offerte une vision renouvelée, et comme une image en relief, de la pensée du philosophe de Prague.

C'est en particulier en ce qui concerne l'importance qu'a eue la pensée de Heidegger dans l'itinéraire de Patočka que ce travail apporte de nouveaux éléments de réflexion, car jusqu'ici la plupart des travaux qui lui ont été consacrés ont plutôt insisté sur son rapport à la phénoménologie husserlienne. On sait certes qu'en 1933, Patočka n'est pas allé à Fribourg uniquement pour assister aux cours de Heidegger, mais aussi pour y rencontrer à nouveau Husserl et que, captivé par les recherches menées par ce dernier sur l'ontologie du « monde de la vie », il n'a guère eu le loisir de s'intéresser en profondeur à l'enseignement et à l'œuvre de Heidegger. Et l'on peut facilement imaginer que l'enrôlement de ce dernier dans le mouvement national-socialiste ne l'a guère engagé à le faire, en dépit des encouragements allant dans ce sens que lui prodigue Eugen Fink, qui commence lui-même déjà à faire de la question du rapport entre la phénoménologie de Husserl et la pensée de Heidegger le thème fondamental de ses propres travaux. Ce n'est que vers la fin des années 1940 que Patočka commencera à s'intéresser sérieusement à la pensée de Heidegger, avec laquelle il se serait alors, selon le mot d'Émilie Tardivel, « réconcilié » (p. 20).

C'est qui est souligné avec pertinence dans la première partie du livre, qui porte sur les textes de Patočka relevant de l'histoire de la philosophie, *Le platonisme négatif*, de 1953, et *Platon et l'Europe*, de 1973. Car ce que Patočka nomme « platonisme négatif », en raison du caractère inconnaissable de l'absolu qu'il pose, s'appuie sur la pensée de la finitude et de la négativité de l'existence humaine qu'il découvre chez le premier Heidegger, de sorte qu'il y a chez lui une sorte de « reprise de l'analyse existentiale » (p. 53), où l'accent est mis sur la détermination que Heidegger donne de la liberté comme ce qui possède l'homme et non comme ce que l'homme possède, ce qui exige une remise en question de l'idée de maîtrise, caractéristique de la « première période » de la pensée de Patočka. Il apparaît donc, comme Patočka le déclare lui-même en 1949 dans une lettre à Robert Campbell, l'auteur du premier livre sur Sartre, qu'il a rencontré à Paris, que la définition de l'homme comme *Hirt des Seins,* « berger de l'être », que Heidegger donne dans la *Lettre sur l' « humanisme »*, puisse être prise comme clé de la philosophie systématique qu'il veut alors développer (p. 79-80).

Il semble pourtant que Patočka adopte par la suite une position critique vis-à-vis de ce qu'il nomme « l'ontologie heideggérienne », d'où la formule proposée par Émilie Tardivel de *Hirt des Erscheinens*, « berger de l'apparaître », qui se substituerait à la précédente dans les années 1970 (p. 90). Patočka entreprend en effet dans *Platon et l'Europe* une critique du privilège donné à la question de l'être chez Heidegger, le concept d'être l'exposant aux risques de « formalisme » et de « subjectivisme », critique qui fut tout d'abord adressée à Heidegger par Eugen Fink, dont l'influence sur Patočka mériterait d'être étudiée pour elle-même. Certes, comme il est bien précisé, ce reproche s'adresse « avant tout » à la première période de la pensée de Heidegger. Mais la question se pose néanmoins : la lecture que Patočka fait du premier Heidegger est-elle la bonne ? Peut-on en effet opposer l'apparaître à l'être et la différence ontologique à ce qui est nommé ici « différence phénoménologique » (p. 101), selon laquelle c'est l'apparaître qui serait la condition de l'être et non le contraire, sans du même coup réinstaller une différence de type métaphysique entre être et apparaître ? Mais une telle différence n'est-elle pas explicitement refusée par Heidegger lui-même dans le § 7 de *Sein und Zeit* sur la base de la distinction qu'il y établit entre *Phänomen* et *Erscheinung*, phénomène et apparition, cette dernière seule présupposant l'existence d'un « être » qui se tiendrait pour ainsi dire derrière ce qui apparaît ? Cela rend donc problématique la différence faite entre un appel de l'être et ce qui est nommé ici « appel du phénomène » (p. 96 *sq.*). On comprend certes l'intention qui anime Patočka, qui est effectivement celle d'un « dépassement de l'ontologie heideggérienne » (p. 98-99). Il faudrait cependant rappeler à cet égard que Heidegger lui-même a, dès 1923, mis en question le terme d'ontologie, et qu'il l'a explicitement abandonné en 1935, car c'est le nom d'une discipline philosophique qui traite de l'étant et comprend l'être comme fondement de l'étant et étantité, ce qu'il n'est nullement pour Heidegger, pas davantage dans sa première période qu'après le tournant des années 1930. Il n'en demeure cependant pas moins que le « tournant polémologique » qu'Émilie Tardivel décèle alors dans la pensée de Patočka rend bien compte du régime propre à cette pensée, qui n'est ni métaphysique, ni ontologique, mais bien « polémologique » au sens où il s'agit effectivement en elle de mener un combat contre la proscription de l'apparaître.

En ce qui concerne maintenant la seconde partie de l'ouvrage, qui traite de la phénoménologie patočkienne et qui renvoie tout d'abord à une strate antérieure de l'œuvre, elle met en évidence ce que l'on pourrait nommer la lecture « généreuse » que fait Patočka de Husserl, en particulier du texte des *Leçons* de 1905 sur la conscience intime du temps, où, en 1936, dans sa thèse d'habilitation, il découvre une pensée du monde comme « transcendantal », lequel reste donc encore lié à la subjectivité, alors qu'en 1966, il le définit comme « transcendance irréductible » (p. 127) sur le fondement de laquelle l'intentionnalité subjective se déploie. Mais peut-on alors dire, comme le fait Patočka, qui veut s'opposer à Heidegger, en reprenant à son compte la pensée « cosmologique » de Fink, que le monde vient « avant l'être » et qu'il « précède l'être dans le monde » (p. 151) ? N'est-ce pas en effet faire droit ici à une pensée de l'extériorité plutôt qu'à une pensée de l'événement ? Car le sens d'un événement n'est jamais indépendant de celui auquel il advient, jamais indépendant d'un « soi », un soi qui précède le moi, comme Heidegger l'a toujours affirmé, car il se constitue originairement dans cette disposition à la fois objective et subjective qu'est la *Befindlichkeit,* comprise, comme les premiers traducteurs de *Sein und Zeit* l'avaient bien souligné, comme « sentiment de la situation », expérience « affective » et non rationnelle dans laquelle se constituent simultanément le dehors et le dedans dans un « se » sentir qui est en même temps un sentir de l'autre.

On pourrait ainsi objecter que cette « phénoménologie événementiale » (p. 155) qu'Émilie Tardivel décèle avec raison chez Patočka est d'une certaine manière déjà celle de Heidegger, non seulement du penseur de l'*Ereignis*, de l'« événement appropriant », des années 1930, mais aussi du premier Heidegger, qui n'a jamais vu dans l'être ce qui devrait être opposé au temps, mais ce qui au contraire en est intrinsèquement dépendant, la différence ontologique devant être comprise comme celle qui distingue le verbe être du substantif étant. Peut-on d'autre part affirmer que les trois dimensions de la corporéité, de l'altérité et de l'événementialité sont « négligées » (p. 165) dans *Sein und Zeit* sans reconnaître qu'une telle affirmation relève d'une lecture conventionnelle ou du moins convenue de ce texte, dont il faudrait rappeler par ailleurs qu'il ne vise nullement à fournir la base d'une anthropologie philosophique ? En ce qui concerne en particulier le rapport à l'autre, peut-on, comme Patočka semble effectivement le soutenir, dire que l'être-ensemble « précède » et « rend possible » l'être-au-monde (p. 183), alors même que, comme cela a été précédemment mis en évidence, c'est le monde qui constitue pour lui le véritable *a priori* ? La question qui se pose ici n'est-elle pas dès lors celle de la relation originaire entre l'être-au-monde et l'être-ensemble ? Question qui se fait d'autant plus pressante du fait qu'il semble bien que Patočka conçoive d'emblée l'être-ensemble sur le mode du « nous », et non pas sur celui du « On », comme c'est le cas chez Heidegger, faisant ainsi apparemment l'économie de cette strate première de l'être-ensemble qu'est l'être-ensemble de la quotidienneté. N'est-ce pas en effet sur cette base que quelque chose comme une « ipséisation » est possible, l'authenticité n'étant jamais définie par Heidegger que comme une « modification » de l'inauthenticité, alors que pour Patočka au contraire, la strate premiere, celle de l'enracinement, ne permet aucun processus d'ipséisation, laquelle ne s'accomplit véritablement qu'au niveau de ce troisième mouvement de l'existence qu'il définit en 1969 comme celui de la percée vers le soi.

C'est à partir de là qu'on peut en venir à la troisième partie de l'ouvrage, celle qui traite de la philosophie patočkienne de l'histoire. On peut en effet se demander s'il est possible de transformer en stades historiques les trois mouvements de la phénoménologie patočkienne de la vie, où vie signifie toujours « vie humaine », la distinction tranchée que fait Heidegger entre l'homme et l'animal ayant été entérinée par Patočka. Peut-on en effet dans cette perspective parler encore de « monde naturel » et de « pré-histoire » en désignant par là un premier stade d'humanité ? Peut-on en outre caractériser ce stade dit « pré-historique » comme celui qui ne possède pas d'historiographie et de tradition écrite, faisant fi ainsi de l'importance proprement historiale (*geschichtlich* et non *historisch*, selon la distinction heideggérienne) de la tradition orale, sur laquelle reposent des civilisations plusieurs fois millénaires ? Cette vie dite naturelle (mais y a-t-il jamais une vie « naturelle » pour les humains ?) qui se caractérise par l'absence d'historiographie révèle-t-elle véritablement « un manque d'ouverture réflexive au passé » et peut-elle être par conséquent effectivement définie comme « une vie qui méconnaît la différence phénoménologique » (p. 200) ? Heidegger, il faut le souligner, définit la différence ontologique, dans son cours de 1927, comme l'accomplissement même de l'exister et dans *Sein und Zeit*, il précisait d'entrée de jeu que l'existence caractérise tout *Dasein*, y compris celui du primitif. Cela implique qu'il y a donc en tout humain une compréhension de l'être certes non thématique, mais qui peut le devenir, bien qu'elle soit le plus souvent « refoulée » dans la quotidienneté.

N'apparaît-il donc pas dès lors difficile de continuer à affirmer, comme le fait Patočka, que la vie naturelle « n'a d'autre fin que son auto-reproduction » (p. 202) ? On ne peut à vrai dire lire sans inquiétude sous la plume de Patočka l'affirmation suivante citée p. 210 : « la vie des peuples naturels ressemble a celle des animaux qui vivent de façon évidente simplement pour vivre », même s'il ajoute immédiatement qu'une telle vie « est sous-tendue par la possibilité cachée de la problématicité ». Émilie Tardivel a certes raison de souligner que ce que Patočka veut dire, ce n'est pas que la problématicité soit absente de la vie humaine à ce niveau, mais simplement qu'elle n'y est pas encore découverte. Il n'en reste pas moins que Patočka semble avoir ici transformé en stade historique premier ce qui est chez Heidegger une strate première de tout *Dasein* comme tel, à savoir son être au monde quotidien. Cela provient incontestablement de l'importance historiale qu'il donne, à la suite d'ailleurs de ses maîtres, au moment grec. Husserl voyait en effet dans le moment grec celui de l'invention de la *theoria*, de l'attitude de contemplation désintéressée des phénomènes. Quant à Heidegger, il affirme lui aussi dans *De l'essence de la vérité,* texte particulièrement important pour Patočka, que l'histoire commence au moment où le premier penseur pose la question de ce qu'est l'étant. Patočka, quant à lui, voit dans le moment grec, moment césurant de l'histoire, l'apparition d'un nouveau mode d'être de l'homme par l'invention simultanée de la politique et de la philosophie. Tout cela fait en vérité penser à ce que l'on a nommé le « miracle grec ». Miracle au sens où, comme Patočka l'entend, il aurait instauré une rupture avec l'ordre naturel et la loi de l'*oikos* qui renvoient aux deux premiers mouvements de la vie. Rupture cependant relative, comme Patočka d'ailleurs ne le nie pas, et comme Émilie Tardivel le rappelle explicitement, puisqu'elle ne concerne en réalité que ceux qui peuvent s'adonner à la *scholè*, au loisir, constituant ainsi la classe des hommes libres, alors que les autres (la majorité, à savoir les femmes, les métèques et les esclaves) continuent donc de mener une vie « naturelle » et de pourvoir aux besoins matériels de tous, de sorte qu'il faudrait reconnaître que cette « démocratie » a toutes les allures d'une nouvelle « oligarchie ».

On peut donc légitimement se demander s'il ne faut pas considérer d'un œil critique cette philosophie de l'histoire qui repose sur une vision de l'histoire aujourd'hui remise en question. Je me contenterai pour l'instant de souligner quelques points cruciaux. D'abord l'idée soutenue par Patočka que c'est avec Socrate, dont l'existence incarne la possibilité qui advient avec la *polis*, que s'accomplit une percée authentique, à savoir le commencement de l'histoire (p. 229), de sorte que c'est désormais par rapport à une compréhension authentique de la vie humaine que l'histoire va se déterminer (p. 230), l'authenticité ayant donc une date d'apparition historique au lieu de demeurer une possibilité propre à tout humain comme tel, y compris à l'homme du monde mythique, tel Gilgamesh, ce héros sumérien dont Patočka parle pourtant si bien dans les *Essais hérétiques*, lui qui fait l'expérience de l'angoisse de la mort et accède ainsi à la compréhension authentique de la vie humaine. N'y aurait-t-il pas à cet égard de la part de Patočka une surévaluation de l'Europe, définie comme « regard dans ce qui est » (p. 235) et ne reposant, comme il l'affirme dans *Platon et l'Europe*, que sur un seul pilier, le grec, sans que l'apport asiatique que représente l'héritage hébraïque, lui-même précédé par d'autres héritages tout aussi fondateurs, indien, babylonien et perse, ne soit pris en compte ? C'est ici qu'il faudrait se souvenir que le nom « Europe » est celui d'une déesse phénicienne, syro-libanaise donc, et que du point de vue géographique, l'Europe n'est en réalité que ce « petit cap du continent asiatique » dont parlait Valéry dans un texte fameux.

Il est vrai que Patočka, comme Émilie Tardivel le montre bien, a aussi aperçu l'autre face de l'Europe, sa face sombre, qui s'installe dans la modernité et se caractérise par le retour à une vie qui n'est plus celle de l'esprit, mais qui se temporalise à partir du présent, donnant ainsi la primauté au deuxième mouvement de la vie, où règne la loi de l'*oikos*, l'éco-nomie. D'où son appel proprement sublime au sacrifice, ultime tentative de surmonter la vision technique du monde et de rendre ainsi manifeste la dimension ontologique. On pense ici non seulement à Patočka lui-même, mort après avoir été soumis à plusieurs interrogatoires policiers consécutifs, mais aussi à Jan Palach, s'immolant par le feu en janvier 1969 pour protester contre la présence des chars soviétiques à Prague. Ce à quoi renvoie cet « acte de foi phénoménologique » qu'est le sacrifice, c'est à un schème de pensée qui a déjà été mis en évidence par Schelling et Hölderlin dans leur interprétation spéculative du tragique, la manifestation de la dimension ontologique requérant la destruction ontique de celui qui s'en porte garant, à savoir le héros tragique dont les modèles sont l'*Œdipe* et l'*Antigone* de Sophocle. Échappe-t-on ainsi à la loi de l'*oikos* ? Ne faudrait-il pas ici rappeler que du point de vue anthropologique le rituel sacrificiel pratiqué par nombre de sociétés anciennes a pour fonction la sauvegarde, et même la recréation d'un ordre du monde auquel les humains doivent apporter leur contribution ? Il s'agirait donc alors, comme le montre d'ailleurs Patočka lui-même, de compenser une perte ontique, celle du sacrifié, par un gain ontologique, la sauvegarde de l'horizon mondial, ce à quoi correspond d'ailleurs aussi le sacrifice du Christ qu'évoque Patočka, comme Hölderlin l'avait lui-même déjà fait. On pourrait alors se demander si l'on n'a pas encore affaire ici à nouveau à un processus éco-nomique, qui relèverait certes non plus d'une «économie restreinte», mais d'une «économie générale», selon la distinction que faisait Bataille, et non pas à un don pur, lequel demeure peut-être, pour les humains, radicalement impossible.

C'est donc à toutes ces réflexions et à toutes ces questions fondamentales concernant la définition à la fois existentiale, événementiale et historiale de la liberté que l'on trouve chez ce témoin privilégié de l'histoire du XXe siècle que fut Patočka que nous convie ce travail d'une densité de pensée et d'une rigueur d'analyse en tous points remarquable. Un tel ouvrage marque à mes yeux une date dans les recherches consacrées à ce philosophe dont Émilie Tardivel a su montrer qu'il occupe une place de premier rang parmi les phénoménologues.

AVANT-PROPOS

Version remaniée d'une thèse de doctorat intitulée *La question de la liberté. Recherche sur la philosophie phénoménologique de Patočka*[1], cet essai vise à montrer que la liberté est la question qui commande d'un bout à l'autre l'œuvre du philosophe tchèque. Il vise également à mettre en évidence le sens nouveau que Patočka donne à la liberté : celle-ci n'est plus avant tout relation du *Dasein* à lui-même (comme chez Heidegger), mais relation de la vie humaine au monde. Bien entendu, dans cette nouvelle définition de la liberté, le monde et la vie humaine reçoivent eux aussi un sens nouveau.

Nous n'aurions pu mener à bien, ou du moins à terme, notre travail sans l'aide de nombreuses personnes et institutions. Qu'il nous soit permis de remercier en premier lieu notre directeur de thèse, Renaud Barbaras, autant pour son enseignement et ses travaux sur Patočka que pour sa bienveillance à l'égard de nos propres arguments. Nous remercions aussi les Archives Patočka de Prague, leur directeur, Ivan Chvatík, et son assistant, Jan Frei, de nous avoir accueillie à l'automne 2008. Notre reconnaissance va également à Petr Tůma, qui nous a accompagnée dans la traduction de quelques extraits d'*Éternité et historicité* (*Věčnost a dějinnost*, 1947). Qu'il en soit chaleureusement remercié. Que soient pareillement remerciés Jean-François Courtine, à qui nous devons la publication, dans sa prestigieuse collection, de notre premier ouvrage philosophique, Françoise Dastur, à qui nous en devons la préface, Filip Karfík et Karel Novotný, des remarques sans lesquelles il n'aurait jamais abouti. Que soient en outre remerciées les institutions qui nous ont offert

1. Cette thèse a été soutenue le 16 octobre 2009 à l'Université Paris I Panthéon-Sorbonne, devant un jury composé de Renaud Barbaras (directeur de la thèse), Jean-François Courtine (président du jury), Françoise Dastur et Karel Novotný.

la possibilité d'intervenir sur Patočka : Association Jan Hus (juillet 2005), Université Charles de Prague (avril 2007, novembre 2008), Université catholique de Louvain-la-Neuve (mai 2007), Université Frédéric II de Naples (juin 2007), Université de Nantes (octobre 2008).

Nos remerciements vont enfin à tous ceux dont l'endurante affection a soutenu notre effort, et qui se reconnaîtront à notre reconnaissance.

INTRODUCTION

LA QUESTION DE LA LIBERTÉ

« Wenn sich die Welt ins freie Leben
Und in die Welt wird zurückbegeben »
Novalis [1].

Si nous avions à choisir une image pour décrire l'œuvre du philosophe tchèque Jan Patočka[2], nous prendrions sans hésitation la métaphore de l'*Urwald* des romantiques allemands. Nous y invitent la luxuriance des écrits que cette œuvre recouvre (près de dix mille pages), leur diversité (de l'histoire de la philosophie à la philosophie de l'histoire en passant par la phénoménologie), leur fragmentation (même les quelques livres manquent de systématicité voire ne sont que de simples recueils d'études) et surtout – pour reprendre les expressions de Ricœur – leur « caractère non linéaire » et leur « aspect impénétrable ». À ces cinq caractéristiques (luxuriance, diversité, fragmentation, sinuosité, obscurité) s'ajoute la question linguistique (la plupart des textes sont rédigés en tchèque, les deux autres langues étant l'allemand, puis le français) et se surajoute la question stylistique (les textes rédigés en tchèque ne sont pas toujours d'une grande pureté syntaxique, sans compter les lourdeurs et néologismes qui en rendent la lecture d'autant moins aisée). Autant d'éléments qui rendent

1. Novalis, « Tiecks Bericht über die Fortsetzung (*Heinrich von Ofterdingen*, Zweiter Theil, *Die Erfüllung*) », in *Schriften*, Band 1, Stuttgart, Kohlhammer, 1977.

2. Pour une rapide biographie intellectuelle de Patočka (1907-1977), voir notamment : A. Laignel-Lavastine, *Jan Patočka : l'Esprit de la dissidence*, Paris, Michalon, 1998, p. 11-18.

difficile l'accès à cette œuvre, malgré les traductions d'Erika Abrams qui, selon les lecteurs tchèques francophones, auraient rendu plus lisibles les textes de Patočka. Aucune traduction ne peut toutefois dispenser de revenir aux textes originaux, pour les rendre toujours plus intelligibles et en découvrir de nouveaux.

De telles difficultés ou exigences pourraient dissuader quiconque de s'engager dans un essai sur Patočka – d'autant plus que ce dernier est encore parfois rangé parmi les philosophes secondaires voire « épigonaux ». L'investissement pourrait sembler trop lourd et le retour sur investissement trop faible. On observe cependant que les livres et plus généralement les travaux de recherche se sont au contraire multipliés ces dernières années. Ceci tend à prouver que tous les calculs sont vains devant le respect qu'imposent non seulement cette œuvre magistrale (sous ses dehors inextricables) mais aussi cette vie exemplaire. Tous les calculs s'évanouissent face à l'« évidence de la grandeur »[1]. Il s'agit toutefois d'une grandeur paradoxale, puisqu'elle ne se manifeste pas d'emblée au regard de la raison. Et il ne serait pas surprenant que ce soit une marque de l'autodérision tchèque d'avoir dissimulé, en un lieu difficile d'accès, l'une des perles de la civilisation européenne – à l'image des magnifiques statues baroques que Matyáš Braun sculpta dans l'épaisseur de la forêt de Bethléem, au nord-est de la Bohême, à l'heure où « L'Europe se couvrait d'édifices qui la pareraient d'un décor immortel … »[2]. Dans tout travail de recherche sur Patočka, il ne s'agira donc jamais de sauver son œuvre, comme s'il s'agissait de donner une grandeur à ce qui en manque. Il s'agira plus humblement, mais aussi plus difficilement, d'en re-donner l'évidence de la grandeur, c'est-à-dire de manifester au regard de la raison une grandeur qui ne se manifeste d'emblée qu'au regard du sentiment.

Dans le présent ouvrage, notre entreprise, pour téméraire qu'elle soit, consistera à manifester la grandeur de l'œuvre patočkienne à l'échelle de l'œuvre elle-même, et non d'une partie de l'œuvre, que celle-ci soit thématique, historique ou systématique. C'est pourquoi nous ne limiterons pas notre corpus – nous laisserons uniquement de côté les textes sur Comenius[3]. Mais une telle entreprise n'est réalisable dans le cadre d'un

1. P. Ricœur, « Préface aux *Essais hérétiques (1981)* », dans *Lectures 1. Autour du politique*, Paris, Seuil, 1991, respectivement p. 75 et 74.

2. D. Fernandez, *La perle et le croissant : l'Europe baroque de Naples à Saint-Pétersbourg*, Paris, Plon, 1995, p. 479.

3. L'étude des textes de Patočka sur le philosophe tchèque Jan Amos Komenský (1592-1670) exigerait un travail de traduction que nous ne pouvons fournir dans cet essai – voire exigerait une étude à part –, puisque les trois tomes de l'édition tchèque des œuvres complètes

simple essai que si nous arrivons à identifier un thème qui permette une relecture historique et systématique de cette œuvre. Notre entreprise ne consistera pas en une recherche thématique, mais elle consistera donc néanmoins en une recherche à partir d'un thème. Or comment trouver un thème directeur dans l'*Urwald* patočkien? Comment identifier un thème qui transcende la diversité et, surtout, la fragmentation des écrits de Patočka? D'une part, cela suppose un thème qui soit commun aux trois disciplines que couvrent ces écrits: l'histoire de la philosophie, la phénoménologie et la philosophie de l'histoire. D'autre part, cela suppose un thème qui soit commun aux écrits de chaque discipline, qu'il y entre en jeu de manière implicite ou explicite. Il faut donc rechercher un thème qui fasse le lien non seulement entre les disciplines que couvrent les écrits de Patočka mais aussi entre les écrits de Patočka dans chaque discipline.

Pour nous orienter dans cette recherche préliminaire, un texte paraît tout indiqué. Il s'agit de *Platon et l'Europe*, série de onze conférences prononcées lors d'un séminaire privé à Prague en 1973. Nonobstant son caractère « non linéaire » et « impénétrable », mais aussi à cause de lui, le séminaire de 1973 est probablement le seul texte de Patočka qui donne une vue d'ensemble de son « système ». En effet, le séminaire de 1973 peut être envisagé à la fois comme un texte d'histoire de la philosophie – dans lequel Patočka analyse les conceptions démocritéenne, platonicienne et aristotélicienne du soin de l'âme –, comme un texte de phénoménologie – dans lequel Patočka se positionne à l'égard de Husserl et de Heidegger – et comme un texte de philosophie de l'histoire – dans lequel Patočka relit l'histoire de l'Europe et du monde. Or quel est donc ici le thème qui unifie de manière inter et intra-disciplinaire les analyses de Patočka? La réponse semble nous être donnée dès la conférence d'ouverture: « La découverte philosophique de l'éternité est chose insolite, incompréhensible dans l'optique des sciences modernes de la nature. Qu'implique-t-elle? Au fond, elle est une *résistance* (*odpor*), une lutte contre la chute, contre le temps, contre la tendance du monde et de la vie au déclin. En un sens, cette lutte est perdue d'avance mais, en un autre, elle ne l'est pas car la situation de l'homme diffère selon l'attitude qu'il adopte à son égard. La liberté de

comprennent environ 1 500 pages: *Komeniologické studie*, I, Praha, OIKOYMENH, 1997, 426 p.; *Komeniologické studie*, II, Praha, OIKOYMENH, 1998, 396 p.; *Komeniologické studie*, III, Praha, OIKOYMENH, 2003, 671 pages. En outre, les études coméniennes ont certes une importance significative dans l'œuvre de Patočka mais non aussi décisive que les recherches en philosophie antique.

l'homme (*svoboda člověka*), ce n'est peut-être que cela»[1]. Le thème directeur du séminaire de 1973 et, partant, de l'œuvre de Patočka dans son ensemble ne serait donc rien d'autre que la «liberté (*svoboda*)».

Aussi aurons-nous pour but de montrer que le thème de la liberté constitue bien le fil conducteur d'une relecture historique et systématique de l'œuvre patočkienne, c'est-à-dire d'une relecture qui manifestera la cohérence et donc la grandeur de cette œuvre, sans passer sous silence les moments de rupture qui en font la richesse. *Autrement dit, nous montrerons que la liberté est le thème qui commande d'un bout à l'autre l'œuvre de Patočka, le thème qui est au principe de son œuvre.* Mais au lieu du «thème de la liberté», peut-être vaudrait-il mieux parler de la «question de la liberté». Patočka nous y invite dans un essai inachevé de 1953 qui a pour titre *Le platonisme négatif*. La liberté n'est pas essentiellement l'objet d'une visée, mais, à l'inverse, la condition de possibilité de toute vision. Ou, comme le dit déjà Heidegger dans son cours de 1930 sur l'essence de la liberté humaine, la liberté est «… la condition de possibilité de la manifesteté de l'être de l'étant, de la compréhension de l'être». La liberté ne peut être l'*objet* d'une visée, puisqu'elle précède le *sujet*, voire l'*être* en tant qu'être de l'étant, c'est-à-dire l'être-au-monde, le *Dasein*. La liberté ne peut être un thème, mais est toutefois une question, plus précisément, «… la question fondamentale de la philosophie, où même la question de l'être est enracinée»[2].

C'est pourquoi nous consacrerons la première partie de notre essai à la manière dont Patočka se réconcilie, au début des années cinquante, avec la pensée de Heidegger (réconciliation qui remonte en vérité à un texte de 1947, encore inédit en français au moment où nous avons mené notre recherche, dont nous traduirons quelques extraits[3]). Cette réconciliation marque une véritable rupture fondatrice dans l'œuvre de Patočka, puisqu'elle amorce le virage vers la mise en place, au début des années soixante-dix, du système patočkien autour de l'idée d'une «philosophie phénoménologique».

1. J. Patočka, «Platón a Evropa» [1973], in *Sebrané spisy* [édition des œuvres complètes, désormais citée : SS], 2, p. 160; trad. fr. E. Abrams, *Platon et l'Europe*, Lagrasse, Verdier, 1997, p. 20 (nous soulignons).

2. M. Heidegger, *Vom Wesen der menschlichen Freiheit*, GA, 31, respectivement p. 303 et 300; trad. fr. E. Martineau, *De l'essence de la liberté humaine*, Paris, Gallimard, 1987, respectivement p. 277 et 275.

3. J. Patočka, «Věčnost a dějinnost» [1947], SS, 1. Le texte a depuis été traduit par Érika Abrams, *Éternité et historicité*, Lagrasse, Verdier, 2011.

Dans la seconde partie, nous déterminerons comment Patočka conquiert son propre système au cours des années soixante, autrement dit, comment son dialogue avec la *phénoménologie transcendantale* de Husserl lui permet d'approfondir son rapport à la *phénoménologie existentiale* de Heidegger. En effet, nous verrons que l'approfondissement de la phénoménologie transcendantale en phénoménologie asubjective entérine également un approfondissement de l'analytique existentiale en ontologie du monde de la vie et, plus essentiellement, en *phénoménologie événementiale* – expression qui précisera la manière dont il faut entendre l'idée patočkienne d'une « philosophie phénoménologique ». Nous montrerons ainsi en quoi la théorie des trois mouvements de la vie humaine procède d'une transformation des existentiaux heideggériens en mouvements structuraux et, plus essentiellement, en événementiaux.

Dans la troisième et dernière partie, nous examinerons alors comment, à partir de cette transformation des existentiaux en événementiaux et, plus encore, en historiaux, Patočka réussit à déployer sa propre philosophie de l'histoire, qui prendra la forme, au cours des années soixante-dix, d'une *phénoménologie historiale*.

Dans chacune de ces trois parties, comme dans leur articulation, la question de la liberté nous permettra de saisir les évolutions de l'œuvre patočkienne, évolutions qui nous permettront en retour de saisir le sens de la liberté dans la pensée, voire aussi dans la vie, du « philosophe-résistant »[1] Jan Patočka.

1. Nous reprenons l'expression à Paul Ricœur : « Jan Patočka, le philosophe-résistant », dans *Lectures 1. Autour du politique*, Paris, Seuil, 1991.

PREMIÈRE PARTIE

LE PROBLÈME DU SENS

Dans cette première partie, consacrée aux écrits relevant de l'histoire de la philosophie, nous concentrerons notre attention sur deux textes: *Le platonisme négatif* (*Negativní platonismus*, 1953) et *Platon et l'Europe* (*Platón a Evropa*, 1973). *Le platonisme négatif* et *Platon et l'Europe* sont en effet les deux seuls textes de Patočka qui envisagent la liberté de manière thématique. Ceci est d'autant plus étonnant que l'expérience de la liberté est définie comme une expérience totale. Plus exactement, l'expérience de la liberté est l'« expérience d'un "sens" total » dont la philosophie même dépend, car, avant ou sans elle, « … la question du "sens (total) de la vie" demeure dépourvue de signification »[1]. L'expérience de la liberté ouvre la question du sens. On ne peut questionner le sens sans avoir fait au préalable l'expérience de la liberté. Celle-ci constitue la condition de possibilité non du sens mais du sens de la question du sens, donc du sens de la question de ce sur le fondement de quoi la vie devient compréhensible en totalité. D'où son caractère « total »: l'expérience de la liberté ouvre la possibilité de remettre en question ce sur quoi repose la compréhension de la vie en totalité. Le sens auquel nous ouvre l'expérience de la liberté est celui du questionnement radical, plus précisément, celui d'une vie dans le questionnement radical ou « *déracinement* »[2].

1. J. Patočka, « Negativní platonismus » [1953], SS, 1, p. 322; trad. fr. E. Abrams, « Le platonisme négatif », dans *Liberté et sacrifice*, Grenoble, Millon, 1990, p. 80 (traduction modifiée).

2. J. Patočka, « Duchovní člověk a intelektuál » [1975], SS, 3, p. 359; trad. fr. E. Abrams, « L'homme spirituel et l'intellectuel », dans *Liberté et sacrifice*, Grenoble, Millon, 1990, p. 248.

Le sens total dont parle Patočka est donc paradoxalement un sens problématique, intotalisable par une pensée qui ne cesse de l'interroger pour en résoudre les contradictions et le convertir en objet de connaissance. Le sens total dont parle Patočka est un sens in-objectivable. Or dans quelle mesure « totalité » et « problématicité » ne sont-elles pas exclusives l'une l'autre ? Comment un sens total peut-il être in-totalisable ? Comment l'absolu peut-il être paradoxal ? Cela ne rend-il pas impossible l'expérience de la liberté comme expérience d'un sens total in-totalisable ? Ou peut-être est-ce au contraire dans le paradoxe du sens qu'il faut aller puiser la possibilité de cette expérience et en comprendre le « drame interne »[1] ? En effet, ce drame interne ne signifie-t-il pas que le sens auquel nous ouvre l'expérience de la liberté demeurera toujours un problème ? Ne signifie-t-il pas que l'absolu se donnera toujours négativement, que le transcendant sera toujours, comme Dieu selon le peintre Josef Čapek, « une place inoccupée dans la géométrie des points de fuite de la vie »[2] ?

Autrement dit, pour Patočka, l'expérience de la liberté n'est-elle pas 1) l'expérience paradoxale d'une transcendance sans transcendant ; 2) le mouvement d'une compréhension qui ne s'appropriera jamais l'origine mais l'assumera en devenant mouvement d'interprétation ; 3) mouvement qui définit la philosophie elle-même ?

Dans cette première partie, nous montrerons que l'expérience de la liberté est l'expérience de la problématicité du sens, dont l'histoire de la philosophie est le déploiement à jamais inachevé[3].

1. J. Patočka, « Negativní platonismus », p. 326 ; trad. fr., « Le platonisme négatif », p. 85.

2. J. Patočka, « Kulhavý poutník Josef Čapek » [1950-1953, 1964], SS, 4, p. 154 ; trad. fr. E. Abrams, « Josef Čapek, pèlerin boiteux », dans *L'écrivain, son « objet »*, Paris, Presses Pocket, 1992, p. 187.

3. En effet, Patočka écrit : « La philosophie dans son ensemble n'est à vrai dire que le déploiement de cette problématicité, saisie et exprimée par les grands penseurs. Elle est une lutte pour dégager de la problématicité quelque chose qui en émerge, pour trouver un nouveau sol ferme qui serait cependant à problématiser derechef en tant que tel ». *Cf.* « Duchovní člověk a intelektuál », p. 360 ; trad. fr., « L'homme spirituel et l'intellectuel », p. 249.

CHAPITRE PREMIER

LA MISE HORS JEU DE LA MÉTAPHYSIQUE

§ 1. *Les paradoxes de la transcendance*

Pour comprendre la manière dont Patočka conçoit l'expérience de la liberté – « l'expérience de la liberté comme expérience de la transcendance »[1] –, il nous faut d'abord examiner l'idée de transcendance. Dans le *Platonisme négatif*, Patočka en propose une définition paradoxale, puisqu'il pense comme « ... transcendance absolue, le rapport de l'homme à la totalité et, par là même, le rapport nécessaire au non-étant ... (... *absolutním transcendování, ...vztahu člověka k celku a tudiž ... nezbytném vztahování rovněž k ne-jsoucímu ...*) »[2]. Or comment l'absolu peut-il être un rapport ? Comment ce qui n'est relatif à rien peut-il être envisagé comme une relation ? Et même si la transcendance s'avère essentiellement relative, pourquoi avoir choisi l'adjectif « absolue » pour la qualifier ?

Deux raisons motivent ce choix, que nous pouvons faire remonter aux années trente, mais qui marque ici un tournant dans l'œuvre de Patočka. La première est une raison herméneutique qui relève du projet critique du *Platonisme négatif*. En effet, il faut bien voir que l'essai de 1953 est commandé par la volonté d'éclairer le sens d'une nouvelle critique de la métaphysique, que partagent, depuis les années vingt, la théologie et la

1. J. Patočka, « Negativní platonismus » [1953], SS, 1, p. 323 ; trad. fr., « Le platonisme négatif », p. 80.

2. *Ibid.*, p. 309 ; trad. fr., p. 62 (traduction modifiée).

philosophie de l'existence[1] : « Nous nous proposons ici de mettre en lumière la spécificité de ce nouveau mode de dépassement de la métaphysique ... »[2]. Or en quoi cette approche diffère-t-elle des précédentes ? Nous discernons au moins trois idées : a) elle ne se borne plus aux limites objectives de la métaphysique (Kant), mais critique les limites ontologiques de l'objectivité (Heidegger) – « Ce n'est plus seulement l'immodestie de la métaphysique qui est mise en cause, mais encore sa modestie excessive, ou plutôt son incapacité à revendiquer ce qui importe au premier chef »[3]; b) elle ne se détourne plus de la métaphysique, mais cherche au contraire à déterminer ce qu'elle est en son essence – « ... la nouvelle critique est capable de comprendre aussi la métaphysique *comme telle* ... »[4]; c) elle ne rompt pas avec la métaphysique, mais s'efforce à l'inverse d'en garantir la sauvegarde et le renouveau – « ... d'en extraire la volonté philosophique essentielle et d'en assurer la continuation sous une forme purifiée »[5]. Autrement dit, la spécificité de la nouvelle critique de la métaphysique consiste à dépasser et conserver (*Aufheben*) la métaphysique, non à la supprimer. *En ce sens, elle repose sur l'exigence paradoxale d'une fin de la métaphysique qui soit en même temps un retour à son fondement le plus essentiel.*

Ceci une fois posé, voyons comment Patočka pense aussi bien la métaphysique que sa relève (*Aufhebung*). Tout d'abord, la métaphysique : « *La métaphysique présuppose, par tout ce qu'elle est, une transcendance*

1. Patočka ne cite aucun théologien ni philosophe de l'existence à l'appui de son interprétation. Il se contente d'évoquer la théologie et la philosophie de l'existence de son temps, comme si le nom de ceux qui les incarnent allait de soi. Aussi croyons-nous ne pas prendre trop de risques en citant les deux grandes figures de l'époque. La philosophie de l'existence renverrait aux travaux de Heidegger que Patočka connaissait – en particulier à sa conférence de 1929 sur l'essence de la métaphysique – et la théologie, aux travaux de Bultmann, dont Patočka recense en 1952, soit un an avant *Le platonisme négatif*, l'ouvrage de 1949 sur le christianisme primitif, *Das Urchristentum im Rahmen des antiken Religionen*. Professeur de 1921 à 1951 à Marburg, où il fait la rencontre décisive de Heidegger, Bultmann connaît une renommée certaine après la guerre, suite notamment à sa conférence de 1941 sur le nouveau testament et la mythologie. D'un côté, le langage du christianisme primitif serait essentiellement mythique, comme le sont ses représentations du monde ou ses manières miraculeuses d'envisager les interventions de Dieu. De l'autre, bien que devenu inintelligible pour l'homme moderne, le message de ce langage primitif conserverait son actualité. Selon Bultmann, la mission du théologien devrait par conséquent résider dans la « démythologisation » (*Entmythologisierung*) du message, pour revenir à son sens premier, c'est-à-dire pour libérer la parole de Dieu ou *kérygme*.

2. J. Patočka, « Negativní platonismus », p. 317 ; trad. fr., « Le platonisme négatif », p. 72.

3. *Ibid.*, p. 316 ; trad. fr., p. 71.

4. *Ibid.*, p. 317 ; trad. fr., p. 72 (nous soulignons).

5. *Ibid.*, p. 317 ; trad. fr., p. 72.

au-delà de l'étant mondain, quel qu'il soit, mais elle comprend cette transcendance comme devant l'élever vers un étant nouveau, un étant “vrai” …»[1]. Que la métaphysique soit décrite comme un dépassement de l'étant mondain quel qu'il soit – donc de l'étant mondain en totalité –, cela vient de sa définition même. Pour les Grecs, la métaphysique est μετὰ τὰ φυσικά, au-delà de la φύσις. Or qu'est-ce que la φύσις ? Celle-ci ne désigne pas la physique comme science particulière, ni la nature par opposition à l'histoire, mais l'étant mondain qui inclut et la nature et l'histoire, c'est-à-dire l'étant mondain en totalité. C'est pourquoi la *méta*-physique est transcendance *au-delà* de l'étant mondain en totalité. Plus précisément, la transcendance au-delà de l'étant mondain en totalité est la condition de possibilité de la métaphysique. La métaphysique ne la «présuppose» pas accidentellement ni partiellement mais «par tout ce qu'elle est». La transcendance au-delà de l'étant mondain en totalité est ce que la métaphysique peut revendiquer d'elle-même et pour elle-même, sans immodestie, ni modestie excessives. Elle constitue non seulement le sens premier, mais aussi le sens ultime de la métaphysique. La métaphysique a cependant une mauvaise compréhension d'elle-même. Elle ne se contente pas de transcender l'étant mondain en totalité, elle veut changer la transcendance en étant «vrai», c'est-à-dire en transcendant absolu : «La métaphysique présuppose, par tout ce qu'elle est, une transcendance au-delà de l'étant mondain, quel qu'il soit, *mais elle comprend cette transcendance comme devant l'élever vers un étant nouveau, un étant “vrai”* …». Nous entendons bien ici le reproche que la nouvelle critique adresse à la métaphysique : la métaphysique est une transcendance au-delà de l'étant *mondain* en totalité, parce qu'elle est, plus essentiellement, transcendance au-delà de l'*étant* en totalité, intra et extra-mondain. La métaphysique ne peut donc prétendre avoir accès à l'étant «vrai», mais doit se penser comme ce qui transcende absolument. *Au sens premier et ultime, la métaphysique est ce qui transcende absolument l'étant, qu'il soit mondain ou non. Elle est le rapport au non-étant.* Ainsi la relève (*Aufhebung*) consiste-t-elle à comprendre, sauvegarder et renouveler la métaphysique en tant que transcendance absolue, transcendance qui transcende absolument l'étant.

Pour conclure sur la raison herméneutique qui amène Patočka à définir de manière paradoxale la transcendance absolue comme une *transcendance sans transcendant*, reprenons l'un de ses textes de jeunesse, daté de 1934 et intitulé «Remarques sur la position de la philosophie dans et en

1. *Ibid.*, p. 317 ; trad. fr., p. 72 (nous soulignons).

dehors du monde». En effet, si Patočka attend les années cinquante pour examiner la nouvelle critique de la métaphysique, cela ne signifie pas qu'il ne vienne dès le début puiser à la source de cette nouvelle approche de la philosophie : «La philosophie est alors à même de purifier l'auto-compréhension de l'homme héroïque, de lui faire comprendre sa foi, non pas comme une révélation du transcendant, mais en tant qu'acte humainement libre»[1]. Dès ses premiers écrits, Patočka affirme donc que la philosophie n'a pas pour but la connaissance de l'absolu, mais l'action humaine libre. La philosophie est un savoir in-scient (savoir du caractère in-connaissable de l'absolu), la liberté humaine devenant par là même son «drame interne»[2], son «in», sa négativité même. Aussi, le texte de 1934 préfigure-t-il de façon évidente *Le platonisme négatif*, où la métaphysique est pensée comme un savoir in-scient et la liberté humaine, placée au fondement de ce savoir: «C'est l'expérience de la liberté, remarque Patočka en 1953, qui se trouve à la base de la métaphysique dans sa genèse et son évolution historique. C'est cette expérience que Socrate formule avec son idée d'un savoir in-scient ...»[3]. La liberté humaine est au fondement de la philosophie comme savoir in-scient. Mais le savoir in-scient n'est pas pour autant un savoir in-authentique. Il est au contraire «... à même de purifier l'auto-compréhension de l'homme héroïque ...», de rendre plus profonde la compréhension que le philosophe peut avoir de lui-même. L'expérience socratique permet cet approfondissement, car elle aboutit à une vision claire et distincte du vide laissé par le transcendant, vide qui fait apparaître la liberté humaine comme la seule et unique transcendance : «La compréhension de l'être que le philosophe accomplit en transcendant intellectuellement le monde, explique Patočka en 1934, se rapporte à l'existence humaine authentique que représente l'acte libre»[4]. L'expérience de la liberté n'est donc rien d'autre que la *transcendance absolue au fondement de la philosophie (ou de la métaphysique).*

Ce que Patočka cherche, en proposant une définition paradoxale de la transcendance, c'est donc à mettre en lumière le fondement de la philosophie, le sens premier de la métaphysique. Ce qu'il met en lumière,

1. J. Patočka, «Několik poznámek o mimosvětské a světské posici filosofie» [1934], SS, 1, p. 67; trad. fr. E. Abrams, «Remarques sur la position de la philosophie dans et en dehors du monde», dans *Liberté et sacrifice*, Grenoble, Millon, 1990, p. 25.

2. J. Patočka, «Negativní platonismus», p. 326; trad. fr., «Le platonisme négatif», p. 85.

3. *Ibid.*, p. 324; trad. fr., p. 82.

4. J. Patočka, «Několik poznámek o mimosvětské a světské posici filosofie», p. 67; trad. fr., «Remarques sur la position de la philosophie dans et en dehors du monde», p. 25.

c'est l'expérience de la liberté, expérience métaphysique première, qu'il pense aussi comme « l'expérience que nous *sommes* », par opposition à « l'expérience que nous *faisons* »[1]. En tant qu'expérience métaphysique première, l'expérience de la liberté est l'expérience qui nous met en rapport avec ce que nous sommes. L'expérience de la liberté, ou la transcendance absolue, n'est donc pas seulement rapport de l'homme au non-étant, elle est aussi rapport de l'homme à lui-même. Plus exactement, *l'expérience de la liberté est le rapport de l'homme à lui-même sur le fondement de son rapport au non-étant*. Or comment l'homme peut-il être en rapport avec lui-même sur le fondement de son rapport à ce qui n'est pas ? Comment l'homme peut-il *être* sur le fondement du *néant* ?

Après le paradoxe de sa définition, la transcendance absolue nous place donc devant un second paradoxe, qui en appelle à l'élaboration philologique de la raison herméneutique examinée dans un premier temps. Quelques remarques préliminaires s'imposent. Transcender signifie passer au-delà, franchir une limite. La transcendance est toujours transgression de quelque chose. Tant que nous n'aurons pas identifié ce « quelque chose » que la transcendance transgresse, la transcendance ne pourra donc être identifiée *comme telle*. La transcendance ne se définit pas absolument, mais relativement à ce qu'elle transgresse. Quant à l'absolu, qui est essentiellement indépendant vis-à-vis de tout, ne doit-il pas toutefois être rapporté à ce « tout » pour pouvoir être identifié *comme tel* ? Le « tout », comme le rapport à ce « tout », ne doivent-ils pas être compris dans la définition de l'absolu ? Transcendance et absolu seraient en ce sens deux termes relatifs à ce vis-à-vis de quoi ils s'accomplissent. C'est pourquoi il serait possible de les réunir en une seule et même expression et d'envisager celle-ci comme un rapport : « ... la transcendance absolue, le rapport ... (... *absolutním transcendování, ... vztahu...*) »[2].

Transcendance et absolu sont des termes relatifs à ce vis-à-vis de quoi ils se réalisent, mais le sont-ils sous le même rapport ? L'explication philologique est soudain moins élémentaire et demande un approfondissement. La transcendance se caractérise par une relation de dépendance vis-à-vis de ce qu'elle transgresse et l'absolu, par une relation d'indépendance vis-à-vis de tout. Or que signifie cette distinction entre dépendance et indépendance ? La dépendance et l'indépendance ne décident pas du caractère nécessaire ou non de la relation des termes en rapport. Non moins que la transcendance, l'absolu doit nécessairement inclure le second terme de la

1. J. Patočka, « Negativní platonismus », p. 321 ; trad. fr., « Le platonisme négatif », p. 78.
2. *Ibid.*, p. 309 ; trad. fr., p. 62.

relation dans sa définition. Mais l'inclut-il de la même manière ? La transcendance se définit en phénoménologie par rapport à la conscience, comme ce qui transgresse l'immanence de la conscience, faisant de celle-ci une conscience « intentionnelle », c'est-à-dire la conscience de quelque chose d'autre qu'elle-même : « … cette propriété fondamentale et générale de la conscience, être conscience *de* quelque chose; en tant que *cogito*, porter *en soi* son *cogitatum* » [1], écrit en effet Husserl. La transcendance dépasse l'immanence de la conscience pour faire accéder celle-ci à une autre signification qu'elle-même. En tant qu'intentionnalité, la transcendance ouvre la conscience à l'altérité. Mais elle reste toutefois une transcendance *dans* l'immanence, et l'altérité, un transcendant dont la transcendance doit nécessairement passer *par* l'immanence pour apparaître comme un véritable phénomène : « Ma *chair*, c'est cette chose donnée sur un mode original … »; « Chaque autre chose de ma sphère originale est là pour moi, de telle sorte que je possède son substrat original mais *via* ma chair et son originalité … » [2]. Dans une approche husserlienne, la transcendance phénoménologique est toujours ramenée à l'immanence de la conscience. En outrepassant l'immanence de la conscience, la transcendance affirme toujours ce qu'elle outrepasse, voire le confirme. Aussi la relation de dépendance de la transcendance vis-à-vis de ce qu'elle transgresse repose-t-elle sur une structure d'affirmation ou de confirmation du transgressé, plus précisément, sur l'affirmation ou la confirmation de la conscience en son immanence, c'est-à-dire en elle-même (*Selbstheit*). D'une certaine manière, Heidegger conçoit lui aussi la transcendance dans un rapport de constitution à l'essence de la conscience : « La transcendance, écrit-il, constitue l'ipséité (*Die Transzendenz konstituiert die Selbstheit*) » [3].

Si la transcendance vient affirmer ou confirmer ce qu'elle dépasse, l'absolu vient au contraire nier ou infirmer ce avec quoi il est en rapport. L'absolu est dans une relation d'indépendance vis-à-vis de tout. Il n'est pas ce que ce « tout » est. Il est la négation de ce « tout ». La question reste toutefois de savoir ce que veut dire ce « tout », car, à nier tout ce qui est au sens strict, l'absolu se nie nécessairement lui-même et retombe dans un pur néant avant d'avoir accédé à son concept. L'absolu est in-dépendant vis-

1. E. Husserl, *Cartesianische Meditationen*, § 14, Hua. I, p. 72 : « … diese allgemeine Grundeigenschaft des Bewußtseins, Bewußtsein von etwas zu sein, als *cogito* sein *cogitatum* in sich zu tragen ».

2. E. Husserl, *Zur Phänomenologie der Intersubjektivität*, Hua. XV, p. 567; trad. fr. N. Depraz, *Sur l'intersubjectivité*, I, Paris, P.U.F., 2001, respectivement p. 246 et 247.

3. M. Heidegger, « Vom Wesen des Grundes » [1929], GA, 9, p. 138.

à-vis de tout. Il n'est rien de ce « tout ». Il est ce « rien ». Or qu'en est-il de ce « rien » ? Cela a-t-il même un sens de poser la question ? Cela revient à penser le rien comme une chose qui est, comme un étant, ce dont il se distingue par toute son essence. La « logique » pourrait-elle toutefois nous aider à le penser ? Selon Heidegger, celle-ci affirme que « … le rien est la négation de la totalité de l'étant, l'absolument non-étant … »[1]. Plus précisément, elle conçoit le rien « … comme une espèce particulière de ce qui est nié … »[2]. Donc non seulement la « logique » explique que le rien est la négation de tout (ce qui semble incontestable), mais elle envisage en outre le rapport entre le rien et la négation dans le sens d'une reconduction du rien à la négation. La « logique » ne prend donc pas au sérieux le rien, le pensant toujours comme le simple produit d'un acte d'entendement. La philosophie non plus ne l'a pas toujours pris au sérieux. Bergson soutient que « Les philosophes ne se sont guère occupés de l'idée de néant ». Mais en même temps, il pose lui-même que « … l'idée de néant absolu, entendu au sens d'une abolition de tout, est une idée destructive d'elle-même, une pseudo-idée … »[3]. Certes, la critique de Bergson est radicale, puisqu'elle aboutit à la remise en question du pouvoir que la « logique » attribue à la négation. L'idée de néant absolu dérive d'une succession de néants relatifs, qui dérivent eux-mêmes du processus de substitution d'une chose indifférente à une chose attendue[4]. La négation n'est jamais que le revers d'une affirmation, voire une « *affirmation du second degré* »[5]. C'est donc moins l'impossibilité du rien que celle de la négation qui discrédite l'idée de néant absolu. L'impossibilité de la négation nous interroge néanmoins sur ce qui rend possible l'idée de néant absolu, si tant est qu'elle reste, au terme de l'analyse de Bergson, ce qu'elle était au début : « le ressort caché, l'invisible moteur de la pensée philosophique »[6].

Comment la négation pourrait-elle engendrer l'idée de la philosophie alors qu'elle manque de pouvoir ? L'im-possibilité de la négation n'ouvre-t-elle pas la possibilité de saisir plus profondément l'idée de néant absolu ? L'im-possibilité de la négation ne prouve-t-elle pas que l'idée de néant absolu vient avant la négation ? C'est en tout cas la thèse que soutient Heidegger dans sa conférence de 1929 sur l'essence de la métaphysique,

1. M. Heidegger, « Was ist Metaphysik ? » [1929], GA, 9, p. 107-108 ; trad. fr. R. Munier, « Qu'est-ce que la métaphysique ? », Paris, Cahiers de l'Herne, 1983, p. 49.

2. *Ibid.*, p. 108 ; trad. fr., p. 49.

3. H. Bergson, *L'évolution créatrice*, Paris, P.U.F., 1998, respectivement p. 275 et 283.

4. *Ibid.*, p. 277 et 283.

5. *Ibid.*, p. 288.

6. *Ibid.*, p. 275.

avant d'en montrer le bien-fondé via l'analyse de l'angoisse. Il affirme en effet que « … le rien est plus originel que le ne-pas et la négation »[1]. Ce n'est donc pas la négation qui produit le rien, c'est à l'inverse le rien qui nie le tout. Plus précisément, le rien ne nie pas le tout, mais le néantit dans la réduction du tout de l'étant à l'être : « L'essence du rien originellement néantissant réside en ceci, indique Heidegger : qu'il porte avant tout l'être "là" devant l'étant comme tel »[2]. Aussi le rien ne désigne-t-il pas une simple négation, mais la suspension qui libère le « comme tel » de l'étant, donc la suspension qui libère l'*être* de l'étant. Le rien n'est pas un étant mais ce qui manifeste la différence de l'être et de l'étant. Le rien n'est pas non plus « l'absolument non-étant (*das schlechthin Nicht-Seiende*) »[3] ; le rien n'est pas l'être comme absolu. Le rien n'est ni l'être ni l'étant, mais ce qui rend possible la différence de l'être et de l'étant, ou plutôt, la différence de l'être au sein de l'étant. Le rien est ce qui permet à l'étant qu'est l'homme de se rapporter intérieurement à l'absolu : « Être "là" signifie : instance dans le rien (*Hineingehaltenheit in das Nichts*) »[4]. L'absolu est par conséquent le *non-étant*, la *totalité* à laquelle l'étant qu'est l'homme se rapporte intérieurement sur le fondement du rien. Cela revient à penser que la relation d'indépendance de l'absolu vis-à-vis de tout relève de la mise hors jeu du tout par le rien. C'est cette mise hors jeu qui met l'homme dans un rapport intérieur au véritable tout, c'est-à-dire à la totalité (*Allheit*). La relation d'indépendance de l'absolu vis-à-vis de tout repose donc sur une structure de négation, sur la négativité du rien, mais entendue au sens de l'*Abbau*, du néantissement qui libère le tout *comme tel*.

La transcendance « affirme » ce qu'elle dépasse. L'absolu « nie » ce à quoi il fait face. Mais la distinction entre négation et affirmation n'est pas le seul acquis de notre analyse. Nous avons aussi montré que négation et affirmation doivent être plus essentiellement comprises comme participant du mouvement de manifestation de l'étant *comme tel*. La négation et l'affirmation diffèrent mais au sein du même projet de dévoilement de l'*être* de l'étant. D'un côté, la transcendance affirme l'étant qu'est l'homme *comme tel* : elle donne l'ipséité (*Selbstheit*). De l'autre, l'absolu nie l'étant qu'est le tout et affirme le tout *comme tel* : il donne la totalité (*Allheit*). Et n'avons-nous pas également établi le lien entre ces deux types

1. M. Heidegger, « Was ist Metaphysik ? », p. 108 ; trad. fr., « Qu'est-ce que la métaphysique ? », p. 49.

2. *Ibid.*, p. 114 ; trad. fr., p. 53.

3. *Ibid.*, p. 108 ; trad. fr., p. 49.

4. *Ibid.*, p. 115 ; trad. fr., p. 53.

de donation? Le rien en son acception heideggérienne n'est-il pas apparu comme leur dénominateur commun? Le rien est le rapport de l'homme à la totalité, qui définit l'essence même de l'homme. L'homme ne vient à lui-même (*Selbstheit*) que dans le rapport à l'absolu (*Allheit*), qui exige nécessairement le dépassement du tout de l'étant dans le rien: « Se tenant instant dans le rien, l'être-là est, à chaque fois déjà, au-delà de l'étant dans son ensemble. Cet être-au-delà de l'étant (*Hinaussein über das Seiende*), nous l'appelons la transcendance »[1]. Plus précisément encore: « L'instance de l'être-là dans le rien sur le fond de l'angoisse cachée *est* le dépassement de l'étant en son ensemble: la transcendance »[2]. L'instance du *Dasein* dans le rien, l'essence négative de l'homme est donc dépassement de l'étant dans son ensemble, rapport à la totalité. L'homme est en son essence négative son propre rapport à la totalité, c'est-à-dire son propre rapport nécessaire au non-étant. Et c'est bien ce rapport qui caractérise, selon Patočka, la transcendance absolue: « ... la transcendance absolue, le rapport de l'homme à la totalité et, par là même, le rapport nécessaire au non-étant ... ». Au terme de notre analyse et d'un détour par la conférence de Heidegger sur l'essence de la métaphysique, le second paradoxe est donc pleinement levé: l'essence négative du *Dasein* rend possible l'idée d'une transcendance absolue comme rapport de l'homme à lui-même sur le fondement de son rapport au non-étant. *Transcendance absolue, l'expérience de la liberté est donc l'expérience métaphysique première: l'expérience de l'homme en son essence négative.*

§ 2. *La liberté ou la négativité concrète*

Si nous voulons approfondir la question de la liberté, il faudra donc nous interroger sur ce que signifie cette négativité inhérente à l'être humain[3]. Soulignons d'emblée que la thématisation de cette négativité

1. *Ibid.*, p. 115; trad. fr., p. 53.

2. *Ibid.*, p. 118; trad. fr., p. 54 (nous soulignons).

3. Cette question est d'autant plus importante que nous utilisons le concept de négativité en référence à Heidegger, alors que lui-même ne l'utilise pas. Nous trouvons chez Heidegger *Nichtigkeit*, voire même *Nichtheit*, mais non *Negativität*. Toutefois, nous le verrons, Patočka utilise bien le concept de négativité (*negativnost* en tchèque, soit *Negativität* en allemand) dans une perspective heideggérienne, et non dans une perspective hégélienne, ni kojévienne. À ce titre, il est intéressant de noter que, dans la traduction tchèque de *Sein und Zeit* par les élèves de Patočka, « Nichtigkeit » est bien traduit par « negativnost », ou encore « negativity », comme en témoigne, dans le § 58, la traduction de « *Grundsein einer Nichtigkeit* » par « *být základem negativity* ». *Cf.* M. Heidegger, *Bytí a čas*, trad. I. Chvatík, P. Kouba, M. Petříček jr. et J. Němec, Praha, OIKOYMENEH, 2008, p. 321.

entérine un tournant chez Patočka, précisément, un retournement, voire le retournement, la *Kehre* de sa pensée. Bien que Heidegger n'utilise pas lui-même le concept de négativité (*Negativität*), cette thématisation constitue une véritable réconciliation avec Heidegger, suite à la tentative inaboutie des années trente-quarante pour élaborer une pensée de la subjectivité alternative à la phénoménologie transcendantale et à l'analytique existentiale (dans le sillage notamment des travaux de Bergson, pour qui la vie désigne justement l'intériorité, non la négativité essentielle[1]). Notre précédente analyse a en effet établi dans quelle mesure le *Platonisme négatif* s'inspire de la conférence de Heidegger sur l'essence de la métaphysique, ou plus exactement, sur l'essence de l'homme : car pour Heidegger, comme pour Patočka, « Elle [la métaphysique] est l'être-là lui-même (*Sie ist das Dasein selbst*) »[2], elle est avant tout « l'expérience que nous *sommes* (*zkušenosti, kterou jsme*) »[3]. Pour autant que nous nous tenons par essence dans le rien, nous sommes toujours déjà au-delà de l'étant en totalité. Autrement dit, nous sommes la transcendance sans transcendant, la transcendance négative que nous expérimentons dans l'expérience de la liberté. Dans l'expérience de la liberté, nous nous expérimentons nous-mêmes, voire nous créons nous-mêmes. L'expérience de la liberté est ce qui assure « l'autonomie de la vie », comme celle de la pensée : « L'expérience de la liberté est ce qui empêche la philosophie de se

1. J. Patočka, « Fenomenologická teorie subjektivity », in *Strahov Nachlaß*, IV/30, Praha, Archiv Jana Patočky, 3000/307. Filip Karfík résume très bien la manière dont Patočka pense à cette époque l'intérieur (*das Innere*) ou l'intériorité (*die Innerlichkeit*) : « Dieses Innere ist die Quelle alles intentionalen Lebens. Weil es selbst nie zum Gegenstand werden kann, hat es einen negativen Charakter. Gleichwohl ist es selbst kein "Nichts", sondern umgekehrt die intimste Triebkraft, durch die jeder intentionale Vollzug getragen wird ». (« Cet intérieur est la source de toute vie intentionnelle. Comme il ne peut jamais se transformer lui-même en objet, il possède un caractère négatif. Toutefois, il ne s'agit pas du "rien" mais, à l'inverse, de la force motrice la plus intime, portant chaque effectuation intentionnelle ».) Cf. *Unendlichwerden durch die Endlichkeit : Eine Lektüre der Philosophie Jan Patočkas*, Würzburg, Königshausen & Neumann, 2008, p. 39. Quant au tournant que constitue, après la guerre, l'acceptation patočkienne de cette négativité essentielle, nous en avons la confirmation dans un article de Karel Novotný : « … toute hésitation disparaît dans sa philosophie d'après-guerre. La subjectivité n'y est plus conçue comme l'origine autonome de la compréhension de l'étant. *Ce qui éveille la liberté de l'esprit, qui se dégage de l'étant en posant la question de l'être, c'est un Rien à l'égard de toute détermination positive*, et c'est là sa seule propriété : le transcendantal est l'autre de tout étant concevable ». *Cf.* « L'esprit et la subjectivité transcendantale : sur le statut de l'épochè dans les premiers écrits de Patočka », Louvain-la-Neuve, *Études phénoménologiques*, 29-30, 1999, p. 56 (nous soulignons).

2. M. Heidegger, « Was ist Metaphysik ? », p. 122 ; trad. fr., « Qu'est-ce que la métaphysique ? », p. 56.

3. J. Patočka, « Negativní platonismus », p. 321 ; trad. fr., « Le platonisme négatif », p. 78.

disperser dans les connaissances finies, objectives, singulières, ce qui la donne et lui garantit son autonomie (*co jí dává a zaručuje její autonomii*) »[1]. Remarquons, là encore, la grande influence de Heidegger sur Patočka. En effet, dans « De l'essence du fondement », texte contemporain de sa conférence sur l'essence de la métaphysique, Heidegger conçoit la liberté comme « ... l'unité qui est au fondement de la dispersion transcendantale »[2]. L'expérience de la liberté est l'unité fondatrice, créatrice de la vie et de la pensée. Et si elle l'est, c'est parce qu'elle transcende absolument l'étant ou l'objectité. Comme l'écrit Patočka, l'expérience de la liberté possède « ... le caractère négatif d'une mise hors jeu, d'un éloignement, d'un dépassement de toute objectité (*předmětnosti*), ... qui engendre le domaine de l'objectité *comme tel* »[3]. L'expérience de la liberté est donc au fondement de l'unification de la vie et de la pensée, parce qu'elle transcende absolument l'objectité, y compris l'intériorité[4].

Le platonisme négatif propose ainsi une nouvelle définition de la liberté, malgré la continuité avec les textes qui le précèdent sur l'impossibilité de reconduire la transcendance à un étant. En effet, avec l'essai de 1953, la liberté n'est plus subordonnée, comme dans les années trente-quarante, à une intériorité dont elle n'est que la manifestation. La liberté devient, comme nous venons de le montrer, le principe de la manifestation. Dans sa thèse d'habilitation de 1936, qui s'intitule « Le monde naturel comme problème philosophique », il est vrai que Patočka définit encore la liberté comme le pur et simple résultat de l'extériorisation de l'intériorité : « ... nous ne serons plus capables de considérer l'être comme un destin, voire une fatalité ; il nous apparaîtra, au contraire, comme *une loi puisée à même notre intériorité*, comme *une créativité ouvrant une certaine aire de liberté* aux élans d'une nouvelle créativité elle aussi

1. J. Patočka, « Negativní platonismus », respectivement p. 306 et 328 ; trad. fr., « Le platonisme négatif », respectivement p. 57 et 88 (traduction modifiée).

2. M. Heidegger, « Vom Wesen des Grundes », p. 174 : « Das Grundsein der Freiheit hat nicht – was zu meinen sich aber immer nahe legt – den Charakter *einer* der Weisen des Gründens, sondern bestimmt sich als die gründende Einheit der transzendentalen Streuung des Gründens ».

3. J. Patočka, « Negativní platonismus », p. 325 ; trad. fr., « Le platonisme négatif », p. 83-84 (nous soulignons et modifions la traduction).

4. En effet, Patočka soutient que l'expérience de la liberté suspend également « la totalité du moi (*celé já*) ». *Cf.* « Negativní platonismus », p. 322 ; trad. fr., « Le platonisme négatif », p. 80 (traduction modifiée).

créatrice »[1]. Aussi Patočka se démarque-t-il assez nettement, en 1936, de Heidegger, pour qui l'être est un destin, plus précisément, « le destin de la transcendance »[2], le destin du *Dasein* en ce qu'il tend vers la mort comme sa possibilité la plus propre. Dans *Sein und Zeit*, Heidegger pense en effet la mort comme ce dont l'assomption dévoile au *Dasein* « … son pouvoir-être *le plus propre* où il y va par excellence de l'être du *Dasein* »[3]. L'être vers la mort rend possible la liberté du *Dasein* comme dévoilement de son essence. La liberté est ainsi fondamentalement ancrée dans la finitude du *Dasein*, dans la négativité essentielle, dans la mort elle-même. C'est donc bien l'idée de négativité inhérente à l'essence humaine que Patočka rejette lorsqu'il déclare, dans la thèse de 1936, que l'être n'est ni un destin, ni une fatalité, mais une loi intérieure. Or si nous ne sommes pas essentiellement déterminés par la mort, c'est précisément parce que le monde, c'est-à-dire « l'absolu » « au-dedans de nous »[4], n'est pas un « objet mort » mais une « subjectivité » « en éternel jaillissement »[5]. Nous aurions ainsi un premier Patočka, pour qui ce n'est pas la mort comme *finitude*, mais le monde comme *vie infinie*, qui détermine essentiellement le *Dasein*. Nous pouvons observer l'influence de ce choix séminal jusque dans les années quarante, précisément jusqu'en 1946, dans le texte intitulé « L'idéologie et la vie dans l'idée ». La vie dans l'idée, par opposition à l'idéologie, réside dans la liberté en tant que « manifestation de l'intériorité »[6]. Pour le premier Patočka, l'homme ne se définit donc pas par son rapport intérieur à la mort comme finitude, mais par son rapport intérieur au monde comme vie infinie.

Aussi serait-il intéressant de revenir sur le texte de 1939 intitulé « Équilibre et amplitude dans la vie ». Ce texte illustre ce que nous venons

1. J. Patočka, « Přirozený svět jako filosofický problém » [1936], SS, 6, p. 150; trad. fr. J. Daněk et H. Declève, *Le monde naturel comme problème philosophique*, La Haye, Nijhoff, 1976, p. 27-28 (nous soulignons).

2. M. Heidegger, « Zur Seinsfrage » [1955], GA, 9, p. 414; trad. fr. G. Granel, « Contribution à la question de l'être », dans *Questions I et II*, Paris, Gallimard, 1998, p. 236. Nous nous permettons de citer un texte postérieur à *Sein und Zeit*, dans la mesure où la formule employée ne semble pas en contredire l'esprit.

3. M. Heidegger, *Sein und Zeit* [1927], § 53, Tübingen, Niemeyer, 2001, p. 263; trad. fr. F. Vezin, Paris, Gallimard, 1998, p. 318.

4. J. Patočka, « Několik poznámek o mimosvětské a světské posici filosofie » p. 66; trad. fr., « Remarques sur la position de la philosophie dans et en dehors du monde », p. 23.

5. J. Patočka, « Přirozený svět jako filosofický problém », p. 150; trad. fr., *Le monde naturel comme problème philosophique*, p. 27.

6. J. Patočka, « Ideologie a život v ideji » [1946], SS, 4, p. 130; trad. fr., E. Abrams, « L'idéologie et la vie dans l'idée », dans *Liberté et sacrifice*, Grenoble, Millon, 1990, p. 48.

de montrer et constitue l'un des sommets de la première période de la pensée patočkienne. L'idée directrice du texte de 1939 consiste à dire que la vie humaine ne s'accomplit qu'en se mettant au service de la vérité. La « vie dans la vérité » est le mouvement par lequel l'homme avance aux limites de l'existence pour se rendre maître « non seulement de ses limites extérieures, mais encore de sa limite interne »[1]. Patočka distingue donc deux types de limites. Il y a d'abord les limites extérieures, dans lesquelles sont inclus les phénomènes suivants : douleur physique, misère, maladie, oppression, culpabilité, mort, etc. Or en quoi ces phénomènes constituent-ils les limites « extérieures » de l'homme ? L'extériorité ne signifie pas que ces phénomènes n'appartiennent pas à l'essence humaine. Au contraire, ils appartiennent à l'être humain comme ses possibilités propres, dans la mesure où « Sans ces possibilités, l'homme ne serait pas ce qu'il est dans son essence »[2], il n'existerait pas. Ce ne sont pas des limites extérieures *à* l'homme mais *de* l'homme. L'extériorité ne renvoie pas à une altérité essentielle. Patočka caractérise ces limites en termes de « faiblesse physique (*fyzická slabost*) » ou de « volonté humaine limitée (*volní omezenost člověkova*) »[3]. L'extériorité est donc l'expression de la corporéité, qui n'est pas une autre essence, mais une altérité dans l'essence même de l'homme. Elle n'est pas ce que l'homme a de plus intérieur, mais elle n'est pas non plus extérieure à l'homme, qui se saisit en elle comme différent, voire différant de lui-même. C'est pourquoi la corporéité n'est pas une pure et simple extériorité mais la « limite » extérieure de l'homme. La limite est différence au sein du même, ce qui appartient à une chose et en même temps la sépare de ce qu'elle n'est pas. La véritable fonction de la limite se résume ainsi : « … être encore immanente et indiquer déjà la transcendance »[4], écrit Jaspers, auquel Patočka se réfère dans le texte 1939. En d'autres termes, la corporéité se manifeste comme limite dans la mort et, plus généralement, dans la souffrance, phénomènes qui sont encore immanents mais indiquent déjà la transcendance. Or le fait que la souffrance annonce la transcendance n'est-il pas contradictoire avec le constat patočkien que « La douleur nous projette ou peut nous projeter dans la

1. J. Patočka, « Životní rovnováha a životní amplituda » [1939], SS, 4, p. 61 ; trad. fr. E. Abrams, « Équilibre et amplitude dans la vie », dans *Liberté et sacrifice*, Millon, Grenoble, 1990, p. 38.

2. *Ibid.*, p. 59 ; trad. fr., p. 35.

3. *Ibid.*, p. 59 ; trad. fr., p. 35 (traduction modifiée).

4. K. Jaspers, *Philosophie*, II [1932], Berlin, Springer-Verlag, 1973, p. 204 ; trad. fr. J. Hersch, *Philosophie*, Paris, Springer-Verlag, 1989, p. 423.

dimension de notre propre profondeur ... »[1], autrement dit, avec le fait que la souffrance intensifie notre rapport à nous-mêmes dans l'auto-affection ?

Si la souffrance peut en même temps approfondir l'*immanence* et annoncer la *transcendance*, c'est parce que ces deux termes ne s'opposent pas mais coïncident dans le cas du monde. Patočka définit le monde comme une limite « interne » par opposition aux limites « extérieures », dont la mort et la souffrance font partie. La mort et la souffrance seraient par conséquent des phénomènes seconds par rapport à l'horizon universel du monde vécu, dont ils auraient en charge la manifestation. Patočka remarque précisément que « ... l'homme souffre davantage et plus profondément – d'autant plus que sa conscience est plus élevée. Ce degré supérieur de conscience est l'autre limite, notre limite interne, ancrée en nous plus profondément que nous-mêmes : le dépassement de l'instant, l'horizon universel qui vit en nous ... »[2]. La souffrance nous projette ainsi vers une conscience supérieure (*vyšší vědomí*), plus intérieure à nous que nous-mêmes (*která je v nás hloub než my sami*)[3]. La souffrance nous met en rapport avec l'horizon universel qui est au fondement de notre être. C'est pourquoi, d'une certaine manière, *plus nous souffrons, plus nous vivons en vérité*. Vivre en vérité signifie vivre à partir de son fondement. Or nous vivons en vérité lorsque nous vivons à partir de l'horizon universel du monde qui s'ouvre dans la souffrance. Il ne faut pas pour autant y voir un éloge de la souffrance. Ce n'est pas le fait de souffrir *comme tel* qui assure la vie, la vraie, la vie en amplitude (*život v amplitudě*), par opposition à la vie en enclave (*život v enklávě*). Il est vrai que la souffrance a bien plus tendance à nous enfermer en nous-mêmes qu'à nous ouvrir un horizon. Nous éprouvons la souffrance comme une douleur, elle nous éprouve. La souffrance nous fait passer du nominatif (*nous* l'éprouvons) à l'accusatif (elle *nous* éprouve). Nous sommes assignés à nous-mêmes sans défection possible. Non seulement parce que la cause de notre souffrance n'apparaît plus dans le monde mais s'incarne en nous, abolissant son statut d'objet et toute distance possible par rapport à la douleur ; mais aussi parce que ce qui souffre en nous n'est pas notre corps comme fragment du monde (*Körper*),

1. J. Patočka, « Životní rovnováha a životní amplituda », p. 61 ; trad. fr., « Équilibre et amplitude dans la vie », p. 38.

2. *Ibid.*, p. 59 ; trad. fr., p. 35.

3. Patočka fait ici coïncider, dans le monde, la plus haute des transcendances et la plus intime des immanences, comme saint Augustin en avait auparavant mis au jour la coïncidence en Dieu, dont le privilège requiert la double reconnaissance comme « interior intimo meo » et « superior summo meo ». Cf. *Confessions*, III, 6, 11, *Œuvres de saint Augustin*, XIII, Paris, Solignac, 1962, p. 382.

objet que nous pouvons mettre à distance, mais notre chair (*Leib*), donc également notre âme, seule capable de sentir. La souffrance *comme telle* est donc présence vivante du moi à lui-même sans distance. Mais ce n'est pas le cas de la souffrance *assumée*. Nous n'assumons notre souffrance que lorsque nous lui donnons un sens, qui ouvre un horizon, crée une distance. Bien évidemment, n'importe quel sens ne fait pas l'affaire : pour rompre notre enfermement, il faut chercher à comprendre notre souffrance au regard du sens de notre vie, voire du sens de la vie. Assumer la souffrance, c'est chercher la vérité. Aussi vaut-il mieux dire : *plus nous assumons notre souffrance, plus nous vivons en vérité.*

À travers la distinction entre les limites extérieures et la limite interne de l'homme, le texte de 1939 atteste bien à quel point, pour le premier Patočka, le rapport intérieur de l'homme à la mort ou à la souffrance, comme finitude, est subordonné au rapport intérieur de l'homme au monde, comme vie infinie ou horizon universel qui vit en nous. C'est en assumant non seulement la finitude mais aussi et avant tout ce qui rend possible l'assomption de la finitude, le rapport intérieur au monde (« … rapport essentiel de l'homme à ce qui, superlativement universel et omni-englobant, s'élève au-dessus de tout ce qui est limité et fini »[1]), que l'homme devient « libre au sens profond du terme »[2]. Autrement dit, dans les années trente-quarante (précisément de 1934 à 1946, en passant par la thèse de 1936, puis le texte de 1939), la liberté est une sorte d'« assomption du second degré ». Ce n'est pas encore un acte au principe de la manifestation, mais la manifestation de ce qu'il y a de plus profond en l'homme, son intériorité, son rapport intérieur au monde infini, illimité. La liberté n'a pas encore atteint le statut de principe, elle n'a pas encore atteint son concept formel d'autonomie, comme elle l'atteindra, au début des années cinquante, avec *Le platonisme négatif*. C'est pourquoi Patočka cite Kant lorsqu'il formule le projet critique du *Platonisme négatif* : « Le platonisme négatif, c'est, pour reprendre les paroles de Kant, la "situation critique" de la philosophie qui n'a, "ni dans le ciel ni sur la terre, de point d'attache ou de point d'appui" »[3]. Mais il faut bien voir que cette référence à Kant est également une référence à Heidegger, qui achève par la même citation sa conférence de 1930 sur l'essence de la vérité. Comme si *Le platonisme négatif* reprenait le geste par lequel Heidegger avait posé la liberté au

1. J. Patočka, « Životní rovnováha a životní amplituda », p. 57 ; trad. fr., « Équilibre et amplitude dans la vie », p. 33.

2. *Ibid.*, p. 60 ; trad. fr., p. 37.

3. J. Patočka, « Negativní platonismus », p. 335 ; trad. fr., « Le platonisme négatif », p. 97.

principe de la philosophie, non la liberté comme ce que possède l'homme – ce qu'elle demeure chez Kant –, mais comme ce qui le possède : « L'homme ne "possède" pas la liberté comme une propriété, mais au contraire : la liberté, le *Da-sein* ek-sistant et dévoilant, possède l'homme … »[1]. C'est aussi ce qu'affirme Patočka dans *Le platonisme négatif* en écho à la conférence de Heidegger : « Il est vrai que l'expérience de la liberté se déroule en l'homme, que l'homme en est le "site", mais cela ne signifie pas pour autant qu'il se suffise à lui-même dans cette expérience »[2]. Le tournant que représente *Le platonisme négatif* dans l'œuvre de Patočka marquerait donc bien une véritable réconciliation avec la pensée de Heidegger.

Or comment faut-il entendre cette *Kehre* patočkienne ? Pourquoi Patočka éprouve-t-il le besoin de revenir à Heidegger ? Ce retour entérine-t-il de manière décisive le passage du premier au second Patočka ? On ne peut comprendre la genèse du *Platonisme négatif* sans recourir à un essai de 1947 : *Věčnost a dějinnost* (*Éternité et historicité*). Cet essai se présente comme une réponse au livre de Rádl qui a pour titre *Útěcha z filosofie* (*La Consolation de la philosophie*, 1946), dont Patočka critique justement le platonisme positif. Contemporain de la « Lettre sur l'humanisme » de Heidegger, l'ouvrage de Rádl n'est toutefois que le prétexte à une critique plus générale de la tendance métaphysique de l'humanisme. Et si l'essai de 1947 annonce le tournant du *Platonisme négatif*, c'est avant tout parce qu'il entérine la substitution du « concept de négativité » au « concept d'intériorité » : « Par sa transcendance au-delà de l'objet, de tout donné et de tout fait, celui qui transcende vise la véritable positivité, "l'être vrai". *La négativité*, la protestation, *qui est au fond de notre être*, n'est pas pour autant une simple négation abstraite. Elle naît dans cet être, voire elle ne fait qu'un avec cet être, qui doit assumer l'inertie (*mrtvost*) et le silence du monde objectif, la douleur et la mort comme destinée finale, le dernier acte de chaque protestation »[3]. Alors qu'il avait clairement exposé son

1. M. Heidegger, « Vom Wesen der Wahrheit ? » [1930], GA, 9, p. 190 ; trad. fr. A. de Waelhens et W. Biemel, « De l'essence de la vérité », dans *Questions I et II*, Paris, Gallimard, 1998, p. 178.

2. J. Patočka, « Negativní platonismus », p. 330 ; trad. fr., « Le platonisme négatif », p. 90.

3. J. Patočka, « Věčnost a dějinnost » [1947], SS, 1, p. 233 : « Tím, že transcenduje za předmět, za všecko dané a hotové, snaží se transcendující o pravou pozitivnost, o "pravé bytí". A *negativnost*, protest, *který je v kořenech naší bytosti*, není ovšem toliko abstraktní negací, nýbrž rodí se v bytosti, ba je zajedno s bytostí, která musí nést mrtvost a mlčení objektivního světa, bolest a smrt jako konečný úděl, poslední závěr každého protestu » (nous soulignons).

désaccord avec Heidegger dans la thèse de 1936, refusant que le *Dasein* soit défini par la négativité inhérente à son essence, Patočka finit donc par reconnaître, dans l'essai de 1947, que la négativité constitue le fond ultime de l'être humain. Certes, les souffrances de la guerre, les désillusions de la Libération et les soucis personnels du philosophe ne sont certainement pas pour rien dans ce grand revirement. Mais au-delà des événements tragiques, il faut bien voir que l'année 1947 est marquée par une redécouverte philosophique. Dans sa postface à la première édition tchèque d'*Éternité et historicité*, Filip Karfík attire l'attention sur une lettre, dans laquelle Patočka dit à Robert Campbell avoir reçu l'*Introduction à la lecture de Hegel* de Kojève, au moment où lui-même prépare son cours sur Hegel[1]. Aussi notre hypothèse, redevable aux remarques philologiques de Filip Karfík, pourrait-elle s'énoncer ainsi : la reprise du concept de négativité serait motivée par l'interprétation heideggérienne que Kojève donne ou prétend donner[2] de Hegel dans son *Introduction*.

Pour vérifier cette hypothèse, il nous faut donc confronter trois textes : *Le platonisme négatif*, *Éternité et historicité* et *Introduction à la lecture de Hegel*. Partons de la définition de la liberté telle qu'elle apparaît dans *Le platonisme négatif* : « C'est l'expérience d'une insatisfaction au sein du donné et du sensible, qui s'intensifie dans la compréhension que ce qui est donné ou sensible n'est ni tout ni ce qui est décisif. C'est pourquoi les "vécus" négatifs sont essentiels à l'expérience de la liberté ; ils montrent que tout le contenu de l'expérience passive est insignifiant, caduque, nul, qu'il est possible de *suspendre notre croyance*, non seulement à chaque expérience sensible particulière … mais aussi à la totalité du moi … »[3]. L'expérience de la liberté est un acte de *suspension du jugement*, qui ne s'applique pas seulement à l'étant transcendant, mais également à l'étant immanent que je suis, en tant que moi (*já*) soumis à la passivité des sens. Définie de la sorte, l'expérience de la liberté ne se distingue pas de l'ἐποχή

1. Voici ce que Patočka indique dans la lettre du 9 novembre 1947 : « J'ai reçu, l'autre jour, deux publications françaises que je n'ai pas encore eu le temps de lire en entier, l'*Introduction à la lecture de Hegel* et la petite Ontologie de Lavelle. Kojève semble intéressant, Lavelle est morne ». *Cf.* « Lettres à Robert Campbell », Paris, *Les Temps Modernes*, sept. 1992, p. 51 et 52.

2. Comme nous le verrons, bien qu'il se réfère explicitement à Heidegger (par exemple : *Introduction à la lecture de Hegel*, Paris, Gallimard, 2005, p. 566), Kojève ne donne pas une interprétation rigoureusement heideggérienne de Hegel.

3. J. Patočka, « Negativní platonismus », p. 322 ; trad. fr., « Le platonisme négatif », p. 79-80 (traduction modifiée).

phénoménologique, par laquelle je suspends le sens immédiatement donné, le sens non problématique de l'attitude naturelle. En effet, explique Husserl, « *Ce que nous mettons hors de jeu [par l'ἐποχή phénoménologique], c'est la thèse générale qui tient à l'essence de l'attitude naturelle … par conséquent tout ce monde naturel* qui est constamment “là pour nous”, *“présent”*, et ne cesse de rester là à titre de “réalité” pour la conscience … »[1]. Aussi l'ἐποχή phénoménologique me libère-t-elle de tout jugement, non seulement sur le monde naturel, mais aussi sur moi, puisque je suis moi-même inclus dans le monde naturel à titre de réalité empirique. Il nous faut toutefois la distinguer du doute méthodique cartésien sur au moins quatre points : a) l'ἐποχή phénoménologique ne nie pas la réalité empirique, elle ne fait que suspendre tout jugement la concernant ; b) la suspension de tout jugement n'est pas un moment destiné à être dépassé dans l'évidence, mais une attitude de remise en question permanente ; c) l'ἐποχή phénoménologique n'a pas de cause externe, elle est autonome vis-à-vis du donné ; d) le moi n'est pas exclu de la suspension de tout jugement, il est lui-même inclus à titre de réalité empirique. Cela revient à affirmer que l'ἐποχή phénoménologique n'est pas de l'ordre d'une négation abstraite : la suspension du jugement ne signifie ni un renoncement au monde naturel ni une négation de son contenu. L'ἐποχή phénoménologique est un acte qui manifeste le monde naturel dans sa dimension concrète *comme telle*. C'est ainsi que Patočka l'envisage dans son essai de 1947 : « La question métaphysique ne doit pas aboutir à une ingérence dans l'ordre de l'étant empirique, objectif. Cet étant demeurera valide comme étant empirique, comme réalité à constater. Toutefois, on montrera que cet étant empirique irrévocable est encore, dans sa facticité, indéterminé et problématique, que sa positivité n'est qu'apparente. C'est ici, croyons-nous, que réside le sens propre de l'idée husserlienne de réduction phénoménologique »[2].

En tant qu'ἐποχή, l'expérience de la liberté n'est donc pas de l'ordre d'une négation abstraite. C'est au contraire une négativité concrète, un acte par lequel le monde naturel, qui inclut le moi en sa réalité empirique, est mis

1. E. Husserl, *Ideen*, I, § 32, Hua. III, p. 56 ; trad. fr. P. Ricœur, *Idées directrices pour une phénoménologie*, I, Paris, Gallimard, 1989, p. 102.

2. J. Patočka, « Věčnost a dějinnost », p. 220 : « Metafyzická otázka nesmí vést k přímému zásahu do pořádku empirického, předmětného jsoucna. Toto jsoucno musí zůstat v platnosti jako empirické, jako stutečnost, kterou nezbývá než konstatovat. A přece musí být ukázáno, že toto nevývratné empirické jsoucno právě ve své faktičnosti je ještě neurčité, problematické, že jeho kladnost je pouze domnělá. Zde, domníváme se, byl vlastní smysl Husserlovy myšlenky fenomenologické redukce ».

hors jeu et saisi en son caractère essentiellement problématique. En ce sens, l'expérience de la liberté est moins une manifestation de l'intériorité qu'un ébranlement de l'étant qui laisse être l'étant *comme tel*. C'est pourquoi, dès *Éternité et historicité*, Patočka insiste sur le fait que l'ἐποχή phénoménologique doit être considérée comme une « ἐποχή sans réduction », ou pour le dire plus précisément, comme une « ἐποχή sans réduction du monde à la conscience ». L'idée husserlienne de l'ἐποχή phénoménologique, comme réduction du monde à la conscience, réintroduit en effet deux préjugés qu'elle était censée éliminer : a) l'objectité serait impossible sans le rapport à la conscience intentionnelle ; b) l'objectité ne serait rien d'autre que l'intersection des consciences intentionnelles. Autrement dit, l'« ἐποχή avec réduction du monde à la conscience », ou encore la réduction idéaliste, dissimule ce qu'elle était censée mettre en lumière : l'objectité *comme telle*, l'étant *comme problème*. Certes, la réduction idéaliste ébranle l'étant, mais elle ne le laisse pas à sa problématicité, puisqu'elle le ramène toujours à la conscience comme au sol ferme de sa donation. La reconduction de l'étant à la conscience, c'est-à-dire à un autre étant, est cependant contradictoire avec le sens premier de l'ἐποχή, qui est de dévoiler l'étant *comme tel* en le transcendant absolument, c'est-à-dire sans le ramener à un autre étant. C'est ce paradoxe de la réduction idéaliste qui amène Patočka à rechercher, dès l'essai de 1947, « ... une autre méthode réductive, plus ample, qui soit également métaphysique au sens propre du terme ... »[1]. Or en se donnant explicitement pour tâche de réinterpréter l'ἐποχή dans le sens de la nouvelle critique de la métaphysique, *Éternité et historicité* anticipe *Le platonisme négatif* de manière évidente. Le but est bien de rompre radicalement avec la tradition philosophique qui envisage « ... la conscience uniquement, ou presque, comme un contenu positif, c'est-à-dire du point de vue de l'objet et non de la transcendance, de la lutte et de la protestation contre l'objectité »[2]. La conscience est en vérité une lutte, un combat contre la reconduction de l'étant à toute positivité : d'où la nécessité de la ré-envisager à partir de l'expérience de la liberté comme négativité concrète.

1. *Ibid.*, p. 221 : « ... jiný, širší reduktivní postup, který by zároveň byl ve vlastním smyslu metafizický ... ».

2. *Ibid.*, p. 225 : « ... vědomí bylo chápáno výlučně nebo převahou jako pozitivní obsah, tudíž předmětně, a nikoli z hlediska transcendence, a tudíž v zápasu a protestu proti předmětnosti ».

§ 3. *Χωρισμός, le symbole de la liberté*

Les prémisses de la nouvelle définition de la liberté, telle qu'elle apparaît en 1953 dans *Le platonisme négatif*, sont donc bien à chercher dans *Éternité et historicité*. Cette nouvelle définition émerge à la faveur d'un retour au sens premier de l'ἐποχή, comme « ἐποχή sans réduction », et de la conscience, comme négativité concrète. Dans l'essai de 1947, Patočka montre en effet que la conscience est essentiellement une « dialectique de l'affection négative (*dialektika negativní afekce*) »[1], qui fait que le dépassement du monde naturel ne conduit jamais à un autre monde, mais reconduit toujours au monde naturel *comme tel*, dans toute sa problématicité : « Ainsi nous considérons finalement la méthode réductive comme faisant partie d'une dialectique particulière, appartenant à la structure essentielle de l'esprit et, par conséquent, à la nature de la réalité, caractérisée par le fait que chaque tentation d'aller au-delà de la réalité ramène vers elle, l'engendre à nouveau. *L'essence de cette dialectique est la lutte de l'esprit contre l'objectité.* Quand cette étrange objectité – le sujet, l'esprit, la conscience – surgit au sein de la réalité, elle ne peut que protester contre celle-ci ». Et d'ajouter que la protestation « ... ne frappe pas seulement les réalités objectives comme réalités constatées, constatables, présentes quelque part dans le monde, elle atteint également l'objectité elle-même. La conscience ne serait pas possible, du moins en sa forme claire et polaire sujet-objet, sans la structure essentielle de l'esprit à laquelle appartient ce que nous aimerions appeler l'*affection négative*, l'*affection de l'objet par la négativité.* Cette affection négative se manifeste de sorte que nous posons la totalité des choses (et notre différence à leur égard), mais ne pouvons en même temps croire et ne croyons pas y retrouver l'étant entier, l'étant vrai ... »[2]. En d'autres termes, l'acte par lequel la conscience transcende le monde naturel ne peut s'achever dans la

1. *Ibid.*, p. 227.

2. *Ibid.*, p. 223 : « A tak pohlížíme závěrem na reduktivní postup jako na část zvláštní dialektiky, jež náleží k samotné bytostné stavbě ducha, a tím k povaze skutečnosti, dialektiky, která se prokazuje tím, že každý pokus vykročit mimo ni k ní znovu vede, znovu ji rodí. *Podstatou této dialektiky je boj ducha s předmětností*; v okamžiku, kdy tato zvláštní předmětnost – subjekt, duch, vědomí – povstává uprostřed ostatního skutečna, nemůže jinak než protestovat proti němu ... Ale protest vědomí jde ještě dále a hloub : nepostihuje toliko skutečnosti, reality předmětné jako konstatované a konstatovatelné, někde v světě přítomné, nýbrž předmětnost samu. Nebýt základní stavby ducha, k níž náleží, co bychom rádi nazvali *afekcí negativní, afekcí předmětu záporností*, nebylo by vědomí vůbec možné, aspoň nikoli vědomí v jasné polární formě subjekt-objekt. Tato negativní afekce se projevuje tím, že sice klademe veškerenstvo věcí (a svůj rozdíl od nich), ale zároveň nemůžeme věřit a nevěříme, že bychom v něm měli plné, pravé jsoucno ... » (nous soulignons).

saisie du monde transcendant. La conscience remettrait nécessairement en question ce qui aurait été atteint sous ce nom. Aussi la conscience doit-elle être envisagée comme une sorte d'« ἐποχή permanente ». Du point de vue de l'expérience de la liberté en tant que négativité concrète, la conscience est un entre-deux, ou plus précisément, une séparation absolue, voire la séparation absolue entre le monde naturel qu'elle transcende et le monde transcendant qu'elle n'atteindra jamais.

C'est sur ce point que la relecture « heideggérienne » de Hegel par Kojève a eu une influence décisive[1]. Dans les deux dernières conférences du cours de 1933-1934 – qui posent la question de la mort dans la philosophie de Hegel –, Kojève écrit : « Hegel a voulu dès le début appliquer à l'Homme la notion judéo-chrétienne de l'individualité libre historique, inconnue dans l'antiquité païenne. Mais en analysant philosophiquement cette notion "dialectique", il a vu qu'elle impliquait la finitude ou la temporalité. Il a compris que l'Homme ne pouvait être un individu libre historique qu'à condition d'être mortel au sens propre et fort du terme, c'est-à-dire fini dans le temps et conscient de sa finitude. Et, l'ayant compris, Hegel a nié la survie : l'Homme qu'il a en vue n'est réel que dans la mesure où il vit et agit au sein de la Nature ; hors du Monde naturel, il est un pur néant. Mais nier la survie, c'est en fait nier Dieu. Car dire que l'Homme, qui transcende effectivement la Nature dans la mesure où il nie (par l'Action), s'anéantit dès qu'il se situe hors d'elle en y mourant en tant qu'animal, – c'est dire qu'il n'y a rien au-delà du Monde naturel. *Le Monde non naturel soi-disant "transcendant" ou "divin", n'est en réalité que le Monde "transcendantal" ... (ou partant) de l'existence historique humaine*, qui ne dépasse pas les cadres temporels et spatiaux du Monde naturel. Il n'y a donc pas d'Esprit en dehors de l'Homme qui vit dans le Monde »[2]. Pour autant que l'homme est un individu historique, sa liberté est nécessairement frappée du sceau de la finitude. D'un côté, cette finitude limite la liberté humaine, puisqu'elle implique que l'homme n'atteindra jamais le monde transcendant, bien qu'il transcende le monde naturel. De l'autre, cette finitude rend possible la liberté humaine, puisqu'elle implique

1. L'annotation du cours de Kojève, que nous avons pu vérifier dans ce qu'il reste de la bibliothèque personnelle de Patočka aux Archives de Prague, confirme que Patočka fut particulièrement interpellé par le concept de *négativité* et le rapport entre le *monde naturel* et le *monde historique*, avant tout dans les deux conférences sur « L'idée de la mort dans la philosophie de Hegel », que nous prendrons donc comme références pour la suite de notre argumentation.

2. A. Kojève, *Introduction à la lecture de Hegel*, *op. cit.*, p. 538 (nous soulignons).

que l'homme, en transcendant le monde naturel, n'atteindra jamais rien d'autre que lui-même. En d'autres termes, le monde non naturel est le lieu où s'accomplit la liberté de l'homme, puisqu'en lui l'homme n'a plus ni dans le ciel (le monde transcendant) ni sur la terre (le monde naturel) de point d'attache ou de point d'appui. En ce sens, l'homme qui transcende le monde naturel se retrouve dans une situation critique : il devient le gardien de ses propres lois, non le héraut de celles que lui suggère un sens inné ou une quelconque nature tutélaire, pour reprendre les paroles de Kant. Cela revient à penser qu'entre le monde naturel et le monde transcendant, la situation critique (la conscience de la finitude) ouvre le monde transcendantal de l'existence historique. Aussi l'histoire est-elle le lieu où se dévoile la liberté *comme telle*, comme « Négativité » ou « autonomie vis-à-vis du donné »[1]. L'*Introduction* de Kojève aurait donc bien influencé *Éternité et historicité* et *Le platonisme négatif* : le premier essai dans son approche de la conscience comme lutte contre l'objectité, négativité concrète, le second dans son approche de l'expérience de la liberté comme séparation absolue, monde historique.

Deux choses restent néanmoins à clarifier lorsque nous interprétons la *Kehre* patočkienne à la lumière de l'*Introduction* de Kojève. En effet, l'influence incontestable de l'ouvrage de Kojève sur le sens nouveau que Patočka donne à la liberté ne doit pas dissimuler des différences irréductibles entre les deux, voire les trois pensées : celle de Hegel, celle de Kojève et celle de Patočka. D'abord, notons que Patočka ne reprend pas à son compte la pensée de Hegel, même si l'interprétation que Kojève en donne a rendu possible un certain rapprochement. La différence entre la liberté hégélienne et la liberté patočkienne réside essentiellement dans leur rapport au donné : la liberté est chez Hegel la négativité qui nie le donné, alors qu'elle est chez Patočka la négativité qui le suspend. Or sur quels présupposés métaphysiques repose la distinction entre la négation et la suspension ? En quoi est-elle irréductible ? Chez Hegel, il faut bien voir que la liberté désigne la négativité qui néantit comme action *dans* l'être. En effet, l'action anéantit d'abord l'identité de l'être avec lui-même en affirmant la différence entre le sujet et l'objet, en créant l'homme par opposition à la nature. Elle anéantit ensuite cette différence en unissant le sujet et l'objet dans le savoir absolu, en intégrant l'homme à la nature. En d'autres termes, l'action comprend deux moments : a) le dépassement de l'être comme substance, qui donne l'*objet*; b) le dépassement de l'être comme objet, qui donne le *savoir absolu*. Aussi le double mouvement

1. A. Kojève, *Introduction à la lecture de Hegel*, *op. cit.*, p. 557.

de négation qui définit l'action s'achève-t-il dans le savoir absolu. Bien entendu, nous pourrions soutenir avec Kojève que l'action hégélienne en vient à se nier elle-même en anéantissant absolument le donné (substance, puis objet). L'action hégélienne attesterait ainsi la « finitude de l'être », et le savoir absolu ne serait rien d'autre que la conscience de cette finitude. Cependant, cela ne change rien au problème de l'achèvement de l'action dans un savoir « absolu », et non dans un savoir « in-scient », c'est-à-dire au caractère non critique de la métaphysique hégélienne. À ce titre, la manière dont Kojève interprète cette finitude de l'être est extrêmement révélatrice. Il s'agit d'une négation de la survie, de Dieu et du monde transcendant : « … Hegel a nié la survie … Mais nier la survie, c'est en fait nier Dieu … c'est dire qu'il n'y a rien au-delà du Monde naturel »[1]. Or de quel droit peut-on déduire l'impossibilité du monde transcendant de la finitude de l'être ? De quel droit l'être fini peut-il porter un jugement sur la possibilité de l'être infini ? Dans l'interprétation kojèvienne de Hegel, il faut bien voir que la négation du monde transcendant n'est que le revers de son affirmation. Il s'agit d'une « affirmation inversée », qui ne peut donc constituer une véritable relève (*Aufhebung*) de la métaphysique hégélienne.

Si Patočka ne place pas la liberté dans un rapport de négation mais de suspension vis-à-vis du donné, c'est précisément parce qu'il ne veut pas inverser mais « "dépasser et conserver" (*aufheben*) la métaphysique »[2]. Or, pour ne pas tomber dans une inversion de la métaphysique, il faut s'interdire de porter un jugement négatif sur la possibilité du monde transcendant. Entre l'affirmation et la négation, il ne reste donc qu'une seule solution : la suspension. Autrement dit, au lieu d'affirmer l'impossibilité du monde transcendant (métaphysique inversée), il s'agit d'affirmer l'impossibilité d'un savoir absolu (métaphysique relevée). À la négation du donné aboutissant à un savoir « absolu », même « négatif », il faut substituer la suspension du donné aboutissant à un savoir « in-scient ». C'est pourquoi la liberté doit être conçue comme la négativité qui suspend tout jugement sur le monde naturel *et* sur le monde transcendant. Chez Patočka, l'expérience de la liberté n'est pas l'expérience de la nature ni l'expérience de Dieu, mais l'expérience « … de l'homme en tant qu'être historique »[3]. L'expérience de la liberté ouvre le monde transcendantal de l'existence historique. Nous retrouvons ici l'interprétation kojèvienne de l'absolu hégélien, qui résiderait essentiellement en cette existence historique : « Hegel démontre

1. *Ibid.*, p. 538.
2. J. Patočka, « Negativní platonismus », p. 326 ; trad. fr., « Le platonisme négatif », p. 85.
3. *Ibid.*, p. 322 ; trad. fr., p. 79.

que l'"Esprit absolu", ou la totalité de l'Être révélé, est, non pas un Dieu éternel créant le Monde à partir du Néant, mais l'Homme négateur du Monde naturel donné de toute éternité, où lui-même naît et meurt en tant qu'humanité historique»[1]. Il faut toutefois souligner que Patočka, contrairement à Kojève, se départit des présupposés métaphysiques de Hegel. Il ne reprend l'interprétation kojèvienne de l'absolu hégélien qu'en lui donnant un sens authentiquement heideggérien. En effet, pour que la négativité relève de la négation du donné, il faut penser l'être comme *identité*. Mais pour que la négativité puisse nier l'identité, il faut nécessairement que la négativité soit toujours déjà associée à l'être dans l'identité. Par conséquent, l'être ne peut être originellement identité; il est originellement *différence*. La liberté est donc la négativité qui néantit comme action *de* l'être (Patočka), non la négativité qui néantit comme action *dans* l'être (Hegel, Kojève). Or c'est l'oubli de la définition originelle de l'être comme différence qui, selon Heidegger, serait responsable d'une «complète *dissolution* de la négativité dans la positivité de l'absolu»[2]. Pour éviter la dissolution de la négativité, il s'agirait de ré-envisager la conscience du point de vue de l'être comme différence.

Une interprétation non métaphysique (au sens de la relève et non de l'inversion de la métaphysique) de la conscience comme expérience de la liberté doit donc aboutir à une définition de la séparation absolue comme suspension (et non comme négation), ainsi qu'à une définition de l'être comme différence (et non comme identité). C'est le pas théorique que Patočka accomplit dans *Le platonisme négatif* à partir de son interprétation non métaphysique du χωρισμός platonicien. Le χωρισμός désigne la «différence au sens ontique (*rozdíl ontického významu*)»[3], il marque la séparation *dans l'étant* entre les Idées et les phénomènes, le monde transcendant et le monde naturel. Il désigne la différence ontologique au sens métaphysique du terme. Interpréter le χωρισμός en un sens non métaphysique exige donc de repenser la séparation entre les Idées et les phénomènes à partir de l'expérience de la liberté comme séparation ou suspension absolue. Patočka propose pour cela une démarche en deux temps. D'abord, il s'agit de se libérer «... d'une métaphore qui s'attache au terme même de χωρισμός en tant qu'il évoque l'idée de la séparation de deux choses – de

1. A. Kojève, *Introduction à la lecture de Hegel*, *op. cit.*, p. 574.

2. M. Heidegger, *Hegel*, GA, 68, p. 14; trad. fr. A. Boutot, *Hegel*, Paris, Gallimard, 2007, p. 32.

3. J. Patočka, «Negativní platonismus», p. 327; trad. fr., «Le platonisme négatif», p. 86 (traduction modifiée).

deux domaines d'objets »[1]. Or il faut rappeler que la métaphore du χωρισμός, comme séparation entre deux choses, ne vient pas de Platon lui-même, mais d'Aristote, qui dénonce dans l'Idée platonicienne une hypostase de l'universel (*Métaphysique* B, 997 *b*). En effet, le Stagirite critique la théorie platonicienne des Idées séparées sans mettre en évidence le moment de sa légitimité. Or, pour Patočka, celui-ci réside dans leur séparation, dans le χωρισμός entendu au sens du moment dialectique par lequel la conscience vient séparer l'essence (l'être) de l'existence (l'étant). Se libérer de la métaphore du χωρισμός suppose donc de rompre avec la démarche aristotélicienne qui consiste à hypostasier le χωρισμός. Il s'agit de revenir au sens premier du χωρισμός pour dépasser ce qui est véritablement contestable dans la théorie platonicienne des Idées : la conception métaphysique qui fait de l'Idée (ἰδέα) l'étant absolu, ce qui est vu en dernier lieu, non ce qui rend visible mais ne peut être vu[2]. Autrement dit, le χωρισμός ne doit plus être pensé comme une séparation entre deux choses, objets ou étants : « Le χωρισμός est originairement une séparation *sans* second domaine d'objets » ; il doit être repensé comme « séparation absolue »[3]. Le χωρισμός est donc ce qui sépare la conscience de l'étant (du monde naturel) pour la mettre en rapport avec le non-étant (le monde non naturel), et non avec l'étant absolu (le monde transcendant). Le χωρισμός est, à l'image de la liberté, ce qui ouvre le monde transcendantal de l'existence historique.

C'est en ce point que Patočka parvient à réconcilier le χωρισμός et la liberté. Le χωρισμός est originairement le « *symbole* de la liberté »[4]. Il faut d'abord se libérer du χωρισμός comme métaphore, pour parvenir ensuite au χωρισμός comme symbole. Or quelle est la différence entre une métaphore et un symbole ? Il s'agit dans les deux cas d'une image, d'une chose qui représente autre chose qu'elle-même, mais qui ne représente, selon le cas, ni la même chose, ni de la même façon. La métaphore est une analogie qui vise à décrire ce qui est. Le χωρισμός métaphorique vise à décrire l'étant absolu par analogie avec un autre étant. Le χωρισμός métaphorique signifie donc *au sein de l'étant.* Il a une signification mondaine, non une signification métaphysique au sens de Jaspers. La différence entre les deux

1. *Ibid.*, p. 328 ; trad. fr., p. 87.

2. Platon, *République* (517 *b* 8-*c* 1) : « ... ἐν τῷ γνωστῷ τελευταία ἡ τοῦ ἀγαθοῦ καὶ μόγις ὁρᾶσθαι ... » (« ... dans ce qui est connaissable, ce qui est vu en dernier lieu est l'Idée du Bien et elle ne peut être regardée que difficilement ... »).

3. J. Patočka, « Negativní platonismus », p. 328 ; trad. fr., « Le platonisme négatif », p. 87 (traduction modifiée).

4. *Ibid.*, p. 328 ; trad. fr., p. 88 (nous soulignons).

types de signification réside avant tout dans la possibilité ou non de montrer directement ce que l'image représente. Or, selon Jaspers, c'est seulement dans le cas où nous ne pouvons le faire que « ... nous parlons de symbole, au sens fort d'une portée métaphysique, qui ne peut pas seulement être pensé objectivement, mais doit être saisi existentiellement dans l'image ». Et de préciser : « ... le symbole métaphysique est l'objectivation de quelque chose qui n'a pas en soi d'objectivité »[1]. Autrement dit, contrairement à la métaphore, le symbole signifie *au-delà de l'étant*. Le χωρισμός symbolique vise à nous mettre en rapport avec le non-étant par objectivation. Il s'agit toutefois d'une objectivation paradoxale, puisqu'elle nous fait vivre et non voir ce qui est ainsi objectivé, représenté. L'objectivation symbolique n'est pas une objectivation positive mais négative : elle ne nous fait pas saisir ce qu'elle représente dans une « expérience passive », dans une expérience qui aurait un contenu positif – pour reprendre la terminologie du *Platonisme négatif*. Au contraire, le χωρισμός symbolique est une « expérience active », une expérience dépourvue de tout contenu positif. C'est pourquoi Patočka identifie le χωρισμός à la liberté : « ... le mystère du χωρισμός est identique à l'expérience de la liberté : l'expérience d'une mise hors jeu par rapport aux choses réelles, l'expérience d'un sens indépendant de l'objectif et du sensible que nous conquerrons en convertissant l'orientation primitive, "naturelle", de la vie ... »[2]. En en faisant le symbole de la liberté, Patočka réinterprète donc le χωρισμός à la lumière de l'ἐποχή.

La réinterprétation du χωρισμός à la lumière de l'ἐποχή confirme le sens qu'il faut donner au χωρισμός comme séparation absolue : il ne s'agit pas d'une négation mais d'une *suspension absolue*. De la même manière, elle confirme que le χωρισμός n'est pas d'abord différence ontique mais *différence ontologique*. Le χωρισμός, comme symbole de la liberté, désigne la différence ontologique, plus exactement, la différence ontologique au sens non métaphysique, qui n'admet de relève ni dans l'absolu (Hegel) ni dans l'Idée (Platon). Pour autant, l'Idée ne doit pas être abandonnée. Bien qu'elle ne soit plus conçue comme un objet absolu, elle n'en reste pas moins l'« abréviation du χωρισμός »[3], c'est-à-dire l'objectivation négative du non-étant, de l'être. À travers son interprétation phénoménologique du χωρισμός, Patočka développe donc une conception négative de l'Idée. L'idée n'est plus ce qui se manifeste en dernier lieu

1. K. Jaspers, *Philosophie*, III, *op. cit.*, p. 16 ; trad. fr., *Philosophie*, *op. cit.*, p. 622.

2. J. Patočka, « Negativní platonismus », p. 328 ; trad. fr., « Le platonisme négatif », p. 87-88 (traduction modifiée).

3. *Ibid.*, p. 328 ; trad. fr., p. 88.

(platonisme positif), mais le principe non manifeste de la manifestation (platonisme négatif): « Il est bien évident que l'Idée ainsi conçue ne peut jamais comme telle être aperçue. Loin d'être Objet en soi, elle n'est que l'origine et le principe de toute objectivation ... », parce qu'elle est « ... au premier chef et plus fondamentalement une force de désobjectivation et de déréalisation où prennent leur source nos capacités de lutte contre la "réalité pure et simple" qui tendrait à s'imposer à nous comme loi absolue ... »[1]. C'est donc l'Idée qui est au principe de la lutte de la conscience contre l'objectité. *Le platonisme négatif* entre ainsi en résonance avec *Éternité et historicité*. L'interprétation phénoménologique de l'Idée place celle-ci au principe de la dialectique négative qui élargit l'horizon de la donation au-delà du présent et permet à l'homme de devenir un être historique. L'Idée ouvre le monde transcendantal de l'existence historique, qui n'est pas le monde transcendant, divin, mais le monde véritablement humain. La *Kehre* patočkienne s'accomplit dans ce dépassement de l'Idée au sens absolu vers l'Idée au sens symbolique, qui repose entièrement sur une mise hors jeu de la métaphysique à partir d'une nouvelle définition de la liberté comme suspension absolue. De cette conception symbolique, ou encore négative, de l'Idée, nous pouvons tirer trois conclusions: a) la limitation de la raison humaine, puisque cette conception implique l'impossibilité, pour l'homme, d'un savoir absolu; b) la non-négation de l'absolu, puisque cette conception n'exige que la suspension de tout jugement sur sa possibilité; c) l'inachèvement de la recherche de l'absolu, qui n'est cependant pas vaine puisqu'en elle se déploie l'horizon d'une liberté proprement humaine.

1. *Ibid.*, p. 329; trad. fr., p. 89.

CHAPITRE II

LA REPRISE DE L'ANALYTIQUE EXISTENTIALE

§ 4. *L'appel de l'Idée et la liberté jetée*

Si la liberté se définit dans *Le platonisme négatif* comme « l'autre face de la transcendance de l'Idée (*druhá stránka transcendence Ideje*) »[1], c'est parce que l'Idée n'est nullement un objet absolu, mais la transcendance absolue, entendue au sens de l'ἐποχή, de la suspension qui libère l'étant *comme tel*. L'Idée est la négativité au principe du dévoilement de l'être de l'étant en l'homme, elle est ce qui rend l'homme intérieurement libre *en vue de l'être*. Autrement dit, la liberté de l'homme n'est pas une liberté négative, une simple absence de lien, mais une liberté positive, un rapport intérieur à l'être. La liberté de l'homme est le revers, voire l'avers positif de la négativité de l'Idée, c'est pourquoi elle est « l'autre face de la transcendance de l'Idée ». Mais soutenir que la liberté de l'homme est « positive », n'est-ce pas contradictoire avec l'affirmation de sa négativité essentielle ?

Reprenons l'essai de 1947, *Éternité et historicité*, et observons de quelle manière négativité et positivité coexistent dans le concept patočkien de liberté : « L'action de celui qui transcende au sens fort du terme ne trouve nulle part sa règle ni son modèle. C'est une action en situation variable, indéterminée jusqu'au bout. Étant donné qu'elle n'a ni modèle ni règle positive, elle ne possède pas la certitude de l'action qui s'appuie sur le calcul et se vérifie à travers des milliers d'expériences. *Le manque de modèle positif, c'est justement ça la condition d'une nouvelle positivité.* L'action ne s'appuie ici sur *rien* d'étant et, pourtant, son but et son fruit est

1. J. Patočka, « Negativní platonismus », p. 331 ; trad. fr., « Le platonisme négatif », p. 92.

l'*être* au sens profond du terme»[1]. Nous distinguons ici deux types de positivité ou de certitude: a) la positivité objective ou certitude positive, c'est-à-dire la certitude qui repose sur le calcul et la validation empirique; b) la positivité ontologique ou certitude négative, c'est-à-dire la certitude qui ne repose pas sur le calcul et la validation empirique. Pour autant qu'elle se déploie en vue de l'être, la liberté relève du second type de positivité, de la positivité ontologique: «Par sa transcendance au-delà de l'objet, de tout donné et de tout fait, celui qui transcende vise la véritable positivité, l'"être vrai"»[2]. La liberté relève de la certitude négative, de la conscience du manque de toute règle, de tout modèle d'action. La négativité de la certitude ne signifie elle-même rien d'autre que la transcendance de l'Idée, qui libère l'être de l'étant en suspendant tout modèle, en luttant contre tout donné. Aussi la négativité de l'Idée est-elle au principe de la positivité de la liberté. La positivité de la liberté ne contredit donc pas sa négativité essentielle, mais requiert au contraire toute la puissance critique de son essence, qui réside dans la transcendance de l'Idée: «Chaque donnée subjective ou objective est soumise à la critique de l'Idée, mise en rapport avec l'Idée en tant que l'Idée lui oppose son *non*, l'énoncé de sa transcendance»[3].

L'Idée est au principe d'une lutte contre le donné pour libérer ce qui donne le donné, pour faire sortir l'«être vrai» du retrait. La reprise de la terminologie heideggérienne est ici requise par la réconciliation de Patočka avec la pensée de Heidegger, dont témoignent notamment les lettres à Robert Campbell de la période 1946-1950. Patočka y explique régulièrement la différence entre Sartre et Heidegger, jusqu'à découvrir son accord profond avec le philosophe allemand. Dans la lettre du 17 septembre 1947, nous lisons que Sartre continue à envisager l'être sur le mode de l'étant, alors que «... la question heideggérienne est celle de l'être "véritable"», ou encore: «... on s'efforce de regarder la vérité comme rivée au donné, tandis qu'elle est, pour Heidegger, ce qui donne le donné et qui n'est possible, à son tour, que par une lutte contre un donné préalable»[4]. Or il

1. J. Patočka, «Věčnost a dějinnost», p. 233: «Jednání transcendujícího v plném smyslu slova nemá nikde svůj předpis ani svou předlohu; je to jednání v proměnlivé, doposledka neurčené situaci; jelikož pro ně není vzoru a kladného předpisu, není v něm jistoty, jakou má úkon podložený výpočtem a osvědčený v tisícerých zkušenostech. *Není tu pozitivního vzoru: a právě to je předpokladem nové pozitivnosti.* O *nic* již jsoucího se čin neopírá – a přece jeho cílem a ovocem je *bytí* v plném smyslu slova» (nous soulignons).

2. *Ibid.*, p. 233: «Tím, že transcenduje za předmět, za všecko dané a hotové, snaží se transcendující o pravou pozitivnost, o "pravé bytí"».

3. J. Patočka, «Negativní platonismus», p. 331; trad. fr., «Le platonisme négatif», p. 92.

4. J. Patočka, «Lettres à Robert Campbell», *op. cit.*, p. 42.

suffit de reprendre le cours de Heidegger sur Platon pour vérifier la justesse de ce propos et la convergence du *Platonisme négatif* avec la conception de la vérité qui s'y trouve. En effet, dans son cours sur Platon, Heidegger souligne que « … la vérité en tant qu'ouvert sans retrait consiste dans le surmontement de l'abritement dans le retrait … ». Et de préciser : « La capacité de désabriter, le surmontement de l'abritement dans le retrait, n'a pas lieu en propre si elle n'est pas en elle-même une lutte originaire contre l'être en retrait »[1]. Aussi la vérité est-elle essentiellement lutte originaire (*ursprünglicher Kampf*). Cette approche de l'essence de la vérité en termes de lutte originaire atteint son point culminant dans le paragraphe onze du cours sur Platon. Celui-ci constitue le dernier moment de la compréhension heideggérienne du mythe de la caverne. Heidegger y affirme que seul le retour de l'homme libre dans la caverne peut être considéré comme le plein accomplissement de la liberté. Être libre ne signifie pas seulement être libéré des chaînes à l'intérieur de la caverne, ni même être libéré pour la lumière à l'extérieur de la caverne. L'homme ne devient pleinement libre que dans la mesure où il ramène la lumière dans la caverne. Et ramener la lumière exige de lutter contre les apparences que les habitants de la caverne prennent pour l'« être vrai ». Celui qui ramène la lumière est donc nécessairement source de conflit : « Ne pensez pas que je sois venu apporter la paix sur la terre » (*Matthieu*, X, 34). Pour autant, le conflit de l'être et des apparences n'est pas une simple polémique, il s'agit d'une lutte originaire, d'« … une lutte qui *se crée* elle-même d'abord son adversaire et son antagoniste, et aide ce dernier à se hausser au niveau de l'*antagonisme le plus tranchant* »[2]. En tant que lutte originaire, la liberté crée elle-même ce à quoi elle s'oppose, puisqu'elle dévoile les apparences *comme telles*.

Or la liberté ne peut dévoiler les apparences *comme telles* que dans la mesure où son essence réside dans la transcendance de l'Idée. Le paragraphe douze du cours sur Platon confirme ce point capital du *Platonisme négatif*. Heidegger y rappelle que l'Idée la plus haute (le Bien, ἀγαθόν) a, comme toutes les autres Idées, mais plus originairement qu'elles, pour fonction de « … *faire jaillir le hors-retrait* – hors-retrait de quelque chose d'étant – et, l'Idée étant ce qui est aperçu par le regard, *donner à entendre l'être de l'étant* … ». Et de préciser dans une note : « Pour Platon, l'ἰδεῖν passe *au-dessus* de l'ἀλήθεια parce que la visibilité devient essentielle

1. M. Heidegger, *Vom Wesen der Wahrheit* [1931-1932], GA, 34, p. 92 ; trad. fr. A. Boutot, *De l'essence de la vérité*, Paris, Gallimard, 2001, p. 113 (nous soulignons).

2. *Ibid.*, p. 92 ; trad. fr., p. 113.

pour l'ἰδεῖν (ψυχή), non le désabritement comme essentialisation de l'être »[1]. Heidegger indique donc deux choses : a) d'une part, le Bien est ce qui donne à entendre l'être de l'*étant en général*, puisqu'il est au-dessus de toutes les autres Idées, qui donnent à entendre les étants particuliers en ce qu'ils sont et comment ils le sont ; b) d'autre part, la visibilité de l'Idée n'est plus essentielle si le jaillissement hors retrait de l'« être vrai » est envisagé comme désabritement, comme « lutte originaire ». Autrement dit, le Bien est ce qui donne à entendre l'« être vrai » en l'homme, ou encore, ce qui appelle l'homme à lutter contre le donné pour libérer ce qui le donne. L'Idée doit donc désormais être conçue à partir de l'ἀλήθεια et de son alpha privatif, qui marque la négativité de la transcendance de l'Idée. En effet, Patočka affirme que l'Idée « donne à voir », mais qu'elle « ne peut jamais comme telle être aperçue »[2]. Cela revient à dire que l'Idée n'est plus le dernier des visibles. L'Idée ne peut même plus être dite ou saisie : « … indicible et insaisissable, elle est un mystère éternel précisément parce qu'aucune réalité ne l'exprime … »[3]. *Le platonisme négatif* serait ainsi une réinterprétation de l'Idée platonicienne à la lumière de l'ἀλήθεια. C'est pourquoi Patočka interdit toute forme de phénoménalisation à l'Idée, sinon celle de l'*appel*. L'Idée est « pur appel de la transcendance (*ryzý apel transcendence*) »[4]. Pour autant, l'appel ne doit pas être vu comme une phénoménalisation positive de l'Idée. L'Idée s'annonce toujours sans jamais rien énoncer. L'Idée ne se phénoménalise que négativement, dans les vécus qui manifestent la vanité des choses mondaines (l'angoisse, l'ennui, la souffrance, etc.). L'appel de l'Idée passe donc sous silence les événements du monde. L'Idée n'est pas ce qui invite à débattre du monde, mais ce qui appelle à laisser être l'*étant en général*, le *monde*, *comme tel*. Aussi l'appel de l'Idée est-elle moins une invitation qu'une interpellation, qui nous accuse d'être en faute à l'égard du monde.

Laisser être le monde *comme tel*, cela n'implique absolument pas de renoncer à combattre les injustices de ce monde. Au contraire, l'appel de l'Idée est un appel à réparer les injustices, c'est-à-dire à rendre à chaque étant ce qui lui appartient en propre (*suum cuique reddere*). Et le premier étant à l'égard duquel nous sommes en faute, c'est nous-mêmes : « … bien que nous vivons de l'Idée, écrit Patočka, nous sommes [le plus souvent]

1. *Ibid.*, p. 99 ; trad. fr., p. 121 (traduction modifiée).

2. J. Patočka, « Negativní platonismus », respectivement p. 328 et 329 ; trad. fr., « Le platonisme négatif », respectivement p. 88 et 89.

3. *Ibid.*, p. 331 ; trad. fr., p. 92.

4. *Ibid.*, p. 333 ; trad. fr., p. 95.

détournés de l'Idée et ne prêtons aucune attention à l'Idée »[1]. L'Idée étant ce dont notre vie procède, cela signifie que nous sommes la plupart du temps en dehors de nous-mêmes. L'appel de l'Idée est donc un appel à se reprendre. Celui qui entend l'appel de l'Idée est confronté à une reprise de lui-même. Aussi serait-il éclairant de continuer la lecture du *Platonisme négatif* en nous référant aux analyses de Heidegger sur la structure d'appel de la conscience. Dans *Sein und Zeit*, Heidegger explique que cette reprise de soi signifie : « … se décider depuis le soi propre pour un pouvoir-être. En choisissant ce choix, le *Dasein* se *rend possible*, en tout premier lieu, son pouvoir-être propre »[2]. Autrement dit, se reprendre consiste à se choisir soi-même en se donnant à soi-même son pouvoir-être propre. L'appel de l'Idée rend donc possible un accomplissement de soi au double sens du génitif: un accomplissement *de* soi *par* soi. C'est pourquoi Patočka remarque que, lorsque nous transcendons le donné vers ce qui le donne, « L'étant qui surgit est notre propre étant, nous nous parachevons nous-mêmes. Pour autant que cela se déroule à l'intersection de ce qui est déjà et de ce qui ne dépend que de soi, on peut parler ici de choix de soi-même, d'accomplissement de soi. L'auto-réalisation est donc la formulation sommaire de la tâche de la vie, une tâche essentielle qui est en même temps une tâche morale »[3]. L'accomplissement de soi constitue une tâche morale, puisque son horizon est ouvert par la conscience en tant que conscience morale (*Gewissen*), dont la structure, affirme Heidegger, est celle d'un « … *appel* adressé au Dasein sur son pouvoir-être-soi-même le plus propre, et cela de la manière qui *interpelle* son être-en-faute le plus propre »[4]. L'Idée ne serait donc rien d'autre que cette conscience qui nous manifeste notre être-en-faute pour que nous expérimentions notre être-libre, c'est-à-dire nous expérimentions nous-mêmes. Or, que l'Idée nous fasse expérimenter la liberté sur le mode de la culpabilité, cela confirme à nouveau l'idée d'une

1. *Ibid.*, p. 332 : « … ačkoli žijeme z Ideje, žijeme odvráceni od Ideje a Ideu nepozorujeme ».

2. M. Heidegger, *Sein und Zeit*, § 54, *op. cit.*, p. 268 : « Nachholen der Wahl bedeutet aber *Wählen dieser Wahl*, Sichentscheiden für ein Seinkönnen aus dem eigenen Selbst. Im Wählen der Wahl *ermöglicht* sich das Dasein allererst sein eigentliches Seinkönnen ».

3. J. Patočka, « Věčnost a dějinnost », p. 233 : « Jsoucno, které se takto vynořuje, je naše vlastní; samy sebe tedy dotváříme, a poněvadž se to děje na křižovatce toho, co již jest, a toho, co toliko na nás závisí, lze tu mluvit o volbě sebe sama, o seberealizaci. Sebeuskutečnění je tedy sumární formulace životní úlohy, úlohy bytostné, která je zároveň úlohou mravní ».

4. M. Heidegger, *Sein und Zeit*, § 54, *op. cit.*, p. 269 : « Der Gewissenruf hat den Charakter des *Anrufs* des Daseins auf sein eigenstes Selbstseinkönnen und das in der Weise des *Aufrufs* zum eigensten Schuldigsein ».

réconciliation de Patočka avec la pensée de Heidegger à la fin des années quarante.

Mais pourquoi parlons-nous d'une ré-conciliation et non d'une simple conciliation de Patočka avec la pensée de Heidegger? Dans les premiers écrits, avons-nous des textes qui témoignent d'un accord originaire? Nous pouvons en effet constater que Patočka avait déjà été tenté par une reprise de l'analytique existentiale, comme l'atteste le texte qui s'intitule « Quelques remarques sur les concepts d'histoire et d'historiographie ». Il s'agit d'un texte rédigé en 1934, durant la période où il suit les cours de Heidegger à l'Université de Fribourg-en-Brisgau. Texte inaugural de sa philosophie de l'histoire, la question de la liberté en est la question directrice. Patočka y soutient que l'histoire repose sur la liberté comme possibilité essentielle. Cela revient en même temps à dire que la vérité historiographique dépend avant tout de la façon dont l'historien comprend la liberté. Or, pour Patočka, la liberté de l'homme n'est pas une liberté négative, absolue, une libération de toutes les possibilités, mais une liberté positive, limitée, une libération pour la possibilité dans laquelle l'homme assume son être-jeté. La liberté de l'homme « … ne peut être que *liberté jetée*. La liberté jetée, cela signifie : toutes les possibilités de la liberté se développent sur le fondement de ce dans quoi nous place le passé humain, nous sommes co-déterminés par ce qui fut ». Et Patočka ajoute : « Le passé est donc un *appel* pressant lancé à notre liberté, qui l'engage à se réveiller à sa propre question » [1]. Autrement dit, pour autant que le passé détermine cette part de nous-mêmes que nous n'avons pas choisie, il remet en question notre liberté en tant que choix de soi par soi. Pour autant que le passé nous co-détermine nécessairement, notre liberté ne peut jamais être absolue, elle ne peut jamais relever d'un choix total de nous-mêmes, au sens où nous aurions tout choisi de nous-mêmes par nous-mêmes. Notre liberté est toujours en situation. Le passé appelle notre liberté dans sa situation pour que nous devenions pleinement nous-mêmes en assumant notre être-jeté, c'est-à-dire notre être-en-faute, ce que nous ne pourrons jamais avoir choisi de nous-mêmes. En effet, il ne faut pas comprendre l'être-en-faute comme le simple manquement à une obligation. Notre faute ne vient pas d'abord de ce que nous avons fait, alors que nous n'aurions pas dû le faire, ni même du contraire. Elle vient d'abord de ce que nous sommes jetés à l'origine dans des possibilités que nous ne pourrons jamais avoir choisies,

1. J. Patočka, « Několik poznámek k pojmům dějin a dějepisu » [1934], SS, 1, p. 43-44; trad. fr. E. Abrams, « Quelques remarques sur les concepts d'histoire et d'historiographie », dans *L'Europe après l'Europe*, Lagrasse, Verdier, 2007, p. 151 (nous soulignons).

mais que nous devons néanmoins assumer, comme si nous en étions à l'origine, pour devenir pleinement nous-mêmes. Être libre consiste donc paradoxalement à être à l'origine de son être que détermine un *être-jeté*, un *ne-pas-être-à-l'origine*. Aussi avons-nous bien, en 1934, une conception existentiale de la liberté, qui reprend rigoureusement celle de *Sein und Zeit : être-libre* comme « *être-à-l'origine d'une négativité* »[1].

Avant la rupture entérinée par la thèse de 1936, Patočka s'était donc bien engagé dans une reprise de l'analytique existentiale, en plaçant la liberté au principe de ce que nous appellerions une « individuation négative ». La liberté s'enracine dans la négativité de l'homme en tant qu'origine jetée. Or, si l'homme est cette origine, c'est uniquement « ... en se projetant sur des possibilités dans lesquelles il est jeté. Le soi-même qui a *comme tel* à poser sa propre origine n'en peut *jamais* devenir maître, et il a bel et bien, en existant, à en assumer l'origine. L'origine jetée qui est la sienne pour être est le pouvoir-être dont il y va pour le souci »[2]. Autrement dit, le seul choix que nous pouvons faire de nous-mêmes est un « choix négatif », consistant à nous approprier ce que nous ne pourrons jamais avoir choisi de nous-mêmes. Nous devenons libres en nous appropriant notre origine. Toutefois, nous approprier notre origine ne signifie nullement que nous en devenions les propriétaires. Nous pouvons nous approprier un lieu sans le posséder ou, à l'inverse, posséder un lieu sans nous l'approprier. Pour nous approprier un lieu, il nous faut d'abord en prendre soin. Cela revient à dire que nous nous approprions notre origine en prenant soin de nous-mêmes. *Le choix de soi se fonde sur le souci de soi*. C'est pourquoi Heidegger affirme que la conscience est structurellement identique au souci, dans lequel « ... celui qui appelle est le *Dasein* s'angoissant dans l'être-jeté (être-déjà-dans...) pour son pouvoir-être. Celui qui est appelé est précisément ce *Dasein*, interpellé vers son pouvoir-être le plus propre (avance-sur-soi...). Et le *Dasein* est interpellé par l'appel à sortir de la déchéance dans le on (être-déjà-auprès du monde préoccupé) »[3]. Et nous pouvons observer que c'est également cette structure du souci que Patočka attribue à l'Idée. Dans *Le platonisme négatif*, il écrit en effet que l'Idée « ... agit comme un appel permanent à dépasser l'objectité et la choséité

1. M. Heidegger, *Sein und Zeit*, § 58, *op. cit.*, p. 283 : « *Grundsein einer Nichtigkeit* ».

2. *Ibid.*, p. 284 ; trad. fr., p. 341-342.

3. *Ibid.*, p. 277 : « ... der Rufer ist das Dasein, sich ängstigend in der Geworfenheit (Schon-sein-in ...) um sein Seinkönnen. Der Angerufene ist eben dieses Dasein, aufgerufen zu seinem eigensten Seinkönnen (Sich-vorweg...). Und aufgerufen ist das Dasein durch den Anruf aus dem Verfallen in das Man (Schon-sein-bei der besorgten Welt) ».

purement données, appel qui se manifeste dans la création humaine du nouveau et dans les efforts sans cesse répétés pour sortir de la déchéance à laquelle nous condamne la persévérance dans ce qui est purement donné »[1]. Or nous retrouvons bien ici les trois moments structuraux du souci : a) l'appel à dépasser le donné n'est rien d'autre que l'appel du « *Dasein* s'angoissant dans l'être-jeté (être-déjà-dans ...) pour son pouvoir-être le plus propre » ; b) la création du nouveau correspond au « *Dasein* interpellé vers son pouvoir-être le plus propre (avance-sur-soi...) » ; c) les efforts pour sortir du donné renvoient au « *Dasein* sortant de la déchéance dans le on (être-déjà-auprès du monde préoccupé) ».

Aussi l'Idée se déploie-t-elle suivant la *structure ternaire du souci*. La liberté est donc rendue possible par l'appel de l'Idée en tant qu'appel du souci, qui n'est autre que l'appel du *Dasein* par lui-même. Il faut toutefois rappeler que le souci est une *appropriation sans possession*. La liberté est une *responsabilité sans propriété. Être libre signifie avoir l'usufruit de soi-même et non la nue-propriété*. Nous ne nous possédons pas, car notre origine ne nous appartient pas. À qui notre origine appartient-elle donc ? Notre origine appartient à ce qui la fonde, elle appartient à *l*'origine. C'est pourquoi être à l'origine ne signifie pas être l'origine. L'homme devient libre en se posant à l'origine de son être dont il n'est pas l'origine, et dont il ne pourra jamais se rendre maître. Si la liberté doit être pensée comme autonomie, il ne peut donc s'agir que d'une « autonomie négative », au principe d'une « individuation négative ». L'appel qui rend possible la liberté ne peut être à proprement parler l'appel du *Dasein* « par » lui-même : nous retomberions dans une conception « positive » de l'individuation. L'appel du souci, en tant qu'appel du *Dasein* par lui-même, est plus essentiellement appel du *Dasein* « en » lui-même : « Ce n'est pas *par* lui-même mais *en* lui-même qu'il [sc. le *Dasein*] est *mis en liberté* à partir de l'origine pour être *en tant que celle-ci* »[2]. Autrement dit, le *Dasein* est mis en liberté « en » lui-même « par » l'origine. L'origine accorde au *Dasein* de pouvoir être à l'origine, elle lui accorde le pouvoir de prendre sa place, la place de l'origine et donc sa propre place. Le pouvoir de l'origine ne peut être accordé au *Dasein* que par l'origine elle-même. Or, que le *Dasein* ne puisse se projeter par lui-même sur l'origine, cela fait du souci

1. J. Patočka, « Negativní platonismus », p. 334 : « ... osvědčuje se jako stálý apel k překročení pouhé dané předmětnosti a věcnosti, jehož vnějším překladem je lidská tvorba nového a stále opakované úsilí vybřednout z úpadku, k němuž náš odsuzuje setrvání v pouze daném ».

2. M. Heidegger, *Sein und Zeit*, § 58, *op. cit.*, p. 285 ; trad. fr., p. 342.

une « projection négative ». Le *Dasein* n'est donc pas seulement à l'origine d'un être dont il n'est pas l'origine, il l'est également de manière négative : « Le souci – l'être du *Dasein* – veut donc dire comme projection jetée : l'*être (négativement)-à-l'origine d'une négativité* »[1]. La liberté n'est rien d'autre que le fait, pour le *Dasein*, de « se poser négativement » à l'origine de son être dont il n'est pas l'origine, c'est-à-dire d'« être mis » à l'origine de son être dont il n'est pas l'origine.

Cette conclusion nous ramène derechef au *Platonisme négatif*. En effet, Patočka soutient que l'expérience de la liberté se produit « en » l'homme mais qu'elle ne se produit pas totalement « par » lui, car il n'en est pas exclusivement à l'initiative : « Il est vrai que l'expérience de la liberté se déroule en l'homme, que l'homme en est le "site" – mais cela ne signifie pas pour autant qu'il se suffise à lui-même dans cette expérience »[2]. L'expérience de la liberté est l'*expérience négative de l'homme en son essence négative*, car l'homme n'est ni à l'origine de lui-même (essence négative), ni à l'origine de cette expérience de lui-même (expérience négative). Patočka écrit précisément : l'homme ne se suffit pas à lui-même. L'insatisfaction vis-à-vis du donné, qui motive l'expérience de la liberté, se double de l'insatisfaction de l'homme vis-à-vis de lui-même. Aussi l'expérience de la liberté est-elle l'expérience d'une double insatisfaction et donc insuffisance : celle du donné et celle de l'homme, plus précisément, de l'homme *comme donné*. L'expérience de la liberté contredit la satisfaction ou suffisance de ce qui est rivé au donné, c'est pourquoi elle constitue l'expérience métaphysique première : « La métaphysique devra *d'abord* critiquer l'autosuffisance de l'objectité enfermée en elle-même, pleine d'elle-même »[3]. Et c'est bien la liberté qui permet d'envisager une autonomie qui ne se confond pas avec l'autosuffisance, c'est-à-dire avec une autonomie positive. L'autosuffisance relève de l'autonomie positive, de la fermeture à ce qui donne le donné. Au contraire, la liberté relève de

1. *Ibid.*, p. 285 : « Die Sorge – das Sein des Daseins – besagt demnach als geworfener Entwurf : Das *(nichtige) Grund-sein einer Nichtigkeit* ». (nous soulignons). Françoise Dastur rend parfaitement compte de l'influence de cette idée sur la pensée de Patočka : « ... Patočka entend bien montrer que la phénoménalité ne peut pas davantage être l'œuvre de notre liberté, se montrant en cela plus d'accord qu'il ne le croit avec Heidegger, lequel n'a jamais fait de la transcendance une simple "capacité" du *Dasein*, et ne "prête à des méprises" que si l'on méconnaît le caractère originairement passif de ce que Heidegger nomme "projet" ». *Cf.* « La phénoménologie et la question de l'homme », dans *La phénoménologie en questions*, Paris, Vrin, 2004, p. 214.

2. J. Patočka, « Negativní platonismus », p. 330 ; trad. fr., « Le platonisme négatif », p. 90.

3. J. Patočka, « Věčnost a dějinnost », p. 219 : « *Prvním* krokem metafyziky musí tedy být pokus vyvrátit sebejistotu v sobě zavřené, do sebe zarostlé předmětnosti ».

l'autonomie négative, de l'ouverture à ce qui donne le donné. L'ouverture requiert donc l'expérience de la liberté en tant qu'expérience négative de l'homme en son essence négative, expérience finie de l'homme en sa finitude. C'est ce qu'affirme Patočka en 1934 : « La décision se prend sous la pression de notre situation dans le monde, c'est-à-dire de notre finitude avec toute sa misère. Elle est l'acceptation d'un destin que, sans doute, l'homme ne choisit pas arbitrairement, parmi d'autres, mais qu'il est par toute son essence ... ». Et de préciser : « ... essence qui n'est pas *donnée*, mais créée et, en ce sens, choisie par nous »[1]. En d'autres termes, l'auto-accomplissement réside dans la décision qui consiste à accepter, sous la pression de sa finitude, son destin, c'est-à-dire sa finitude. Et c'est sur le fondement de cette décision que l'homme peut alors manifester le monde *comme tel, comme histoire*. L'expérience de la liberté est donc la décision qui ouvre l'homme à lui-même et, sur ce fondement, à l'histoire.

§ 5. *L'a-bîme du monde comme liberté*

L'expérience de la liberté – en tant que transcendance de l'homme vers lui-même – est ce qui accorde au monde *comme tel* d'avoir lieu dans une histoire. L'expérience de la liberté est au principe de l'histoire en tant que processus de manifestation du monde *comme tel*. En effet, dans notre premier chapitre, nous avons établi qu'en transcendant le monde naturel, l'homme ouvre le monde historique. Le monde historique relève par conséquent d'une mise hors jeu du monde naturel par l'expérience de la liberté entendue au sens de l'ἐποχή, de la suspension qui libère le monde *comme tel*. Autrement dit, le monde historique ne constitue pas un autre monde mais le monde *comme tel*, libéré en son essence. C'est pourquoi l'expérience de la liberté n'est jamais une expérience hors monde. Comme l'explique parfaitement Patočka en 1934 : « ... par l'acte de se décider, l'homme *dépasse* ainsi le monde *sans* le quitter »[2]. L'homme libre dépasse le monde sans le quitter, puisqu'en s'arrachant au monde naturel, l'homme n'annule pas le monde mais le libère, le manifeste en son essence. Nous trouvons déjà cette idée chez Heidegger, au § 60 de *Sein und Zeit* : « La résolution comme *être soi-même le plus propre* ne détache pas le *Dasein* de son monde, ne l'isole pas en un *Je* flottant librement. Comment le ferait-elle d'ailleurs, elle qui n'est quand même rien d'autre en tant qu'ouverture

1. J. Patočka, « Několik poznámek k pojmům dějin a dějepisu », p. 44 ; trad. fr., « Quelques remarques sur les concepts d'histoire et d'historiographie », p. 152.

2. *Ibid.*, p. 44 ; trad. fr., p. 152 (nous soulignons).

propre que le *propre être-dans-le-monde* »[1]. La décision ne fait donc pas du *Dasein* un être hors monde, mais un être dans le monde. Le *Dasein* doit même être défini comme l'« être-dans-le-monde » (*In-der-Welt-sein*). Cela revient à soutenir que celui qui se résout à sa finitude pour accomplir son essence se rapporte en même temps au monde en son essence. Le *Dasein* est donc plus essentiellement l'« être-au-monde ». En effet, le « dans » de l'être-dans-le-monde exprime, entre le monde et le *Dasein*, un rapport qui n'est pas avant tout spatial. Le *Dasein* n'est pas seulement posé là, à la manière de la chaise ou de la table, il n'a pas seulement à être dans le monde mais à prendre soin du monde en étant auprès de lui. Pour le *Dasein*, être dans le monde signifie être auprès du monde. L'« auprès » évoque bien une proximité affective (au-), relative au souci du monde, qui précède la proximité spatiale (-près). Notons qu'il y a toutefois deux manières d'être au monde : a) être au monde en se souciant de tout sauf de soi-même ; b) être au monde en se souciant d'abord de soi-même. Or nous ne sommes proprement au monde que dans le second cas, c'est-à-dire en nous souciant avant tout de nous-mêmes. En effet, pour Heidegger, comme pour Patočka en 1934, puis de nouveau dans la période 1947-1953, seul un authentique souci de soi-même rend possible un authentique souci du monde.

Aussi le souci du monde repose-t-il sur le souci de soi-même. Le monde est donc inclus dans le « soi-même » du souci. En effet, dans « De l'essence du fondement », Heidegger remarque : « Le monde appartient à l'ipséité ; il est essentiellement relatif au *Dasein* »[2]. Or nous pouvons tirer deux conclusions de cette thèse : a) si le monde est « essentiellement relatif au *Dasein* », cela signifie qu'il n'y a pas de monde sans le *Dasein*, sans l'étant dont l'essence consiste à exister, à se transcender vers lui-même ; b) si le monde « appartient à l'ipséité », c'est-à-dire au *Dasein* en tant que transcendance, cela signifie que le monde est un concept *transcendantal*. En 1934, puis dans la période 1947-1953, Patočka reprend cette thèse et ces deux conclusions mais en les appliquant au monde *historique*. C'est pourquoi nous pouvons dire que l'expérience de la liberté ouvre le monde *transcendantal* de l'existence *historique*. Le monde historique n'est pas une totalité empirique, ni même la totalité empirique, mais la totalité transcendantale, c'est-à-dire l'unité du tout de l'étant. Dans *Le platonisme négatif*, Patočka

1. M. Heidegger, *Sein und Zeit*, § 60, *op. cit.*, p. 298 : « Die Entschlossenheit löst als *eigentliches Selbstsein* das Dasein nicht von seiner Welt ab, isoliert es nicht auf ein freischwebendes Ich. Wie sollte sie das auch – wo sie doch als eigentliche Entschlossenheit nichts anderes als das *In-der-Welt-sein eigentlich* ist ».

2. M. Heidegger, « Vom Wesen des Grundes », p. 157 : « Zur Selbstheit gehört Welt ; diese ist wesenhaft daseinsbezogen ».

souligne en effet que l'Idée « … unifie *pour nous* le tout de l'étant fini »[1]. Le monde historique est l'unité *pour nous* du tout de l'étant fini, c'est-à-dire la totalité finie de la connaissance *humaine*. Le concept patočkien de monde historique est donc identique au concept kantien : c'est l'« unité inconditionnée des conditions objectives dans le phénomène »[2]. La totalité que saisit la pensée dans le concept de monde se rapporte toujours au phénomène, à l'objet possible d'une connaissance finie ; elle ne se confond donc jamais avec « la totalité absolue dans la synthèse des conditions de toutes les choses possibles en général »[3]. Autrement dit, le concept de monde n'est pas l'Idéal transcendantal, mais l'idée qui atteste l'impossibilité, *pour l'homme*, de connaître la totalité absolue. Et attester cette impossibilité, c'est attester la finitude essentielle de l'homme. C'est pourquoi Heidegger affirme que le monde désigne en son essence « la totalité de la finitude de l'essence *humaine* » : « Le concept de monde est pour ainsi dire entre la "possibilité de l'expérience" et l'"Idéal transcendantal", et signifie donc au fond la totalité de la finitude de l'essence *humaine* »[4].

Le monde historique ne désignerait donc lui-même rien d'autre que « la totalité de la finitude de l'essence *humaine* », c'est-à-dire l'homme en son essence. Or comment peut-il désigner aussi bien le monde que l'homme en son essence ? Ce n'est possible qu'à une seule condition : il faut que l'homme et le monde aient une même essence, une « essence historique ». Patočka développe cette idée dans *Éternité et historicité* : « … la solution pourrait justement être apportée par la notion d'essence historique ». Et d'ajouter : « L'essence historique n'est pas un contenu entièrement éternel ou intemporel. Son moment éternel, général et intemporel est un moment négatif d'insatisfaction, un moment d'absence au sein du donné et un défi à relever dans le temps »[5]. L'essence historique se définit paradoxalement par son manque d'essence, par l'absence de

1. J. Patočka, « Negativní platonismus », p. 332 ; trad. fr., « Le platonisme négatif », p. 92 (nous soulignons).

2. I. Kant, *Kritik der reinen Vernunft* [B], p. 432-433 ; trad. fr. A. Tremesaygues et B. Pacaud, *Critique de la raison pure*, Paris, P.U.F., 1950, p. 327.

3. *Ibid.*, p. 434 ; trad. fr., p. 328.

4. M. Heidegger, « Vom Wesen des Grundes », p. 152 : « Der Weltbegriff steht gleichsam *zwischen* der "Möglichkeit der Erfahrung" und dem "transzendentalen Ideal" und bedeutet so im Kern die Totalität der Endlichkeit *menschlichen* Wesens ».

5. J. Patočka, « Věčnost a dějinnost », p. 151 : « … řešení by mohl přinést právě pojem historické esence. Historická esence není veskrze všečasový či nadčasový kladný obsah, nýbrž její všečasový, obecný, nadčasový moment je záporný moment neuspokojenosti, nepřítomnosti v daném a výzva k uskutečnění v čase ».

quelque chose qui pourrait la définir positivement, sinon l'absence de définition positive. C'est pourquoi Patočka écrit que le moment constitutif de l'essence historique est un moment négatif, un moment d'absence, d'insatisfaction au sein du donné. Et quelques années plus tard, dans *Le platonisme négatif*, l'expérience de la liberté se définira elle-même comme « l'expérience d'une insatisfaction au sein du donné »[1]. *L'expérience de la liberté n'est donc pas seulement l'expérience de l'homme en son essence historique, elle est également l'expérience du monde en son essence historique, c'est-à-dire l'expérience de tout étant, de tout donné en son essence historique*. Ce point est capital, puisqu'il permet de préciser que l'expérience de la liberté n'est pas tant une insatisfaction que l'expérience d'une insatisfaction constitutive du donné, a fortiori du donné vivant, et plus encore du donné humain. Aussi sommes-nous d'accord avec Renaud Barbaras lorsqu'il soutient que « … la vie, en son sens originaire, consiste précisément dans cette insatisfaction et dans cet arrachement »[2]. Nous sommes toutefois convaincus que Patočka soutient la même chose. En effet, il faut envisager « l'infléchissement du mouvement naturel »[3], opéré par l'expérience de la liberté, comme Patočka l'envisage lui-même dès 1947, c'est-à-dire comme « … un acte, une conversion de la vie vers son essence, qui n'est pas intemporelle mais historique … »[4]. *Éternité et historicité* permet ainsi de lire en profondeur *Le platonisme négatif*, et d'approfondir sa traduction française sur au moins deux points : a) l'expérience de la liberté désigne « l'expérience d'une insatisfaction *au sein du donné* », plus que « l'expérience d'une insatisfaction *vis-à-vis du donné* »[5]; b) l'expérience de la liberté relève moins d'une transformation de la vie en son contraire que d'une conversion de la vie vers elle-même[6].

1. J. Patočka, « Negativní platonismus », p. 322 ; trad. fr., « Le platonisme négatif », p. 79 (traduction modifiée).

2. R. Barbaras, *Introduction à une phénoménologie de la vie*, Paris, Vrin, 2008, p. 273.

3. *Ibid.*, p. 272-273.

4. J. Patočka, « Věčnost a dějinnost », p. 234 : « … transcensus je podstatně dějstvím, obratem v životě k jeho podstatě, která není nečasová, nýbrž historická … ».

5. Au lieu de « C'est l'expérience d'une insatisfaction vis-à-vis du donné … », voici la traduction qu'il faudrait donc privilégier : « C'est l'expérience d'une insatisfaction au sein du donné (*v daném*) … ». *Cf.* « Negativní platonismus », p. 322 ; trad. fr., « Le platonisme négatif », p. 79.

6. Au lieu de « … [c'est l'expérience] que l'on obtient en inversant l'orientation primitive, "naturelle", de la vie … », voici la traduction qu'il faudrait donc privilégier : « … [c'est l'expérience] que nous conquerrons en convertissant (*obrácením*) l'orientation primitive, "naturelle", de la vie … ». *Cf.* « Negativní platonismus », p. 328 ; trad. fr., « Le platonisme négatif », p. 87-88 (nous soulignons).

L'expérience de la liberté n'est donc pas uniquement l'expérience de l'homme en sa finitude, elle est également et plus généralement l'expérience du donné en sa finitude. Mais elle n'en reste pas moins une expérience que seul l'homme « fait », ou plutôt, que seul l'homme « est ». Patočka souligne cependant qu'elle n'est pas la « *détermination* la plus profonde *de l'homme* »[1]. Or comment peut-elle ne pas être la détermination la plus profonde ou essentielle de l'homme, alors qu'elle est l'expérience que l'homme « est » ? Dans ce passage du *Platonisme négatif*, il faut bien voir que Patočka prend position contre la détermination kantienne de la liberté. Pour Kant, la liberté est « ... une idée transcendantale par laquelle la raison pense commencer absolument par l'inconditionné sensible (*Sinnlichunbedingte*) la série des conditions dans le phénomène »[2]. Être libre ne signifie pas seulement être indépendant de la loi de la causalité naturelle, cela signifie également être la cause inconditionnée de la série des conditions dans le phénomène. La liberté n'est donc pas simplement négative, pouvoir de se détacher de la série des événements, mais positive, pouvoir de commencer une série d'événements. C'est pourquoi la liberté est cause *sans* cause, fondement *sans* fondement, principe *sans* principe. La liberté se tient en elle-même, elle est autonome, mais elle n'est pas pour autant arbitraire, puisqu'elle se fonde sur une loi morale qui est la loi de la raison pure elle-même : « *La raison pure est pratique par elle seule et donne à l'homme une loi universelle, que nous nommons la* loi morale »[3]. L'homme libre ne se détermine donc pas arbitrairement, mais à partir de la loi de la raison pure, qui est la loi de sa propre essence. Et pour autant que l'homme libre se détermine suivant la loi de sa propre essence, il s'auto-détermine. Avec Kant, la liberté devient auto-détermination, si bien que la détermination de l'essence de la liberté dépendra désormais de la détermination de l'essence humaine – et inversement. En effet, Kant est le premier à accorder à la liberté un statut qui excède le simple fait de la domination de la raison sur la sensibilité. Il accorde à la liberté un statut transcendantal, qui pose en même temps le problème de son statut ontologique. Toutefois, il ne parvient pas à résoudre ce problème de manière adéquate, puisqu'il continue à envisager la raison dans sa différence radicale, ou quasi, avec la sensibilité. La sensibilité reste ce qui doit être surmonté, non ce qui

1. J. Patočka, « Negativní platonismus », p. 330 ; trad. fr., « Le platonisme négatif », p. 90.

2. I. Kant, *Kritik der reinen Vernunft* [B], p. 586 ; trad. fr., *Critique de la raison pure*, *op. cit.*, p. 408.

3. I. Kant, *Kritik der praktischen Vernunft*, p. 56 ; trad. fr. F. Picavet, *Critique de la raison pratique*, Paris, P.U.F., 1949, p. 31.

détermine essentiellement l'homme. Or, comme le note Heidegger dans son cours sur Schelling, « … quand la nature n'est plus simplement conçue comme ce qui doit être surmonté, mais comme une co-détermination, elle s'élève alors jusqu'à une plus haute unité avec la liberté »[1].

Quand Patočka écrit que la liberté n'est pas la « *détermination* la plus profonde *de l'homme* », il veut donc dire qu'elle n'est pas la « *détermination* la plus profonde *de la raison* ». Mais il n'affirme pas pour autant qu'elle est la détermination la plus profonde de la sensibilité ou de la nature. En effet, toujours dans le même passage, il explique : « L'Idée [comme symbole de la liberté] est en revanche une détermination qui, dégagée de sa gangue métaphysique, s'élève au-dessus de tout étant, objectif ou subjectif »[2]. La liberté n'est ni une détermination de la nature (étant objectif) ni une détermination de la raison (étant subjectif). Et comme elle « s'élève au-dessus de tout étant », on peut même dire qu'elle est la *détermination* la plus profonde *de l'être*. La liberté n'est donc pas la propriété de la raison, ni la propriété de la nature, mais la propriété de l'être. La liberté est la propriété de la négativité au principe de la dualité métaphysique de la nature et de la raison, ou encore, la propriété de l'unité négative de la nature et de la raison. Patočka souligne à ce titre : « L'unité à laquelle renvoie l'expérience spirituelle de la liberté est plus absolue que celle de quelque genre que ce soit »[3]. Et de préciser que cette unité absolue doit être entendue au sens du πόλεμος héraclitéen : « … Platon et Aristote connaissent un troisième, le grand précurseur qui, le premier, avec une profondeur inégalée, saisit l'Un dans son caractère prééminent et négatif »[4]. Aussi l'expérience de la liberté renvoie-t-elle à l'Un comme à l'unité négative mais néanmoins absolue de la nature et de la raison. Or ce renvoi ou plutôt ce dévoilement (Patočka emploie le verbe « ukázat », c'est-à-dire indiquer, montrer, dévoiler, plus que « renvoyer à ») n'est pas le dévoilement de quelque chose qui préexisterait à son dévoilement. L'expérience de la liberté ne dévoile pas une unité donnée, mais une unité créée, ou plus précisément, elle crée l'unité qu'elle dévoile, puisqu'elle ne dévoile pas une présence (unité positive) mais un possible (unité négative). Patočka indiquait déjà, en 1934, que l'essence humaine « … n'est pas *donnée*, mais créée et, en ce

1. M. Heidegger, *Schelling Abhandlung Über das Wesen der menschlichen Freiheit (1809)* [1936], Tübingen, Niemeyer, 1971, p. 101 ; trad. fr. J.-F. Courtine, *Schelling. Le traité de 1809 sur l'essence de la liberté humaine*, Paris, Gallimard, 1993, p. 149.

2. J. Patočka, « Negativní platonismus », p. 330 ; trad. fr., « Le platonisme négatif », p. 90.

3. *Ibid.*, p. 329 ; trad. fr., p. 89.

4. *Ibid.*, p. 330 ; trad. fr., p. 89.

sens, choisie par nous »[1]. Pour autant qu'elle crée l'unité négative mais néanmoins absolue qu'elle dévoile, la liberté est au principe du principe de la dualité métaphysique de la nature et de la raison. *La liberté est au principe du principe* : cela revient bien à dire que la liberté est principe *sans* principe, mais au sens absolu, non au sens transcendantal. C'est pourquoi Patočka remarque qu'en tant que symbole de la liberté, l'Idée n'est pas un concept mais un « *plus négatif* (záporné plus) »[2], avec lequel l'intuition et l'imagination sont toujours déjà en rapport. En effet, bien qu'elles ne puissent avoir de contenu positif qui ne vienne de l'expérience, l'intuition et l'imagination requièrent toutefois le dépassement de chaque expérience dans une totalité unifiée. Et malgré son manque de détermination positive, Patočka affirme que cette totalité n'est pas une idée transcendantale, mais la « trace de l'activité de l'Idée dans notre expérience passive »[3], c'est-à-dire la trace de la liberté dans notre activité transcendantale.

La liberté n'est pas une idée transcendantale mais une *transcendance active au principe de l'activité transcendantale*, et qui marque cette activité de sa trace : « Trace qu'est aussi tout notre monde historique, individuellement spécifique, dont l'"intuition pure" et l'"imagination productrice" relèvent en tant que composantes non autonomes »[4]. L'intuition et l'imagination dépendent du monde historique, qui lui-même dépend de la liberté. En posant la liberté au principe du transcendantal, Patočka affirme donc son historicité. Pour autant, l'affirmation de la dimension essentiellement historique du transcendantal n'est pas une réduction du transcendantal à l'empirique. En effet, l'historicité relève d'une dimension plus essentielle que la séparation du transcendantal et de l'empirique. L'historicité n'est pas un fait, mais une essence qui consiste en une insatisfaction, un arrachement, c'est-à-dire une sortie. Affirmer l'historicité du transcendantal, c'est affirmer que le transcendantal n'est pas un enfermement, mais une sortie hors de soi. Toutefois, il faut bien distinguer ce « soi » dont le transcendantal est une sortie du « soi » auquel nous ouvre le souci. Ce « soi » dont le transcendantal est une sortie, c'est la possibilité qui s'impose à nous en tant que « loi absolue, irrévocable et insurmontable ». Et le « soi » auquel nous ouvre le souci, c'est, au contraire, la possibilité que nous choisissons comme ce qui « … se désire (…*se touží*) »[5]. Mais il faut bien voir que la

1. J. Patočka, « Několik poznámek k pojmům dějin a dějepisu », p. 44 ; trad. fr., « Quelques remarques sur les concepts d'histoire et d'historiographie », p. 152.
2. J. Patočka, « Negativní platonismus », p. 333 ; trad. fr., « Le platonisme négatif », p. 94.
3. *Ibid.*, p. 333 ; trad. fr., p. 95 (traduction modifiée).
4. *Ibid.*, p. 333 ; trad. fr., p. 95.
5. *Ibid.*, p. 329 ; trad. fr., p. 89.

sortie hors du « soi imposé » est elle-même rendue possible par le souci. Autrement dit, l'activité du souci est constitutive de l'activité transcendantale en tant qu'arrachement au « soi imposé » et ouverture au « soi désiré ». Dans *Le platonisme négatif*, nous avons donc bien une interprétation existentiale du transcendantal, c'est-à-dire une interprétation du transcendantal à la lumière du souci. L'historicité relève elle aussi de cette dimension existentiale, plus essentielle que la séparation du transcendantal et de l'empirique, qui caractérise l'activité du souci (ou la liberté). Et là encore, c'est bien dans *Éternité et historicité* que nous trouvons les prémisses de cette interprétation : « ... parmi toutes les choses qui se présentent, notre âme est l'unique réalité qui a la particularité non seulement d'être, mais aussi de devoir prendre soin de son être, de s'efforcer de le réaliser et, partant, d'être autonome (*svébytním*) et non perdue dans l'extérieur, l'impropre. Seul le fait que l'homme doit se soucier du sens de la vie, l'élaborer, le gagner sur lui-même rend possible la question socratique, ce problème de négation du négatif, ce savoir du non-savoir » [1].

Le souci est donc une lutte contre la possibilité qui s'impose à nous comme une loi étrangère, pour libérer la possibilité que nous désirons comme la loi de notre propre essence. Et pour autant qu'elle se déploie selon la logique du souci, la liberté est donc au principe de l'arrachement à notre possibilité impropre et de l'ouverture à notre possibilité propre. Aussi pourrions-nous de nouveau nous référer au texte de Heidegger sur l'essence du fondement : « ... en tant que *ce* fondement, la liberté est l'*a-bîme* du *Dasein*. Cela ne signifie pas que le libre comportement individuel soit infondé, mais que la liberté pose dans son essence, en tant que transcendance, le *Dasein* en tant que pouvoir-être en possibilités, qui s'entrouvrent devant son choix fini, c'est-à-dire en son destin » [2]. En tant qu'elle constitue son principe *sans* principe, son fondement *sans* fondement, la liberté est l'*abîme* du *Dasein*. Or il nous faut entendre cet « abîme » ou ce « fondement in-fondé » en deux sens : il désigne non

1. J. Patočka, « Věčnost a dějinnost », p. 146 : « ... skutečnost naší duše, která má ze všech věcí, které se vyskytují, jediná tu zvláštnost, že nejen jest, nýbrž musí se též sama starat a snažit o vlastní bytí, o to, aby byla čímsi svébytním a neztraceným v vnějším a nevlastním. Tak jedině tím, že člověk se sám musí starat o smysl života, že si jej musí vypracovat, *vymoci jej na sobě samém*, je umožněna sókratovská otázka, tento problém negace negativního, toto vědění nevědění » (nous soulignons).

2. M. Heidegger, « Vom Wesen des Grundes », p. 174 : « Als *dieser* Grund aber ist die Freiheit der *Ab-grund* des Daseins. Nicht als sei die einzelne freie Verhaltung grundlos, sondern die Freiheit stellt in ihrem Wesen als Transzendenz das Dasein als Seinkönnen in Möglichkeit, die vor seiner endlichen Wahl, d. h. in seinem Schicksal, aufklaffen ».

seulement le fondement absolu du *Dasein*, ce qui précède le *Dasein* sans être lui-même précédé, mais aussi son fondement négatif, ce qui, dans le *Dasein*, remet en question tout fondement, pose la question du bien-fondé de tout ce qui est. En tant que fondement in-fondé, la liberté rend donc possible la question du bien-fondé, la « question socratique » et, partant, le « problème de négation du négatif ». Et le « problème de négation du négatif », comme Patočka le nomme dans l'essai de 1947, n'est rien d'autre que le « problème de l'unification du tout de l'étant fini », c'est-à-dire le « problème du monde ». Autrement dit, en nous ouvrant à notre possibilité propre, la liberté nous ouvre aussi au monde, en ce qu'elle « … unifie *pour nous* le tout de l'étant fini »[1]. Aussi le monde qui provient de la liberté n'est-il pas un « étant », mais un « néant » au sens ontologique, c'est-à-dire un champ de possibilités sur le fondement duquel nous nous faisons annoncer avec quel étant nous pouvons être en rapport et comment nous le pouvons. En nous ouvrant à nous-mêmes, la liberté nous ouvre également au monde, mais au monde comme « néant ». C'est pourquoi, remarque Patočka, « … l'expérience de la liberté est précisément l'expérience du *néant* du monde réel laissé à lui-même »[2]. La liberté n'est pas la détermination la plus profonde de l'homme, mais le dévoilement le plus profond de l'homme et du monde, c'est-à-dire le dévoilement de l'abîme de l'homme et du monde.

L'expérience de la liberté en tant que dévoilement de l'*abîme du monde* est une idée que nous trouvons déjà dans le texte de 1939 intitulé « Équilibre et amplitude dans la vie » : « Notre limite interne, le monde qui vit en nous, ne nous fait pas avant tout mal. Par contre, notre mal, retenu et enduré dans l'amplitude, nous apprend à dévoiler le monde et nous montre que nous sommes libres *dans* l'interprétation de son sens »[3]. Nous soulignons ici le « dans », car il exprime la positivité de la liberté dont nous prenons conscience dans la souffrance assumée. En effet, la souffrance assumée ne nous libère nullement « de » l'interprétation du monde, elle nous libère au contraire « pour » son interprétation. Elle nous apprend à nous détourner des interprétations uniques du monde, sans pour autant nous dispenser d'interpréter le monde. Interpréter le monde est même l'expression de notre liberté. Nous ne sommes nous-mêmes que dans l'interprétation du

1. J. Patočka, « Negativní platonismus », p. 332 ; trad. fr., « Le platonisme négatif », p. 92 (nous soulignons).

2. *Ibid.*, p. 334 ; trad. fr, p. 95 (nous soulignons et modifions la traduction).

3. J. Patočka, « Životní rovnováha a životní amplituda », p. 61 ; trad. fr., « Équilibre et amplitude dans la vie », p. 38 (nous soulignons et modifions la traduction).

monde, c'est-à-dire dans la recherche de la vérité. La souffrance assumée fonctionne comme une ἐποχή qui dévoile le monde *comme tel* – le monde en sa négativité, son historicité, sa problématicité. Aussi pourrions-nous affirmer que la liberté désigne, dès 1939, l'expérience du monde reconduit à son essence négative, historique, problématique, c'est-à-dire « l'expérience du néant du monde réel laissé à lui-même ». Il faut toutefois bien voir que, contrairement à la manière dont Patočka pense la liberté dans la période 1947-1953 (ou en 1934), la liberté est encore ici envisagée comme la détermination la plus profonde de l'homme, comme sa propriété. En effet, Patočka souligne : « Par le combat que la liberté lui fait engager avec lui-même, l'homme se rend maître de son être propre... » ; « ... l'homme se rend maître non seulement de ses limites extérieures mais aussi de sa limite interne »[1]. Or, dans la période 1947-1953 (comme une première fois en 1934), la liberté est au contraire pensée sur un mode existential : elle devient le fait, pour l'homme, de se poser négativement à l'origine de son être dont il n'est pas l'origine, et dont il ne pourra jamais se rendre maître. À partir d'*Éternité et historicité* et du *Platonisme négatif*, Patočka renonce donc définitivement à toute idée de maîtrise, et redonne la liberté à l'être lui-même.

§ 6. *La liberté comme abandon à l'être*

D'*Éternité et historicité* au *Platonisme négatif*, Patočka développe donc l'idée que la liberté est non seulement une liberté *en vue de l'être* (ce qu'il montre déjà en 1939), mais aussi une liberté *à partir de l'être*. Et il serait possible de distinguer au moins trois moments dans ce retour au sens premier de la liberté. Tout d'abord, Patočka arrache l'origine de la liberté à l'homme (ou à la raison) pour la donner à la vie. En effet, alors que l'homme est encore à l'origine de la liberté dans le texte de 1939 – puisqu'il l'accomplit « En *se* lançant ... »[2] –, dans l'essai de 1947, c'est désormais la vie qui motive son accomplissement – puisque la liberté devient « une conversion de la vie vers son essence »[3]. Dans *Éternité et historicité*, la vie est donc placée plus essentiellement que l'homme (ou la raison) à l'origine de la liberté. La liberté est envisagée comme un

1. *Ibid.*, respectivement p. 60 et 61 ; trad. fr., respectivement p. 37 et 38 (traduction modifiée).

2. *Ibid.*, p. 60 ; trad. fr., p. 37 (nous soulignons). Voir également : *Ibid.*, p. 60, trad. fr., p. 37 : « Il [sc. L'homme] *se* libère ... » (nous soulignons).

3. J. Patočka, « Věčnost a dějinnost » p. 234 : « ... transcensus je podstatně dějstvím, obratem v životě k jeho podstatě ... ».

mouvement de la vie vers son essence, c'est-à-dire comme une liberté non seulement en vue de l'être mais aussi *à partir de la vie*. Elle est précisément définie comme l'expérience de la vie en son essence négative, l'expérience qui l'arrache à la possibilité qu'elle subit comme une loi étrangère et l'ouvre à la possibilité qu'elle désire comme la loi de sa propre essence. Ensuite, Patočka arrache l'origine de la liberté à la vie pour la donner à l'Idée. En effet, dans *Le platonisme négatif*, c'est désormais l'Idée qui motive l'accomplissement de la liberté, puisqu'elle garantit notamment « l'autonomie de la vie (*autonomii života*) » [1]. Aussi le mouvement de la vie vers son essence est-il lui-même rendu possible par l'Idée. Dans l'essai de 1953, celle-ci est donc placée plus essentiellement que la vie à l'origine de la liberté. La liberté est envisagée comme la transcendance de l'Idée, c'est-à-dire comme une liberté non seulement en vue de l'être mais aussi *à partir de l'Idée*. Elle est précisément définie comme l'expérience de l'Idée en son essence négative, l'expérience qui arrache le donné à lui-même et l'ouvre à ce qui le donne. Enfin, toujours dans l'essai de 1953, Patočka accorde l'origine de la liberté à l'être. En effet, pour autant qu'elle constitue « … une détermination qui, dégagée de sa gangue métaphysique, s'élève au-dessus de tout étant, objectif ou subjectif » [2], l'Idée ne désigne pas un étant mais l'être même. La liberté est désormais pensée comme la détermination de l'être, c'est-à-dire comme une liberté non seulement en vue de l'être mais aussi *à partir de l'être*. Aussi la liberté se définit-elle en dernière instance comme l'expérience même de l'être.

Or comment faut-il entendre cette définition de la liberté ? La liberté est l'expérience même de l'être, dans la mesure où elle s'expérimente toujours sur le mode d'un *abandon à l'être*. En effet, dans *Le platonisme négatif*, Patočka souligne que la liberté constitue « cet “acte” de recul total par rapport à elle [sc. l'expérience passive], d'in-satisfaction totale, de non-repos dans le simple monde d'objets » [3]. Et cette définition reprend celle que donne Heidegger dans sa conférence sur l'essence de la vérité : « … un recul devant l'étant afin que celui-ci se manifeste en ce qu'il est et comme il est … » [4]. La liberté se définit comme un *pas en arrière* (*Stritt zurück*) de l'étant (ou de l'objet), c'est-à-dire une réduction de l'étant (ou de l'objet) à l'être. Au sens premier, la réduction est un ébranlement de l'étant qui en

1. J. Patočka, « Negativní platonismus », p. 306 ; trad. fr., « Le platonisme négatif », p. 57.

2. *Ibid.*, p. 330 ; trad. fr., p. 90.

3. *Ibid.*, p. 325 : « … “aktu” celkového odstupu od ní, celkového ne-uspokojení, ne-spočinutí v pouhém předměten-stvu … ».

4. M. Heidegger, « Vom Wesen der Wahrheit ? », p. 188-189 : « … einem Zurücktreten vor dem Seienden, damit dieses in dem, was es ist und wie es ist, sich offenbare … ».

libère l'être, une reconduction de l'étant à son essence problématique. En tant que réduction, ou plutôt ἐποχή, la liberté désigne donc ce qui laisse l'étant être, ou ce qui reconduit l'étant à la problématicité de son sens. Et Heidegger ajoute : « Laisser-être est le *s'abandonner à l'étant* (*Sein-lassen ist das Sicheinlassen auf das Seiende*) »[1]. En tant que ce qui laisse être l'étant, la liberté désigne l'abandon à l'étant. Mais l'étant auquel nous nous abandonnons n'est pas seulement l'étant, c'est l'étant *comme tel*. Plus précisément, nous nous abandonnons au « comme tel » de l'étant, nous nous abandonnons à son essence, à son être. Or le dévoilement de l'être requiert un arrachement à la positivité objective de l'étant et une ouverture à sa positivité ontologique. Aussi l'abandon à l'être est-il toujours en même temps un arrachement et une ouverture. C'est pourquoi la liberté doit être pensée comme une expérience aussi bien active que passive : d'un côté, elle exige une non-ingérence dans le domaine de l'étant (expérience passive); de l'autre, cette non-ingérence suppose une lutte contre une ingérence préalable (expérience active). À la suite de Heidegger, Patočka nous engage donc à envisager la liberté comme l'expérience qui précède la séparation de la passivité et de l'activité, de la nature (ou de la sensibilité) et de la raison. Ce n'est pas la raison qui détermine la liberté, c'est à l'inverse la liberté qui détermine la raison (ou la subjectivité). Dans *Le platonisme négatif*, Patočka écrit que c'est précisément pour éviter le subjectivisme associé au concept de liberté qu'il lui préfère le concept négatif d'Idée : « En tant que symbole de la liberté, l'Idée a l'avantage particulier, face au simple concept d'"expérience active" ou d'"expérience de la liberté", d'éviter le subjectivisme »[2]. En tant qu'abandon à l'être, la liberté ne désigne donc pas originairement un acte de la raison, mais un acte de l'être lui-même.

Que l'expérience de la liberté soit originairement un acte de l'être lui-même, cela signifie que nous ne nous abandonnons à l'être que dans la mesure où celui-ci se donne toujours déjà à nous. Dans sa conférence sur l'essence de la vérité, Heidegger explique en effet que « Le dévoilement lui-même se trouve sauvegardé par l'abandon ek-sistant ... »[3]. Autrement dit, en s'abandonnant à l'être, l'homme dévoile moins qu'il ne sauve-garde le dévoilement de l'être. Cela revient à dire que l'être est toujours déjà dévoilé à l'homme, qui doit simplement s'en faire le « sauveur », du moins

1. *Ibid.*, p. 188 (nous soulignons).

2. J. Patočka, « Negativní platonismus », p. 330; trad. fr., « Le platonisme négatif », p. 90.

3. M. Heidegger, « Vom Wesen der Wahrheit? », p. 189 : « Die Entborgenheit selbst wird verwahrt in dem ek-sistenten Sich-einlassen ... ».

le « gardien ». Aussi l'abandon à l'être n'est-il pas un simple don, mais un « don en retour ». L'homme qui s'abandonne à l'être re-donne à celui-ci ce qu'il lui a donné à l'origine, c'est-à-dire son être. Dans l'abandon à l'être en tant que don en retour, l'homme rend témoignage du « don de l'être ». En tant qu'abandon à l'être, la liberté désigne *le don originaire de l'homme pour le don originel de l'être*. Dans *Le platonisme négatif*, Patočka soutient lui aussi explicitement : « De même que l'expérience passive constitue un témoignage sur l'univers de l'étant objectif et (de concert avec l'ensemble de nos déroulements de conscience) sur l'étant en totalité, de même notre expérience active [sc. l'expérience de la liberté] rend elle aussi témoignage – de quelque chose que nous ne pourrons jamais mettre sur le même plan que l'"étant" ... ». Et de préciser : « ... de quelque chose qui oblige à tourner la page »[1]. Or, pour autant que la liberté rend témoignage « de quelque chose qui oblige à tourner la page », cela signifie qu'elle ne désigne pas un simple don en retour, mais une « nouvelle donne ». En effet, le don en retour n'est pas un don qui viendrait supprimer le premier, mais, au contraire, un don qui le rejoue, le relance, le donne à nouveau et différemment. La liberté comme don en retour est non seulement ce qui sauvegarde, mais aussi ce qui re-nouvelle le don originel de l'être, c'est-à-dire ce qui re-nouvelle l'étant. Aussi la liberté est-elle ce qui ouvre la possibilité d'un renouvellement de l'étant, c'est-à-dire ce qui ouvre la possibilité d'une histoire. L'histoire commence avec la liberté, car, en ex-posant l'homme à la problématicité essentielle de l'étant, elle l'oblige à re-poser la question de son sens, donc à re-poser ce sur quoi repose sa compréhension et, par conséquent, à le re-nouveler : « ... l'ek-sistence de l'homme historique commence à l'instant où le premier penseur est touché par le non-voilement de l'étant et se demande ce que l'étant est »[2]. Et Patočka ne fait que confirmer cette idée de Heidegger, puisqu'il définit l'expérience de la liberté comme « L'expérience fondamentale de l'homme en tant qu'être historique ... »[3], sans laquelle « ... la question du "sens (total) de la vie" demeure dépourvue de signification »[4].

Or pourquoi l'homme a-t-il été soudain « touché par le non-voilement de l'étant » ? Pourquoi a-t-il été soudain libéré ? Bien entendu, il ne s'agit pas ici de comprendre les conditions historiques de cette libération, il s'agit

1. J. Patočka, « Negativní platonismus », p. 330 ; trad. fr., « Le platonisme négatif », p. 90.

2. M. Heidegger, « Vom Wesen der Wahrheit ? », p. 189 ; trad. fr., « De l'essence de la vérité », p. 177.

3. J. Patočka, « Negativní platonismus », p. 322 ; trad. fr., « Le platonisme négatif », p. 79.

4. *Ibid.*, p. 322 ; trad. fr., p. 80 (traduction modifiée).

de continuer à en comprendre les conditions philosophiques. La liberté s'expérimente sur le mode d'un abandon à l'être, qu'il faut entendre au sens d'un don en retour ou contre-don. L'homme expérimente la liberté s'il redonne à l'être ce que celui-ci lui a donné à l'origine, ou plus précisément, s'il répond positivement à l'appel de l'être qui le revendique à l'origine. En tant qu'abandon à l'être, l'expérience de la liberté est originairement un acte de l'être, puisqu'il s'origine premièrement dans l'appel de l'être et seulement secondairement dans un acte de la conscience *en tant que réponse à l'appel de l'être* : « ... l'homme ne crée la vérité que secondairement, en obéissant au "commandement" ou plutôt à l'appel du plus-haut qui le fonde et le rend possible en tant qu'être libre »[1]. L'expérience de la liberté est donc rendue possible par un acte de la conscience, qui est essentiellement un acte d'obéissance envers le « plus-haut ». Et en admettant que le « plus-haut » désigne, comme l'Idée dans *Le platonisme négatif*, ce qui « s'élève au-dessus de tout étant », donc en admettant qu'il désigne l'être même, nous pouvons en déduire que l'homme est appelé par l'être pour manifester la vérité de l'être. L'homme qui répond positivement à l'appel de l'être déploie une *liberté par et pour l'être*, c'est-à-dire la *liberté même de l'être*. La liberté de l'homme n'est rien d'autre que le déploiement de la liberté de l'être. Dans cette période charnière de la pensée de Patočka, nous retrouvons donc l'influence décisive de Heidegger, en particulier celle de sa « Lettre sur l'humanisme ». Dans la lettre du 25 janvier 1948 à Robert Campbell, Patočka affirme en effet que « La lettre de Heidegger est remarquable »[2]. Or, dans sa lettre, Heidegger explique bien que la pensée « ... se laisse revendiquer par l'Être pour dire la vérité de l'Être ». Et de préciser : « La pensée accomplit cet abandon. Penser est *l'engagement par l'Être pour l'Être ... penser, c'est l'engagement de l'Être* »[3]. Autrement dit, ce n'est pas l'homme qui s'engage pour l'être, c'est l'être qui engage l'homme pour lui-même. La résolution de l'homme à lui-même est plus essentiellement la résolution de l'être à lui-même. La liberté de l'homme n'est donc pas la propriété de l'homme mais, à l'inverse et paradoxalement, *l'homme est la propriété de sa propre liberté en tant que liberté de l'être.*

1. J. Patočka, « Nadcivilizace a její vnitřní konflikt » [1re moitié des années 50], SS, 1, p. 295 ; trad. fr. E. Abrams, « La surcivilisation et son conflit interne », dans *Liberté et sacrifice*, Grenoble, Millon, 1990, p. 168 (traduction modifiée).

2. J. Patočka, « Lettres à Robert Campbell », *op. cit.*, p. 57.

3. M. Heidegger, « Brief über den Humanismus » [1946], GA, 9, p. 313-314 ; trad. fr. R. Munier, « Lettre sur l'humanisme », dans *Questions III et IV*, Paris, Gallimard, 1990, p. 68.

La rupture entre la première et la seconde période de la pensée de Patočka (marquée par la substitution du concept de négativité au concept d'intériorité à partir de l'essai de 1947) réside dans cette remise en question de l'idée de maîtrise. En effet, le sentiment de la liberté n'est plus en 1947, ou du moins en 1953, « le sentiment d'une domination sur le monde »[1], comme il l'était en 1936. Il est désormais le sentiment d'un abandon à l'être. La liberté n'est plus domination mais abandon, puisque l'homme possède moins la liberté qu'il n'est possédé par elle. Par conséquent, il est assez peu probable que, dans un texte contemporain du *Platonisme négatif*, Patočka ait vraiment voulu dire : « … la vérité est le combat intérieur de l'homme pour sa liberté essentielle, pour la liberté intérieure que l'homme en tant qu'homme *possède* dans son fond, indépendamment de ce qu'il en est sur le plan des faits »[2]. À la lumière de nos analyses, nous préciserions la traduction de cet extrait de la manière suivante : « … la vérité est le combat intérieur de l'homme pour sa liberté essentielle, pour la liberté intérieure que l'homme *est* dans son fond et essentiellement, mais nullement de fait »[3]. *La liberté n'est pas essentiellement un droit ni un fait mais une essence qui traverse et excède l'homme*. La liberté est plus précisément « … l'essence qui contient et qui transit d'un bout à l'autre l'être-homme »[4], comme le remarque Heidegger dans son cours sur Schelling. La liberté est l'essence qui traverse et excède l'homme, parce qu'elle est l'essence qui unifie la vie au-delà de la séparation de la nature et de la raison. Mais la liberté n'est pas seulement ce qui unifie la vie au-delà de la séparation de la nature et de la raison, elle est aussi ce qui « … unifie *pour nous* le tout de l'étant fini »[5]. Alors que la liberté est uniquement définie en 1936 comme « la forme fondamentale de l'existence humaine »[6], elle devient en 1953 la forme fondamentale du « tout de l'étant fini », c'est-à-dire du monde. À partir du *Platonisme négatif*, voire d'*Éternité et historicité*, la liberté désigne aussi bien la forme essentielle de l'homme que

1. J. Patočka, « Přirozený svět jako filosofický problém », p. 242 ; trad. fr., *Le monde naturel comme problème philosophique*, p. 143.

2. J. Patočka, « Nadcivilizace a její vnitřní konflikt », p. 289 ; trad. fr., « La surcivilisation et son conflit interne », p. 160 (nous soulignons).

3. *Ibid.*, p. 289 : « Pravda … je vnitřní zápas člověka o jeho vnitřní, podstatnou svobodu, kterou člověk *má* ve svém jádre a podstatně, ale nikoli fakticky » (nous soulignons).

4. M. Heidegger, *Schelling Abhandlung Über das Wesen der menschlichen Freiheit (1809)*, *op. cit.*, p. 11 ; trad. fr., *Schelling*, *op. cit.*, p. 26.

5. J. Patočka, « Negativní platonismus », p. 332 ; trad. fr., « Le platonisme négatif », p. 92 (nous soulignons).

6. J. Patočka, « Přirozený svět jako filosofický problém », p. 241 ; trad. fr., *Le monde naturel comme problème philosophique*, p. 143.

la forme essentielle du monde. Et cette forme du monde doit être entendue au sens où s'entend désormais la forme essentielle de l'homme, forme qui se déploie à partir de l'être et non à partir de l'homme (ou de la raison). C'est pourquoi la forme essentielle du monde ne relève plus d'un geste de domination, mais d'un geste d'abandon au monde *comme tel*.

Cependant n'est-il pas problématique de poser la liberté au principe de l'unité de l'homme et, en même temps, de l'unité du monde, c'est-à-dire de tout étant? Quelle distinction est-il possible d'établir entre l'homme et, par exemple, l'animal, si la liberté constitue désormais l'un comme l'autre? Nous pourrions d'emblée répondre que l'homme se distingue de l'animal, comme de tout autre étant, en ce qu'il est le site de cette constitution, et donc de l'expérience de la liberté. Pour le montrer une nouvelle fois, revenons sur un extrait d'*Éternité et historicité*: « ... parmi toutes les choses qui se présentent, notre âme est l'unique réalité qui a la particularité non seulement d'être, mais aussi de devoir prendre soin de son être, de s'efforcer de le réaliser ... »[1]. Patočka reprend ici la définition que l'on trouve déjà au § 9 de *Sein und Zeit*: « L'"essence" de cet étant [sc. de l'homme] tient dans son (avoir) à-être »[2]. L'homme diffère des autres étants en ce qu'il n'"est" pas seulement, mais a aussi "à être", c'est-à-dire en ce qu'il doit s'efforcer de réaliser son être. Il se distingue des autres étants en ce que son être et, plus généralement, l'être n'est pas pour lui quelque chose de donné, mais quelque chose vers lequel il tend, quelque chose à constituer, réaliser, accomplir. Cela revient ainsi à affirmer que l'homme se caractérise par un rapport extatique à l'être. Dans la « Lettre sur l'humanisme », Heidegger écrit en effet: « Il [sc. l'homme] se tient en extase vers l'ouverture de l'Être, ouverture qui est l'Être lui-même ... ». Et d'ajouter que l'Être, « ... en tant que ce qui jette, s'est acquis l'essence de l'homme en la jetant dans "le souci" »[3]. L'homme est donc le seul étant existant, le seul étant que l'être a jeté dans le souci pour le maintenir dans son ouverture, c'est-à-dire pour le maintenir dans le monde, ou plutôt, au monde : « ... "monde", explique Heidegger, ne désigne absolument pas un étant ni aucun domaine de l'étant, mais l'ouverture de l'Être »[4]. Aussi la distinction entre l'homme et les autres étants réside-t-elle dans le fait d'être

1. J. Patočka, « Věčnost a dějinnost », p. 146 : « ... skutečnost naší duše, která má ze všech věcí, které se vyskytují, jediná tu zvláštnost, že nejen jest, nýbrž musí se též sama starat a snažit o vlastní bytí ... ».

2. M. Heidegger, *Sein und Zeit*, § 54, *op. cit.*, p. 42; trad. fr., p. 73.

3. M. Heidegger, « Brief über den Humanismus », p. 350; trad. fr., « Lettre sur l'humanisme », p. 110.

4. *Ibid.*, p. 350; trad. fr., p. 110.

maintenu, par le souci, dans le monde, c'est-à-dire d'être au monde. Mais, comme Heidegger le montre dans ses conférences du semestre d'hiver 1929-1930, il faut bien voir que l'animal n'est pas un étant sans monde (*weltlos*). L'animal est seulement un étant pauvre en monde (*weltarm*). Plus que les autres étants, il partage avec l'homme une ouverture à l'être. Toutefois, pauvre en monde, l'animal n'est que très peu maintenu, par le souci, dans cette ouverture, voire trop peu pour que l'on puisse dire qu'il s'y maintienne. L'animal a une expérience, il accède d'une certaine manière à l'étant, mais il ne peut pour autant accéder à l'étant *comme tel*, c'est-à-dire avoir une expérience de l'*être*. Ce n'est donc pas l'expérience de l'étant qui distingue l'homme de l'animal, mais l'expérience de l'être, c'est-à-dire l'expérience de la liberté.

L'homme diffère de l'animal, comme de tout autre étant, en ce qu'il porte la responsabilité de l'accomplissement de l'être. La définition de l'humanité à partir d'une expérience de la liberté qui ne soit plus seulement un accomplissement de l'être par la raison, mais un accomplissement de l'être par lui-même, permet de penser une plus grande continuité entre l'homme et l'animal ou les autres étants. En effet, à partir du moment où la sensibilité devient une condition de l'expérience de la liberté, cela signifie que l'homme n'accomplit plus son humanité en surmontant la nature en lui. *Éternité et historicité* et *Le platonisme négatif* inscrivent ainsi la pensée de Patočka dans le sillage des travaux de Schelling sur la liberté. Heidegger montre en effet que le traité sur la liberté de Schelling marque une rupture dans l'histoire de la philosophie, en ce qu'il supprime la grande division du champ systématique entre le domaine de la nature et celui de la liberté : « C'est en ce sens que la philosophie se divisait encore pour Kant entre une métaphysique de la nature et une métaphysique des mœurs (de la liberté). La tâche systématique suprême consistait alors à trouver une médiation entre les deux domaines considérés comme quelque chose d'intangible ». Puis de préciser : « Il s'agit à présent [sc. avec ou depuis Schelling] de montrer que la liberté étend son règne sur tous les domaines de l'étant, mais qu'elle se concentre en l'homme avec un singulier relief, réclamant ainsi un nouvel ajointement de l'étant en totalité »[1]. L'homme se distingue donc des autres étants par une hyper-concentration de la liberté en lui. En termes plus patočkiens, nous pourrions affirmer que l'homme se distingue des autres étants par son hyper-négativité. Mais, chez Patočka, cette hyper-négativité ne veut absolument pas dire, comme chez Sartre, que l'homme est

1. M. Heidegger, *Schelling Abhandlung Über das Wesen der menschlichen Freiheit (1809)*, *op. cit.*, p. 111 ; trad. fr., *Schelling*, *op. cit.*, p. 73-74.

essentiellement le « pour-soi » qui néantit l'« en-soi » pour en dévoiler l'« être vrai ». Dans *Éternité et historicité*, comme dans les lettres à Robert Campbell de la même période, Patočka critique en effet « le dualisme cru et l'ontologie sommaire de l'en-soi, cet éléatisme sans issue »[1]. Il souligne aussi que Sartre se demande lui-même, à la fin de *L'Être et le néant*, si le mouvement ne suppose pas une première trace de néant dans l'« en-soi ». Pour Patočka, ce n'est donc pas l'homme qui néantit l'« en-soi » ou l'étant, mais l'être qui néantit dans l'étant, y compris en l'homme. Aussi l'homme se distingue-t-il par son hyper-négativité dans la mesure où l'être néantit extrêmement plus en lui que dans le reste de l'étant.

Une question reste toutefois en suspens : comment peut-on concevoir une liberté proprement humaine, qui n'appartient cependant à l'homme ni en son origine ni en sa finalité ? N'y a-t-il pas une contradiction évidente entre la manière dont nous avons conclu le premier chapitre et la manière dont nous concluons celui-ci ? Pour répondre à cette question, insistons sur la conception de l'homme que l'on trouve chez Patočka à partir d'*Éternité et historicité* et du *Platonisme négatif*. Sa reprise de l'analytique existentiale lui permet de considérer l'essence de l'homme comme une essence hyper-négative, c'est-à-dire de montrer que l'homme, en tant que « centre vivant »[2], n'en est pas moins un « centre ex-centrique ». Or c'est la définition paradoxale de l'homme comme « centre ex-centrique » qui rend possible l'idée d'une liberté proprement humaine qui n'appartient nullement à l'homme. En effet, en tant que « centre ex-centrique », l'homme est, par toute son essence, en dehors de lui-même. Autrement dit, l'homme n'est lui-même que « par » (origine) et « pour » (finalité) autre chose que lui-même. C'est pourquoi une liberté proprement humaine ne peut être paradoxalement qu'une liberté par et pour autre chose que l'homme. Chez Patočka, comme chez Heidegger, il s'agit d'une liberté par et pour l'être. Cela revient donc à affirmer que l'essence de l'homme réside entièrement en une mission, qui ne consiste pas à dominer l'étant, mais à le laisser être, à le manifester *comme tel*, en son essence. Heidegger écrit à ce titre : « L'homme n'est pas le maître de l'étant. L'homme est le berger de l'être

1. J. Patočka, « Lettres à Robert Campbell », *op. cit.*, p. 34.

2. J. Patočka, « Věčnost a dějinnost », p. 228 : « … v nás přicházejí věci "k sobě", k *živému centru*, v nás jejich indiference teprve se stává skutkem, prožitkem » (« … en nous les choses adviennent "à elles-mêmes", à leur *centre vivant*; ce n'est qu'en nous que leur indifférence devient un fait, un vécu ») (nous soulignons).

(*Hirt des Seins*) »[1]. L'homme n'est pas le « maître de l'étant », il n'est pas voué à exploiter l'étant; l'homme est le « berger de l'être », il est voué à sauvegarder le dévoilement de l'étant en son essence négative, historique, problématique. Et c'est dans cette idée de l'homme que Patočka semble avoir trouvé la clé de son propre système. Dans la lettre du 16 avril 1949, il confie à Robert Campbell : « ... je sens des inspirations proprement philosophiques, "systématiques", je ne suis qu'un historien mais je voudrais autre chose au fond ... ». Puis de préciser son sentiment de manière quasi programmatique : « ... il faudrait essayer de prendre l'anthropologie qui voit l'homme comme *"Hirt des Seins"* comme clé d'une philosophie systématique, refaire l'idée de "système" non pas *modo geometrico*, mais en approchant de la manière d'Aristote, avec des moyens modernes. Cela donnerait une révision de nos idéaux philosophiques et scientifiques très complète »[2]. Il reste donc maintenant à montrer comment le système patočkien est parvenu à se déployer sur le fondement de cette conception existentiale de l'homme comme *Hirt des Seins*.

1. M. Heidegger, « Brief über den Humanismus », p. 342; trad. fr., « Lettre sur l'humanisme », p. 101.

2. J. Patočka, « Lettres à Robert Campbell », *op. cit.*, p. 57.

CHAPITRE III

VERS UN DÉPASSEMENT DE L'ONTOLOGIE?

§ 7. *Εποχή et libération de l'apparaître*

Platon et l'Europe, série de onze conférences prononcées lors d'un séminaire privé à Prague en 1973, pourrait être considéré comme l'achèvement, voire l'accomplissement du *Platonisme négatif*. En effet, Patočka reprend, vingt ans après, le thème et la méthode de son essai resté inachevé. Toutefois, la perspective diffère, en ce qu'il les met au service du déploiement de son propre système. Et c'est en opérant ce changement de perspective qu'il vient accomplir pleinement la *Kehre* de 1953[1].

1. Ce deuxième moment décisif se produit dans une situation de crise, tant politique que personnelle, suite au Printemps de Prague et à l'interdiction d'enseigner qui frappe Patočka, comme au début des années cinquante, suite au Coup de Prague et au refus par le Ministère de l'Intérieur de sa nomination au poste de professeur à la Faculté des Lettres de Prague. L'ouverture du séminaire de 1973 exprime ces deux aspects, non seulement la gravité de la période, mais aussi la foi philosophique qui anime le philosophe tchèque : « La réflexion philosophique devrait nous aider dans la détresse qui est la nôtre, elle devrait être une sorte d'*action intérieure* dans la situation où nous nous trouvons ». *Cf.* « Platón a Evropa », p. 149 ; trad. fr., *Platon et l'Europe*, p. 9. Nous soulignons l'expression d'« action intérieure (*vnitřní jednání*) » – comme dans le texte de l'édition tchèque des œuvres complètes –, parce qu'elle fait écho à cette exigence de « tenue intérieure (*innerer Halt*) » qui est celle de Husserl dans la *Krisis* : « Rassemblant nos esprits en cette détresse, nous tournons notre regard vers l'histoire de notre actuelle humanité. Ce n'est que par l'éclaircissement de l'unité de son sens que nous pourrons gagner la compréhension de nous-mêmes, et par-là obtenir une *tenue intérieure* ». *Cf. Die Krisis der europäischen Wissenschaften und die transzendentale Phänomenologie* [1936], § 5, Hua. VI, p. 12 ; trad. fr. G. Granel, *La crise des sciences européennes et la phénoménologie transcendantale*, Paris, Gallimard, 1999, p. 20 (nous soulignons).

Tout d'abord, examinons le thème du séminaire de 1973. Patočka se propose de penser l'Europe à partir d'un thème commun aux philosophes grecs : « … aussi bien les tenants de l'âme immortelle que ceux qui posent une âme mortelle et corruptible, tous affirment qu'il faut se soucier de l'âme … »[1]. Le souci de l'âme est donc le thème à partir duquel l'Europe doit être pensée, c'est-à-dire définie. Mais ne s'agit-il pas d'une définition purement formelle de l'Europe, puisqu'elle ne dépend pas du contenu de l'âme ? Nonobstant son caractère encore formel, cette définition soulève déjà un problème essentiel : le concept d'Europe n'a de sens que si et seulement si le concept d'âme possède lui-même un sens. Au regard de l'histoire de la philosophie, le fait de penser l'Europe à partir du souci de l'âme présuppose donc un dépassement de la critique moderne du concept d'âme. Aussi peut-il paraître très étonnant que Patočka ne revienne jamais explicitement sur ce présupposé, censé garantir la pertinence historique de son approche philosophique. Il se contente de souligner : « La science moderne a remis en question le concept même d'âme … ». Et d'ajouter : « … mais les philosophes grecs le connaissent tous, qu'ils soient “matérialistes” ou “idéalistes” ». Or suffit-il d'invoquer les philosophes grecs pour expliquer que l'âme désigne « … ce qui possède un savoir sur la totalité du monde et de la vie, ce qui est capable de prendre en vue cette totalité, ce qui vit à partir de cette vision … »[2] ? Cette définition prouve toutefois que ce retour au concept d'âme n'est pas un simple retour au concept antique d'âme. En effet, Patočka donne ici une interprétation de l'âme à la lumière de l'expérience de la liberté, qu'il envisage, depuis *Le platonisme négatif*, comme l'expérience « … qui fait de notre vécu des objets un vécu de la totalité … »[3]. Autrement dit, l'âme est ici interprétée comme la condition de l'expérience de la liberté. Patočka avance donc d'emblée un concept non métaphysique d'âme : l'âme n'est pas ce qui élève l'homme vers un étant absolu, mais ce qui rend l'homme libre en lui permettant d'aller vers l'« être vrai ». C'est pourquoi le souci de l'âme ne désigne rien d'autre que l'expérience de la liberté : « Les Grecs, les philosophes grecs chez qui l'esprit grec tient le langage le plus net, définissent la liberté humaine comme soin de l'âme »[4]. Sous le nom de souci ou soin de

1. J. Patočka, « Platón a Evropa », p. 160 ; trad. fr., *Platon et l'Europe*, p. 20.

2. *Ibid.*, p. 160 ; trad. fr., p. 20. Ce sont les pensées de Démocrite et de Platon qui viendront par la suite illustrer les propos de Patočka.

3. J. Patočka, « Negativní platonismus », p. 325 ; trad. fr., « Le platonisme négatif », p. 84.

4. J. Patočka, « Platón a Evropa », p. 160 ; trad. fr., *Platon et l'Europe*, p. 20.

l'âme, nous retrouvons donc bien, dans *Platon et l'Europe*, le thème central du *Platonisme négatif*: la liberté.

La critique moderne du concept d'âme est-elle pour autant totalement dépassée par la conception patočkienne de l'âme? Revenons un moment sur ce problème que Patočka laisse en arrière-fond de ses développements sur l'Europe. C'est certainement à Kant que nous devons la critique la plus radicale du concept d'âme. Cette critique est radicale en ce qu'elle interdit de penser l'âme selon l'enseignement traditionnel de la métaphysique : une substance, simple quant à la qualité, identique quant au temps, distincte quant à l'espace. La démonstration des paralogismes de la psychologie transcendantale[1] porte cependant moins sur la simplicité, l'identité ou la distinction du moi, que sur le concept de substance, et donc sur l'impossibilité pour la raison de connaître l'être véritable du moi. Le moi est inconnaissable en son être véritable, puisqu' il ne se donne à la raison que sous la forme du « je pense », c'est-à-dire sous la forme d'une unité logique séparée du principe de la vie dans la matière, que les Grecs appellent l'âme (ψυχή). Le développement logique de la pensée en général (du « je pense ») ne pouvant être envisagé comme une détermination métaphysique de l'objet (du moi), seule la conscience du moi est « objectivement réelle ». Au moi métaphysique de Descartes, au « je pense » qui implique la nécessaire perception d'une existence en soi (*ego cogito ergo sum*), Kant substitue donc un moi logique[2].

Que l'âme ne soit pas une réalité « objective », Patočka l'admet aisément : « L'âme n'est pas ancrée dans un savoir objectif, non problématique, mais dans un non-savoir savant ... »[3]. En revanche, il refuse qu'elle ne soit pas une « réalité ». Ce refus suppose une disjonction entre la réalité et l'objectivité, c'est-à-dire une remise en question des limites kantiennes de la phénoménalité. Il n'est donc pas très étonnant que Patočka revienne, dès la seconde conférence du séminaire, sur la réduction husserlienne. En effet, la réduction, plus précisément la seconde réduction ou réduction au propre (1929), est une pierre d'achoppement pour la démonstration des paralogismes de la psychologie transcendantale. Différente du geste

1. I. Kant, *Kritik der reinen Vernunft* [B], p. 400-414; trad. fr., *Critique de la raison pure*, *op. cit.*, p. 278-294.

2. Nous nous limitons au sujet logique pour éviter de rentrer dans des considérations qui n'ont pas leur place dans cet essai. Pour un approfondissement de la question du sujet chez Kant, nous renvoyons à l'ouvrage de Jocelyn Benoist qui a pour titre *Kant et les limites de la synthèse : le sujet sensible*, Paris, P.U.F., 1996.

3. J. Patočka, « Kulhavý poutník Josef Čapek », p. 153; trad. fr., « Josef Čapek, pèlerin boiteux », p. 185.

cartésien, la réduction au propre n'est plus une saisie immédiate du moi dans l'expérience du doute, mais une purification progressive des vécus qui vise à identifier les limites du moi *comme tel*: « ... dans notre abstraction, affirme Husserl, c'est bien le sens "objectif" qui disparaît intégralement, sens qui appartient à tout ce qui est mondain en tant que constitué intersubjectivement, en tant qu'expérimental par tout un chacun ... Parmi les corps de cette nature véritablement saisis, je rencontre, se distinguant de manière unique, mon propre corps, c'est-à-dire comme l'unique corps qui n'est pas simplement corps physique (*Körper*) mais précisément corps propre (*Leib*) ... »[1]. En d'autres termes, la réduction au propre ne dévoile pas le corps comme simple fragment du monde (*Körper*), mais l'âme comme corps ou vie propre (*Leib*). Au moi logique de Kant, Husserl substitue donc un moi vivant.

Force est toutefois de constater que Patočka ne reprend pas la seconde réduction ou réduction au propre pour aborder « le problème de l'âme et du souci de l'âme »[2]. Il se réfère en effet à la première réduction ou réduction transcendantale (1913): «Le thème philosophique que je voudrais développer maintenant [sc. le souci de l'âme] s'appuie notamment sur le § 31 des *Ideen I*, où Husserl expose l'idée ... de ce qu'on appelle la réduction phénoménologique. Si nous le prenons au pied de la lettre, ce terme de "réduction phénoménologique" signifie la conversion en phénomène»[3]. En outre, il ne revient pas sur la formulation complète de la réduction transcendantale, mais uniquement sur sa première formulation (*Ideen I*, § 31), c'est-à-dire sur la formulation qui précède la réduction du monde à la conscience (*Ideen I*, § 32). Or pourquoi Patočka procède-t-il de la sorte? Ceci est d'autant plus étrange que la réduction du monde à la conscience pourrait être considérée comme le présupposé de la réduction au propre. En effet, comment pourrions-nous ramener les vécus de conscience à l'âme (l'expérience transcendantale au propre, seconde réduction), si nous n'avions pas, dans un premier temps, ramené le monde aux vécus de

1. E. Husserl, *Cartesianische Meditationen*, § 44, Hua. I, p. 127-128; trad. fr. M. de Launay, *Méditations cartésiennes*, Paris, P.U.F., 1994, p. 145. Sur la question du corps propre ou de la chair (*Leib*) chez Husserl, nous renvoyons à l'ouvrage de Didier Franck qui a pour titre *Chair et corps : sur la phénoménologie de Husserl*, Paris, Minuit, 1981.

2. J. Patočka, « Platón a Evropa », p. 161 ; trad. fr., *Platon et l'Europe*, p. 23.

3. *Ibid.*, p. 161 ; trad. fr., p. 23. Dans le § 31 des *Ideen I*, Husserl conçoit en effet la réduction comme une « conversion de valeur (*Umwertung*) », précisant que cette conversion : « ... dépend de notre entière liberté et s'oppose à toutes les prises de position adoptées par la pensée ... ». Cf. *Ideen*, I, § 31, Hua. III, p. 55; trad. fr., p. 99. La réduction ne nie donc pas son objet – sinon la pensée prendrait encore position –, mais le convertit en phénomène, c'est-à-dire suspend la thèse de son existence en soi.

conscience (la transcendance à l'expérience transcendantale, première réduction)? En ce sens, la réduction du monde à la conscience serait une étape vers le dévoilement de l'âme en tant qu'« orientation-zéro »[1], principe de la vie propre. Par conséquent, le dépassement de la critique moderne du concept d'âme supposerait de retracer le parcours des réductions husserliennes vers le dévoilement de l'âme en tant que principe de la vie propre. Mais ce n'est nullement pour retracer ce parcours que Patočka revient sur la première formulation de la réduction transcendantale. Son but est de trouver un concept non métaphysique d'âme à même cette formulation la plus générale de la réduction transcendantale. C'est pourquoi l'unique référence au § 31 des *Ideen I*, dans lequel la réduction transcendantale est encore une ἐποχή sans réduction du monde à la conscience, constitue une critique, ou plus exactement, une reprise de la critique que Patočka adresse déjà, dans *Éternité et historicité*, au présupposé métaphysique idéaliste de la réduction transcendantale complètement formulée[2]. Dès la seconde conférence du séminaire de 1973, Patočka expose ainsi sa méthode : développer le thème du souci de l'âme à partir de la formulation non métaphysique de la réduction transcendantale comme ἐποχή sans réduction du monde à la conscience. Il s'agit donc bien de la même méthode que dans l'essai de 1953 : développer l'un des grands thèmes platoniciens à partir de l'ἐποχή.

Le problème reste néanmoins de savoir si Patočka parvient à dévoiler l'âme en se référant uniquement à l'ἐποχή, c'est-à-dire à une formulation de la réduction transcendantale qui n'intègre pas le présupposé de ce dévoilement. Poser ce problème nous permet d'interroger le système que Patočka déploie dans le séminaire de 1973, système qui se situe, non au-delà de Husserl et de Heidegger, mais, comme le dit Renaud Barbaras, « … *en deçà*, c'est-à-dire en ce lieu non formulé où ils se rejoignent »[3]. Le retour de Patočka au sens premier de la réduction comme ἐποχή doit donc être donc envisagé dans l'optique du dévoilement de la vérité commune aux deux phénoménologues allemands. Cette vérité constituerait la clé d'une interprétation phénoménologique, non métaphysique du thème commun à tous les philosophes grecs, c'est-à-dire du souci de l'âme (ou de la liberté). Autrement dit, le dévoilement de la vérité commune à Husserl et Heidegger

1. E. Husserl, *Zur Phänomenologie der Intersubjektivität*, Hua. XV, p. 506; trad. fr., *Sur l'intersubjectivité*, I, *op. cit.*, p. 122.

2. Voir *supra* § 2, p. 41-43.

3. R. Barbaras, *Le mouvement de l'existence : études sur la phénoménologie de Jan Patočka*, Chatou, La Transparence, 2007, p. 30. Les analyses qui suivent s'appuient plus généralement sur toute la seconde étude de cet ouvrage.

permettrait d'accéder aussi bien à la vérité du système de Patočka qu'à la vérité de la liberté. Quelle est donc cette vérité commune à Husserl et Heidegger, c'est-à-dire « ce lieu non formulé où ils se rejoignent » ? Patočka y parvient en 1973 au terme du dialogue avec ce qu'il appelle, en 1947, l'idéalisme de la philosophie husserlienne et ce qu'il nomme, à partir du milieu des années soixante, son subjectivisme. La critique qu'il adresse au subjectivisme husserlien peut être résumée de la manière suivante : « Chaque thèse individuelle fait partie d'une thèse générale »[1]. En effet, contrairement à Husserl, Patočka soutient que la thèse générale (la thèse du monde) n'est pas subordonnée à une thèse individuelle (la thèse du moi), ni même à l'intersection des thèses individuelles. Et dans la mesure où « chaque thèse individuelle fait partie d'une thèse générale », il affirme aussi que la thèse générale est non seulement autonome mais plus encore déterminante vis-à-vis de la thèse individuelle. En d'autres termes, il ne considère pas seulement que la thèse du monde est aussi apodictique que la thèse du moi, il pose également que la thèse du monde précède et rend possible la thèse du moi. Or cette précession de la thèse du monde, c'est dans l'ἐποχή qu'elle s'atteste : « La thèse du monde est aussi peu modifiable dans la réduction que la thèse du moi ... Je prends le monde en vue en tant que phénomène mais vois, en même temps, que je peux certes remplacer et modifier chaque étant intramondain, mais jamais le monde *comme tel*, le monde en totalité »[2]. Mais cette conclusion requiert de ne présupposer aucune idée du monde que nous vérifierions après coup. Elle suppose de se laisser conduire vers le monde, qui se montre dans l'ἐποχή comme la « totalité transcendantale », non au sens de « l'ouvrage de notre subjectivité », mais au sens du « ... champ qu'il faut présupposer comme fondement (*Grund*) de toute clarté ... »[3].

Au terme de sa critique, Patočka découvre donc un champ dont il pense qu'il constitue la vérité de la philosophie husserlienne. En effet, dans un

1. J. Patočka, « Platón a Evropa », p. 164 ; trad. fr., *Platon et l'Europe*, p. 27.

2. J. Patočka, « [Phänomenologie als introspektive Bewußtseinslehre und als Lehre von der Erscheinung : Das Problem einer Époche] » [1972-1973], in *Vom Erscheinen als solchem : Texte aus dem Nachlaß*, Freiburg (Breisgau)-München, Alber, 2000, p. 235 ; trad. fr. E. Abrams, « [La phénoménologie comme doctrine de la conscience introspective et comme théorie de l'apparition] », dans *Papiers phénoménologiques*, Grenoble, Millon, 1995, p. 237 (nous soulignons et modifions la traduction).

3. J. Patočka, « Der Subjektivismus der Husserlschen und die Forderung einer asubjektiven Phänomenologie » [1971], in *Die Bewegung der Menschlichen Existenz*, Stuttgart, Klett-Cotta, 1991, p. 309 ; trad. fr. E. Abrams, « Le subjectivisme de la phénoménologie husserlienne et l'exigence d'une phénoménologie asubjective », dans *Qu'est-ce que la phénoménologie ?*, Grenoble, Millon, 1988, p. 247 (nous soulignons).

texte contemporain de *Platon et l'Europe*, il affirme : « L'intention de la réduction phénoménologique visait en vérité ce champ, l'apparaître *comme tel* (*das Erscheinen als solches*), non le "subjectif" au sens du vécu »[1]. L'ἐποχή libère l'apparaître *comme tel* en lui rendant son autonomie vis-à-vis de l'apparaissant. Le terme d'autonomie ne rend toutefois pas compte de la distinction qu'établit Patočka, en allemand comme en tchèque, pour dire l'autonomie de l'apparaître par opposition à celle de l'apparaissant. À cet égard, la traduction française des textes de 1970 et 1971 sur le subjectivisme husserlien engendre une contradiction totalement absente des textes originaux. Alors que l'autonomie du champ phénoménal est évoquée à trois reprises dans la traduction française du texte de 1970, dans celle du texte de 1971, nous pouvons lire : « Le champ phénoménal est, dans son principe, dépourvu d'autonomie ... », ou encore : « ... le champ phénoménal n'a point d'être autonome ... »[2]; puis de nouveau, dans celle du séminaire de 1973 : « Le phénomène doit demeurer phénomène, un domaine autonome, *non réel* de l'univers ... »[3]. Mais cette contradiction est entièrement levée dès lors que nous revenons aux textes originaux. En allemand et en tchèque, Patočka distingue deux concepts d'autonomie : l'autonomie au sens d'*Eigenständigkeit* ou de *svébytnost* (concept que Patočka utilise quand il affirme l'autonomie du champ phénoménal dans le texte de 1970 ou le séminaire de 1973) et l'autonomie au sens d'*Autonomie* ou d'*autonomie* (concept que Patočka utilise quand il nie l'autonomie du champ phénoménal dans le texte de 1971). Or comment faut-il entendre la différence majeure entre ces deux concepts? Patočka l'indique dans le texte de 1971, lorsqu'il explique : « Le champ phénoménal est, dans son principe, dépourvu d'autonomie (*autonom*); il est impossible en tant qu'étant absolu (*absolut Seiendes*), clos sur soi ; toute son essence consiste

1. J. Patočka, « Der Subjektivismus der Husserlschen und die Forderung einer asubjektiven Phänomenologie », p. 303 ; trad. fr., « Le subjectivisme de la phénoménologie husserlienne et l'exigence d'une phénoménologie asubjective », p. 239 (traduction modifiée).

2. Voici les trois occurrences du terme d'autonomie dans la version française du texte de 1970 : « ... le problème du plan phénoménal autonome ... », « ... penser la sphère phénoménale comme quelque chose d'autonome ... », « ... voir dans son autonomie le champ phénoménal ... ». *Cf.* J. Patočka, « Le subjectivisme de la phénoménologie husserlienne et la possibilité d'une phénoménologie "asubjective" », dans *Qu'est-ce que la phénoménologie ?*, trad. fr. E. Abrams, Grenoble, Millon, 1988, respectivement p. 208, 209 et 210. Quant aux deux occurrences dans la version française du texte de 1971, nous renvoyons au texte intitulé « Le subjectivisme de la phénoménologie husserlienne et l'exigence d'une phénoménologie asubjective », p. 239.

3. J. Patočka, « Platón a Evropa », p. 178 ; trad. fr., *Platon et l'Europe*, p. 41.

à manifester autre chose ...»; ou encore: «Si le champ phénoménal n'a point d'être autonome (*autonomes*), il n'en a pas moins un être propre (*eigenes Sein*) qui réside précisément dans la monstration»[1]. Autrement dit, comme *Autonomie*, l'autonomie se définit à la manière d'une clôture sur soi. Et c'est en raison de cette définition qu'elle ne peut absolument pas convenir au champ phénoménal. Contrairement à l'étant absolu, l'étant qui ne déploie que son essence dans ce qu'il manifeste, le champ phénoménal déploie l'essence de ce qu'il manifeste dans ce qu'il manifeste. Le champ phénoménal est le lieu «... où l'étant aussi bien de nature égologique que de nature non égologique se montre en ce qu'il est, où les deux espèces d'étant peuvent se rencontrer»[2]. Comme *Autonomie*, l'autonomie désigne donc l'inverse du champ phénoménal, puisque celui-ci n'est pas un étant absolu, clos sur lui-même, mais l'ouverture de l'être. Et c'est bien cette ouverture, c'est-à-dire l'être lui-même, qui caractérise l'autonomie comme *Eigenständigkeit*. Comme *Eigenständigkeit*, l'autonomie se déploie à partir de l'être propre (*eigene Beständigkeit* ou *eigenes Sein*), et donc à partir l'être puisque, «Dans l'être propre, c'est l'*être* (*Sein*) qui est à l'œuvre»[3], non le propre (*Eigen*), ou encore l'âme. Pour autant qu'il est autonome au sens de l'*Eigenständigkeit*, le champ phénoménal est donc bien le présupposé du dévoilement de l'âme.

Patočka identifie donc l'apparaître *comme tel*, dans lequel il voit la vérité de la philosophie husserlienne, à la compréhension de l'être heideggérienne, c'est-à-dire à ce lieu où «... nous-mêmes, aussi bien que les choses apparaissantes, recevons les déterminations qui nous sont propres»[4]. Dès 1970-1971, Patočka serait ainsi parvenu à ce «lieu non formulé» où Husserl et Heidegger se rejoignent, lieu qui n'est autre que l'apparaître *comme tel* entendu au sens de la compréhension de l'être. Pour autant, sa critique du subjectivisme husserlien ne s'achève pas dans un retour à la philosophie heideggérienne. Dans le séminaire de 1973, elle

1. J. Patočka, «Der Subjektivismus der Husserlschen und die Forderung einer asubjektiven Phänomenologie», p. 302-303; trad. fr., «Le subjectivisme de la phénoménologie husserlienne et l'exigence d'une phénoménologie asubjective», p. 239.

2. J. Patočka, «Der Subjektivismus der Husserlschen und die Möglichkeit einer "asubjektiven" Phänomenologie» [1970], in *Die Bewegung der Menschlichen Existenz*, Stuttgart, Klett-Cotta, 1991, p. 280; trad. fr., «Le subjectivisme de la phénoménologie husserlienne et la possibilité d'une phénoménologie "asubjective"», p. 208.

3. *Ibid*., p. 283; trad. fr., p. 212.

4. J. Patočka, «Der Subjektivismus der Husserlschen und die Forderung einer asubjektiven Phänomenologie», p. 308-309; trad. fr., «Le subjectivisme de la phénoménologie husserlienne et l'exigence d'une phénoménologie asubjective», p. 247.

s'accomplit au contraire dans un dépassement du système heideggérien, c'est-à-dire dans une critique du privilège de la question de l'être. Comme Patočka le souligne lui-même, « ... le problème de l'être tel que Heidegger le formule est un problème prématuré qu'il faudrait repenser à fond à partir de l'apparition »[1]. Bien entendu, il ne s'agit pas de nier que Heidegger parvient à dépasser l'ontologie scolastique au sens moderne du terme (puisqu'il ne conçoit plus l'être comme la structure générale mais comme le mode d'apparition de l'étant). Il s'agit seulement de critiquer le maintien de la subordination du problème de l'apparaître au problème de l'être, qui expose l'approche de l'être aux risques du formalisme et du subjectivisme[2]. *Pour échapper au formalisme et au subjectivisme, l'apparaître doit être envisagé comme le moyen d'aller vers l'être.* C'est pourquoi Patočka voit dans l'apparaître la clé d'une interprétation non métaphysique du souci de l'âme (ou de la liberté) : « Le souci de l'âme découle en son fond de cette proximité de l'homme à l'apparaître, au phénomène en tant que tel, à cette manifestation du monde en totalité qui se produit en l'homme ... »[3]. En effet, si l'apparaître devient le moyen d'aller vers l'être, alors les rapports se renversent : *ce n'est plus le rapport de l'homme à lui-même (la liberté) qui fonde le rapport de l'homme à l'apparaître (l'ouverture au monde), c'est désormais le rapport de l'homme à l'apparaître (l'ouverture au monde) qui fonde le rapport de l'homme à lui-même (la liberté).* Bien

1. J. Patočka, « Platón a Evropa », p. 310 ; trad. fr., *Platon et l'Europe*, p. 187. Patočka soutient également : « Il faut orienter le problème de l'être sur le problème de l'apparaître, non le faire sortir d'un coup de baguette magique en faisant violence au phénomène ». Cf. *Ibid.*, p. 307 ; trad. fr., p. 184 (traduction modifiée). Mais il faut noter que cette critique n'est pas nouvelle. Patočka l'énonce déjà dans la lettre à Robert Campbell du 3 mai 1947 : « ... l'idée d'angoisse telle que Heidegger la conçoit ne me paraît possible qu'à condition d'interpréter le phénomène muet d'une manière très systématique, au fond très logique [sc. à condition de lui faire violence] : cette idée a, chez Heidegger, la fonction de la réduction phénoménologique avec sa suspension du jugement qui est un acte "logique", et il est à craindre que la part de signification que comportent certaines descriptions heideggériennes ne vienne plus du logos que des phénomènes ». *Cf.* « Lettres à Robert Campbell », *op. cit.*, p. 33. Ce n'est cependant qu'au début des années soixante-dix que Patočka s'appuie sur cette critique pour déployer son propre systeme.

2. Cette critique patočkienne du privilège heideggérien de la question de l'être se trouve notamment dans le chapitre IX de *Platon et l'Europe*. La critique en termes de « formalisme » se fonde sur l'exigence d'une description plus aboutie des phénomènes, pour parvenir à un être qui ne soit pas un signe purement formel, ni une simple catégorie, mais un contenu vivant. Quant à la critique en termes de « subjectivisme », elle se fonde sur l'idée que l'être n'est pas un accomplissement du *Dasein* comme subjectivité finie, mais qu'au contraire, la subjectivité finie comme *Dasein* est un accomplissement de l'être. Bien entendu, cette double critique patočkienne vaut avant tout pour le premier Heidegger.

3. J. Patočka, « Platón a Evropa », p. 172 ; trad. fr., *Platon et l'Europe*, p. 35.

entendu, cela ne signifie pas que l'apparaître détermine l'homme au sens du déterminisme. Cela revient simplement à dire que la volonté ne peut se vouloir elle-même, que la liberté est toujours une réponse à un appel : « Le corps propre (*Leib*), en tant qu'égologique, répond à un *appel phénoménal*, satisfait ou tente de satisfaire une exigence de la chose apparaissante qui s'ouvre devant nous (et dans laquelle ce qui est à réaliser s'annonce comme caractère "objectif", comme insatisfaction) »[1]. Au début des années soixante-dix, l'insatisfaction qui motive l'expérience de la liberté n'est donc plus l'indice de l'être. C'est désormais l'indice de l'apparaître, et donc de l'unité phénoménologique à partir de laquelle doit être pensée la différence ontologique de l'être et de l'étant[2]. Aussi Patočka institue-t-il son système en substituant, à l'idée heideggérienne de l'homme comme *Hirt des Seins*, une idée de l'homme que nous caractériserions par la formule : « *Hirt des Erscheinens* ». Le souci de l'âme (ou la liberté) n'est pas d'abord souci de l'être mais souci de l'apparaître. *La liberté, « désanthropologisée » à la fin des années quarante à partir de l'ontologie heideggérienne, est maintenant « désontologisée »* : la liberté n'est plus essentiellement la propriété de l'homme, ni la propriété de l'être, mais la propriété de l'apparaître.

§ 8. *La philosophie phénoménologique*

C'est au terme d'un double mouvement de « désanthropologisation » et « désontologisation » de la liberté qu'émerge le système de Patočka. La question directrice de la philosophie patočkienne n'est donc pas la question de l'être, ni même la question de l'apparaître, mais la *question de la liberté*, c'est-à-dire la *question du rapport entre l'apparaître et l'étant*. Si Patočka dévoile la vérité commune à Husserl et Heidegger (l'apparaître), il n'en fait donc pas la question directrice de sa propre *phénoménologie*. Plus

1. J. Patočka, « Der Subjektivismus der Husserlschen und die Forderung einer asubjektiven Phänomenologie », p. 307 ; trad. fr., « Le subjectivisme de la phénoménologie husserlienne et l'exigence d'une phénoménologie asubjective », p. 245 (nous soulignons et modifions la traduction).

2. Renaud Barbaras décrit parfaitement ce mouvement accompli par la pensée de Patočka au début des années soixante-dix : « En subordonnant le problème de l'être à la question de l'apparaître et en posant celui-ci à partir de l'unité, c'est-à-dire comme apparaître d'un monde, Patočka parvient à penser la distinction de l'être et de l'étant apparaissant à partir de leur unité dans l'apparition, à subordonner la différence ontologique même à l'unité phénoménologique de l'apparaître ». *Cf. Le mouvement de l'existence : études sur la phénoménologie de Jan Patočka*, *op. cit.*, p. 42.

exactement, il n'en fait pas la question directrice de sa propre *philosophie*, puisqu'il écrit lui-même, dans *Platon et l'Europe*, que la phénoménologie désigne « la science du phénomène en tant que tel »[1], c'est-à-dire la science de l'apparaître *comme tel*. L'idée de Renaud Barbaras, selon laquelle Patočka considère la phénoménologie comme une discipline où « … la méthode n'est pas au service d'une question; la question se confond au contraire avec la méthode … » (dans la mesure où l'ἐποχή libère l'apparaître *comme tel*, qui devient la question de la phénoménologie), est donc pleinement justifiée. Cependant, il ne faudrait pas confondre la vérité de la *phénoménologie* patočkienne avec la vérité de la *philosophie* patočkienne. En effet, pour Patočka, le questionnement philosophique recoupe le questionnement phénoménologique, mais ne se confond pas avec lui. C'est pourquoi il ne veut nullement, malgré ce qu'affirme Renaud Barbaras, « … faire de ce qui est dégagé par la méthode phénoménologique l'objet même du questionnement *philosophique* … »[2]. Cette idée d'un *dépassement de la phénoménologie par la philosophie* repose sur quatre arguments : a) le premier consiste à dire que l'apparaître *comme tel* est moins une question qu'une réponse, puisqu'il constitue l'unité qu'il faut prendre en vue pour découvrir « … comment il se fait qu'une seule et même chose puisse se montrer dans différentes perspectives … »; b) le second consiste à dire que le problème reste de savoir comment l'apparaître détermine l'étant, problème que ne peut résoudre la phénoménologie (« … qui ne prend en vue que le phénomène en tant que tel … »), mais au sujet duquel la *philosophie phénoménologique* peut énoncer « certaines hypothèses constructives »; c) le troisième consiste à dire que la phénoménologie se met au service d'une « question non phénoménologique », puisque savoir comment l'apparaître détermine l'étant (τὸ ὄν) est une « question métaphysique » au sens de la *metaphysica generalis* (ou *ontologia*); d) le quatrième consiste à dire que cette question métaphysique est toutefois conçue à partir de la phénoménologie : « La philosophie phénoménologique se distingue de la phénoménologie dans la mesure où elle ne veut pas seulement analyser les phénomènes en tant que tels, mais encore en tirer des conséquences métaphysiques, ce qui signifie qu'elle pose la question du rapport entre l'apparaître et l'étant »[3]. Autrement dit, la

1. J. Patočka, « Platón a Evropa », p. 176 ; trad. fr., *Platon et l'Europe*, p. 39.

2. R. Barbaras, *Le mouvement de l'existence : études sur la phénoménologie de Jan Patočka*, *op. cit.*, p. 35 (nous soulignons).

3. J. Patočka, « Platón a Evropa », p. 177 ; trad. fr., *Platon et l'Europe*, p. 41 (traduction modifiée).

philosophie transcende la phénoménologie, parce qu'elle ne s'en arrête pas à l'apparaître, mais se pose la question du rapport entre l'apparaître et l'étant, c'est-à-dire la question de la liberté.

Mais cela ne signifie pas que la phénoménologie désigne une simple méthode. Affirmer que la philosophie phénoménologique «… pose la question du rapport entre l'apparaître et l'étant», cela revient à reconnaître que la phénoménologie, qui libère l'apparaître *comme tel*, constitue le premier moment du questionnement philosophique. La philosophie phénoménologique doit commencer par analyser ce qui relève de la phénoménologie, c'est-à-dire de l'investigation de l'apparaître sensible, comme « des modes d'apparaître des structures générales, des structures de pensée, des autres, de la manière dont existent pour nous la communauté, le passé, etc. »[1]. Pour Patočka, la phénoménologie désigne donc une discipline fondamentale de la philosophie. Sur ce point, il se rapproche de Husserl et s'éloigne de Heidegger. Pour Husserl, la phénoménologie possède un objet – l'apparaître *comme tel* –, alors qu'elle n'est pour Heidegger qu'une méthode censée dévoiler ce qui se retire dans et de l'objet – l'être. Toutefois, Patočka s'éloigne aussi de Husserl en ce que celui-ci ne conçoit pas la philosophie phénoménologique comme un « savoir in-scient », mais comme une « science ». La scientificité de la philosophie phénoménologique husserlienne repose sur le fait qu'elle ne possède pas seulement un objet, mais aussi une certitude qui conditionne cet objet. Or Patočka n'adhère pas à la façon dont Husserl conçoit cette condition : la certitude husserlienne entérine l'hétéronomie du phénomène à l'égard de la subjectivité, alors que, pour Patočka, « Le phénomène doit demeurer phénomène, il doit demeurer un domaine autonome, *non réel* de l'univers, un domaine qui, bien qu'il ne soit pas réel, détermine d'une certaine manière la réalité »[2]. Le problème reste de savoir ce qu'il faut entendre par cette détermination phénoménale de la réalité. La thèse de l'autonomie du phénomène à l'égard de la subjectivité est-elle simplement le revers de la certitude husserlienne ? La philosophie phénoménologique patočkienne est-elle une simple inversion de la philosophie phénoménologique husserlienne, autrement dit, est-elle encore une « science » ? Ne vient-elle pas au contraire introduire une in-certitude dans le rapport entre le phénomène et la réalité, et avant tout, entre le phénomène et la subjectivité ? La philosophie phénoménologique patočkienne

1. *Ibid.*, p. 177 ; trad. fr., p. 40.
2. *Ibid.*, p. 178 ; trad. fr., p. 41.

n'est-elle donc pas plutôt ce qu'elle prétend être, c'est-à-dire un « savoir in-scient » ?

D'abord, rappelons que, chez Patočka, la thèse du monde est aussi apodictique que la thèse du moi. À l'épreuve de l'ἐποχή, l'existence du phénomène se révèle aussi immédiatement certaine que l'existence de la subjectivité. La certitude de l'existence du phénomène ne se substitue donc pas à la certitude de l'existence de la subjectivité. Au contraire, il s'agit d'envisager ensemble les deux certitudes d'existence, dans leur corrélation dynamique. Il est donc impossible de parler d'une inversion de la certitude husserlienne dans le système patočkien. Toutefois, l'idée d'une symétrie entre les deux certitudes d'existence engendre une altération de la certitude husserlienne. En effet, Patočka transforme cette certitude, qui porte à la fois sur l'existence et l'essence de la subjectivité, en une simple certitude d'existence : « Certes, l'*ego*, dans l'*ego cogito*, est immédiatement certain. Mais cette certitude n'est pas celle d'un contenu, elle est au contraire une simple certitude d'existence sans aucun contenu, à l'exception de ceci : l'*ego* est ce à quoi l'apparaissant apparaît; l'apparaître, le champ phénoménal est *son* apparaître »[1]. Nous pourrions cependant penser que cette critique n'atteint véritablement que le doute cartésien, puisqu'il n'y a plus chez Husserl de certitude immédiate de l'essence de l'*ego* dans l'expérience du doute, mais une purification progressive des vécus, qui vise à identifier avec certitude les limites de l'*ego comme tel*. Mais là encore, il faut se reporter au texte original allemand pour voir que la critique patočkienne englobe aussi bien le doute cartésien que la réduction husserlienne. En effet, quand Patočka écrit que « … l'*ego*, dans l'*ego cogito*, est immédiatement certain », il ne parle aucunement d'une immédiateté temporelle. Il n'explique pas que l'*ego* est « … etwas *sofort* Gewisses » mais « … etwas *unmittelbar* Gewisses ». Autrement dit, il affirme que l'*ego* s'expérimente *sans intermédiaire*. Il précise toutefois que seule l'existence de l'*ego* peut s'expérimenter dans une certitude im-médiate, sans intermédiaire. Patočka remet donc bien en question la thèse husserlienne d'un accès de l'*ego* à lui-même dans la réduction, c'est-à-dire la thèse de l'auto-réflexion. L'auto-réflexion husserlienne exprime une saisie de l'essence de la subjectivité qui, bien qu'elle ne soit pas immédiate au sens du *sofort*, n'en est pas moins immédiate au sens de l'*unmittelbar*. Cette saisie est certes

1. J. Patočka, « Der Subjektivismus der Husserlschen und die Forderung einer asubjektiven Phänomenologie », p. 302; trad. fr., « Le subjectivisme de la phénoménologie husserlienne et l'exigence d'une phénoménologie asubjective », p. 238-239 (traduction modifiée).

différée mais non médiatisée par autre chose que la subjectivité elle-même. Comme son nom l'indique, l'auto-réflexion est auto et non hétéro-réflexion[1]. En soutenant que la certitude immédiate, sans intermédiaire, de la subjectivité ne peut être qu'une certitude d'existence, Patočka critique donc bien l'impossibilité d'une auto-réflexion de la subjectivité, que ce soit sous une forme cartésienne ou husserlienne. Pour autant, il ne pense pas que l'*ego* soit un simple rien. En effet, il souligne que l'*ego* se dévoile dans l'ἐποχή comme « ... ce à quoi l'apparaissant apparaît ... », « ... le champ phénoménal est *son* apparaître ». La seule définition que l'*ego* peut recevoir au-delà de tout présupposé est d'être le destinataire (« à quoi »), voire le gardien (« *son* ») de l'apparaître ou du phénomène[2]. Patočka n'inverse donc pas la certitude husserlienne, mais en accomplit une catharsis, en gardant uniquement de l'*ego* ce qui en apparaît dans l'ἐποχή.

La philosophie phénoménologique patočkienne repose donc sur une certitude non métaphysique, plus précisément, sur une in-certitude métaphysique, pour autant que la définition de l'*ego* comme gardien du phénomène (*Hirt des Erscheinens*) correspond à son in-définition métaphysique. L'*ego* est métaphysiquement in-défini, puisque l'on ne peut accéder qu'à son existence, non à son essence : « ... il n'y a "dans" l'*ego comme tel* rien à *voir* »[3], remarque Patočka dans le texte de 1970, à l'encontre de l'auto-réflexion husserlienne. Or, même s'il n'y a rien à « voir », n'y a-t-il pas toutefois quelque chose, et non « rien » ? Autrement dit, une essence minimale de l'*ego* n'est-elle pas malgré tout conservée par Patočka lorsqu'il en fait le gardien du phénomène ? Bien que cette question soit légitime, il faut bien voir que cette définition de l'*ego* est moins une définition de l'*ego* que la condition de son in-définition métaphysique. La définition de l'*ego* comme gardien du phénomène tend moins à sauvegarder une essence minimale de l'*ego* qu'à garantir son in-définition métaphysique, puisque l'*ego* n'est plus défini qu'en référence au phénomène, qui est lui-même

1. En effet, l'auto-réflexion husserlienne suppose que le temps n'est rien, ou du moins n'est rien en lui-même, car, bien que la venue de la subjectivité à elle-même soit nécessairement différée, cela ne signifie pas que la subjectivité parvienne à elle-même sur le fondement d'autre chose que d'elle-même.

2. L'*ego* n'est pas le propriétaire du phénomène, puisqu'il est le destinataire, et non le destinateur, du phénomène. Il ne peut donc posséder le phénomène, mais peut se l'approprier, ce qui requiert d'en prendre soin, de s'en faire le gardien.

3. J. Patočka, « Der Subjektivismus der Husserlschen und die Möglichkeit einer "asubjektiven" Phänomenologie », p. 283 ; trad. fr., « Le subjectivisme de la phénoménologie husserlienne et la possibilité d'une phénoménologie "asubjective" », p. 212 (nous soulignons).

métaphysiquement in-défini, au sens où il n'est ni un étant absolu, ni un étant, ni réductible à un étant[1]. L'*ego* reçoit du phénomène son in-définition métaphysique, c'est-à-dire la possibilité qui le définit d'ex-céder toute définition, d'in-déterminer toute détermination dans l'étant. À travers l'*ego*, le rapport entre le phénomène (ou l'apparaître) et l'étant n'est donc pas un rapport de détermination positive mais de détermination négative. Nous comprenons ainsi le sens qu'il faut accorder aux propos de Patočka, lorsqu'il écrit que le phénomène constitue « ... un domaine qui, bien qu'il ne soit pas réel, détermine d'une certaine manière la réalité »[2] : « d'une certaine manière » signifie précisément « d'une manière négative ». Le phénomène détermine négativement la réalité, il l'in-détermine en se réalisant à travers l'*ego*, qui constitue la condition de réalisation du non-réel dans la réalité[3]. En effet, Patočka souligne que l'homme, qui est par nature dépositaire de l'*ego*, est un « réalisateur (*Realisator*) »[4], ou encore une « *conditio realis* »[5], c'est-à-dire « ... une réalité à l'intérieur de laquelle le phénomène se réalise (*se realizuje*) ... »[6]. L'homme n'est donc pas un producteur, mais le réalisateur d'une auto-réalisation du phénomène. Nous serions toutefois tentés de modifier cette citation de Patočka, en

1. Patočka le dit explicitement dans le texte de 1971 : « Il y a un champ phénoménal, un être du phénomène comme tel, qui *ne peut être réduit à aucun étant* qui apparaît en son sein et qu'il est donc *impossible d'expliquer à partir de l'étant*, que celui-ci soit d'espèce naturellement objective ou égologiquement subjective ». *Cf.* « Der Subjektivismus der Husserlschen und die Forderung einer asubjektiven Phänomenologie », p. 302 ; trad. fr., « Le subjectivisme de la phénoménologie husserlienne et l'exigence d'une phénoménologie asubjective », p. 239 (nous soulignons).

2. J. Patočka, « Platón a Evropa », p. 178 ; trad. fr., *Platon et l'Europe*, p. 41.

3. L'*ego* est la condition de dé-réalisation de la réalité. Il est donc identique à l'Idée (ἰδέα), qui, rappelons-le, se définit comme une « ... force de désobjectivation et de *déréalisation* où prennent leur source nos capacités de *lutte contre la "réalité pure et simple"* ... ». *Cf.* « Negativní platonismus », p. 329 ; trad. fr., « Le platonisme négatif », p. 89 (nous soulignons). Comme l'Idée, l'*ego* s'élève au-dessus de tout étant, objectif ou subjectif. Il ne constitue pas la propriété de l'homme, ni la propriété d'un autre étant, mais la propriété du phénomène ; si bien que l'homme n'est que le dépositaire, et non le propriétaire, de l'*ego*. Or c'est dans la perspective de cette *désubjectivation* de l'*ego* (ou encore de cette désanthropologisation voire désontologisation de la condition de la liberté en l'homme) que nous devons comprendre la nécessité et l'exigence énoncées par Patočka, au début des années soixante-dix, d'une *phénoménologie asubjective*.

4. J. Patočka, « Der Subjektivismus der Husserlschen und die Forderung einer asubjektiven Phänomenologie », p. 302 ; trad. fr., « Le subjectivisme de la phénoménologie husserlienne et l'exigence d'une phénoménologie asubjective », p. 239.

5. J. Patočka, « Platón a Evropa », p. 178 ; trad. fr., *Platon et l'Europe*, p. 42.

6. *Ibid.*, p. 178 ; trad. fr., p. 42.

écrivant que l'homme est plutôt « ... une réalité à l'intérieur de laquelle le phénomène se produit (*se stává*) ... ». L'homme serait ainsi le réalisateur d'une auto-production du phénomène. À moins que Patočka ne souhaite insister sur l'hyper-proximité de l'homme et du phénomène. Si l'homme désigne bien le réalisateur d'une auto-réalisation du phénomène, cela suppose en effet une quasi-identité entre l'homme et le phénomène. Mais il devient alors difficile d'expliquer en quoi l'homme peut être autre chose qu'un simple moment de l'auto-réalisation du phénomène. Patočka ne substitue-t-il pas in fine, à l'auto-réflexion de la subjectivité, une auto-réflexion du phénomène ? Si c'était le cas, nous aurions une simple inversion de la certitude husserlienne. Or l'auto-réflexion ou plutôt l'auto-réalisation du phénomène n'est-elle pas au contraire enracinée dans une incertitude irréductible, qui préserve l'autonomie de l'homme dans le contexte de l'autonomie du phénomène ?

La philosophie phénoménologique patočkienne préserve l'autonomie de l'homme, dans la mesure où celui-ci peut ne pas répondre à l'appel du phénomène qui le revendique pour se réaliser[1]. En effet, dans *Platon et l'Europe*, Patočka explique que l'homme « ... a, par le fait qu'il se tient entre le phénomène et l'étant pur et simple, la possibilité soit de capituler et de s'abaisser au rang de simple étant, soit de se réaliser comme être de vérité, être du phénomène »[2]. Or si cette auto-réalisation de l'homme comme « être du phénomène » n'est pas une nécessité mais une possibilité, cela signifie que l'auto-réalisation du phénomène n'est elle-même qu'une possibilité. L'auto-réalisation du phénomène est subordonnée à l'acceptation par l'homme de cette possibilité qui lui est proposée à même les choses. Jamais l'homme ne s'ouvre à lui-même la possibilité de se réaliser comme « être de vérité, être du phénomène », toujours il « ... répond à un appel phénoménal, satisfait ou tente de satisfaire une

1. Que l'homme puisse ne pas répondre à l'appel du phénomène, cela signifie qu'il ne s'identifie pas ou plutôt n'est pas totalement subordonné au phénomène. L'homme conserve donc une autonomie vis-à-vis du phénomène, mais entendue au sens d'une légalité propre (*Eigenständigkeit*), et non d'une légalité absolue (*Autonomie*), puisqu'il dépend malgré tout du phénomène dans l'accomplissement de cette légalité. Cette autonomie n'est donc qu'une « liberté négative », car la véritable liberté ne consiste pas à ne pas répondre à l'appel, mais à y répondre librement. Or, pour pouvoir répondre librement à l'appel du phénomène, et non simplement répondre à l'appel du phénomène, encore faut-il avoir la liberté de ne pas lui répondre. La liberté négative constitue donc la condition nécessaire, mais non suffisante, de la véritable liberté.

2. J. Patočka, « Platón a Evropa », p. 181 ; trad. fr., *Platon et l'Europe*, p. 45.

exigence de la chose apparaissante qui s'ouvre devant lui … »[1]. Toutefois, l'homme reste totalement libre de ne pas répondre à l'appel du phénomène, que ce soit par ignorance, par mauvaise volonté, voire aussi pour de bonnes raisons. Prenons d'abord l'ignorance : sa possibilité réside dans la manière dont l'appel du phénomène se phénoménalise. En effet, l'appel du phénomène se phénoménalise non seulement objectivement, dans les choses qui « disent ce qui est à faire », mais aussi négativement, dans une insatisfaction où « ce qui est à réaliser s'annonce »[2]. Le problème reste de savoir comment distinguer l'insatisfaction « objective », qui provient du phénomène, de l'insatisfaction « subjective », qui provient uniquement de nous. Comment savoir ce que nous devons réaliser, à la différence de ce que voulons, uniquement de nous-mêmes, réaliser ? Quant à la possibilité de la mauvaise volonté, elle réside dans la nature de l'homme. En effet, dans la mesure où il se tient « entre le phénomène et l'étant pur et simple », l'homme peut toujours choisir de « persévérer dans l'étant », au lieu de transcender vers le phénomène. À l'ignorance et la mauvaise volonté, nous ajouterions enfin la bonne volonté, même si cela pourrait sembler paradoxal. En effet, dans un texte contemporain du *Platonisme négatif*, Patočka remarque que la persévérance dans l'étant « … peut provenir de motivations *vraies*, véritables, comme précisément la perspicacité à l'égard de la souffrance du prochain ». Puis de souligner : « … le matérialisme peut être une sorte de *silence sur l'essentiel*, qui en est toutefois la seule expression adéquate »[3]. L'homme a donc toujours la possibilité de ne pas

1. J. Patočka, « Der Subjektivismus der Husserlschen und die Forderung einer asubjektiven Phänomenologie », p. 307 ; trad. fr., « Le subjectivisme de la phénoménologie husserlienne et l'exigence d'une phénoménologie asubjective », p. 245 (traduction modifiée). À la fin du même texte, Patočka dit aussi : « Le monde, c'est-à-dire les possibilités de notre propre être comme être essentiellement "ekstatique", ne nous est pas ouvert par notre liberté propre. Cette liberté même est ouverte par la compréhension de l'être, avec tout le reste de la teneur phénoménale du monde. Ce n'est pas nous, ou notre *Dasein* qui, dans un projet sur le monde, nous donne à entendre à quel étant nous pouvons nous rapporter et de quelle manière, mais c'est à la compréhension de l'être, au phénomène comme tel que nous sommes redevables de cette entente … ». Cf. *Ibid.*, p. 309 ; trad. fr., p. 248.

2. *Ibid.*, p. 307 ; trad. fr., p. 245-246 (traduction modifiée).

3. J. Patočka, « Nadcivilizace a její vnitřní konflikt », p. 297 ; trad. fr., « La surcivilisation et son conflit interne », p. 170 (traduction modifiée). Dans ce passage, le « matérialisme » renvoie au matérialisme historique, dont Patočka essaie de montrer le noyau de vérité. Ce noyau résiderait dans la réponse à l'appel que constitue la souffrance du prochain : « … il [sc. Marx] connaît aussi l'urgence de la souffrance comme telle, *la souffrance en tant qu'interpellation*, parole adressée à la conscience ». Cf. *Ibid.*, p. 296 ; trad. fr., p. 170 (nous soulignons).

répondre à l'appel du phénomène, sans que cette possibilité soit forcément en contradiction avec les exigences du phénomène.

Que l'homme ait toujours la possibilité de ne pas répondre à l'appel du phénomène, sans que cette possibilité soit forcément en contradiction avec les exigences du phénomène, cela signifie deux choses. Premièrement, cela veut dire que l'homme conserve une autonomie à l'égard du phénomène. L'homme n'est donc pas seulement un moment de l'auto-réalisation du phénomène, il en est également la condition. Deuxièmement, cela veut dire que l'appel du phénomène n'est pas synonyme de l'appel de l'être. En effet, que la persévérance dans l'étant puisse être une exigence du phénomène, cela suppose que se détourner de l'être pour se concentrer sur l'étant peut être, dans certaines situations, la meilleure des réponses à l'appel du phénomène. L'appel du phénomène n'est donc pas toujours un appel de l'être, en tant qu'appel au pouvoir-être le plus propre, il est aussi parfois un appel de l'étant, en tant qu'appel à se dépenser dans les préoccupations mondaines, lorsque cette dépense est imposée par un autre appel, plus urgent que l'appel de l'être : la souffrance du prochain (*utrpení spolučlověka*). Or, pour autant que sa signification dépend toujours de la situation dans laquelle il se déploie, l'appel du phénomène ne peut être identifié a priori à aucune forme d'appel. L'appel du phénomène n'impose pas la primauté d'un appel sur tout autre appel, mais confirme, pour reprendre les mots de Jean-Luc Marion, « ... qu'un autre appel – l'appel sans doute de l'autre – puisse destituer ou submerger le premier appel que lance la revendication de l'être »[1]. L'appel du phénomène est donc un appel essentiellement in-déterminé, qui échappe a priori à toute détermination ontique ou ontologique. Il est cette « forme pure de l'appel »[2], à laquelle aussi bien l'appel de l'être que l'appel de l'étant doivent être ramenés. À la question de savoir ce qui déploie l'appel avant ou sans l'être, Patočka propose donc sa propre réponse : le phénomène *comme tel* (*fenomén jako takový*). En tant que science du phénomène *comme tel*, la phénoménologie patočkienne dépasse donc bien l'ontologie heideggérienne qui, quant à elle, n'abandonne jamais la primauté de l'appel de l'être sur tout autre

1. J.-L. Marion, *Réduction et donation : Recherches sur Husserl, Heidegger et la phénoménologie*, Paris, P.U.F., 1989, p. 295. Précisons que Patočka n'affirme pas pour autant la primauté de l'appel de l'autre sur l'appel de l'être. La primauté de l'appel de l'être ou de l'appel de l'autre dépend de la situation dans laquelle l'appel du phénomène se déploie. Patočka se démarque par là même de Levinas, qui soutient que « ... "la merveille des merveilles" ne provient plus du fait que l'étant soit, donc de la revendication de l'être, mais de "la merveille du moi revendiqué par Dieu dans le visage du prochain" ». Cf. *Ibid.*, p. 295.

2. *Ibid.*, p. 296.

appel, bien qu'elle en admette la possibilité, sinon la légitimité[1]. C'est pourquoi la philosophie phénoménologique patočkienne, où s'accomplit la phénoménologie patočkienne, dépasse elle-même l'ontologie heideggérienne. En effet, la philosophie phénoménologique pose la question du rapport entre le phénomène (ou l'apparaître) et l'étant. Or ce rapport ne s'inscrit pas dans l'horizon de l'être, puisque le phénomène n'interpelle pas nécessairement l'étant depuis et vers l'être. En outre, cela signifie que la philosophie phénoménologique patočkienne n'est nullement une « science » : elle ne repose pas sur une certitude, comme chez Husserl, mais sur une in-certitude, sur le rapport in-certain, in-déterminé, problématique du phénomène et de l'étant. La philosophie phénoménologique patočkienne n'est pas une « science » mais un « savoir in-scient », c'est-à-dire le savoir de ce rapport entre le phénomène et l'étant, rapport problématique en ce qu'il engage deux autonomies, deux libertés. Aussi la phénoménologie n'est-elle pas une science autonome pour Patočka, mais le premier moment d'un savoir beaucoup plus étendu : le premier moment de la philosophie phénoménologique en tant que *savoir du rapport problématique du phénomène et de l'étant – savoir de la liberté*.

§ 9. *Vers un tournant polémologique ?*

À quel régime la philosophie de Patočka appartient-elle donc, si ce n'est ni à la métaphysique ni à l'ontologie ? Dans un article intitulé « Le sens de l'ontologie : métaphysique ou hénologie ? »[2], Renaud Barbaras accomplit un pas essentiel vers la réponse à cette question. En effet, l'interprétation phénoménologique que Reiner Schürmann donne du néoplatonisme, dans *Des hégémonies brisées*[3], lui sert de modèle pour montrer que la philosophie de Patočka relève de l'« *hénologie* ». L'argument se fonde sur la distinction entre deux versions (complémentaires) de la différence ontologique : la différence métaphysique et la différence hénologique. La

1. *Ibid.*, p. 289-297.

2. R. Barbaras, *Le mouvement de l'existence : études sur la phénoménologie de Jan Patočka*, *op. cit.*, p. 45-60.

3. R. Schürmann, *Des hégémonies brisées*, Mauvezin, Trans-Europ-Repress, 1996, p. 181-245. Soulignons que le passage dont il est question s'intitule « Sa destitution : de l'un tourné contre lui-même (Plotin) ». L'interprétation phénoménologique du néoplatonisme par Reiner Schürmann est donc plus précisément une *lecture heideggérienne de Plotin*, qui tend à montrer que ce dernier a moins institué que destitué la métaphysique de l'Un, à travers la mise en évidence de sa « vérité agonale » : « ... j'aurai, surtout au début, expressément recours à Heidegger. La dette est ici plus lourde que pour aucune des autres lectures pour lesquelles je chercherai encore à garder vif le tragique légiférant ». Cf. *Ibid.*, p. 184.

différence hénologique se distingue de la différence métaphysique, qui exprime la séparation de la substance (οὐσία) et de l'étant (ὄν), par un pas en retrait de la substance vers l'Un (ἕν) ou l'être (εἶναι)[1]. L'hénologie n'aurait donc pas pour objectif de remonter au fondement de l'étant (qui serait lui-même un étant, l'étant par excellence, l'étant absolu), mais de mettre en évidence la condition transcendantale de son apparition (que serait l'Un au sens de l'être). C'est donc cette interprétation schürmannienne de l'hénologie qui conduit Renaud Barbaras à montrer que la « philosophie phénoménologique » de Patočka en relève, pour autant – explique-t-il – « … qu'elle met en évidence l'*unité* comme la condition même de l'apparaître, de sorte que l'être n'y a pas d'autre sens que cette unité même, que Patočka caractérisera aussi comme monde »[2]. D'abord, soulignons que ce qui est ici appelé « philosophie phénoménologique » n'est en vérité que le premier moment de la philosophie phénoménologique, moment scientifique qui découvre, à l'aide de l'ἐποχή, le phénomène *comme tel*, c'est-à-dire le monde en tant qu'il crée « l'*unité* à travers différents modes de donation »[3]. Pour la philosophie phénoménologique en son moment scientifique, le monde ne désigne donc pas l'unité constituée des différents modes de donation, mais l'unité constituante des différents modes de donation. Le monde n'est donc pas un mode de donation, même privilégié (il n'est pas substance [οὐσία] ou, en termes heideggériens, estance [*Seiendheit*][4]), mais la condition de la donation. C'est pourquoi il serait tentant d'identifier le monde à l'Un (ἕν) au sens de l'être (εἶναι ou *Sein*, pour reprendre la terminologie de Heidegger). Patočka confirme cette idée dans un fragment de 1972, où il conçoit précisément le monde comme « l'Un englobant », dont l'œuvre

1. Reiner Schürmann précise bien que cette identification de l'Un (ἕν) à l'être (εἶναι) ne se trouve pas chez Plotin lui-même, mais dans une citation d'un néoplatonicien ultérieur (que Pierre Hadot attribue à l'Anonyme de Turin dans un article intitulé « L'Être et l'étant dans le néoplatonisme », Neuchâtel, *Études néoplatoniciennes*, 1973) : « L'un qui est au-delà de la substance (*ousia*) et au-delà de l'étant (*ontos*) n'est ni étant, ni substance, ni acte, mais plutôt il agit et est lui-même l'agir pur, en sorte qu'il est lui-même l'être (*to einai*), ce qui est avant l'étant (*ontos*) ». *Cf.* L'Anonyme de Turin, cité par R. Schürmann, dans *Des hégémonies brisées*, Mauvezin, Trans-Europ-Repress, 1996, p. 189.

2. R. Barbaras, *Le mouvement de l'existence : études sur la phénoménologie de Jan Patočka*, *op. cit.*, p. 47 (nous soulignons).

3. J. Patočka, « Platón a Evropa », p. 174; trad. fr., *Platon et l'Europe*, p. 37 (nous soulignons).

4. Nous traduisons *Seiendheit* par « estance » afin de souligner l'équivalence possible de ce terme avec l'οὐσία entendue au sens de la substance (reprenant ainsi, à peu de choses près, la traduction qu'en propose Reiner Schürmann : « étance »), bien que la traduction la plus communément admise soit « étantité ».

est « L'*unité* qui, dans le singulier, n'est pas présente »[1]. La phénoménologie de Patočka serait donc bien une hénologie, pour autant qu'elle identifie le monde à l'Un, qui ne désigne pas un substantif (ἕν ou *Eine*) mais un verbe (εἶναι ou *Sein*), c'est-à-dire un événement.

Cependant la thèse de l'hénologie est-elle toujours pertinente si nous l'appliquons au second moment, c'est-à-dire au moment proprement philosophique de la philosophie phénoménologique patočkienne? Les précédentes analyses, qui aboutissent à la définition de la philosophie phénoménologique comme savoir du rapport problématique du phénomène (ou du monde) et de l'étant, savoir de la liberté, nous permettent de répondre d'emblée négativement. En effet, l'hénologie telle que définie précédemment provient d'une interprétation heideggérienne du néoplatonisme par Reiner Schürmann. Aussi l'hénologie maintient-elle le rapport du monde et de l'étant dans l'horizon de l'être, alors que la philosophie phénoménologique patočkienne parvient, nous l'avons vu, à l'en excepter. Patočka accomplirait donc un pas en retrait de l'être (*Sein*) vers l'apparaître (*Erscheinen*), remontant de la différence ontologique (dans sa version aussi bien métaphysique qu'hénologique) à une différence encore plus originaire : *la différence phénoménologique* – et non la différence hénologique interprétée phénoménologiquement, la « différence phénoménologique », qui méconnaît la véritable différence phénoménologique. Or que vient dévoiler la différence phénoménologique, sinon que l'apparaître vient avant l'être, c'est-à-dire avant son ultime condition de possibilité? Par opposition à la « différence phénoménologique », la différence phénoménologique dévoile le paradoxe d'un apparaître qui précède son ultime condition de possibilité et, partant, excède toute condition de possibilité, excède tout horizon régi par les lois de la métaphysique et, plus généralement, de l'ontologie. La différence phénoménologique reconduit l'étant à l'horizon de l'apparaître (ou de son apparition). La philosophie phénoménologique n'a donc pas pour objectif de remonter au fondement de l'étant (ce serait une métaphysique, donc une ontologie), ni de mettre en lumière sa condition transcendantale d'apparition (ce serait une hénologie, donc encore une ontologie), mais de montrer que son apparition excède toute condition d'apparition. Par conséquent, toutes les conditions

1. J. Patočka, « Weltform der Erfahrung und Welterfahrung » [1972], in *Vom Erscheinen als solchem : Texte aus dem Nachlaß*, Freiburg (Breisgau) / München, Alber, 2000, respectivement p. 107 et 106; trad. fr. E. Abrams, « Forme-du-monde de l'expérience et expérience du monde », dans *Papiers phénoménologiques*, Grenoble, Millon, 1995, respectivement p. 217 et 216.

d'apparition (la nature, la raison, l'être) devraient être envisagées comme de simples moments dans l'histoire d'une *lutte contre l'inscription de l'apparition dans un quelconque horizon*. C'est pourquoi la philosophie phénoménologique patočkienne ne serait pas une hénologie mais une «*polémologie*».

La philosophie de Patočka n'appartiendrait donc pas au régime de la métaphysique, ni à celui de l'ontologie, mais à celui de la polémologie. Plus précisément, elle mettrait en évidence que le sens de la métaphysique et, plus généralement, de l'ontologie réside dans la polémologie, car l'histoire de la philosophie ne serait rien d'autre qu'un combat contre la proscription de l'apparition. Or quels sont les différents arguments qui, dans *Platon et l'Europe*, permettent d'attester ce que nous pourrions appeler un tournant polémologique? Comme nous l'avons vu, *la première condition d'un tournant polémologique réside dans l'excès de l'apparition sur toute condition d'apparition*. Mais il faut préciser que cet excès ne peut s'attester que de manière paradoxale, par un défaut dans l'apparition, un creux dans le visible, un vide dans la donation. Il ne peut s'attester que dans une sorte de «contre-expérience»[1], puisqu'il signifie que l'expérience ne peut circonscrire l'apparition. Autrement dit, l'excès de l'apparition sur toute condition d'apparition ne peut s'attester que dans une contre-expérience qui, loin de dévoiler les limites de l'apparition, dévoile au contraire les limites de l'expérience, c'est-à-dire les limites de l'homme. C'est pourquoi un vide dans la donation n'est jamais pour Patočka un vide de donation: «... être donné comme vide ou indéterminé ne veut pas dire ne pas être donné»[2], dit-il dans *Platon et l'Europe*, en écho à sa critique du subjectivisme husserlien de 1971: «... l'intuition (*Anschauung*) désigne le mode de donation d'un objet, alors qu'il peut aussi y avoir remplissement (*Erfüllung*) là où aucun objet (*Gegenstand*), aucune chose subsistante (*bestehendes Ding*), ni processus chosique n'est mis au jour»[3]. Il peut donc y avoir remplissement, donation, sans que ce qui se donne ne se donne sur le mode de l'intuition, c'est-à-dire sur le mode de l'objet, dans l'horizon de l'objectité (*Gegenständlichkeit*). C'est en particulier le cas d'autrui,

1. Nous empruntons à Jean-Luc Marion le concept de «contre-expérience», qu'il thématise notamment dans *Étant donné : Essai d'une phénoménologie de la donation*, Paris, P.U.F., 1997, p. 300-302.

2. J. Patočka, «Platón a Evropa», p. 211; trad. fr., *Platon et l'Europe*, p. 82 (traduction modifiée).

3. J. Patočka, «Der Subjektivismus der Husserlschen und die Forderung einer asubjektiven Phänomenologie»p. 305; trad. fr., «Le subjectivisme de la phénoménologie husserlienne et l'exigence d'une phénoménologie asubjective», p. 243 (traduction modifiée).

comme Husserl déjà le montre[1]. En effet, dans le cas d'autrui, la donation n'exclut pas, mais implique un vide, sans que ce vide soit un vide de donation. Certes, je ne pourrai jamais voir l'autre *ego*, c'est-à-dire l'intuitionner, mais il est toutefois apprésenté dans le mien, c'est-à-dire donné de manière pré-objective, quasi asubjective. À l'instar de Levinas, Patočka ne fait d'une certaine manière que reprendre, puis radicaliser cette idée husserlienne. Mais contrairement à Levinas, dont il connaissait l'ouvrage *Totalité et Infini*, Patočka ne limite pas à autrui cette idée de vide, d'indétermination, de mystère. Il l'applique à tous les étants : « L'homme qui a une âme n'est pas seulement celui qui a le sens de l'autre dans son indigence, dans sa misère patente ; l'homme qui a une âme a aussi le *sens du mystère essentiel de toutes choses*. Non pas la tolérance sceptique, qui procède d'ordinaire d'une neutralisation de l'essentiel, mais la compréhension du fait que toutes nos clefs sont insuffisantes au regard de la richesse qui s'ouvre à nous »[2]. Ce qui excède l'horizon de l'objectité (*Gegenständlichkeit*), ce n'est donc pas seulement l'apparition d'autrui, mais l'apparition de tous les étants, c'est-à-dire l'apparition en général.

Après avoir montré l'excès de l'apparition sur l'horizon de l'objectité, il s'agit maintenant de vérifier si l'apparition excède toute condition d'apparition, c'est-à-dire tout horizon régi par les lois de la métaphysique et, plus généralement, de l'ontologie, y compris l'horizon de l'étantité (*Seiendheit*). Or il semble qu'une donation puisse aussi avoir lieu sans qu'aucun étant ne soit dévoilé, sans que ce qui se donne ne le fasse sur le mode de l'étant, dans l'horizon de l'étantité. Prenons le cas du monde. Chez Patočka, le monde constitue le phénomène le plus vide, le plus indéterminé, le plus mystérieux, au sens où il n'est ni un étant absolu, ni un étant, ni réductible à un étant[3]. Pour autant, dans *Platon et l'Europe*, nous lisons que « Le monde nous est donné en totalité ... »[4]. La donation du monde en totalité, c'est-à-dire la donation du non-étant, prouve bien que la donation excède également l'horizon de l'étantité. Il y a dès lors un paradoxe, qui consiste à dire que la donation du monde en totalité ne contredit pas sa donation par esquisses : « ... il [sc. le monde] nous apparaît *nécessairement*

1. Nous renvoyons aux § 48-54 de la cinquième méditation cartésienne, *Cartesianische Meditationen*, Hua. I, p. 135-149, ainsi qu'à la préparation du cours du 22 février 1927, *Zur Phänomenologie der Intersubjektivität*, Hua. XIV, p. 523-534.

2. J. Patočka, « Duchovní základy života v naší době » [1970], SS, 2, p. 28 ; trad. fr. E. Abrams, « Les fondements spirituels de la vie contemporaine », dans *Liberté et sacrifice*, Grenoble, Millon, 1990, p. 241 (nous soulignons).

3. Nous reprenons ici une formule déjà employée et argumentée au § 8, p. 94-95.

4. J. Patočka, « Platón a Evropa », p. 211 ; trad. fr., *Platon et l'Europe*, p. 82.

selon des perspectives »[1]. Le monde se donne totalement, mais l'homme ne peut le recevoir de la même manière. L'homme est limité dans sa capacité de réception, mais non le monde dans sa capacité de donation. En tant qu'expérience de la totalité, l'expérience de la liberté désigne donc une contre-expérience, voire la contre-expérience par excellence, c'est-à-dire l'expérience dans laquelle s'atteste au plus haut point l'incommensurabilité de l'apparition *comme telle* et de l'expérience, du visible *comme tel* et de la vision. Si l'expérience de la liberté fait de l'homme une «*force voyante* »[2], il n'en reste donc pas moins, pour reprendre les mots du poète Vladimír Holan, que « Même la vision claire et distincte peut être impure… (*I velmi jasné vidění může být nečisté…*) »[3]. Et nous pourrions aussi bien dire : « Même la vision claire et distincte est toujours impure (*I velmi jasné vidění je vždycky nečisté…*) ». En effet, elle est toujours impure, car, comme toute vision, elle est excédée par le visible *comme tel*, l'apparition *comme telle*. Mais plus que toute vision, elle voit que l'excès du visible prend la figure du défaut, elle voit la distance irréductible entre la vision et le visible *comme tel*, l'expérience et l'apparition *comme telle*. Or, pour autant qu'elle révèle cette distance en ouvrant la vision claire et distincte, l'expérience de la liberté atteste l'excès de l'apparition sur l'horizon de l'étantité et, partant, sur tout horizon. La philosophie de Patočka satisfait donc pleinement à la première condition du tournant polémologique.

Prenons maintenant la seconde condition du tournant polémologique. Cette condition consiste à dire que, dans le cadre du surcroît irréductible de l'apparition, *toute condition d'apparition doit être envisagée comme un simple moment dans l'histoire d'un combat contre la proscription de l'apparition*. La philosophie de Patočka satisfait-elle à cette condition ? Elle y satisfait pleinement, comme le prouve l'idée de problématicité (*problematičnost*). Rappelons que cette idée émerge dans le contexte de la critique que Patočka adresse, dès son essai de 1947, aux formulations idéalistes de la réduction[4]. Dans cette critique, Patočka soutient que la réduction doit ébranler l'étant, en dénoncer la positivité, en manifester la problématicité, sans ramener cette problématicité à une nouvelle positivité, en l'occurrence, à la conscience comme condition de toute apparition. La

1. *Ibid.*, p. 211 ; trad. fr., p. 82.

2. J. Patočka, « [Koncept přednášky o tělesnosti] » [1968-1969], in *Péče o duši*, II, Praha, Archivní soubor, 1980, p. 2.5. 25 ; trad. fr. E. Abrams, « [Leçons sur la corporéité] », dans *Papiers phénoménologiques*, Grenoble, Millon, 1995, p. 72.

3. V. Holan, « Mozartiana » [1952-1954], *Holan spisy*, 1, II ; trad. fr. J. Pelan et Y. Bergeret, *Mozartiana*, Saint-Clément, Fata Morgana, 1991, II (traduction modifiée).

4. Voir *supra*, § 2 p. 41-43.

conscience ne doit plus être interprétée comme la condition de toute apparition, mais comme la *condition de la lutte contre l'inscription de l'apparition dans l'horizon de l'objectité*. En effet, dans l'essai de 1947, l'idée de problématicité ne vise pas à proclamer la mort de la conscience, elle vise simplement à critiquer la tradition qui interprète « ... la conscience uniquement, ou presque, comme un contenu positif, c'est-à-dire du point de vue de l'objet et non de la transcendance, de la lutte et de la protestation contre l'objectité »[1]. L'idée de problématicité permet de revenir à la vocation originaire de la conscience, qui consiste à lutter contre l'inscription de l'apparition dans l'horizon de l'objectité (*Gegenständlichkeit*; *předmětnost*). Patočka insiste sur ce point en soulignant qu'« Il est impossible de reconduire tout étant à la donation objective (*předmětné danosti*) ... », car « La conscience est une protestation contre cela »[2]. L'idée de problématicité a donc pour fonction de dévoiler la vocation originaire et paradoxale de la conscience, qui consiste à sauvegarder les droits de l'apparition contre ses propres prétentions à lui imposer sa loi, la circonscrire et, partant, la proscrire. La conscience n'a pas avant tout pour vocation de dé-limiter l'apparition, mais de s'auto-limiter vis-à-vis de l'apparition. C'est pourquoi elle ne doit plus être envisagée comme la condition de toute apparition, mais comme une condition de l'expérience du défaut de toute condition d'apparition. Autrement dit, elle doit être désormais interprétée comme une condition de l'expérience de la liberté, dans laquelle l'excès de l'apparition endosse l'aspect paradoxal de son défaut, de sa problématicité.

Dans le séminaire de 1973, Patočka reprend l'idée de problématicité, mais en élargit la portée. En effet, cette idée n'a plus pour seule et unique fonction de dévoiler la vocation originaire de la conscience. Ce qui intéresse désormais Patočka, c'est moins le rapport de l'apparition à l'horizon de l'objectité que le rapport de l'apparition à l'horizon de l'étantité. L'idée de problématicité a donc désormais pour fonction première de dévoiler le sens de l'être. Or, comme la conscience, l'être ne doit plus être pensé comme la condition de toute apparition, puisque, nous l'avons vu, l'apparition excède toute condition d'apparition. Il doit néanmoins rester, comme la conscience, une condition de l'expérience du

1. J. Patočka, « Věčnost a dějinnost », p. 225 : « ... vědomí bylo chápáno výlučně nebo převahou jako pozitivní obsah, tudíž předmětně, a nikoli z hlediska transcendence, a tudíž v zápasu a protestu proti předmětnosti ».

2. *Ibid.*, p. 226 : « Není tedy možno všecko jsoucí přivést k předmětné danosti ... » ; « Vědomí je protestem proti tomu ».

défaut de toute condition d'apparition. Et dans le séminaire de 1973, l'idée de problématicité sert justement à montrer que l'être est une condition de l'expérience du défaut de toute condition d'apparition, parce qu'il désigne, en son sens premier, le retrait qui empêche la conscience de prendre pour définitive une quelconque condition d'apparition : « La problématicité réside précisément en ceci que, s'il est vrai que le monde se montre et qu'il se montre en totalité, *il ne se montre pas sur un mode simple* ». Le monde se montre sur un mode « *double* »[1]. Ce passage doit être rapporté à un fragment de 1972, qui en précise le sens, puisque Patočka y explique que le monde se montre « entre les pôles du retrait et du non-retrait », c'est-à-dire entre l'être, « ... qui serait en lui-même retrait »[2], et l'étant, qui serait en lui-même non-retrait. Autrement dit, si le monde se montre ou se donne sur un mode « double », c'est parce qu'il se donne soit sur le mode de l'être, c'est-à-dire du retrait, soit sur le mode de l'étant, c'est-à-dire du non-retrait. *L'être et l'étant constituent désormais les deux modes de donation du monde, les deux modalités de l'apparition*. L'apparition n'est plus une modalité de l'être, mais l'être une modalité de l'apparition : la modalité de son retrait. Renaud Barbaras met parfaitement en évidence cette idée originale de Patočka : « Il ne faut donc pas dire que l'être est voilé, comme s'il préexistait à son propre voilement : en toute rigueur, l'être n'est que le retrait de l'apparaître ... ». Et d'ajouter : « L'être, c'est l'apparaître lui-même ressaisi en sa dimension d'excès ou de voilement »[3]. L'être désigne paradoxalement le retrait de l'apparition hors de l'horizon de l'étantité (*Seiendheit*; *jsoucnost*), c'est-à-dire l'excès de l'apparition sur tout horizon. Il ne constitue plus la condition de toute apparition, mais la *condition de la lutte contre l'inscription de l'apparition dans l'horizon de l'étantité*. L'être doit donc être désormais interprété comme une condition de l'expérience de la liberté, une condition de l'expérience du défaut de toute condition d'apparition, puisqu'il n'est rien d'autre que ce défaut, cette problématicité même.

Au terme de cette analyse, nous pouvons dire que la philosophie de Patočka satisfait pleinement aux deux conditions du tournant polémologique. En effet, la reconnaissance de l'excès de l'apparition sur toute condition d'apparition (*première condition*) s'accompagne de la

1. J. Patočka, « Platón a Evropa », respectivement p. 212 et 213; trad. fr., *Platon et l'Europe*, respectivement p. 83 et 84 (traduction modifiée).

2. J. Patočka, « Weltform der Erfahrung und Welterfahrung », p. 114; trad. fr., « Forme-du-monde de l'expérience et expérience du monde », p. 224.

3. R. Barbaras, *Le mouvement de l'existence : études sur la phénoménologie de Jan Patočka*, *op. cit.*, respectivement p. 41 et 42.

redéfinition des principales conditions d'apparition (la conscience, l'être) comme simples moments dans l'histoire du combat contre la proscription de l'apparition (*seconde condition*). La conscience participe de ce combat, dans la mesure où elle est avant tout vouée à lutter contre l'inscription de l'apparition dans l'horizon de l'objectité. La conscience a pour vocation originaire de sauvegarder la problématicité de l'apparition, c'est-à-dire de permettre à l'homme d'en *être* l'expérience. Dans cette redéfinition de la conscience, l'homme reçoit donc lui aussi une nouvelle définition : il devient le gardien de l'apparition *comme telle*. Mais, nous l'avons vu, il s'agit moins ici d'une définition de l'homme que de la condition de son in-définition métaphysique. Quant à l'être, il participe de ce combat, dans la mesure où il retire l'apparition hors de l'horizon de l'étantité. L'être est donc moins voué à sauvegarder la problématicité de l'apparition qu'il ne désigne lui-même cette problématicité. Or ce retrait, qui constitue la définition de l'être, n'est-il pas lui aussi une lutte, un combat, un conflit qui se déroule au sein de l'apparition elle-même ? Dans le « Séminaire sur l'ère technique », qui achève *Platon et l'Europe*[1], Patočka écrit : « Le retrait n'est pas simplement un rideau, un paravent : c'est un conflit (*konflikt*), une lutte (*boj*), qui se déroule au sein de l'apparition elle-même (*v ukazujícím samotném*) »[2]. L'être désigne donc la lutte originaire contre l'inscription de l'apparition dans un quelconque horizon. Il désigne en même temps ce qui est dévoilé dans l'expérience de la liberté – l'apparition en son retrait – et ce qui rend possible l'expérience de la liberté – la lutte contre le non-retrait. Aussi l'expérience de la liberté désigne-t-elle, en 1973 comme en 1953, l'expérience de l'être, mais d'un être désormais défini comme un mode de donation du monde, une modalité de l'apparition, et non l'inverse. Et c'est dans cette redéfinition, dans ce retour au sens premier de l'être que réside, pour Patočka, le sens profond de « l'Un sage »[3], du πόλεμος héraclitéen : « C'est en ce sens qu'on peut reprendre le mot d'Héraclite : πόλεμος πατήρ πάντων[4] »[5]. C'est pourquoi nous

1. Le séminaire sur l'ère technique correspond au titre de la traduction française de trois des quatre séances d'un séminaire privé tenu à Prague en octobre 1973, qui reprend voire radicalise certaines thèses de *Platon et l'Europe*.

2. J. Patočka, « Čtyři semináře k problému Evropy », p. 394 ; trad. fr., « Séminaire sur l'ère technique », p. 286 (traduction modifiée).

3. Héraclite, B XXXII, dans *Les présocratiques*, « Bibliothèque de la Pléiade », Paris, Gallimard, 1988, p. 154.

4. *Ibid.*, B LIII, p. 158.

5. J. Patočka, « Čtyři semináře k problému Evropy », p. 393 ; trad. fr., « Séminaire sur l'ère technique », p. 285.

pouvons dire que la philosophie de Patočka ne constitue pas une hénologie mais une polémologie[1]. Plus précisément, elle constitue ce que nous pourrions appeler un « *système de la liberté* », c'est-à-dire un système qui repose sur la liberté comme expérience de l'être, expérience d'un sens total intotalisable, intrinsèquement problématique, conflictuel, dont l'histoire de la philosophie est le déploiement à jamais inachevé.

1. Du « Séminaire sur l'ère technique » en remontant au *Platonisme négatif* (voir « Negativní platonismus », p. 330 ; trad. fr., « Le platonisme négatif », p. 8 ; pour l'explication de ce passage, nous renvoyons *supra* § 5, p. 67-68), la référence constante de Patočka à l'Un héraclitéen, et non à l'Un plotinien, le prouve.

DEUXIÈME PARTIE

LE MOUVEMENT DU MONDE

Après avoir essentiellement étudié les écrits qui relèvent de l'histoire de la philosophie, nous consacrerons cette seconde partie aux textes strictement phénoménologiques de Patočka. Un tel choix méthodologique s'impose, car, après avoir montré que l'expérience de la liberté s'envisage à partir de son « drame interne » [1], il faut maintenant se demander si ce dernier ne s'enracine pas dans un drame plus profond : « le drame originaire de l'ouverture temporelle » [2].

En effet, autant l'idée du « drame interne », c'est-à-dire de la négativité, de la problématicité, relève d'une lecture de l'histoire de la philosophie, que Patočka déploie dans *Le platonisme négatif* et *Platon et l'Europe* (Partie I), autant l'idée du « drame originaire », c'est-à-dire de la temporalité, de la mobilité, relève d'un dialogue avec la phénoménologie, que Patočka poursuit dans l'*Introduction à la phénoménologie de Husserl* (*Úvod do Husserlovy fenomenologie*, 1965-1966), les écrits des années soixante et soixante-dix, surtout ceux qui ont été traduits en français et publiés dans différents recueils (*Le monde naturel et le mouvement de l'existence humaine*, *Qu'est-ce que la phénoménologie ?*, *Papiers phénoménologiques*), et la postface à la traduction française du *Monde naturel comme problème philosophique*, qui date de 1976.

1. J. Patočka, « Negativní platonismus », p. 326 ; trad. fr., « Le platonisme négatif », p. 85.

2. J. Patočka, « Husserlova transcendentální filosofie po revizi » [1976], Praha, Archiv Jana Patočky, 1992/4, p. 1 ; trad. fr. E. Abrams, « La philosophie transcendantale de Husserl après révision », dans *Introduction à la phénoménologie de Husserl*, Grenoble, Millon, 2002, p. 225.

Patočka va même jusqu'à affirmer que seule la phénoménologie pose véritablement la question de la temporalité, ou encore de la mobilité. En effet, en ouverture de ses cours sur Husserl, il soutient qu'elle voit – au fondement de l'être – « ... quelque chose que la philosophie traditionnelle a toujours négligé ou oublié de voir – *le temps et la temporalité* ». Puis de préciser : « *Le fondement même de l'être, qui confère le sens, devient donc dans sa nature un devenir temporel*, un mouvement au-dessus duquel notre compréhension ne peut nous élever, car toute compréhension le présuppose ». Et enfin de déclarer : « Le mouvement par lequel le monde s'ouvre est un processus en vérité sans clôture, repris *toujours à nouveau et différemment* »[1]. Contrairement à la métaphysique, la phénoménologie comprend que le fondement de l'être n'est pas intemporel mais temporel. Elle comprend qu'il faut reconduire l'être au « mouvement par lequel le monde s'ouvre », au mouvement du monde. Or, si ce mouvement représente un « événement dramatique »[2], n'est-ce pas parce qu'il ne « confère le sens » qu'en se reprenant « *toujours à nouveau et différemment* », c'est-à-dire en différant à l'infini la compréhension du sens ? N'est-ce donc pas la mobilité du monde qui est au principe de la problématicité du sens, c'est-à-dire au principe de la liberté ? Mais la liberté n'est-elle pas aussi, d'une certaine manière, au principe de la mobilité du monde, pour autant qu'elle la dévoile et, partant, la démultiplie ?

Autrement dit, pour Patočka, la possibilité de la liberté ne réside-t-elle pas 4) dans le monde, non au sens de l'intersubjectivité transcendantale, mais de la transcendance intersubjective ; 5) transcendance qui ouvre la vie humaine sous la forme d'un triple mouvement, mais uniquement selon deux possibilités, deux sens ; 6) et engage l'homme, de la naissance à la mort, dans une intrigue intersubjective, qui n'a plus besoin d'être thématique pour être authentique ?

Dans cette deuxième partie, nous montrerons que la possibilité de la liberté s'enracine dans la mobilité du monde, dont la phénoménologie est la compréhension à jamais différée.

1. J. Patočka, « Charakteristika fenomenologie jako filosofie a její vztah k historickým tendencím metafyzickým » [1965], in *Úvod do Husserlovy fenomenologie*, Filosofický časopis, XIII, 1965, n°5, p. 701 ; trad. fr. E. Abrams, « La phénoménologie caractérisée comme philosophie dans son rapport aux tendances historiques de la métaphysique », dans *Introduction à la phénoménologie de Husserl*, Grenoble, Millon, 2002, p. 27 (nous soulignons).

2. *Ibid.*, p. 697 ; trad. fr., p. 17. Si Patočka parle seulement ici de « drame (*drama*) du monde », il réserve toutefois ce terme à la découverte du monde chez les premiers penseurs ioniens. Autrement, il emploie les termes, néanmoins traduits en français par « drame », d'« acte (*dějství*) », de « processus (*dění*) », ou encore d'« événements (*dění*) ». C'est pourquoi il nous semble plus juste de parler d'« événement(s) dramatique(s) ».

CHAPITRE IV

LE MONDE ET L'ÉVÉNEMENT DE LA LIBERTÉ

§ 10. *La temporalité ou l'intentionnalité*

Dans un manuscrit de travail daté de 1976, intitulé « La philosophie transcendantale de Husserl après révision », Patočka explique que la liberté, en tant que liberté subjective, n'est pas le «*fondement*», mais, au contraire, « … ce qui est *fondé sur* le drame originaire de l'ouverture temporelle … »[1]. La liberté subjective doit donc être repensée à partir d'une temporalité qui ne l'est pas, d'une temporalité qui est, pour reprendre le terme consacré par Patočka, « asubjective »[2]. À ce titre, il s'avère incontournable de revenir sur la critique décisive qu'il adresse, dans son septième et avant-dernier cours sur Husserl, aux *Leçons pour une phénoménologie de la conscience intime du temps*.

Dans ce cours, Patočka montre d'abord en quoi Husserl élabore une conception pré-objective de la temporalité, c'est-à-dire une conception qui n'est pas encore asubjective, mais qui ouvre déjà la voie à une nouvelle définition, plus profonde, de ce qui rend possible la liberté subjective, c'est-à-dire du monde : « Le temps, dont il [sc. Husserl] analyse le flux de vécu, devient lui-même, à ses yeux, l'*horizon du monde* … Bien que Husserl ne le dise pas expressément, le concept primitif de monde est désormais dépassé et problématisé par le concept d'horizon et

1. J. Patočka, « Husserlova transcendentální filosofie po revizi », p. 1 ; trad. fr., « La philosophie transcendantale de Husserl après révision », p. 225.

2. *Ibid.*, p. 1 ; trad. fr., p. 225.

d'intentionnalité d'horizon ... »[1]. Or que faut-il entendre par « concept primitif de monde », c'est-à-dire par « premier concept husserlien de monde » ? Et comment expliquer que ce concept soit « désormais », c'est-à-dire « à partir des leçons sur la conscience intime du temps », « dépassé et problématisé par le concept d'horizon » ? Pour ce qui est du concept primitif de monde, nous pouvons nous rapporter aux *Recherches logiques* : « ... le monde n'est jamais un vécu de celui qui le pense », soutient Husserl. Et de préciser : « Le vécu, c'est la visée-du-monde, le monde lui-même, c'est l'objet intentionné »[2]. Le concept primitif de monde est donc un concept objectif : le monde désigne l'objet, ou plus précisément, l'« unité objective totale »[3], entendue au sens d'une « unité sensible »[4]. Le monde désigne l'ensemble des perceptions sensibles réelles et possibles, si bien que, dans le concept primitif de monde, la donation du monde est soumise aux limites de la perception sensible.

Or quelles sont ces limites ? En quoi l'analyse du temps permet-elle à Husserl d'en affranchir la donation du monde, de manière partielle, mais significative, voire décisive ? La première réside dans l'inachèvement, ou plus exactement, l'« inachevabilité » du processus de perception sensible. En effet, l'« infinité inépuisable des corps »[5] rend ce processus inachevable, non par excès d'intuition mais par excès d'intention, puisque l'intentionnalité se déborde sans cesse elle-même dans la constitution de nouveaux objets. Toutefois, quand Husserl souligne que, « ... dans son vrai sens, il [sc. le monde] ne nous est jamais donné sans restriction, ni même adéquatement dans aucun processus de perception achevé »[6], parle-t-il seulement de l'inachèvement de la donation du monde ? Ne parle-t-il pas aussi, et avant tout, de l'inadéquation de l'évidence du monde, c'est-à-dire de l'impossibilité, non pas ontique, mais ontologique d'une donation du monde en totalité ? Et pourquoi la donation du monde en totalité est-elle

1. J. Patočka, « Analýza vnitřního vědomí času » [1966], in *Úvod do Husserlovy fenomenologie*, Filosofický časopis, XIV, 1966, n°3, p. 301 ; trad. fr. E. Abrams, « Analyse de la conscience intime du temps », dans *Introduction à la phénoménologie de Husserl*, Grenoble, Millon, 2002, p. 168-169.

2. E. Husserl, *Logische Untersuchungen*, V, 2, § 14, p. 386-387 ; trad. fr. H. Elie, A. L. Kelkel et R. Schérer, *Recherches logiques*, 2, 2e partie, Paris, P.U.F., 2002, p. 190.

3. E. Husserl, *Logische Untersuchungen*, Prolegomena, 1, § 36, p. 121 ; trad. fr., *Recherches logiques*, 1, *op. cit.*, p. 134.

4. E. Husserl, *Logische Untersuchungen*, VI, 2, § 65, p. 200 ; trad. fr. H. Elie, A. L. Kelkel et R. Schérer, *Recherches logiques*, 3, Paris, P.U.F., 2003, p. 239.

5. E. Husserl, *Logische Untersuchungen*, Prolegomena, 1, § 50, p. 185 ; trad. fr., *Recherches logiques*, 1, *op. cit.*, p. 205.

6. E. Husserl, *Logische Untersuchungen*, VI, 2, § 65, p. 200 ; trad. fr., *Recherches logiques*, 3, *op. cit.*, p. 239.

ontologiquement impossible pour Husserl, alors qu'elle est au contraire possible pour Patočka[1]? Tout d'abord, notons que les deux philosophes sont d'accord pour dire, d'un côté, que le monde se donne nécessairement selon des perspectives, de l'autre, que ces perspectives peuvent être incompatibles[2]. Mais contrairement à Husserl, de cette incompatibilité des perspectives, Patočka ne déduit pas la relativité du monde. En effet, Husserl remarque : « À mesure que nos connaissances progressent, notre idée du monde se détermine mieux et avec plus de richesse, mais plus il y a aussi de choses incompatibles qui s'en séparent »[3]. Autrement dit, contrairement au fondateur de la phénoménologie, Patočka ne soumet pas le monde au principe métaphysique de non-contradiction[4]. Or, certes, qu'une « idée », en tant que forme de la pensée, doive être conforme à ce principe, cela se comprend. Mais le problème est que l'« idée du monde », chez Husserl, équivaut au « monde en soi », c'est-à-dire au monde lui-même : « ... il est absurde de se demander également si le véritable cours du monde, l'ensemble réel du monde en soi, ne pourrait pas être en contradiction avec les formes de la pensée »[5]. Si Husserl soutient la relativité du monde, c'est parce qu'il soumet le monde à la logique, au sens des lois de l'entendement : « ... il est absurde d'imaginer dans la pensée signitive la *possibilité* d'un cours du monde contraire à la logique et de prétendre par là que cette possibilité *est légitime*, et de supprimer, pour ainsi dire, du même coup les lois qui confèrent une validité à cette possibilité comme à toute possibilité en général »[6]. Chez Husserl, la seconde limite de la perception sensible réside donc dans la logique elle-même.

1. Patočka soutient cette idée d'une donation en totalité du monde dans le cours qui précède celui sur l'analyse de la conscience intime du temps : « ... la donation du monde en totalité n'est en rien moins indubitable que celle du vécu qui se donne soi-même ». *Cf.* « První výklad fenomenologické redukce » [1966], in *Úvod do Husserlovy fenomenologie*, Filosofický časopis, XIV, 1966, n°1, p. 20; trad. fr. E. Abrams, « Premier exposé de la réduction phénoménologique », dans *Introduction à la phénoménologie de Husserl*, Grenoble, Millon, 2002, p. 139. Voir aussi *supra* § 9, p. 103-104.

2. J. Patočka, « Platón a Evropa », p. 211 ; trad. fr., *Platon et l'Europe*, p. 82.

3. E. Husserl, *Logische Untersuchungen*, VI, 2, § 65, p. 200; trad. fr., *Recherches logiques*, 3, *op. cit.*, p. 239 (nous soulignons).

4. Le principe de non-contradiction ou d'identité s'énonce de la manière suivante : « ... nous jugeons faux ce qui en [sc. de la contradiction] enveloppe et vrai ce qui est opposé ou contradictoire au faux ». *Cf.* G. W. Leibniz, *Principes de la nature et de la grâce fondés en raison – Principes de la philosophie ou Monadologie*, Paris, P.U.F., 1986, § 31, p. 89.

5. E. Husserl, *Logische Untersuchungen*, VI, 2, § 65, p. 200; trad. fr., *Recherches logiques*, 3, *op. cit.*, p. 239.

6. *Ibid.*, § 65, p. 201 ; trad. fr., p. 240.

Dans les *Recherches logiques*, comme plus tard dans les *Ideen I*, le monde est non seulement l'unité objective totale en tant qu'unité sensible, mais aussi une unité conforme à la logique, une unité non contradictoire, ordonnée. Le monde désigne donc l'« idée objectivement adéquate d'une unité empirique rigoureusement conforme à la loi »[1]. Or ce que Patočka refuse radicalement, c'est cette conformité du monde à la loi : l'incompatibilité des perspectives selon lesquelles le monde se donne n'implique nullement la relativité du monde, ni, par conséquent, l'impossibilité ontologique d'une donation du monde en totalité. C'est pourquoi Patočka adresse une critique vigoureuse, parfois même abusive (puisqu'il n'y a pas d'« *absence de monde* » chez Husserl), au concept primitif de monde : « ... le chaos est autre chose qu'une *absence de monde*, il est précisément un *monde désordonné* ». Et de poursuivre : « Un monde désordonné ne signifie pas la non-existence de la totalité, mais seulement la non-existence d'une totalité *d'un certain type* »[2]. Le monde n'a pas à respecter le principe de non-contradiction. Patočka prend donc le contre-pied de la thèse de Husserl, en posant la non-concordance du monde et de la logique. Et cette non-concordance se fonde sur la non-identité du monde en totalité et de l'unité objective totale, c'est-à-dire de la totalité *comme telle* et de la totalité des choses objectivement vérifiable. En effet, Patočka écrit : « Le monde en totalité ne se vérifie jamais, mais il est toujours le présupposé de toute vérification »[3]. Le monde en totalité n'est pas l'unité objective totale, puisque toute objectivation présuppose le monde en totalité, la totalité *comme telle*. C'est pourquoi le concept primitif de monde doit être désormais « dépassé et problématisé par le concept d'horizon et d'intentionnalité d'horizon » : « Le monde en totalité est constamment présent, et ce toujours sous forme d'horizon. *Cette donation d'horizon est une donation originaire* : l'horizon n'est pas en même temps une perspective ou une anticipation singulière; perspectives et anticipations ne sont possibles que sur son *fondement* »[4]. La totalité *comme telle* n'est pas la totalité des perceptions sensibles (réelles et possibles), mais l'horizon au fondement des perceptions sensibles (« perspectives ») et des intentions perceptives (« anticipations »). Le monde en totalité ne désigne donc pas l'objet intentionné, mais l'intentionnalité – voire ce qui la fonde.

1. E. Husserl, *Logische Untersuchungen*, Prolegomena, 1, § 55, p. 205 ; trad. fr., *Recherches logiques*, 1, *op. cit.*, p. 227.

2. J. Patočka, « První výklad fenomenologické redukce », p. 21 ; trad. fr., « Premier exposé de la réduction phénoménologique », p. 140.

3. *Ibid.*, p. 20 ; trad. fr., p. 139.

4. *Ibid.*, p. 21 ; trad. fr., p. 140 (nous soulignons et modifions la traduction).

Dans son cours sur la conception husserlienne du temps, qui succède à sa critique du concept primitif de monde, Patočka reconnaît toutefois à Husserl la paternité de l'élargissement du concept de monde à celui d'intentionnalité. Or pourquoi les leçons sur la conscience intime du temps ouvrent-elles la voie à cet élargissement ? Tout d'abord, elles montrent que le temps caractérise aussi bien l'objet temporel que sa perception : « ... il est évident, explique Husserl, que la perception d'un objet temporel comporte elle-même de la temporalité »[1]. L'objet qui dure se constitue dans une perception qui elle-même dure. Toutefois, on peut se demander dans quelle mesure la durée de la perception n'est pas réductible à la perception de la durée. Pour répondre à cette question, prenons le cas d'une mélodie. Celle-ci se compose d'un son présent, que nous percevons, et de sons passés, que nous ne percevons plus. Or bien que nous ne les percevions plus, nous percevons malgré tout la mélodie dans son ensemble, comme synthèse du son présent et des sons passés. Il faut donc que nous ayons une forme de perception des sons passés, sinon la mélodie, constamment réduite au son présent, serait totalement inaudible. La perception de la mélodie requiert donc une double perception : la perception du son présent et la perception des sons passés, « retenus » dans le présent. Autrement dit, elle requiert non seulement le son présent, mais aussi la rétention du son passé dans le présent d'une conscience. Pour autant, la rétention n'équivaut absolument pas au son présent, elle est la conscience originaire du son passé : « Le son rétentionnel n'est pas un son présent, écrit Husserl, mais précisément un son "remémoré de façon primaire" dans le présent »[2]. Aussi la perception de la mélodie n'est-elle pas la re-production, dans la conscience, des différents moments de la mélodie, mais la production de la mélodie dans un flux de conscience qui la rend audible. Le concept de perception se transforme donc radicalement, voire se forme véritablement, comme s'il se gonflait de la temporalité qui lui est ouverte par le concept de rétention. En effet, la perception atteint son concept dans la rétention, qui s'atteint elle-même dans la réduction de l'objet temporel au flux de conscience qui le constitue *comme tel* : « ... si nous faisons *abstraction de toutes les transcendances*, insiste Husserl, *la perception conserve*, dans tous ses constituants phénoménologiques, *sa temporalité* phénoménologique, qui appartient à son essence irréductible »[3].

1. E. Husserl, *Vorlesungen zur Phänomenologie des inneren Zeitbewußtseins*, Hua. X, § 7, p. 22 ; trad. fr. H. Dussort, *Leçons pour une phénoménologie de la conscience intime du temps*, Paris, P.U.F., 2002, p. 36.

2. *Ibid.*, § 12, p. 31 ; trad. fr., p. 46.

3. *Ibid.*, § 7, p. 22 ; trad. fr., p. 36 (nous soulignons).

La réduction de l'objet temporel montre que la perception requiert non seulement la ponctualité d'une impression présente, mais aussi un horizon temporel, qui s'ouvre dans l'orthogonalité des continua de l'objet et du vécu. Au fondement de la perception, il y a donc une temporalité qui ne peut être reconduite à une temporalité purement et simplement objective. Cette temporalité forme un horizon, que Husserl nomme « champ temporel originaire »[1], et Patočka, « *champ de présence* »[2]. Aussi le champ de présence désigne-t-il un horizon au fondement de la perception sensible. On peut dès lors se demander dans quelle mesure ce champ ne constituerait pas le monde en totalité, la totalité *comme telle*. Ce serait par la mise en évidence de ce champ que les leçons sur la conscience intime du temps rendraient possible l'élargissement du concept de monde à celui d'intentionnalité. Pour vérifier cette hypothèse, il faut donc examiner la manière dont Patočka reprend la question du champ de présence. Comme nous l'avons vu, le champ de présence contient d'abord deux éléments : a) la perception au sens restreint, soit le présent actuel, que Husserl nomme aussi la « limite idéale »[3], car il s'agit du maintenant qui ne cesse de passer dans le non-maintenant ; b) la rétention, soit l'horizon du passé, qui constitue la conscience originaire de la perception passée. Husserl ajoute un dernier élément : c) la protention, soit l'horizon de l'avenir, qui constitue l'attente originaire par opposition au souvenir originaire. Le champ de présence contient donc trois éléments : un présent « actuel » et deux horizons « inactuels ». La rétention et la protention constituent des horizons « inactuels », car si Husserl qualifie la rétention d'« intuition du passé »[4], cela ne signifie pas qu'il y ait un moment intuitif dans la rétention, un remplissement autre que le vide laissé par la perception passée. La rétention n'est donc pas la représentation du passé dans le présent, pas plus que la protention, l'« intuition de l'attente »[5], n'est la représentation de l'avenir dans le présent. Patočka y insiste : *la rétention et la protention ne sont que des représentations vides*. Et pour autant que *la perception n'est qu'une limite idéale*, c'est-à-dire « … quelque chose d'abstrait qui ne peut rien être

1. *Ibid.*, § 11, p. 31 ; trad. fr., p. 46.

2. J. Patočka, « Analýza vnitřního vědomí času », p. 293 ; trad. fr., « Analyse de la conscience intime du temps », p. 151 (traduction modifiée).

3. E. Husserl, *Vorlesungen zur Phänomenologie des inneren Zeitbewußtseins*, Hua. X, § 16, p. 40 ; trad. fr., *Leçons pour une phénoménologie de la conscience intime du temps*, *op. cit.*, p. 57.

4. *Ibid.*, § 12, p. 32 ; trad. fr., p. 47.

5. *Ibid.*, § 26, p. 57 ; trad. fr., p. 76.

en lui-même »[1], le champ de présence est donc paradoxalement un *champ d'absence*.

Or que peut-on déduire de cette analyse ? Examinons les paradoxes sur lesquels elle repose. Le premier réside dans le fait que la donation du champ de présence relève d'une expérience à la fois passive et active. En effet, d'un côté, Husserl écrit : « L'apparition originaire, et le flux originaire des modes d'écoulement dans l'apparition, est quelque chose de bien fixé, dont nous avons conscience par une "affection" ... »[2]. La donation du champ de présence est une expérience passive, puisqu'elle requiert d'abord une affection par l'apparition originaire. Et je ne me donne pas à moi-même cette apparition : au contraire, c'est elle qui se donne à moi, m'affecte dans la perception, et continue dans la rétention. C'est pourquoi la rétention désigne « ... un accomplissement presque entièrement passif; nous ne sommes pas libres de retenir ou non, les phases rétentionnelles s'accrochent automatiquement à l'impression originaire ». Mais, d'un autre côté, la perception est un acte intentionnel, c'est-à-dire une expérience active, comme, d'une certaine manière, la rétention, dont Patočka rappelle qu'elle désigne « un accomplissement subjectif »[3]. Le premier paradoxe du champ de présence réside donc dans une tension qui traverse sa donation, dont l'origine et les différents moments sont *asubjectifs*, mais qui reste un accomplissement *subjectif*. Quant au second paradoxe, il réside dans la rétention : « ... étant vide, non remplie, affirme Patočka, elle [sc. la rétention] est néanmoins une conscience originaire ... »[4]. La donation du champ de présence est donc non seulement pré-objective (« vide », « non remplie ») mais aussi originaire (« originaire »). Cette donation ne donne rien, sinon l'originarité, c'est-à-dire l'intentionnalité. La donation du champ de présence, c'est-à-dire la donation de la temporalité, désigne donc

1. *Ibid.*, § 16, p. 40; trad. fr., p. 57.

2. *Ibid.*, § 20, p. 47; trad. fr., p. 66.

3. J. Patočka, « Analýza vnitřního vědomí času », p. 294; trad. fr., « Analyse de la conscience intime du temps », p. 155. En effet, Husserl écrit : « ... si nous nommons perception *l'acte en qui réside toute origine, l'acte qui constitue originairement*, alors le *souvenir primaire [la rétention]* est *perception*. Car *c'est seulement dans le souvenir primaire [la rétention] que nous voyons le passé*, c'est seulement en lui que se constitue le passé, et ce non pas de façon re-présentative, mais, au contraire, présentative ». Cf. *Vorlesungen zur Phänomenologie des inneren Zeitbewußtseins*, Hua. X, § 17, p. 41; trad. fr., *Leçons pour une phénoménologie de la conscience intime du temps*, *op. cit.*, p. 58. Toutefois, précisons (comme le montre Didier Franck dans *Chair et corps : sur la phénoménologie de Husserl*, *op. cit.*, p. 185-187) que la rétention va être progressivement ramenée par Husserl du côté de la pure passivité. Sur ce point, voir notamment les *Leçons...*, supplément IX, et *Expérience et jugement*, § 23 *b*.

4. *Ibid.*, p. 294; trad. fr., p. 155.

la donation de l'intentionnalité. Or, certes, dans le système husserlien, la donation de l'intentionnalité reste une auto-donation de l'*ego*. Mais le premier paradoxe du champ de présence n'a-t-il pas révélé une passivité constitutive de l'activité intentionnelle ? Cette révélation n'ouvre-t-elle pas la voie à une interprétation asubjective du champ de présence, alors identifiable au monde en totalité, à la totalité *comme telle* ?

§ 11. *La contradiction du « nunc stans »*

Pour voir dans quelle mesure le champ de présence est identifiable au monde en totalité, à la totalité *comme telle*, reprenons les éléments dont il se compose : la perception, la rétention et la protention. Ces trois éléments tirent leur unité du vécu entendu, en son essence intentionnelle, comme flux de conscience, flux subjectif. Or nous observons que celui-ci diffère sans cesse de lui-même. À chaque instant, c'est une autre apparition ou impression originaire qui m'affecte, avec ses conséquences rétentionnelles et protentionnelles. Le vécu se compose toujours d'une pluralité de flux subjectifs. N'est-il dès lors qu'une composition aléatoire de flux subjectifs ? Comment ressaisir l'unité dans laquelle s'institue le vécu ? Pour résoudre le problème, Husserl discerne, dans la rétention, deux intentionnalités, à savoir : a) l'« intentionnalité transversale », qui se déploie par rapport à ce qui est retenu au premier degré ; b) l'« intentionnalité longitudinale », qui se déploie par rapport à ce qui est retenu au second, au troisième, au quatrième degré, etc.[1]. D'un côté, la rétention forme le flux subjectif présent en retenant l'impression originaire (intentionnalité transversale) ; de l'autre, elle élargit le flux subjectif aux flux subjectifs passés (intentionnalité longitudinale). Chaque flux subjectif s'inscrit ainsi dans l'horizon d'un même flux subjectif. Le problème reste que la rétention est elle-même un élément du flux subjectif qu'elle constitue dans son unité. Patočka explique qu'« En apparence, le problème est donc résolu : le flux lui aussi est constitué, dans et par lui-même »[2]. Mais pourquoi cette réserve (« en apparence »)? Celle-ci vient du paradoxe contenu dans l'idée de l'auto-constitution du flux subjectif : pour s'auto-*constituer*, le flux subjectif originaire doit s'identifier à ce qu'il constitue, il doit « se *faire* ce qu'il est, un quasi-objet »[3]. L'idée de l'auto-constitution du flux subjectif

1. E. Husserl, *Vorlesungen zur Phänomenologie des inneren Zeitbewußtseins*, Hua. X, § 39, p. 81 ; trad. fr., *Leçons pour une phénoménologie de la conscience intime du temps*, *op. cit.*, p. 107.

2. J. Patočka, « Analýza vnitřního vědomí času », p. 298 ; trad. fr., « Analyse de la conscience intime du temps », p. 162.

3. *Ibid.*, p. 298 ; trad. fr., p. 163.

contient le paradoxe d'un « originaire » qui doit se constituer en « quasi-objet », c'est-à-dire d'un « originaire » qui passe toujours à côté de lui-même en tant qu'« originaire », et donc ne peut finalement se constituer, se voir, se réfléchir *comme tel* : « Ce que notre regard en [sc. du fondement ultime] saisit (*zachycuje*) est toujours déjà une phase dans le flux, ce qui signifie : est toujours déjà en quelque sorte objectivé »[1]. La rétention ne peut constituer l'unité du flux subjectif qu'en l'objectivant. C'est pourquoi, dans l'auto-constitution, le flux subjectif devient lui-même un objet, du moins un « quasi-objet ».

Comment sortir de ce paradoxe ? Comment l'originaire peut-il se saisir en tant qu'originaire, et non en tant que « quasi-objet » ? Comment accéder au « fondement ultime » sans que celui-ci ne se dérobe au regard ? Que le flux subjectif s'objective au fur et à mesure de son extension rétentionnelle, cela atteste que la rétention révèle moins qu'elle n'occulte l'unité originaire du flux subjectif. Ce n'est pas dans la rétention qu'il faut aller chercher ce qu'il y a de plus originaire dans le flux subjectif. Husserl se voit ainsi contraint d'accomplir une autre réduction : après celle de l'objet temporel au flux subjectif, c'est maintenant au flux subjectif (en tant qu'unité constituée, objective) d'être réduit. Or qu'obtient-on au terme de cette nouvelle réduction ? Husserl découvre ce qu'il appelle la « subjectivité absolue ». Cette subjectivité absolue se présente comme « … quelque chose qui jaillit "maintenant", en un point d'actualité … »[2]. C'est pourquoi il l'appelle ailleurs le « *nunc stans* »[3] : le « maintenant stationnant (*stojící ted'*) »[4], selon la traduction de Patočka. Mais Patočka en identifie d'emblée la contradiction : alors que le maintenant est ce qui ne cesse de passer dans le non-maintenant, ce qui ne stationne ni ne se maintient jamais, Husserl soutient néanmoins la possibilité d'un « maintenant stationnant » ou encore « se maintenant ». Aussi peut-on se demander si le *nunc stans* permet véritablement de dépasser le paradoxe de l'auto-constitution du flux subjectif. Le *nunc stans* ne vient-il pas, au contraire, redoubler ce

1. *Ibid.*, p. 299 ; trad. fr., p. 165 (traduction modifiée).

2. E. Husserl, *Vorlesungen zur Phänomenologie des inneren Zeitbewußtseins*, Hua. X, § 36, p. 75 ; trad. fr., *Leçons pour une phénoménologie de la conscience intime du temps*, *op. cit.*, p. 99.

3. E. Husserl, *Zur Phänomenologischen Reduktion : Texte aus dem Nachlass (1926-1935)*, Hua. XXXIV, p. 384. Notons que Husserl ne traduit pas « nunc stans » par « stehende Jetzt » mais par « stehende "Gegenwart" », ce qui, d'une certaine façon, réduit la contradiction interne au « nunc stans », en donnant au maintenant la qualité d'une présence, qui elle, contrairement au maintenant, implique un stationnement.

4. J. Patočka, « Analýza vnitřního vědomí času », p. 299 ; trad. fr., « Analyse de la conscience intime du temps », p. 165 (traduction modifiée).

paradoxe? Il est vrai que la contradiction du *nunc stans* relève moins qu'elle ne redouble le paradoxe de l'auto-constitution du flux subjectif par celui de l'auto-constitution de l'*ego*. D'un côté, nous avons l'*ego*, comme subjectivité absolue, qui est la condition de tout acte réflexif, de l'autre, nous avons la rétention, qui est également la condition de tout acte réflexif, voire « la forme universelle de tout acte en général »[1], pour reprendre les mots de Didier Franck. L'*ego* n'est donc jamais « pur », il n'est jamais sans rétention. L'*ego* réfléchissant doit inclure la rétention pour produire l'*ego* réfléchi, puisque la rétention est la condition de toute réflexion. Toutefois, si la rétention doit être comprise dans la subjectivité absolue, comment échapper à l'engagement de tout ce qui est retenu dans chaque instant du vécu? Comment échapper à la transformation du vécu en celui d'une monade ou de l'*ego* en miroir de l'univers? La réduction à la subjectivité absolue ne fait-elle pas encourir à l'*ego* le risque de se confondre avec le monde en totalité, avec la totalité *comme telle*?

La réduction à la subjectivité absolue semble éviter toute confusion, puisque l'idée est moins de réduire le flux subjectif que de réduire ce qui est constitué dans le flux subjectif. La réduction à la subjectivité absolue réduit le contenu tant de l'impression que de la rétention : le *nunc stans* désigne moins l'impression et la rétention concrètes que l'impression et la rétention abstraites, l'impressionnalité et la rétentionnalité en général. La réduction donne donc une subjectivité absolue qui se présente sous la forme d'une loi : « … nous trouvons une forme qui les [sc. les flux subjectifs] lie, explique Husserl, dans la mesure, non seulement où, pour eux tous, s'exerce séparément la loi de la transformation du “maintenant” en “ne plus” [sc. la rétentionnalité en général], et d'un autre côté celle du “pas encore” en “maintenant” [sc. l'impressionnalité en général], mais aussi et bien plutôt où subsiste quelque chose comme une forme commune du maintenant [sc. la subjectivité absolue ou le *nunc stans*], une parfaite similitude en général dans la modalité du flux »[2]. La rétention qui doit être comprise dans la subjectivité absolue n'est pas l'ensemble des rétentions concrètes d'un même vécu, mais la logique même de la rétentionnalité, la possibilité même de toute rétention concrète. L'inclusion de la rétention dans la subjectivité absolue ne transforme donc pas le vécu en celui d'une monade, elle signifie simplement que la subjectivité absolue est l'horizon dans lequel s'inscrit chaque rétention concrète. La subjectivité absolue est

1. D. Franck, *Chair et corps : sur la phénoménologie de Husserl*, *op. cit.*, p. 186.

2. E. Husserl, *Vorlesungen zur Phänomenologie des inneren Zeitbewußtseins*, Hua. X, § 38, p. 76-77 ; trad. fr., *Leçons pour une phénoménologie de la conscience intime du temps*, *op. cit.*, p. 101.

ainsi la condition de toute constitution, de toute réflexion – et donc aussi de la sienne propre : la subjectivité absolue se constitue elle-même, l'*ego* se réfléchit lui-même. Certes, l'*ego* ne peut jamais se réfléchir sans rétention. Mais la rétention, en tant qu'elle fait partie intégrante de la subjectivité absolue, n'est rien d'autre que le déploiement de l'intentionnalité. La rétention n'est pas essentiellement différente de l'intentionnalité, elle n'est pas essentiellement autre chose que l'*ego* lui-même. L'intégration de la rétention dans la subjectivité absolue garantit l'auto-réflexion de l'*ego*. Aussi la subjectivité absolue rend-elle possible l'auto-réflexion de l'*ego*, nonobstant la reconnaissance d'une temporalité qui en diffère l'accomplissement. En effet, pour Husserl, la temporalité n'est, d'une certaine manière, rien en elle-même : ce n'est pas la « *différance* »[1], qui empêcherait à jamais l'*ego* de se constituer, se réfléchir, se retrouver lui-même. La réduction à la subjectivité absolue met ainsi en évidence que la temporalité husserlienne n'est que l'ouverture intentionnelle de l'*ego* à lui-même, c'est-à-dire l'horizon téléologique du retour de l'*ego* à lui-même. Or comment l'ouverture temporelle peut-elle être un « drame originaire », selon les termes de Patočka, si l'*ego* ne s'ouvre au temps que dans la promesse d'un retour à lui-même? L'*ego* « se » retrouve-t-il lorsqu'il s'ouvre au temps ? Ne trouve-t-il pas autre chose « au lieu de soi »[2]? Et n'est-ce pas précisément sur le fondement de cette chose « au lieu de soi » que l'*ego* peut « se » trouver, c'est-à-dire libérer son « soi » ?

Pour répondre à cette question, Patočka approfondit le problème du *nunc stans*, en reprenant à son compte la critique que lui adresse Klaus Held dans *Lebendige Gegenwart* : « À première vue, il semblerait qu'on ait réellement atteint là le fond dernier, où le réfléchi se présente en personne devant le regard de la réflexion ... ». Et d'ajouter : « Mais, comme Held le montre, on n'a fait en réalité que pétrifier la situation singulière de l'*ego*, qui n'est pas saisissable *dans son fonctionnement* »[3]. L'idée du *nunc stans* est problématique, contradictoire, dans la mesure où le regard ne peut saisir l'*ego* dans son originarité, puisque cette saisie suppose une objectivation, donc saisit l'*ego* en tant qu'objet ou « quasi-objet ». Ce n'est jamais l'*ego* réfléchissant (« dans son fonctionnement ») que le regard saisit, mais l'*ego* réfléchi, « pétrifié », « ontifié ». L'*ego* réfléchissant ne peut donc être que

1. J. Derrida, *La voix et le phénomène*, Paris, P.U.F., 1976, note (i), p. 94 (nous soulignons).

2. Nous reprenons ici le titre du livre de Jean-Luc Marion sur saint Augustin : *Au lieu de soi : l'approche de saint Augustin*, Paris, P.U.F., 2008.

3. J. Patočka, « Analýza vnitřního vědomí času », p. 300; trad. fr., « Analyse de la conscience intime du temps », p. 167 (traduction modifiée).

présupposé en tant qu'« *idée* d'un fondement constant, agissant et fonctionnant identiquement dans l'ensemble de la vie »[1]. Mais le fait d'envisager l'*ego* réfléchissant en tant qu'« *idée* », n'est-ce pas là encore une manière de le « pétrifier » ? En effet, le *nunc stans*, qui rend possible chaque rétention concrète, n'est pas lui-même un phénomène vivant. Il n'est jamais dans le temps, mais toujours en passe d'y passer. Il temporalise la vie, mais n'est pas lui-même temporel. Le *nunc stans* n'est donc ni « une » vie ni une « vie » : « … comme le temps est la condition de toute individualité, ainsi que de toute existence, … on ne peut attribuer au *nunc stans* comme prédicat ni l'existence ni l'individualité »[2]. L'idée du *nunc stans* vide l'*ego* de ce qui fait « une vie » : l'existence et l'individualité. Or comment peut-on encore parler d'*ego* lorsque ces deux prédicats en sont absents ? Si l'*ego* ne trouve qu'une « *idée* » dans l'auto-réflexion, n'est-ce pas la preuve qu'il ne se retrouve pas lui-même en s'ouvrant au temps ? L'ouverture temporelle est donc bien un « drame originaire », une rupture originaire de l'immanence à soi : le temps ouvre l'*ego* à son autre, non à un autre *ego* (l'idée qui se substitue à l'*ego* n'est pas une autre vie), mais à l'autre en général. Dans le « drame originaire de l'ouverture temporelle », l'ego sort de lui-même pour aller vers l'autre en général, c'est-à-dire vers le monde en tant qu'idée, horizon. C'est pourquoi Patočka soutient que « Le temps, dont il [sc. Husserl] analyse le flux vécu, devient lui-même, à ses yeux, l'*horizon du monde* »[3].

Le problème du *nunc stans* met en évidence une contradiction interne à la pensée de Husserl. D'un côté, Husserl aurait une conception subjective de la temporalité, puisque le *nunc stans* désigne une subjectivité absolue au principe de la temporalisation de la vie. De l'autre, Husserl ouvrirait la voie à une conception asubjective de la temporalité, puisque le *nunc stans* apparaît comme une subjectivité plus absolue que subjective, comme une subjectivité qui préfigure le monde en totalité. Le *nunc stans* peut donc être vu de deux façons : a) soit comme une subjectivation radicale du temps et du monde ; b) soit comme un premier moment dans la libération du temps et du monde de toute précession. Patočka énonce clairement cette tension, comme s'il venait atténuer par avance sa critique du système husserlien en termes de « subjectivisme excessif »[4] : « La manière dont Husserl met ces

1. *Ibid.*, p. 300 ; trad. fr., p. 167.
2. *Ibid.*, p. 300 ; trad. fr., p. 167.
3. *Ibid.*, p. 301 ; trad. fr., p. 168.
4. J. Patočka, « [VIII. Fenomenologické vyjasňování problému konstituce] » [1966], in *Úvod do Husserlovy fenomenologie*, Filosofický časopis, XIV, 1966, n°5, p. 587 ; trad. fr. E. Abrams, deux versions disponibles : « [VIII. Constitution du corps et de la communauté.

idées en œuvre aboutit, dans son propre système, à l'immanentisation de l'étant, c'est-à-dire à sa subjectivation. L'effort husserlien en vue de cette immanentisation de l'étant semble précisément culminer dans la réduction, non seulement de tout l'étant objectif au flux constitutif de la subjectivité transcendantale, mais encore de cette vie transcendantale à l'*ego* préalable du *nunc stans* "absolu" ». Puis de nuancer cette idée : « En réalité, l'exposé même de la doctrine du temps, comme déjà auparavant certaines insuffisances de la doctrine de la réduction à l'immanence subjective, nous ont permis d'observer que *la doctrine husserlienne, envisagée dans son contenu concret, et non dans ses intentions systématiques, ne nous oriente pas vers ce subjectivisme extrême*, qui vient de l'effort husserlien en vue de la fondation rigoureusement scientifique de la philosophie sur le *cogito* cartésien purifié, sur son évidence absolue »[1]. Autrement dit, en élargissant la subjectivité aux dimensions de la totalité à travers la découverte de la subjectivité absolue, Husserl excède les limites de son système, c'est-à-dire les limites qu'impose la subjectivité transcendantale à la donation du monde. *Pour autant que la subjectivité absolue est plus absolue que subjective, l'auto-donation de la subjectivité absolue signifie l'auto-donation du monde, de la totalité.* C'est donc en définitive avec Husserl, et non contre lui, que Patočka peut affirmer : « Le monde en totalité est constamment présent, et ce toujours sous forme d'horizon. Cette donation d'horizon est une donation originaire ... »[2] – « asubjective ».

Avant d'étudier les implications de cette redéfinition de la donation sur la subjectivité, et donc sur la liberté, arrêtons-nous sur un anachronisme qui traverse l'analyse patočkienne des leçons sur la conscience intime du temps. Patočka écrit : « Nous avons vu au chapitre VI [sc. dans celui qui précède] que le concept de monde, introduit dans les *Ideen I*, demeure lui aussi orienté sur ce point de départ [sc. les *Recherches logiques*] : le monde en son sens premier est notre environnement chosique ». Et de noter : « Dans les analyses temporelles, cette pensée s'approfondit »[3]. Or n'est-il étrange de parler d'un approfondissement des *Ideen I* dans les *Leçons pour une phénoménologie de la conscience intime du temps*, alors que les *Ideen I*

Conclusion] », dans *Introduction à la phénoménologie de Husserl*, Grenoble, Millon, 2002, p. 218-219 ; « L'homme et le monde », dans *Qu'est-ce que la phénoménologie ?*, Grenoble, Millon, 1988, p. 142.

1. J. Patočka, « Analýza vnitřního vědomí času », p. 301 ; trad. fr., « Analyse de la conscience intime du temps », p. 169 (nous soulignons et modifions la traduction).

2. J. Patočka, « První výklad fenomenologické redukce », p. 21 ; trad. fr., « Premier exposé de la réduction phénoménologique », p. 140.

3. J. Patočka, « Analýza vnitřního vědomí času », p. 301 ; trad. fr., « Analyse de la conscience intime du temps », p. 168.

datent de 1913, et les *Leçons...*, de 1905 ? En effet, on peut se demander pourquoi Patočka soutient que Husserl franchit les limites de son propre système en 1905, alors que celui-ci ne se constitue *comme tel* qu'à partir de 1913. On peut également se demander pourquoi Husserl opère en 1913 un tournant idéaliste, qui va à l'encontre de ses conquêtes phénoménologiques de 1905. Pour répondre à la première question, nous pouvons éliminer d'emblée l'hypothèse qui consiste à dire que Patočka n'a pas une idée précise de la chronologie de l'œuvre husserlienne. Il la connaît parfaitement, comme en témoigne le rappel systématique de la date des textes qu'il examine. Une autre hypothèse est donc nécessaire, que nous pourrions trouver dans l'expression qu'il emploie un peu plus loin : « système originel »[1]. Le système dont Husserl franchit les limites ne serait pas tant son système de 1913 que son « système originel », son système tel qu'il se trouve en 1900-1901 dans les *Recherches logiques*. Or en franchissant les limites de son « système originel », Husserl franchirait également les limites de son système de 1913, c'est-à-dire les limites de son système en général, puisque Patočka souligne que « La réflexion sur le temps nous offre un échantillon des analyses concrètes du donné dans lesquelles le système philosophique [et non simplement le "système originel"] de Husserl à la fois réalise son programme et se dépasse, franchit ses limites »[2]. L'hypothèse est donc la suivante : l'anachronisme qui traverse l'analyse patočkienne des *Leçons...* reposerait sur une position théorique claire, c'est-à-dire sur l'interprétation patočkienne du système husserlien, qui fait remonter le présupposé idéaliste des *Ideen I* aux *Recherches logiques*. Patočka court-circuiterait donc la chronologie de l'œuvre husserlienne sur le fondement de son interprétation du système husserlien.

On peut dès lors se demander dans quelle mesure ce court-circuit, cet anachronisme patočkien, est légitime. Dans quelle mesure cette interprétation patočkienne du système husserlien est-elle tenable ? Dans un premier temps, nous pouvons constater que cette interprétation est un argument efficace pour répondre à notre seconde question : pourquoi Husserl opère-t-il en 1913 un tournant idéaliste, qui va l'encontre de ses conquêtes phénoménologiques de 1905 ? En effet, si le système husserlien est déjà en formation dans les *Recherches logiques*, il est alors possible d'affirmer qu'un présupposé non questionné empêche par la suite le fondateur de la phénoménologie d'accepter, comme, plus radicalement, de voir ses véritables conquêtes phénoménologiques. Comme le remarque

1. *Ibid.*, p. 301 ; trad. fr., p. 169.
2. *Ibid.*, p. 301 ; trad. fr., p. 168.

Jean-Luc Marion, « ... souvent, ce que Husserl ouvre de possibilité, il ne le voit pas, alors que ce qu'il croit voir le mieux, parfois, ferme la possibilité ». Et de préciser : « Mais c'est pour cela même qu'il nous reste un sol nourricier »[1]. Autrement dit, faire remonter le présupposé idéaliste des *Ideen I* aux *Recherches logiques* permet d'expliquer de manière efficace pourquoi souvent Husserl ne voit pas ce qu'il ouvre de possibilité à partir de ses analyses proprement phénoménologiques, de ses « analyses concrètes du donné »[2], pour reprendre les mots de Patočka. Pour autant, cela ne supprime pas ce qu'il a une fois ouvert. Au contraire, c'est la possibilité qu'il a à chaque fois ouverte à partir de ses analyses proprement phénoménologiques qui peut être reprise par les philosophes qui sont venus, et viendront, après lui. Cette possibilité s'appelle le monde chez Patočka, mais elle peut également se nommer autrui, chez Levinas, ou encore la chair, chez Henry. Outre ces changements de phénomène paradigmatique, ces analyses ont même rendu possible des changements de paradigme phénoménologique : la question de l'être, chez Heidegger, et la donation, chez Jean-Luc Marion, qui sont toutes deux des possibilités ouvertes par l'intuition catégoriale, thématisée dans les *Recherches logiques*[3]. Le cours sur les *Leçons...* est donc décisif, en ce qu'il permet à Patočka de conquérir son phénomène paradigmatique – le monde –, et de s'inscrire ainsi dans l'histoire de la phénoménologie. En effet, Patočka conquiert le monde en l'arrachant à la possibilité contenue dans la contradiction du *nunc stans* ou de la subjectivité absolue, que l'on peut dédoubler : une subjectivité « absolue », donc pré-existante et pré-individuelle ; un absolu « subjectif », donc existant et individuel. Or il serait possible de faire remontrer cette conquête à la thèse de 1936, dans laquelle Patočka souligne : « ... le transcendantal, c'est-à-dire cette subjectivité préexistante, c'*est* le monde »[4]. Cependant, la question est de savoir si, en 1965-1966, le monde n'a pas une dimension plus asubjective. Certes, il a déjà cette dimension en 1936, au sens où il désigne la « subjectivité préexistante », donc la subjectivité absolue, la « subjectivité asubjective ». Mais ne transcende-t-il pas désormais toute subjectivité, y compris asubjective ?

1. J.-L. Marion, *Réduction et donation*, *op. cit.*, p. 247.

2. J. Patočka, « Analýza vnitřního vědomí času », p. 301 ; trad. fr., « Analyse de la conscience intime du temps », p. 168.

3. Nous renvoyons au chapitre intitulé « La percée et l'élargissement », dans J.-L. Marion, *Réduction et donation*, *op. cit.*, p. 11-63.

4. J. Patočka, « Přirozený svět jako filosofický problém », p. 150 ; trad. fr., *Le monde naturel comme problème philosophique*, p. 27 (traduction modifiée).

Mais avant de répondre à cette question, finissons notre examen de l'interprétation patočkienne du système husserlien. Voyons dans quelle mesure cette interprétation peut prétendre, au-delà de son efficacité, à la vérité sur le système husserlien. Que met en évidence cette interprétation? Elle met en évidence un présupposé dans les *Recherches logiques*, dont les *Ideen I* héritent, plus qu'elles ne le lèguent : « ... le concept de monde, introduit dans les *Ideen I*, demeure orienté sur ce point de départ [sc. les *Recherches logiques*] : le monde en son sens premier est notre environnement chosique »[1]. Ce présupposé réside donc dans le concept de monde : en 1913, Husserl reste tributaire de la façon dont, en 1900-1901, il ramène le monde à l'« environnement chosique ». Or, comme nous l'avons vu, il est vrai de dire que les *Recherches logiques* ramènent le monde du côté de l'« objet intentionné », de la chose que vise la conscience intentionnelle, et donc du vis-à-vis de la conscience. Husserl conçoit d'emblée le monde comme seulement présent devant la conscience, et non comme quelque chose dont la conscience serait aussi un moment. Et dans les *Ideen I*, il reconduit cette conception sans la remettre en question, puisqu'il explique que le monde « ... est constamment "là pour nous", "*présent*", et ne cesse de rester là à titre de "réalité" pour la conscience, lors même qu'il nous plaît de le mettre entre parenthèses »[2]. En outre, Husserl se pense d'autant plus fondé à limiter la réduction au monde que celui-ci constitue une unité dont les *Recherches logiques* affirment l'impossibilité ontologique d'une donation en totalité. Il est donc tout aussi vrai de dire qu'il reprend cette idée dans les *Ideen I*, en la radicalisant dans une perspective idéaliste, puisqu'il limite la réduction au monde comme vis-à-vis de la conscience (§ 32) pour mieux envisager la conscience comme « conscience transcendantale » (§ 33), c'est-à-dire conscience dans laquelle se constitue le sens d'être du monde[3]. Au-delà de son efficacité, l'interprétation patočkienne peut donc bien prétendre à la vérité sur le système husserlien, en ce qu'elle manifeste, des *Recherches logiques* aux *Ideen I*, le présupposé idéaliste de la conception husserlienne du monde.

1. J. Patočka, « Analýza vnitřního vědomí času », p. 301 ; trad. fr., « Analyse de la conscience intime du temps », p. 169.

2. E. Husserl, *Ideen*, I, § 32, Hua. III, p. 56 ; trad. fr. P. Ricœur, *Idées directrices pour une phénoménologie*, I, *op. cit.*, p. 102.

3. Pour montrer que Husserl envisage bien le monde comme « formation intentionnelle de la subjectivité transcendantale », Patočka renvoie en particulier à E. Husserl, « Nachwort zu meinen Ideen », *Jahrbuch für Philosophie und phänomenologische Forschung*, XI, 1930, p. 562.

§ 12. *Transcendance et libération du soi*

Nous sommes parvenus à montrer comment Patočka conquiert le phénomène du monde sur le terrain de l'analyse husserlienne du temps. Une question cependant demeure : en 1965-1966, Patočka identifie-t-il encore le monde à une subjectivité – comme en 1936 ? N'en conçoit-il pas, au contraire, l'essentielle asubjectivité ? Autrement dit, n'interprète-t-il pas le champ de présence, mis au jour dans les *Leçons...*, non plus comme « le transcendantal », mais comme « la transcendance », au sens d'une transcendance irréductible, plus immanente que l'immanence à soi ? N'écrit-il pas : « *La transcendance, bannie du monde par la réduction, se montre à la racine même de l'immanence* »[1] ? Tout d'abord, une remarque s'impose : dans le cours sur les *Leçons...*, il est vrai que Patočka ne parle pas du monde comme d'une subjectivité, mais il ne parle pas non plus de son asubjectivité essentielle. Nous pouvons néanmoins observer qu'il n'emploie plus l'adjectif « transcendantal » pour le qualifier, même en sa forme substantivée : « le transcendantal ». En revanche, il utilise, à de multiples reprises, l'expression : « la transcendance »[2]. Or pourquoi Patočka abandonne-t-il une dénomination au profit d'une autre ? Pourquoi abandonne-t-il « transcendantal » ou « devenir transcendantal »[3] au profit de « transcendance » ou « transcendance temporelle »[4] ? L'hypothèse la plus probable est que cet abandon permet de dépasser une double contradiction présente dans la thèse de 1936. La première est identique à celle que nous avons déjà soulevée à propos du *nunc stans* ou de la subjectivité absolue : comment peut-on encore parler de « subjectivité » quand ce qui est désigné sous ce nom est séparé de ce qui fait « une vie » ? En effet, Patočka soutient que « Le monde n'est pas dans le temps ; [que] le temps, c'est le monde ». Le monde n'est jamais dans le temps, mais toujours en passe d'y passer. Il temporalise la vie, mais n'est pas lui-même « une vie » : « ... le monde n'est en aucun cas un étant, mais il appartient à la fonction qui forme l'étant ... »[5]. Le monde n'est donc rien d'autre qu'une « subjectivité

1. J. Patočka, « Analýza vnitřního vědomí času », p. 304 ; trad. fr., « Analyse de la conscience intime du temps », p. 175 (nous soulignons).

2. *Ibid.*, p. 302, 304 et 305 ; trad. fr., p. 171, 172, 175 et 177.

3. J. Patočka, « Přirozený svět jako filosofický problém », p. 211 ; trad. fr., *Le monde naturel comme problème philosophique*, p. 102.

4. J. Patočka, « Analýza vnitřního vědomí času », p. 302 ; trad. fr., « Analyse de la conscience intime du temps », p. 171.

5. J. Patočka, « Přirozený svět jako filosofický problém », respectivement p. 218 et 218-219 ; trad. fr., *Le monde naturel comme problème philosophique*, respectivement p. 112 et 113 (traduction modifiée).

préexistante »[1], conclut Patočka dans la thèse de 1936. En effet, bien que le monde ne soit ni existant ni individuel, il est néanmoins relatif à la « fonction qui forme l'étant », c'est-à-dire à l'intentionnalité. Mais comment faut-il entendre le sens de cette relation du monde et de l'intentionnalité ? C'est un point que la thèse de 1936 laisse dans l'ombre. Associé au monde, le concept paradoxal de « subjectivité préexistante » masque plus le problème qu'il ne le résout. Quant au passage du « transcendantal » à la « transcendance », il le résout dans le sens d'une subordination, du moins d'une dépendance de l'intentionnalité à l'égard du monde. En 1965-1966, le monde devient la transcendance au principe de l'intentionnalité.

Nous préciserons plus tard le sens de cette transcendance du monde et de cette dépendance de l'intentionnalité à son égard. Pour le moment, analysons la seconde contradiction de la thèse de 1936. Pour autant qu'il laisse en suspens la question du sens de la relation du monde et de l'intentionnalité, Patočka ne parvient pas à offrir « du monde une conception unifiée », alors que l'élaboration de cette conception, au-delà de la séparation entre « monde naturel » et « monde scientifique », constitue l'objectif premier de cette thèse[2] : « Dans le chapitre précédent [sc. « Le monde naturel »] nous avons essayé de décrire ce sur quoi repose le déroulement constant de la vie humaine. Et la description a d'abord rendu manifeste le fait que notre vie s'inscrit toujours dans une totalité, c'est-à-dire dans un monde ... Il est clair pourtant que cette totalité préliminaire n'est pas l'univers des choses; elle est bien plutôt le fond de toute expérience humaine »[3]. Dans cet extrait de la thèse de 1936, Patočka maintient une distinction entre deux concepts de monde : le monde en tant qu'« univers des choses » ; le monde en tant que « fond de toute expérience

1. *Ibid.*, p. 150 ; trad. fr., p. 27 (traduction modifiée).

2. *Ibid.*, p. 129 ; trad. fr., p. 1. Comme le prouve le jugement (sans concession) qu'il porte sur elle trente-trois ans après, Patočka a tout à fait conscience de l'écart majeur entre la thèse de 1936 et l'objectif poursuivi : « En jetant, après de longues années, un regard en arrière sur notre premier ouvrage philosophique, notre attention est tout d'abord arrêtée par son caractère peu systématique, par la non-élaboration conceptuelle des questions soulevées. L'ouvrage ne réussit même pas à poser clairement la question centrale, moins encore à prouver que la solution proposée soit la seule satisfaisante, serait-ce seulement à titre provisoire ». *Cf.* « "Přirozený svět" v meditaci svého autora po třiatřiceti letech » [1969], in *Přirozený svět jako filosofický problém*, Praha, Československý spisovatel, 1992, p. 169 ; trad. fr. E. Abrams, « Méditation sur "Le Monde naturel comme problème philosophique" », dans *Le monde naturel et le mouvement de l'existence humaine*, Dordrecht, Kluwer, 1988, p. 50.

3. *Ibid.*, p. 226 ; trad. fr., p. 122.

humaine ». Certes, il ne s'agit plus de la séparation entre « monde naturel » et « monde scientifique ». Cependant, il faut bien voir que cette séparation est reconduite sur le plan transcendantal : d'une part, nous avons l'« univers des choses », c'est-à-dire le « monde empirique », d'autre part, nous avons le « fond de toute expérience humaine », c'est-à-dire le « monde transcendantal ». La question de l'unité du monde est donc elle-même reconduite sur le plan transcendantal : comment comprendre l'unité du monde au-delà de la séparation entre « monde empirique » et « monde transcendantal » ? La réponse de la thèse de 1936 semble claire : l'unité du monde ne réside pas dans « ... l'unité des choses dont le monde est composé, mais dans l'unité dynamique des actes que l'esprit effectue »[1], c'est-à-dire dans l'intentionnalité. Mais l'intentionnalité peut-elle unifier, au-delà de l'univers des objets (de la représentation des choses), l'univers des choses elles-mêmes ? L'unité du monde, en tant qu'elle doit être l'unité de l'« univers des choses » (et non uniquement de leur représentation) et du « fond de toute expérience humaine », ne déborde-t-elle pas l'intentionnalité ? Et n'est-ce pas ce débordement de l'intentionnalité qu'entérine le passage du « transcendantal » à la « transcendance » ? Le monde n'est-il pas la transcendance qui excède l'intentionnalité, c'est-à-dire empêche la subjectivité d'avoir une pleine intuition d'elle-même et de la totalité ? Le monde n'est-il pas la transcendance qui ne permet à la subjectivité de se déployer (dépassement de la première contradiction de la thèse de 1936) qu'en lui interdisant de coïncider avec elle-même et la totalité (dépassement de la seconde contradiction de la thèse de 1936) ?

Avant de se demander pourquoi le monde ne permet à la subjectivité de se déployer qu'en lui interdisant de coïncider avec elle-même et la totalité, interrogeons-nous d'abord sur ce rapport de permission et d'interdiction. Que nous indique-t-il sur le sens de la transcendance du monde ? Il nous indique que, si le monde ne s'identifie plus à la subjectivité ni à l'intersubjectivité transcendantale[2], il reste toutefois un principe

1. *Ibid.*, p. 129 ; trad. fr., p. 1-2 (traduction modifiée).

2. Chez Husserl, la subjectivité transcendantale n'est pas dissociable de l'intersubjectivité transcendantale, comme le montre la cinquième *Méditation cartésienne* et le résume Patočka dans un texte de 1965 : « Husserl a essayé de montrer que l'approche propre de l'absolu est une descente dans la subjectivité, mais que la figure authentique de cette subjectivité absolue est l'intersubjectivité, la compréhension de l'autre comme une modalité de ma subjectivité propre, que c'est là une modalité de la vie qui la présentifie sans la *reproduire* ». *Cf.* « K prehistorii vědy o pohybu », in *Přirozený svět a pohyb lidské existence*, I, Praha, Archivní soubor, 1980, p. 1.2. 10-1.2. 11 ; trad. fr. E. Abrams, « Notes sur la préhistoire de la science du mouvement », dans *Le monde naturel et le mouvement de l'existence humaine*, Dordrecht, Kluwer, 1988, p. 11.

transcendantal, dans la mesure où il accorde des permissions et pose des interdictions à la subjectivité, c'est-à-dire limite *a priori* l'expérience de la subjectivité. En effet, dans un texte quasi contemporain de son cours sur les *Leçons...*, Patočka souligne bien le statut apriorique du monde : « Le monde *a priori* n'est pas *mon monde*, mais le monde omni-englobant dans lequel je fais entrer, en le constituant, tout le reste – moi-même, ainsi que les autres et les choses »[1]. Nous ne pouvons mieux dire que le monde est l'*a priori* de toute constitution, de toute réflexion, y compris de celle de la subjectivité. Autrement dit, *le rapport de la subjectivité à elle-même n'est possible que sur le fondement du monde*, de ce que Patočka nomme en 1939 notre « limite interne (*vnitřní hranice*) »[2]. De manière moins précise, mais tout aussi explicite, Patočka soutient dans son cours sur les *Leçons...* : « La subjectivité est renvoyée à et dépendante du monde, elle requiert comme telle le monde »[3]. Bien que le monde ne soit plus en 1965-1966 une subjectivité (ce qu'il est pour le premier Patočka, c'est-à-dire au moins jusqu'à la fin des années quarante[4]), il reste toutefois un transcendantal, voire le transcendantal, puisqu'il ne procède pas de l'expérience, mais la précède et la dé-limite, c'est-à-dire la rend, sous un certain rapport, possible et, sous un autre, impossible. En effet, le propre du transcendantal, d'une limite *a priori*, consiste à dé-limiter, avant toute expérience, ce qui relève du « possible », comme ce qui relève de l'« impossible ». Le propre du transcendantal est donc d'inscrire la subjectivité dans l'horizon de sa possibilité la plus propre, qui est également celui de son impossibilité, de sa finitude, en l'ouvrant à une temporalité dont elle n'est pas l'origine, à une temporalité « asubjective ». C'est pourquoi le transcendantal ne peut être une subjectivité infinie : sur ce point, le second Patočka aura retenu la leçon de Kant contre Husserl, mais dans une perspective plus heideggérienne, c'est-à-dire en reconnaissant que le transcendantal n'est pas la subjectivité

1. J. Patočka, « Husserlova fenomenologie, fenomenologická filosofie a “Kartesiánské meditace” » [1968], in *Kartesiánské meditace*, Praha, Svoboda, 1968, p. 187 ; trad. fr. E. Abrams, « La phénoménologie, la philosophie phénoménologique et les *Méditations cartésiennes* de Husserl », dans *Qu'est-ce que la phénoménologie ?*, Grenoble, Millon, 1988, p. 183.

2. J. Patočka, « Životní rovnováha a životní amplituda », p. 61 ; trad. fr., « Équilibre et amplitude dans la vie », p. 38.

3. J. Patočka, « Analýza vnitřního vědomí času », p. 305 ; trad. fr., « Analyse de la conscience intime du temps », p. 177.

4. Dans les deux premiers chapitres, nous avons déterminé une première période de la pensée de Patočka, qui se caractérise par le privilège qu'elle accorde au monde comme vie infinie (ou subjectivité infinie) sur la mort comme finitude (ou totalité finie).

finie, mais ce qui enracine la subjectivité dans la finitude[1]. La transcendance du monde ne transcende donc pas le transcendantal, mais uniquement la subjectivité : le monde est le transcendantal, entendu au sens de ce qui inscrit la subjectivité dans l'horizon de sa finitude, en l'ouvrant au « drame originaire de l'ouverture temporelle ». Aussi le monde n'est-il pas la subjectivité ni l'intersubjectivité transcendantale, mais, d'une certaine manière, l'« asubjectivité transcendantale ».

C'est ce rapport du monde et de la subjectivité qui fait également dire à Patočka que le monde est, en un sens, subjectif : « ... le "subjectif" est ambivalent et signifie non seulement ce qui appartient au sujet comme composante structurale, ce qui constitue une face du sujet, mais encore, d'autre part, ce à quoi le sujet se rapporte comme à l'horizon de sa compréhension ». Et de conclure : « Le monde est subjectif dans ce second sens ... »[2]. Cette conclusion – qui fait écho à celle du cours sur les *Leçons*...[3] – mène au double paradoxe d'une transcendance qui demeure « transcendantale » et d'une asubjectivité qui demeure « subjective ». Par conséquent, il faudrait dire que le monde désigne l'asubjectivité transcendantale ou, ce qui revient au même, la transcendance subjective. Il faudrait même préciser que le monde désigne la transcendance intersubjective, puisqu'il désigne également ce à quoi les subjectivités se rapportent comme à l'horizon de leur communication : « Le monde en ce sens ne sera pas le *résultat*, mais bien le présupposé de la communication »[4]. Le monde est donc à la fois l'horizon de la compréhension de la subjectivité et l'horizon de la compréhension mutuelle des subjectivités. La définition du monde en

1. Heidegger identifie l'être au « transcendens », c'est-à-dire au transcendant qui, à partir de la fin du XIIIe siècle, désigne le transcendantal (sur ce dernier point, voir O. Boulnois, *Être et représentation*, Paris, P.U.F., 1999) : « *Sein ist das transcendens schlechthin* » (« *L'être est le transcendantal par excellence* »). Cf. *Sein und Zeit*, § 7, *op. cit.*, p. 38.

2. J. Patočka, « Époché und Reduktion » [1975], in *Die Bewegung der menschlichen Existenz*, Stuttgart, Klett-Cotta, 1991, p. 423 ; trad. fr. E. Abrams, « Époché et réduction », dans *Qu'est-ce que la phénoménologie ?*, Grenoble, Millon, 1988, p. 260.

3. En effet, Patočka conclut : « ... l'*épochè* n'est rien d'autre que la découverte de la liberté du sujet qui se manifeste dans toute transcendance, avant tout dans la transcendance temporelle ... ». *Cf.* « Analýza vnitřního vědomí času », p. 305 ; trad. fr., « Analyse de la conscience intime du temps », p. 177. L'ἐποχή dévoile la liberté de la subjectivité à même ce que celle-ci ne peut constituer, à même la transcendance du monde. Elle manifeste que le monde est l'horizon de la venue de la subjectivité à elle-même, l'horizon de sa compréhension. L'ἐποχή dévoile donc la dimension « subjective » du monde en tant qu'horizon de la compréhension de la subjectivité – ce qui est exactement la position du texte de 1975 précité.

4. J. Patočka, « Husserlova fenomenologie, fenomenologická filosofie a "Kartesiánské meditace" », p. 186 ; trad. fr., « La phénoménologie, la philosophie phénoménologique et les *Méditations cartésiennes* de Husserl », p. 182.

tant qu'horizon de la communication, transcendance intersubjective met en évidence un point fondamental : contrairement à l'idée qui traverse la cinquième *Méditation cartésienne*, l'autre subjectivité n'est pas, chez Patočka, l'altérité première. Le rapport à l'autre subjectivité est essentiellement subordonné au rapport que la subjectivité entretient toujours déjà avec le monde. L'altérité première, c'est le monde, c'est ce qui inscrit les subjectivités dans l'horizon de leur commune finitude, en les ouvrant à une temporalité « a-intersubjective », pour ainsi dire. Toutefois, cette idée n'invalide pas les analyses de la cinquième *Méditation cartésienne*. En effet, Patočka souligne bien que « Le sens "autrui" n'est effectivement rien d'autre qu'un "*ego* présentifié dans l'actualité réelle ou quasi-réelle", et ce domaine de sens contient la logique de la réciprocité entre les êtres, ce qui signifie, en effet, leur "implication" mutuelle ». Mais il précise : « Seulement cette implication ne se déroule pas de telle façon que ce serait elle qui *produise* le sens "monde commun" ; bien au contraire, elle *présuppose* ce sens et l'*explicite* »[1]. La définition du monde en tant que transcendance intersubjective impose donc une redéfinition de l'intentionnalité, qui devient moins constituante qu'explicitante.

Une question toutefois demeure : comment Patočka parvient-il à concilier l'affirmation que le monde inscrit la subjectivité dans l'horizon de sa finitude, c'est-à-dire l'individualise (transcendance subjective), avec l'affirmation que le monde inscrit les subjectivités dans l'horizon de leur commune finitude, c'est-à-dire les dés-individualise (transcendance intersubjective) ? La magnifique affirmation d'une communauté irréductible, inconstituable, uniquement explicitable entre les subjectivités (voire même, nous y reviendrons, entre tous les étants) se paye-t-elle d'un renoncement à une individualité elle-même irréductible ? Nous ne le pensons pas et nous appuierons sur deux arguments pour le prouver. Le premier réside dans la façon dont Patočka conçoit la fonction première du monde. Bien que le monde soit au principe de la constitution des subjectivités, sa fonction consiste d'abord à rendre possible celle de la subjectivité. En effet, pour Patočka, le monde est l'« … *a priori* qui ne peut en aucune façon être considéré comme étant, dont la fonction se déploie en ceci qu'il rend possible le rapport à soi, structure ontologique sans laquelle aucun apparaître ne serait possible »[2]. La fonction première du monde consiste donc à mettre chaque subjectivité en rapport avec elle-même, à individualiser chaque subjectivité en détachant son « soi » des autres « soi », en

1. *Ibid.*, p. 186-187 ; trad. fr., p. 183.
2. J. Patočka, « Époché und Reduktion », p. 422 ; trad. fr., « Époché et réduction », p. 259.

libérant son « soi ». Le monde ne déploie donc pas sa propre essence, c'est-à-dire une essence commune, dans ce qu'il rend possible. Au contraire, il déploie l'essence de ce qu'il rend possible dans ce qu'il rend possible, c'est-à-dire l'essence propre. Cependant, dans quelle mesure cette essence propre ne vient-elle pas d'une simple différenciation de l'essence du monde, de l'essence commune ? Dans quelle mesure le « soi » que libère le monde n'est-il pas réductible aux autres « soi » ? Tout d'abord, soulignons que plusieurs textes attestent l'idée selon laquelle l'essence propre vient de la différenciation de l'essence du monde, de l'essence commune. En effet, dans la postface à l'édition tchèque des *Méditations cartésiennes*, Patočka remarque que « ... la sphère de l'appartenance propre ne pourra être, comme dans l'idée de Husserl, une sphère *absolument privée*. Au contraire, elle aura un sens relatif, le sens d'un aspect personnel dans le cadre de la totalité déjà anticipée du monde ... ». Et de préciser : « Les aspects, les perspectives, mes propres possibilités ne sont pas, en ce sens, privés; ce sont des *modes de donation du monde* ... »[1]. Un fragment de 1972 confirme cette idée encore plus précisément : « Ce n'est pas *mon* monde qui me donne mes possibilités ... Ce qui me les donne, c'est *le* monde qui en moi s'individualise »[2]. Or si le monde individualise les subjectivités en s'individualisant en elles, dans quelle mesure les subjectivités ne sont-elles pas essentiellement réductibles les unes aux autres ?

Une telle objection nous oblige à passer au second argument. Celui-ci consiste à soutenir que l'individualisation du monde en moi n'est pas un processus reproductible mais un phénomène unique, un « *événement singulier d'union* »[3], pour reprendre la formule de Reiner Schürmann. L'essence propre ne viendrait pas d'une simple différenciation de l'essence du monde, mais de ce que nous pourrions appeler une « différenciation événementiale de l'essence du monde ». Elle viendrait donc bien d'une différenciation de l'essence du monde, mais d'une différenciation non reproductible, imprévisible, irréversible – selon les trois critères de l'événement dans son rapport au temps. *L'événementialité du « soi » est en effet la condition de son irréductibilité aux autres « soi ».* Or dans les textes de Patočka, avons-nous la confirmation d'une différenciation événementiale de l'essence du monde et, partant, de l'événementialité de la

1. J. Patočka, « Husserlova fenomenologie, fenomenologická filosofie a "Kartesiánské meditace" », p. 186; trad. fr., « La phénoménologie, la philosophie phénoménologique et les *Méditations cartésiennes* de Husserl », p. 182.

2. J. Patočka, « Weltform der Erfahrung und Welterfahrung », p. 101-102; trad. fr., « Forme-du-monde de l'expérience et expérience du monde », p. 212 (traduction modifiée).

3. R. Schürmann, *Des hégémonies brisées*, *op. cit.*, p. 191.

subjectivité? Dans la thèse de 1936, il faut bien voir que l'idée, non simplement d'un acte événemential du monde, mais du monde comme acte événemential, est déjà présente. Patočka envisage le monde comme un « devenir transcendantal »[1]. Nous pourrions aussi parler d'« événement transcendantal (*transcendentální dění*) ». Certes, « dění » signifie plus « processus » que « devenir », « événements » qu'« événement ». Mais, pour autant que Patočka n'insiste pas sur le sens du terme, il peut être pertinent de le traduire à la lumière de celui que revêt le monde dans ce texte : le monde comme pur acte d'ouverture du temps, acte non reproductible (il diffère continuellement de lui-même), imprévisible (il précède et rend possible toute anticipation), irréversible (il s'impose comme un fait accompli). Toutefois, ces critères de l'acte événemential sont énoncés plus clairement en 1965-1966, en particulier dans le premier cours d'introduction à la phénoménologie Husserl : « Le fondement même de l'être [sc. le monde], qui confère le sens, devient donc, dans sa nature, un acte temporel (*časovým dějstvím*), un mouvement au-dessus duquel notre compréhension ne peut nous élever, car toute compréhension le présuppose ». Et de préciser : « Le mouvement par lequel le monde s'ouvre est un processus en vérité sans clôture, repris *toujours à nouveau et différemment* »[2]. Aussi y a-t-il bien événementialité et donc irréductibilité des « soi », puisque le monde individualise en s'individualisant « *toujours à nouveau et différemment* », c'est-à-dire en différenciant à l'infini les « soi ».

Si le monde libère le « soi », c'est parce qu'il désigne l'événemential au principe du rapport de chaque subjectivité à elle-même. *La liberté peut donc être définie comme l'événement d'une différenciation événementiale de l'essence du monde.* L'ultime question reste de savoir pourquoi cette libération, cette permission s'accompagne toujours d'une interdiction. Pourquoi le « soi », libéré par le monde, ne peut-il coïncider ni avec lui-même ni avec la totalité? La réponse de Patočka pourrait se résumer de la manière suivante : « Le monde [mais cela vaut également pour la subjectivité] ne peut être amené à la lumière d'une clarté intuitive; s'y opposent, d'une part, notre dépendance à l'égard de sa facticité, d'autre part, l'obscurité inéluctable qu'implique le caractère temporel de la

1. J. Patočka, « Přirozený svět jako filosofický problém », p. 211 ; trad. fr., *Le monde naturel comme problème philosophique*, p. 102.

2. J. Patočka, « Charakteristika fenomenologie jako filosofie a její vztah k historickým tendencím metafyzickým », p. 701 ; trad. fr., « La phénoménologie caractérisée comme philosophie dans son rapport aux tendances historiques de la métaphysique », p. 27 (traduction modifiée).

réflexion »[1]. Tout d'abord, notons l'ambivalence de la temporalité. D'un côté, elle permet à la subjectivité de transcender le présent, c'est-à-dire de manifester sa liberté en se déployant « … dans des horizons qui seuls donnent au présent son plein sens … »[2]. De l'autre, elle maintient un écart irréductible entre le sens que l'intentionnalité confère aux choses (la représentation des choses) et le sens des choses elles-mêmes (la présentation des choses). En tant que « temporelle », la réflexion a toujours, pour ainsi dire, « un temps de retard » sur le mouvement des choses. Les choses ne coïncident donc jamais pleinement avec ce que la réflexion peut en saisir. Or au nombre de ces choses en mouvement, il y a la subjectivité en tant que « soi » corporel, « soi » enraciné dans la facticité du monde. C'est pourquoi celle-ci ne peut pas plus coïncider avec elle-même qu'elle ne peut coïncider avec la totalité, le monde. Mais de quel monde parlons-nous? Nous parlons toujours du même: du « monde seul et unique »[3], auquel Patočka est donc obligé d'accorder le double statut d'*a priori* formel (associé à la temporalité ou spatio-temporalité) et d'*a priori* matériel (associé à la corporéité). Autrement dit, la prise en compte de la finitude de la subjectivité, et donc de la liberté, oblige à poser que « … le monde n'est pas une simple généralité, une structure d'essence, mais plutôt l'unité de la structure d'essence et de la facticité »[4]. Ce qui avait été séparé dans la thèse de 1936 finit ainsi par être unifié, encore implicitement en 1966, dans le cours sur les *Leçons…*, et explicitement en 1976 : Patočka conçoit désormais le monde comme l'« unité de la structure d'essence et de la facticité », c'est-à-dire non plus comme le « fond de l'expérience humaine », par opposition à l'« univers des choses », mais comme l'« unité du fond de l'expérience humaine et de l'univers des choses ».

1. J. Patočka, « Analýza vnitřního vědomí času », p. 304; trad. fr., « Analyse de la conscience intime du temps », p. 176.

2. *Ibid.*, p. 305 ; trad. fr., p. 177.

3. J. Patočka, « [Phänomenologie als Lehre vom Erscheinen als solchem] » [1974], in *Vom Erscheinen als solchem : Texte aus dem Nachlaß*, Freiburg (Breisgau)-München, Alber, 2000, p. 134; trad. fr. E. Abrams, « [*Époché* et réduction – manuscrit de travail] », dans *Papiers phénoménologiques*, Grenoble, Millon, 1995, p. 181.

4. J. Patočka, « Husserlova transcendentální filosofie po revizi », p. 7; trad. fr., « La philosophie transcendantale de Husserl après révision », p. 233.

CHAPITRE V

LES DEUX SENS DU MOUVEMENT DE LA VIE

§ 13. *Triple orientation du mouvement*

Si Patočka n'exprime que tardivement sa conception du monde comme « unité de la structure d'essence et de la facticité », c'est toutefois sur son fondement implicite que peut se déployer, à partir du milieu des années soixante, sa théorie du mouvement. Et il faut bien comprendre que cette théorie est un moment constitutif majeur de son « système de la liberté », puisque le premier mouvement est « le mouvement par lequel le monde s'ouvre »[1], c'est-à-dire le mouvement qui libère la subjectivité en l'inscrivant dans l'horizon de sa finitude. Or pour que l'ouverture du monde soit un mouvement en un sens non métaphorique, il faut bien que le monde contienne en lui la possibilité de se mouvoir, possibilité qui n'est autre que la corporéité[2]. Aussi l'ouverture du monde ne peut-elle être un mouvement que si le monde n'est pas une simple structure d'essence, mais l'« unité de la structure d'essence [spatio-temporalité] et de la facticité [corporéité] ». En 1965-1966, l'identification de l'ouverture du monde à un mouvement suppose donc déjà la conception du monde de 1976 comme « unité de la structure d'essence et de la facticité ». Un examen du cours sur les *Leçons*... valide cette hypothèse, puisque Patočka y met en évidence, comme nous l'avons vu, la dépendance de la subjectivité à l'égard de la

1. J. Patočka, « Charakteristika fenomenologie jako filosofie a její vztah k historickým tendencím metafyzickým », p. 701 ; trad. fr., « La phénoménologie caractérisée comme philosophie dans son rapport aux tendances historiques de la métaphysique », p. 27.

2. J. Patočka, « "Přirozený svět" v meditaci svého autora po třiatřiceti letech », p. 220 ; trad. fr., « Méditation sur "Le Monde naturel comme problème philosophique" », p. 96.

facticité du monde, d'une facticité irréductible à la temporalité, et donc réductible à la corporéité. Bien que Patočka ne le dise pas expressément, son premier concept de monde, en tant que « structure d'essence », « fond de l'expérience humaine », est désormais dépassé dans le concept d'« unité de la structure d'essence et de la facticité », d'« unité du fond de l'expérience humaine et de l'univers des choses ». Dès 1965-1966, Patočka parvient donc à unifier le concept de monde, monde dont il confirmera, dans un fragment de 1972, qu'il ne désigne pas un simple horizon mais l'« *omnitudo realitatis* au sens éminent »[1].

Pour autant qu'il ouvre la voie à une conception unifiée du monde, l'approfondissement de la phénoménologie transcendantale en phénoménologie asubjective permet un autre approfondissement : l'approfondissement de l'analytique existentiale en ontologie du monde de la vie, c'est-à-dire en une ontologie non seulement formelle mais également matérielle. En effet, dans la mesure où le monde contient désormais en lui la possibilité de se mouvoir, il n'ouvre plus simplement la vie selon une triple extase formelle. Le monde ouvre désormais la vie selon une triple extase à deux dimensions, formelle (spatio-temporelle) et matérielle (corporelle), c'est-à-dire selon un triple mouvement. Or c'est dans le texte qui inaugure sa théorie du mouvement, intitulé et sous-intitulé « Notes sur la préhistoire de la science du mouvement : le monde, la terre, le ciel et le mouvement de la vie humaine » (1965), que Patočka élabore l'idée d'une double voire d'une triple dimension asubjective du mouvement de la vie humaine. Quelles sont donc ces dimensions? Tout d'abord, nous avons bien la dimension matérielle, désignée sous le nom de « terre (*země*) » : « La terre est avant tout un appui solide, le substrat (*podklad*) de tout mouvement, aussi bien le nôtre que celui des autres choses. Elle est ainsi un appui universel et, partant, le prototype de tout ce qu'il y a de massif, de corporel, de matériel … »[2]. Patočka effectue donc une réduction de la Terre (*Země*) à son phénomène, c'est-à-dire à la terre (*země*), en reprenant la thèse anti-copernicienne de Husserl, purifiée de son présupposé idéaliste ou subjectiviste. En effet, celle-ci consiste à dire que « La Terre ne se meut pas … », ou plus précisément, « … ne se meut ni n'est en repos … », puisque « … c'est d'abord par rapport à elle que mouvement et repos prennent sens ». Autrement dit, la Terre rend possible tout mouvement, car,

1. J. Patočka, « Weltform der Erfahrung und Welterfahrung », p. 106 ; trad. fr., « Forme-du-monde de l'expérience et expérience du monde », p. 216.

2. J. Patočka, « K prehistorii vědy o pohybu », p. 1.2. 6 ; trad. fr. E. Abrams, « Notes sur la préhistoire de la science du mouvement », p. 7.

en tant que « Terre-sol »[1], elle constitue le critère qui permet de distinguer le mobile de l'immobile. Pour autant, la Terre n'est pas immobile, à moins de comprendre l'immobilité comme l'unité du mouvement et du repos. Patočka reprend donc cette thèse husserlienne, tout en qualifiant la terre, en tant qu'unité du mouvement et du repos, de *substrat*, c'est-à-dire d'*unité substantielle*, ce que Husserl ne dit jamais explicitement, bien que l'idée de « Terre-*sol* » pourrait le laisser entendre. En outre, Patočka donne une dimension asubjective à la terre, si bien que celle-ci devient *universelle*, c'est-à-dire non seulement commune aux hommes et aux « animaux »[2], mais aussi à tous les étants, qu'ils soient ou non vivants[3].

La première dimension du monde au fondement du mouvement de la vie humaine est donc la terre en tant que dimension matérielle. Précisons qu'il vaut mieux parler ici de fondement, plutôt que de condition, puisque nous avons vu que cette dimension se définit comme un substrat (*podklad*). Or comment la terre peut-elle être un *substrat*, une *unité substantielle*, alors qu'elle constitue une dimension du monde, c'est-à-dire une dimension de l'*unité événementielle* qui ouvre la vie humaine sous la forme d'un triple mouvement? De plus, comment peut-elle être *universelle*, alors qu'elle est censée rendre possible le mouvement de la vie humaine, et non le mouvement de la vie en général, ni le mouvement de l'étant en général? Avant de répondre, prenons la seconde dimension au fondement du mouvement de la vie humaine, qui, nous le verrons, soulève les deux mêmes questions. À la dimension matérielle, horizontale du monde, que désigne la terre, Patočka ajoute une dimension formelle, verticale, qu'il désigne sous le nom de « ciel (*nebe*) » : « De même que la *terre* est avant tout donatrice de tout "*où*", ainsi le *ciel* est au premier chef donateur du

1. E. Husserl, « Grundlegende Untersuchungen zum phänomenologischen Ursprung der Räumlichkeit der Natur » [1934], in *Philosophical Essays in Memory of Edmund Husserl*, Cambridge, Harvard University Press, 1940, respectivement p. 313, 309 et 313; trad. fr. D. Franck, « L'arche-originaire Terre ne se meut pas », dans *La Terre ne se meut pas*, Paris, Minuit, 1989, respectivement p. 16, 12 et 16.

2. Husserl limite la dimension terrestre aux hommes et « animaux », tout en mettant ces derniers entre guillemets, comme s'il désignait par là des animaux qui n'en sont pas vraiment, des animaux plus humains que les autres. Cf. *Ibid.*, p. 318; trad. fr., p. 21.

3. Patočka étend la dimension terrestre à tous les étants : « À travers le visage de la terre en tant que porteur et repère de tous les mouvements et de tous les rapports, transparaît donc également le fait que la terre est une *puissance* (*moc*). La puissance est plus que la force (*síla*), qui se déploie par intermittence; elle agit en permanence, elle a son propre empire, au sein duquel elle "règne". La terre règne sur les éléments et les choses, sur les choses vivantes, comme sur celles qui sont privées de vie ». *Cf.* « K prehistorii vědy o pohybu », p. 1.2.6; trad. fr., « Notes sur la préhistoire de la science du mouvement », p. 7 (traduction modifiée).

"quand" ... ». Et de préciser : « ... il est en même temps donateur de toute clarté ... à la lumière du ciel, la terre elle aussi scintille de couleurs qui révèlent les choses essentiellement, non seulement à proximité mais encore à distance »[1]. Patočka s'éloigne plus ici de Husserl qu'il ne reprend sa thèse : le ciel n'est pas le champ des choses lointaines, dont on peut faire néanmoins l'expérience à partir de la Terre-sol[2], mais le champ temporel ou encore spatio-temporel qui rend possible l'expérience des choses mêmes, qu'elles soient proches ou lointaines. En outre, il ramène la spatialité à la temporalité puisque le « où » de la terre se révèle « à la lumière du ciel ». Mais cela ne signifie pas que la corporéité soit elle aussi ramenée à la temporalité ou spatio-temporalité. Patočka maintient donc la distinction entre deux dimensions irréductibles : la dimension matérielle (corporelle), désignée sous le nom de « terre », et la dimension formelle (spatio-temporelle), désignée sous le nom de « ciel ». Or le ciel constitue-t-il une unité substantielle universelle, à l'instar de la terre ? Nous pouvons l'affirmer, puisqu'il inclut « ... tout ce qui ferme notre horizon sans clôture ... »[3]. Le ciel n'est donc pas l'événement qui ouvre le monde, mais, au contraire, un résultat, un sédiment de l'ouverture du monde, c'est-à-dire un substrat créé par l'auto-ouverture du monde – aussi paradoxale que puisse paraître l'expression de « substrat créé », nous y reviendrons. C'est pourquoi, à l'instar de la terre, le ciel constitue bien une unité substantielle universelle.

Nous pouvons donc maintenant répondre aux deux questions soulevées par la conception de la terre et du ciel comme « unités substantielles universelles ». L'argument que nous venons d'employer pour le ciel permet de répondre à la première, qui consiste, rappelons-le, à se demander comment les dimensions d'une unité événementielle peuvent être des unités substantielles. En effet, l'argument, qui consiste à poser que le ciel est un « substrat créé par le mouvement d'auto-ouverture du monde », suppose que le substrat ne précède pas mais, à l'inverse, requiert le mouvement en tant qu'événement. Autrement dit, il implique qu'« unité substantielle » s'oppose moins à « unité événementielle » qu'il ne le présuppose. Or n'est-ce pas là une idée qui traverse toute la théorie patočkienne du mouvement, et vient d'une radicalisation de la théorie aristotélicienne

1. *Ibid.*, p. 1.2.6-1.2.7 ; trad. fr., p. 7-8 (nous soulignons).

2. E. Husserl, « Grundlegende Untersuchungen zum phänomenologischen Ursprung der Räumlichkeit der Natur », p. 318 ; trad. fr., « L'arche-originaire Terre ne se meut pas », p. 22.

3. J. Patočka, « K prehistorii vědy o pohybu », p. 1.2.7 ; trad. fr., « Notes sur la préhistoire de la science du mouvement », p. 8.

du mouvement? Dès les années soixante, Patočka interprète la théorie aristotélicienne du mouvement de manière critique, c'est-à-dire en insistant – comme il l'explique en 1964, dans l'ouvrage, encore inédit en français, sur *Aristote, ses devanciers et héritiers* – « ... sur ses côtés faibles aussi bien que sur ses virtualités fécondes »[1]. Et la plus féconde de ses virtualités résiderait dans la formule affirmant que le mouvement est « une sorte de vie des choses (*jakýsi život věcí*) »[2], ou plus précisément, selon la traduction d'Aubenque, « une sorte de vie pour tout ce qui existe par nature »[3] (*Physique*, VIII, 1, 250 *b* 13). En effet, Patočka trouve dans cette formule « saisissante », comme il la qualifie lui-même, l'idée selon laquelle le mouvement est « le fondement de toute manifestation »[4]. Mais « fondement » signifie moins ici substance (*podklad*) que principe (*základ*). Aussi vaudrait-il mieux écrire que le mouvement est « le principe de toute manifestation ». En outre, « manifestation » ne dit pas un mais deux processus : en tant que « principe de toute manifestation », le mouvement non seulement individualise les choses, en rassemblant les déterminations d'un même substrat, mais aussi les dévoile, en rendant le substrat déterminé « *vivant* ». Le mouvement est-il pour autant un « facteur *ontologique* fondamental »[5] ? Est-il pour autant au principe de l'être (individualisation) et au principe du sens (dévoilement) ? Pour cela, ne faut-il pas que la manifestation soit envisagée comme la réalisation d'une possibilité, et non l'actualisation d'une puissance? Ne faut-il pas que l'unité des choses soit réalisée par le mouvement lui-même et non assurée par un substrat, une unité substantielle préalable (ὑποχείμενον)? Et donc, ne faut-il pas dé-substantialiser l'unité des choses, la penser comme une simple puissance sans substrat (δύναμις sans ὑποχείμενον), une simple possibilité ?

1. J. Patočka, *Aristoteles, jeho předchůdci a dědicové : studie z dějin filosofie od Aristotela k Hegelovi*, Praha, Nakladatelství Československé Akademie Věd, 1964, p. 389.

2. J. Patočka, « O filosofickém významu Aristotelova pojetí pohybu a historických výzkumů věnovaných jeho vývoji » [1964], in *Přirozený svět a pohyb lidské existence*, I, Praha, Archivní soubor, 1980, p. 1.1.3 ; trad. fr. E. Abrams, « La conception aristotélicienne du mouvement, signification philosophique et recherche historique », dans *Le monde naturel et le mouvement de l'existence humaine*, Dordrecht, Kluwer, 1988, p. 129 (traduction modifiée).

3. P. Aubenque, *Le problème de l'être chez Aristote*, P.U.F., Paris, 1997, note (5), p. 426.

4. J. Patočka, « O filosofickém významu Aristotelova pojetí pohybu a historických výzkumů věnovaných jeho vývoji », p. 1.1.6 ; trad. fr., « La conception aristotélicienne du mouvement, signification philosophique et recherche historique », p. 132.

5. *Ibid.*, p. 1.1.4 ; trad. fr., p. 129.

Bien que la réponse se trouve déjà, d'une certaine manière, en 1965, dans ses « Notes sur la préhistoire de la science du mouvement », Patočka ne la formule explicitement qu'à la fin des années soixante, en particulier dans sa méditation sur la thèse de 1936 : « Seule pourrait faire avancer la question une *radicalisation* de la conception aristotélicienne – le mouvement comme vie originelle, qui ne reçoit pas son unité du substrat conservé, mais crée elle-même sa propre unité et celle de la chose en mouvement »[1]. L'unité des choses en mouvement n'est pas assurée par une unité substantielle préalable, mais créée par le mouvement, qui « crée » également « sa propre unité », c'est-à-dire ne requiert, lui non plus, aucune unité substantielle. La thèse sur laquelle repose la théorie patočkienne du mouvement se résume donc ainsi : le substrat ne précède pas mais, à l'inverse, requiert le mouvement, procède de lui. Il s'agit bien ici d'une version radicalisée de la théorie aristotélicienne du mouvement : *elle pose le primat du mouvement sur le substrat, et donc n'envisage plus la manifestation comme l'actualisation d'une puissance, mais comme la réalisation d'une possibilité*. En effet, Patočka ne pense plus la manifestation comme la création paradoxale d'un *déjà là*, c'est-à-dire d'un substrat qui est en puissance les déterminations qui lui adviennent, mais comme la création d'une nouveauté radicale, ou du moins d'un *ne pas être (déjà) là*. Il est vrai qu'une nouveauté n'est jamais véritablement radicale : pour autant qu'elle s'enracine nécessairement dans une possibilité, elle est toujours la réalisation d'un *déjà*. Toutefois, il s'agit d'un *déjà* qui n'est pas *là*, d'un passé qui n'est pas présent, d'une essence qui n'est pas intemporelle. L'exigence d'une désubstantialisation de l'unité des choses repose donc sur la nécessité d'une temporalisation du substrat : « La solution d'Aristote, selon laquelle le mouvement serait un changement à même le substrat, rendu possible par l'immutabilité de celui-ci, est insuffisante parce que le substrat lui-même *dure* ... »[2]. Il faut donc arracher le substrat à l'horizon de la substantialité et l'inscrire dans l'horizon d'une spatio-temporalité qui le précède, c'est-à-dire dans l'horizon du monde. Défait de sa « pourpre substantialice », le substrat est désormais un résultat, un sédiment du mouvement du monde. D'où le paradoxe du « substrat créé » : la terre et le ciel sont en même temps des unités créées (donc non substantielles) par le mouvement du monde et des unités substantielles (donc non créées) pour le mouvement de l'étant.

1. J. Patočka, « "Přirozený svět" v meditaci svého autora po třiatřiceti letech », p. 227 ; trad. fr., « Méditation sur "Le Monde naturel comme problème philosophique" », p. 103.

2. *Ibid.*, p. 228 ; trad. fr., p. 103.

Répondons maintenant à la seconde question : comment la terre et le ciel peuvent-ils être des unités universelles, alors qu'ils sont censés fonder le mouvement de la vie humaine, et non le mouvement de la vie en général, ni le mouvement de l'étant en général. Cette question est essentielle, puisque nous ne pouvons y répondre sans mettre en évidence une seconde, voire une troisième disjonction au sein du mouvement. Il ne s'agit plus de la disjonction entre le mouvement du monde et le mouvement de l'étant, mais, au sein du mouvement de l'étant, entre le mouvement de l'étant humain et le mouvement de l'étant non humain, comme, au sein du mouvement de la vie, entre le mouvement de la vie humaine et le mouvement de la vie non humaine. Or ce qui distingue le mouvement de la vie humaine du mouvement des autres étants, qu'ils soient ou non vivants, c'est le rapport qu'il entretient avec le monde, la terre et le ciel. En effet, le mouvement de vie humaine est non seulement déterminé par le monde, la terre et le ciel, mais aussi orienté par rapport à eux, c'est-à-dire en rapport avec eux, et donc en rapport avec la totalité. Et ce rapport à la totalité peut être de deux natures : il est soit « implicite », lorsque le mouvement est orienté par rapport à la terre et au ciel en tant que dimensions substantielles du monde, de la totalité, soit « explicite », lorsque le mouvement est orienté par rapport à la dimension événementielle du monde, de la totalité, c'est-à-dire au monde *comme tel*, à la totalité *comme telle*. Une troisième dimension entre donc ici en jeu : à la dimension matérielle, horizontale de la longueur et de la largeur (la terre), ainsi qu'à la dimension formelle, verticale de la hauteur (le ciel), Patočka ajoute la dimension essentielle, transversale de la « profondeur »[1] (le monde). Toutefois, il faut bien voir que cette ultime dimension est moins une dimension du monde que le monde lui-même, enfin découvert, par-delà ses dimensions substantielles, en son essence événementielle. Patočka décrit cette découverte comme le « *vertige* » qui remet en question l'« *adhésion* » caractéristique du rapport implicite au monde, à la totalité : « Le contact sensible, souligne-t-il, peut être une *adhésion* à ce qui dans la chose s'adresse à ce que j'ai d'instinctivement pratique, au retour biologique du mouvement de la vie à lui-même ». Et de poursuivre : « Mais il peut aussi contenir un *vertige* spécifique, qui surgit là où la terre et le ciel cessent d'être une simple "chose pour…" et deviennent un passage, un renvoi à l'incommensurable, la découverte d'un contexte inouï »[2]. Si la terre et le ciel peuvent être des

1. J. Patočka, « K prehistorii vědy o pohybu », p. 1.2. 7 ; trad. fr., « Notes sur la préhistoire de la science du mouvement », p. 8.

2. *Ibid.*, p. 1.2. 7 ; trad. fr., p. 8.

unités universelles, qui fondent le mouvement de l'étant en général, tout en fondant de façon spécifique le mouvement de la vie humaine, c'est parce qu'ils ne les fondent nullement sous le même rapport : puissances fondatrices du mouvement de l'étant en général, il sont toujours déjà transcendés par le mouvement de la vie humaine, c'est-à-dire rapportés, implicitement ou explicitement, à la plus haute puissance qui les fonde, ou plutôt les créé.

En levant les deux paradoxes qu'implique la conception de la terre et du ciel comme « unités substantielles universelles », nous sommes parvenus à montrer la spécificité du mouvement de la vie humaine et donc de la liberté humaine. Cette spécificité réside dans l'orientation du mouvement de la vie humaine par rapport au monde, à la totalité. *Une définition précise de la liberté humaine est donc le rapport au monde, à la totalité.* Ce rapport peut être implicite, et il s'agit de la possibilité de la liberté, ou explicite, et il s'agit de l'effectivité de la liberté, c'est-à-dire de ce que Patočka nomme l'« expérience de la *liberté* (*zkušenost o svobodě*) »[1]. Possibilité et effectivité, implicite et explicite constituent donc les deux sens du mouvement de la vie humaine : a) le premier correspond à ce que l'on trouve, dans *Le platonisme négatif*, sous le nom d'« orientation primitive, "naturelle", de la vie »[2], qui ne désigne pas l'orientation dans laquelle la liberté serait annulée[3], mais l'orientation dans laquelle la liberté ne se déploie pas ou quasiment pas, dans laquelle la vie humaine s'attache simplement à sa reproduction ; b) le second correspond à ce que l'on pourrait appeler l'« orientation transcendantale, "historique", de la vie »[4], qui désigne l'orientation dans laquelle la liberté se déploie, dans laquelle la vie humaine s'attache à sa « renaissance (*obrození*) », à sa « conversion (*obrat*) »[5] vers elle-même. Le second sens du mouvement de la vie humaine ne désigne donc rien d'autre que l'accomplissement de l'ἐποχή, qui n'est plus un simple fait de la raison, mais un fait du mouvement de la vie humaine, un *fait de l'homme* en tant qu'unité vivante, unité qui excède la dualité de la sensibilité et de la raison. Et pour autant que le mouvement de la vie humaine est une différenciation du mouvement du monde, nous pourrions aller jusqu'à dire qu'il s'agit d'un *fait du monde* qui se convertit, à travers

1. J. Patočka, « Negativní platonismus », p. 322 ; trad. fr., « Le platonisme négatif », p. 79.

2. *Ibid.*, p. 328 ; trad. fr., p. 88.

3. Précisons que cette annulation est de toute façon impossible, puisque l'homme est toujours déjà en rapport avec le monde, la totalité, donc toujours déjà libre.

4. Cette formule trouve sa justification dans les deux premiers chapitres, *supra*, p. 45-46 et p. 64-65.

5. J. Patočka, « Negativní platonismus » , p. 328 ; trad. fr., « Le platonisme négatif », p. 87-88 (traduction modifiée).

l'homme, vers son essence événementielle. Mais pour le moment, précisons simplement que le premier sens du mouvement de la vie humaine comprend en vérité deux orientations. Le mouvement de la vie humaine contient in fine trois et non deux orientations : deux formes de rapport implicite au monde et une forme de rapport explicite au monde. En effet, dans le texte de 1965, Patočka soutient que le rapport au monde peut être « ... un rapport d'*acquisition du monde*, ou bien un rapport de fonctionnement étant donné une certaine insertion dans l'ordre mondial, ou enfin un rapport qui embrasse cet ordre du regard et le domine ». Et de déclarer : « La triplicité de ce rapport au monde nous est donné en *portant le regard dans la temporalité de la vie* ... »[1]. C'est donc bien selon une triple orientation, une triple extase que le monde ouvre le mouvement de la vie humaine, mouvement qu'il faut maintenant examiner à partir des différents éléments mis en évidence : la triple dimension (matérielle, formelle, événementielle) qui le caractérise ; la double possibilité, le double sens (implicite, explicite) qui le structure.

§ 14. *L'enracinement, le prolongement*

Tout d'abord, nous analyserons le premier sens du mouvement de la vie humaine : l'« orientation primitive, "naturelle", de la vie ». Comme nous l'avons dit, celle-ci est double. Elle contient deux formes de rapport implicite au monde : le « rapport d'*acquisition du monde* » et le « rapport de fonctionnement étant donné une certaine insertion dans l'ordre mondial ». Dans ces deux rapports implicites, nous pouvons reconnaître une reprise des existentiaux heideggériens que sont, pour le premier, la disposition (*Befindlichkeit*) et, pour le second, la déchéance (*Verfallen*)[2]. Pour analyser cette double extase du mouvement de la vie humaine, il faut donc, dans un premier temps, revenir à l'analytique existentiale, et, dans un second temps, montrer l'approfondissement de l'analytique existentiale en ontologie du monde de la vie. *Autrement dit, il faut d'abord revenir aux existentiaux ou moment structuraux du Dasein, puis montrer comment Patočka les transforme en mouvements structuraux et, plus essentiellement, en événementiaux*. Dès 1965, Patočka viendrait ainsi accomplir l'exigence qu'il formule en 1969, dans la méditation sur la thèse de 1936,

1. J. Patočka, « K prehistorii vědy o pohybu », p. 1.2. 8 ; trad. fr., « Notes sur la préhistoire de la science du mouvement », p. 8-9.

2. Nous reprenons ici la traduction de « Befindlichkeit » et de « Verfallen » que propose Françoise Dastur dans les ouvrages suivants : *Heidegger. La question du* Logos, Paris, Vrin, 2007, p. 111 ; *Heidegger et la question anthropologique*, Leuven, Peeters, 2003, p. 37.

et, de manière encore plus précise, en 1974, dans le brouillon de la postface à l'édition française du *Monde naturel comme problème philosophique*. Se réclamant explicitement de Fink[1], Patočka soutient en effet que « … l'analyse ontologique de la vie doit être, dans chacun de ses moments, *analyse du monde* … »[2]. La description du monde de la vie ne peut être entreprise à l'aide des concepts, encore trop formels, de l'analytique existentiale. Pour cela, « … on aurait besoin de concepts permettant de passer, de ce qui relève de l'ontologie du *Dasein* au sens propre, à l'ontique du *Dasein* : de concepts qui ne soient pas simplement descriptifs au sens de la phénoménologie de la conscience – mais se prêtent à une description universelle, eidétique, laquelle ne servirait pas pour autant de guide noématique à l'analyse de la conscience. Il s'agit, au contraire, de dégager par l'interprétation les structures du mouvement de la vie, fondé pour sa part dans l'ontologie du *Dasein* »[3]. Aussi la perspective n'est-elle pas de remplacer les concepts de l'ontologie du *Dasein* par d'autres concepts ontologiques, ni de revenir à des concepts ontiques, mais d'élaborer des concepts qui permettent le passage de l'ontologie à l'ontique. C'est pourquoi il faudra aussi montrer en quoi ce que nous appelons les « événementiaux patočkiens » sont des concepts qui permettent le passage d'une ontologie formelle à une ontologie également matérielle, voire aussi à une phénoménologie matérielle, et donc non ontologique, puisqu'ils

1. Patočka cite le nom de Fink sans préciser le texte auquel il fait référence, mais nous pouvons supposer qu'il s'agit du cours de 1949, qui s'intitule *Welt und Endlichkeit*, Würzburg, Königshausen & Neumann, 1990, ou du cours de 1955, qui s'intitule *Grundphänomene des menschlichen Daseins*, Freiburg, Alber, 1979, en particulier le chapitre 25 consacré à la « Structure de l'anthropologie existentiale ». Dans ce contexte, nous pouvons appliquer à Patočka ce que Françoise Dastur affirme de l'approche critique de Fink : « Les critiques qu'il adresse a Heidegger visent donc moins à s'opposer à lui et à frayer une toute autre voie qu'à s'efforcer d'aller plus loin que lui sur le même chemin. Heidegger a "accompli une percée en direction d'un concept de monde qui ne dépend plus de l'homme, mais duquel peut-être l'homme dépend, un concept de monde qui peut être véritablement nommé *cosmologique*" [*WE*, p. 183] : il s'agit maintenant pour Fink de pénétrer dans cette contrée encore inexplorée qu'est la pensée cosmologique et de déterminer la tâche philosophique comme celle, critique, d'un examen de l'arsenal complet de la conceptualité ontologique sur la base d'une compréhension authentique du monde [*WE*, p. 189] ». *Cf.* « Mondanéité et mortalité », dans *La phénoménologie en questions*, Paris, Vrin, 2004, p. 235.

2. J. Patočka, « "Přirozený svět" v meditaci svého autora po třiatřiceti letech », p. 226 ; trad. fr., « Méditation sur "Le Monde naturel comme problème philosophique" », p. 102.

3. J. Patočka, « [Rozvrh, příprava a koncept doslovu k francouzskému vydání díla *Přirozený svět jako filosofický problém*] » [1974], in *Péče o duši*, III, Praha, Archivní soubor, 1980, p. 2.15.11 ; trad. fr. E. Abrams, « [Postface à la traduction française du *Monde naturel comme problème philosophique* – notes et fragments] », dans *Papiers phénoménologiques*, Grenoble, Millon, 1995, p. 137.

sont censés dépasser non seulement le partage du subjectif et de l'objectif (à l'instar des concepts ontologiques que sont les existentiaux) mais aussi le partage de l'ontologie et de l'ontique.

Examinons la première extase du mouvement de la vie humaine, le premier mouvement structural du *Dasein* : l'enracinement (*zakořenění*). Quel rapport entretient-il avec la disposition (*Befindlichkeit*) ? Dans le texte de 1965, Patočka souligne : « À cet enracinement correspond la figure passée du temps, la dimension de ce qui nous est *déjà* globalement ouvert dans une passivité préliminaire, la dimension de la "disposition" »[1]. Précisons que Patočka ne parle pas exactement ici de « "disposition" », mais de « "comme nous nous trouvons là [ou nous sentons], comme nous sommes" ("*jak se nacházíme, jak nám je*") ». La traduction de cette formule par « "disposition" » est cependant très bien choisie : d'une part, elle simplifie une formule difficilement traduisible en français, voire difficilement intelligible en tchèque à cause de sa syntaxe ; d'autre part, elle rend cette formule d'autant plus intelligible qu'elle la reconduit à ses origines conceptuelles, c'est-à-dire à l'analytique existentiale. En effet, le verbe « najít se » ou, à l'imperfectif, « nacházet se » est l'équivalent tchèque du verbe allemand « sich befinden ». Ce dernier désigne « ... aussi bien le sentiment "subjectif" du là que sa situation "objective" ... »[2]. C'est pourquoi les premiers traducteurs en français de *Sein und Zeit*, Rudolf Boehm et Alphonse de Waelhens, ont rendu *Befindlichkeit* par « "sentiment de la situation" », qu'il est tout aussi heureux de rendre par « disposition », comme le suggère Françoise Dastur[3]. Pour examiner la première extase du mouvement de la vie humaine, il faut donc bien revenir, dans un premier temps, à l'analytique existentiale et, en l'occurrence, à l'existential heideggérien qu'est la disposition (*Befindlichkeit*). Or qu'est-ce que la disposition ? En quoi correspond-elle à l'enracinement ? En tant qu'« existential », elle est à la fois déterminée par les trois extases de la temporalité, l'avenir, l'être-été, le présent (*Zukunft*, *Gewesenheit*, *Gegenwart*), et spécifiquement ancrée dans l'une d'elles. Or, spécifiquement, la disposition est ancrée ou encore « ... se temporalise *primairement* dans l'être-été (... *zeitigt sich primär in der Gewesenheit*) »[4]. Dans la disposition, l'extase qui domine est donc l'être-été (*Gewesenheit*), extase

1. J. Patočka, « K prehistorii vědy o pohybu », p. 1.2. 8 ; trad. fr., « Notes sur la préhistoire de la science du mouvement », p. 9.

2. F. Dastur, *Heidegger. La question du* Logos, Paris, Vrin, 2007, p. 112.

3. *Ibid.*, p. 112.

4. M. Heidegger, *Sein und Zeit*, § 68, *op. cit.*, p. 340.

à laquelle Patočka donne encore, semble-t-il, une dénomination ontique, puisqu'il parle de la « figure passée du temps (*minulostní tvář času*) ». Toutefois, « figure » signifie ici « visage (*tvář*) », dont l'ex-pressivité laisse penser que Patočka utilise en vérité, pour désigner le passé (*Vergangenheit* ou *minulost*), un langage non seulement ontique mais aussi ontologique : il s'agit moins du passé que de l'ex-pression passée du temps, de l'ex-stase passée d'une temporalité qui n'est plus identifiable à un étant, mais, dans les termes du premier Heidegger, à l'être, c'est-à-dire à l'existential par excellence[1], ou, dans les termes du second Patočka, encore plus asubjectifs, au monde, c'est-à-dire à l'événemential par excellence[2].

On peut toutefois se demander pourquoi la disposition et, partant, l'enracinement sont primairement ancrés dans l'être-été. Nous avons dit que la disposition désigne le « sentiment de la situation », l'identité du sentiment « subjectif » et de la situation « objective ». Dans la disposition, le *Dasein* est « affectivement » « mis devant » sa situation, confronté à son être-jeté (*Geworfenheit*). Il fait l'épreuve de ce qu'il ne pourra jamais avoir choisi de lui-même. Or, pour que le *Dasein* puisse faire l'épreuve de ce qu'il ne pourra jamais avoir choisi de lui-même, il faut non seulement qu'il n'ait pas tout choisi de lui-même, mais aussi qu'il ne puisse jamais faire qu'il ait tout choisi de lui-même. Pour que le *Dasein* puisse faire l'épreuve de son être-jeté, il faut non seulement qu'il *ait* été avant tout choix, mais aussi qu'il *soit* été quels que soient ses choix, c'est-à-dire qu'il ne puisse par ses choix effacer l'avoir-été qui précède tout choix. Il faut donc qu'il soit enraciné dans l'ineffaçable avoir-été avant tout choix, c'est-à-dire dans l'être-été. C'est pourquoi l'épreuve de l'être-jeté, la disposition ne fonde pas l'être-été, mais est primairement ancrée en lui-même. En ce qu'il fonde la disposition (*Befindlichkeit*), ou l'épreuve de l'être-jeté (*Geworfenheit*), l'être-été est cette extase de la temporalité qui enracine le *Dasein* dans une irréductible facticité (*Faktizität*) –, que le texte de 1965, en écho au « déjà (*Schon*) »[3] de *Sein und Zeit*, rend par l'adverbe « *déjà* (*již*) ». Chez Heidegger, cette facticité est cependant réduite à la seule dimension formelle de la spatio-temporalité, alors que, chez Patočka, elle est aussi et avant tout la marque de la dimension matérielle de la corporéité – dont le statut ontologique est désormais reconnu. Nous reviendrons un peu plus loin sur le statut ontologique de la corporéité, que Patočka n'énonce qu'à la

1. *Ibid.*, p. 328 : « Die Zeitlichkeit "ist" überhaupt kein *Seiendes* ». (« La temporalité n'"est" absolument pas un *étant* »).

2. Voir *supra* chap. 4, en particulier § 12, p. 133-135.

3. M. Heidegger, *Sein und Zeit*, § 65, *op. cit.*, p. 328.

fin des années soixante, mais dont nous avons vu les prémisses dans le texte de 1965, à travers la transformation de la définition husserlienne de la terre en « "corps universel" (*"univerzální tělo"*) »[1]. Pour le moment, soulignons que Patočka donne, en plus d'une dimension spatio-temporelle, une dimension corporelle au « *déjà* » : « Le corps est existentialement l'ensemble des possibilités que nous ne choisissons pas, mais dans lesquelles nous nous insérons ... »[2]. En tant qu'elle devient corporelle, la disposition n'est donc plus un moment mais un mouvement structural du *Dasein*. Et ce mouvement s'appelle l'« enracinement ». Il s'agit donc bien d'une dénomination ontique, dont la signification est ontologique.

Or suffit-il d'établir que l'enracinement résulte d'une transformation de la disposition en mouvement structural pour attester qu'il ne s'agit plus d'un « existential » mais d'un « événemential » ? À quelle(s) condition(s) l'enracinement peut-il être un événemential ? Selon la définition que Claude Romano donne de l'événemential[3], l'enracinement ne peut être un événemential que s'il n'est plus un mode d'être du *Dasein*, mais une façon, pour le *Dasein*, de s'advenir comme lui-même. Plus exactement, l'enracinement ne peut être un événemential que s'il n'est plus une possibilité que le *Dasein* s'ouvre de l'intérieur (comme la mort et, par conséquent, la disposition au sens existential[4]), mais une possibilité qui lui survient de l'extérieur, une possibilité qui lui arrive comme un événement. Bien entendu, il ne s'agit pas de l'événement au sens ontique, comme

1. J. Patočka, « K prehistorii vědy o pohybu », p. 1.2.6 ; trad. fr., « Notes sur la préhistoire de la science du mouvement », p. 7.

2. J. Patočka, « "Přirozený svět" v meditaci svého autora po třiatřiceti letech », p. 217 ; trad. fr., « Méditation sur "Le Monde naturel comme problème philosophique" », p. 94.

3. C. Romano, *L'événement et le monde*, Paris, P.U.F., 1998. Voir en particulier l'introduction et la première partie.

4. Comme le montre parfaitement Claude Romano, la mort n'est pas un événement pour le *Dasein*, une possibilité qui lui survient de l'extérieur, mais une possibilité qu'il porte toujours déjà en lui du seul fait d'exister, donc une possibilité qu'il s'ouvre de l'intérieur. Or, pour autant que la mort est l'ultime possibilité de l'existence, la possibilité qui rend possible toutes les autres, il n'est plus possible de penser le décalage irréductible entre l'ouverture *originelle* des possibilités (dans la passivité de la naissance) et l'ouverture *originaire* des possibilités (dans cette résolution vers la mort qui fonde la disposition authentique, et donc ouvre authentiquement la situation). C'est également cette « scission dans l'origine » que Patočka veut mettre au jour, comme le prouve notamment un manuscrit de recherche daté de 1972 : « Je n'ouvre pas mes possibilités, mais *ma situation* (*meine Lage*) à la lumière des possibilités qui *s'*ouvrent (*die sich erschliessen*) ». *Cf.* « [Tělo, možnosti, svět, pole zjevování] » [tchèque-allemand, 1972], in *Péče o duši*, III, Praha, Archivní soubor, 1980, p. 2.16.9; trad. fr. E. Abrams, « [Corps, possibilités, monde et champ d'apparition] », dans *Papiers phénoménologiques*, Grenoble, Millon, 1995, p. 122 (traduction modifiée).

simple fait dans le monde, qui ne prend son sens qu'au sein d'un contexte donné. Il s'agit d'un fait dont le sens, qui précède tout contexte donné, reconfigure le contexte au sein duquel il advient. *Il s'agit donc de l'événement en un sens aussi bien ontique qu'ontologique, ou plus précisément, en un sens ni ontique ni ontologique.* À ce titre, Claude Romano écrit : « … l'événement au sens événemential ne s'inscrit pas *dans* le monde, mais *ouvre un monde* pour l'advenant … »[1]. L'advenant devient donc le nom du *Dasein* en tant qu'il a désormais cette capacité de s'advenir comme lui-même à partir des événements qui lui surviennent. La question est donc de savoir si l'enracinement répond à ces deux conditions de l'événemential : d'un côté, d'être un événement, de l'autre, d'ouvrir un monde pour le *Dasein*. Bien que Patočka ne le dise jamais explicitement, voire utilise jusqu'au bout la terminologie heideggérienne en parlant des mouvements structuraux en tant que « modes d'être au monde »[2], nous pouvons néanmoins affirmer que l'enracinement n'est plus une possibilité que le *Dasein* s'ouvre de l'intérieur, mais une possibilité qui lui survient de l'extérieur, une possibilité qui lui arrive comme un événement. Le texte de 1965 laisse cette question dans l'ombre, si ce n'est que dès cette époque, comme nous l'avons vu, Patočka pense le monde de façon radicalement asubjective : le monde est l'événemential par excellence. Aussi le monde n'est-il pas ce que le *Dasein* s'ouvre de l'intérieur, mais, plus essentiellement, ce qui lui survient de l'extérieur, ce qui lui ad-vient. Chez Patočka, le monde précède l'être-au-monde. L'« être-au-monde », c'est l'être qui est en rapport avec le monde, mais entendu au sens de l'« événement dramatique »[3] qui le précède et lui ouvre un monde. En tant que « mode d'être au monde », l'enracinement n'est donc pas un « mode de l'être-au-monde », un « existential », mais une manière, pour le *Dasein*, de s'advenir comme lui-même à partir du monde, c'est-à-dire un « événemential ». *Toutefois, il faut noter l'écart avec la définition de Claude Romano : si l'événement ne s'inscrit pas dans le monde, chez Patočka, ce n'est pas parce qu'il le précède, mais parce qu'il désigne le monde lui-même.* Bien que l'événement ne soit pas un « fait dans le monde », il n'en

1. C. Romano, *L'événement et le monde*, Paris, P.U.F., 1998, p. 56.

2. J. Patočka, « Postface » [1976], dans *Le monde naturel comme problème philosophique*, *op. cit.*, p. 176.

3. J. Patočka, « Charakteristika fenomenologie jako filosofie a její vztah k historickým tendencím metafyzickým », p. 697 ; trad. fr., « La phénoménologie caractérisée comme philosophie dans son rapport aux tendances historiques de la métaphysique », p. 17 (traduction modifiée).

reste pas moins un « fait du monde » : le monde est à la fois ce qui est ouvert par l'événemential et l'événemential lui-même – ce qui ouvre.

Nous trouvons la confirmation de cette thèse dans un manuscrit de recherche daté de 1972. Patočka soutient clairement que les possibilités ne sont pas ouvertes de l'intérieur du *Dasein*, mais qu'elles lui surviennent de l'extérieur, qu'elles lui ad-viennent: «Les possibilités viennent à moi du dehors, du monde ... ». Ce passage peut même être traduit en utilisant les termes de Claude Romano: «Les possibilités surviennent à moi de l'extérieur ... (*Možnosti ... přicházejí k mně zvenčí ...*) ». Patočka développe donc une nouvelle conception de l'être (*Sein*) comme « totalité de possibilités advenant-à-nous (*Auf-uns-zukommendes Möglichkeitsganzes*) »[1]. L'être (*Sein*) est quelque chose qui lui-même advient, qui ne s'en vient pas à lui-même à partir de lui-même. *Chez Patočka, l'être s'en vient à lui-même à partir du monde, si bien que le monde précède l'être. Le monde vient avant l'être*. Comme nous l'avons démontré dans la première partie, le début des années 1970 marque le dépassement patočkien de l'ontologie heideggérienne, dépassement qui est toutefois présupposé dès le milieu des années soixante, comme nous tentons de le démontrer dans cette seconde partie. En effet, contrairement à ce que Heidegger écrit dans la «Lettre sur l'humanisme», Patočka ne voit plus, au milieu des années soixante, le monde comme «ouverture de l'être (*Offenheit des Seins*) »[2], mais comme sa propre ouverture. *L'auto-ouverture du monde est plus originelle que l'ouverture de l'être*. Et c'est justement parce qu'il y a une auto-ouverture du monde (un événement d'être, une individualisation) qui précède l'ouverture de l'être (l'événement de l'être, le dévoilement) que l'enracinement – qui met primordialement en jeu les deux ouvertures – est un événemential. L'origine du mouvement d'enracinement ne se trouve pas dans le *Dasein*, lequel s'ouvrirait affectivement *sa situation* – comme dans la disposition authentique qu'est l'angoisse, dont Heidegger soutient qu'elle « ... jaillit du *Dasein* même »[3]. Elle se trouve à l'inverse dans le monde, lequel ouvre phénoménalement les possibilités à partir desquelles le *Dasein* – seulement dans un second temps – s'ouvre affectivement *sa situation* : « Je n'ouvre pas mes possibilités, écrit en effet Patočka, mais *ma situation* (*meine Lage*) à la lumière des possibilités qui *s*'ouvrent

1. J. Patočka, «[Tělo, možnosti, svět, pole zjevování]», respectivement p. 2.16.9 et 2.16.8; trad. fr., « [Corps, possibilités, monde et champ d'apparition] », respectivement p. 122 et 120.

2. M. Heidegger, « Brief über den Humanismus », p. 350.

3. M. Heidegger, *Sein und Zeit*, § 68, *op. cit.*, p. 344 : « ... entspringt aus dem Dasein selbst ».

(*die sich erschliessen*)»[1]. Dans l'enracinement, deux ouvertures entrent donc en jeu : l'ouverture primairement phénoménale des possibilités et l'ouverture secondairement humaine des possibilités. *Aussi l'ouverture humaine, c'est-à-dire la liberté humaine, est-elle la reprise d'une ouverture plus originelle, la reprise de l'ouverture phénoménale.* Si l'enracinement, comme «rapport d'*acquisition du monde*», constitue un rapport implicite au monde, c'est parce qu'il désigne une reprise, une assomption affective, passive du monde[2]. *En tant que mouvement d'assomption passive du monde, l'enracinement est l'événemential qui libère la vie humaine en l'inscrivant de manière implicite dans l'horizon de sa finitude, c'est-à-dire de sa responsabilité pour le monde.*

Examinons maintenant le second mouvement de la vie humaine, le second mouvement structural du *Dasein* : le prolongement (*prodloužení*). Quel rapport entretient-il avec la déchéance (*Verfallen*) ? Dans le texte de 1965, Patočka affirme : «Dans ce domaine, nous nous en tenons aux moyens parmi lesquels la vie nécessairement se fragmente, devient littéralement une succession d'instants occupés à pourvoir des besoins, devient elle-même un moyen en vue d'elle-même»[3]. Comme la déchéance au sens existential, le prolongement est donc primairement ancré dans l'instant, ou plutôt, dans le présent (*Gegenwart* ou *přítomnost*). Pour éviter toute confusion avec l'instant en tant que présent authentique (*Augenblick* ou *okamžik*), qui n'est pas un présent dans lequel la vie se fragmente mais, à l'inverse, un présent dans lequel la vie s'unifie, soulignons que Patočka ne parle pas exactement ici de « succession d'instants (*sled okamžiků*) » mais de « série de moments (*série chvilí*) ». Si le présent est l'extase qui domine dans le prolongement, c'est donc moins sur un mode authentique que sur un mode inauthentique. Dans le prolongement, comme dans la déchéance, le présent tend à se temporaliser à partir de lui-même, c'est-à-dire à ne pas se temporaliser à partir des deux autres extases (avenir, être-été) qui, lorsqu'elles se temporalisent authentiquement (à partir de l'avenir), fondent l'authenticité du présent. *Or entendons-nous bien ici : comme les moments heideggériens, les mouvements patočkiens sont neutres par rapport à l'opposition de l'authenticité et de l'inauthenticité.* Et s'ils le

1. J. Patočka, « [Tělo, možnosti, svět, pole zjevování] », p. 2.16.9 ; trad. fr., « [Corps, possibilités, monde et champ d'apparition] », p. 122 (traduction modifiée).

2. Relevons le paradoxe : l'enracinement est une « assomption passive », c'est-à-dire une acceptation, mais une acceptation enracinée dans la passivité, puisqu'elle repose sur mon acceptation par le monde, qui prend ici la figure d'autrui.

3. J. Patočka, « K prehistorii vědy o pohybu », p. 1.2. 9 ; trad. fr., « Notes sur la préhistoire de la science du mouvement », p. 9.

sont, c'est précisément parce qu'ils sont déterminés par l'ensemble de la temporalité, et non seulement par l'une de ses extases. Certes, leur temporalisation spécifique les situe par rapport à cette opposition : le prolongement (ou la déchéance) s'éloigne plus de l'authenticité que l'enracinement (ou la disposition), puisque l'authenticité du présent suppose notamment celle de l'être-été. Mais le fait qu'ils sont situés par rapport à cette opposition ne signifie pas qu'ils peuvent y être reconduits : le prolongement (ou la déchéance) n'est pas en lui-même inauthentique, mais tend, plus que l'enracinement (ou la disposition), par sa temporalisation spécifique, vers l'inauthenticité. C'est pourquoi nous ne pouvons suivre Pavel Kouba quand il écrit : « Seul le deuxième mouvement [sc. le prolongement] possède une forme d'inauthenticité qui lui est *propre* ... ». Et surtout quand il ajoute : « Ce qui manque en revanche à ce mouvement, c'est l'authenticité, sous quelque forme que ce soit : le deuxième mouvement figure de fait l'inauthenticité universelle par opposition à laquelle on définit les autres mouvements »[1]. Cette idée repose en effet sur une confusion entre les mouvements et leur mode de temporalisation. Le prolongement ne figure pas en lui-même l'« inauthenticité universelle ». Il la figure lorsqu'il se temporalise à partir du présent, c'est-à-dire lorsque le présent se temporalise à partir de lui-même. Il la figure lorsqu'il devient idéologique[2], pour autant que l'idéologie est une réduction du présent à lui-même par idéalisation de l'avenir et falsification du passé, réduction qui rend la vie humaine aveugle au monde et donc à elle-même. C'est donc une forme du prolongement, l'idéologie, et non le prolongement lui-même, qui figure l'« inauthenticité universelle ».

Ceci une fois posé, voyons maintenant en quoi le prolongement n'est pas un moment mais un mouvement structural du *Dasein*. Et vérifions s'il constitue bien un événemential. Tout d'abord, en quoi peut-on dire que le prolongement est un mouvement structural du *Dasein* ? Le prolongement ne peut avoir lieu que sur le fondement du mouvement d'enracinement, « ... qui sert de fondement à tous les autres, explique Patočka, [et qui] est éminemment propre à nous rappeler cette domination universelle de la *phusis* dans le tout de notre vie »[3]. Il ne peut avoir lieu que sur le fondement du mouvement par lequel la vie humaine assume passivement son être-jeté,

1. P. Kouba, « Le problème du troisième mouvement », dans *Jan Patočka : phénoménologie asubjective et existence*, Milan, Mimesis, 2007, p. 193-194.

2. J. Patočka, « [Koncept přednášky o tělesnosti] », p. 2.5.69 ; trad. fr., « [Leçons sur la corporéité] », p. 110.

3. J. Patočka, « "Přirozený svět" v meditaci svého autora po třiatřiceti letech », p. 232 ; trad. fr., « Méditation sur "Le Monde naturel comme problème philosophique" », p. 107.

c'est-à-dire assume passivement les possibilités qui la constituent avant tout choix et s'identifient à sa corporéité (puisque le corps désigne au sens existential, rappelons-le, « … l'ensemble des possibilités que nous ne choisissons pas, mais dans lesquelles nous nous insérons … »). Le prolongement suppose l'assomption passive du corps, que seul l'amour rend possible [1]. Et pour autant que l'assomption passive du corps, c'est-à-dire le corps lui-même, en est l'une des conditions de possibilité, le prolongement n'est donc pas un moment mais un mouvement structural du *Dasein*. Or, s'il constitue bien un mouvement structural, est-il pour autant un événemential? Que le mouvement de prolongement ne trouve pas son origine dans le *Dasein*, c'est une évidence: comme la déchéance, le prolongement constitue cette tendance de la vie humaine à devenir captive des affaires mondaines, à se projeter totalement en elles comme si son être y résidait entièrement. Mais contrairement à la déchéance, le mouvement de prolongement « … n'en est pas un simplement d'éloignement, mais aussi et au même rythme de *retour à nous-mêmes* » [2]. Le prolongement est donc bien un événemential, puisque c'est un mouvement par lequel la vie humaine s'advient comme elle-même à partir du monde. En effet, l'organisation des affaires mondaines requiert non seulement de se projeter dans le monde, mais aussi d'être projeté à partir du monde, en un double sens: a) le prolongement a pour point de départ le « déjà », le corps comme ensemble des possibilités qui nous sont ouvertes par le monde avant tout choix, corps dont la dimension substantielle impose des besoins et donc la gestion de leur satisfaction; b) le prolongement a pour point d'arrivée le « pas encore », l'esprit comme possibilité la plus propre qui nous est ouverte par le monde, esprit dont la dimension événementielle suppose une libération des besoins et donc la gestion optimale de leur satisfaction. Si le

1. Dès le texte de 1965, Patočka pose que l'amour appartient à l'enracinement, puisque lui seul peut faire que le *Dasein* accepte le monde dans lequel il est jeté, donc accepte son corps. À ce titre, il écrit: « Les autres sont le chez-soi originel qui n'est pas une simple nécessité extérieure mais l'ancre même de l'existence ». *Cf.* « K prehistorii vědy o pohybu », p. 1.2.9; trad. fr., « Notes sur la préhistoire de la science du mouvement », p. 9.

2. J. Patočka, « [Koncept přednášky o tělesnosti] », p. 2.5.32; trad. fr., « [Leçons sur la corporéité] », p. 78. Patočka dit aussi: « … le prolongement de soi = présence auprès des choses dont on s'occupe, du présent sur lequel on se conquiert, dont on s'extrait soi-même … ». Cf. *Ibid.*, p. 2.5.69; trad. fr., p. 110. Le prolongement constituerait une sorte de *mouvement dialectique*, puisqu'il se définit comme un mouvement d'aliénation en vue d'une libération, qui se déploie également sur le plan de l'histoire: « … *processus de l'aliénation et de son dépassement*, qui est à la racine tant des développements anonymes de l'histoire que de sa prise en charge responsable ». *Cf.* « Postface », *op. cit.*, p. 177 (nous soulignons). Patočka accorde donc au prolongement une dimension à la fois événementiale et historiale.

prolongement, comme « rapport de fonctionnement étant donné une certaine insertion dans l'ordre mondial », constitue un rapport implicite au monde, c'est parce qu'il désigne une projection instinctive, passive dans le monde[1]. *En tant que mouvement de projection passive dans le monde, le prolongement est, comme l'enracinement, mais secondairement, l'événemential qui libère la vie humaine en l'inscrivant de manière implicite dans l'horizon de sa responsabilité pour le monde.*

§ 15. *Le sens du mouvement de percée*

L'enracinement et le prolongement sont des mouvements structuraux du *Dasein* et, plus essentiellement, des événementiaux. Il ne s'agit donc pas de modes de l'être-au-monde, mais de façons, pour la vie humaine, de s'advenir comme elle-même à partir du monde – le monde désignant la transcendance au principe de tout rapport, qu'il s'agisse du rapport à soi, aux autres ou aux choses, et non une simple structure immanente du *Dasein*. En outre, il s'agit de concepts ontiques dont la signification est non seulement ontologique, puisqu'ils reposent sur l'ontologie fondamentale, mais aussi et avant tout non ontologique, phénoménologique, puisqu'ils supposent, encore plus fondamentalement, que l'être advient à partir du monde, qui devient l'événemential par excellence. À partir du milieu des années soixante, Patočka aurait donc développé une phénoménologie non ontologique que l'on pourrait qualifier d'« *événementiale* ». Mais il ne faut pas oublier que cette phénoménologie « événementiale » est aussi une phénoménologie « matérielle ». En effet, les deux premiers mouvements opèrent non seulement le passage d'une ontologie formelle à une ontologie matérielle – puisqu'il ne s'agit plus de structures de la conscience mais de structures du monde de la vie, que Patočka envisage comme un « *a priori* anthropologique, *matériel*, *ontique* »[2] –, mais aussi l'approfondissement de l'ontologie matérielle en phénoménologie matérielle – puisque les structures du monde de la vie se définissent plus essentiellement comme des événements, c'est-à-dire des modes phénoménologiques non ontologiques selon lesquels la vie humaine s'advient comme elle-même. Patočka n'aurait donc pas seulement opéré un passage de l'analytique

1. Relevons le paradoxe : le prolongement est une « projection passive », c'est-à-dire un engagement, mais un engagement enraciné dans la passivité, puisqu'il repose sur mon engagement par le monde, qui prend ici la figure des choses.

2. J. Patočka, « [Rozvrh, příprava a koncept doslovu k francouzskému vydání díla *Přirozený svět jako filosofický problém*] », p. 2.15.11 ; trad. fr., « [Postface à la traduction française du *Monde naturel comme problème philosophique* – notes et fragments] », p. 137.

existentiale à l'ontologie du monde de la vie. Il aurait également opéré un approfondissement de l'ontologie du monde de la vie en phénoménologie du monde de la vie, qu'il faut entendre au sens d'une phénoménologie aussi bien événementiale et matérielle, c'est-à-dire au sens de ce que l'on pourrait appeler une « *dynamique événementiale* ». La phénoménologie asubjective de Patočka serait donc une phénoménologie qui prend en compte toutes les dimensions du monde à partir desquelles la vie humaine se constitue : matérielle (corporelle), formelle (spatio-temporelle) et événementielle. Il s'agit maintenant de confirmer cette hypothèse en examinant le troisième mouvement, c'est-à-dire en vérifiant, comme pour les deux premiers, s'il s'agit bien d'un mouvement structural du *Dasein* et, plus essentiellement, d'un événemential.

Tout d'abord, rappelons que le troisième mouvement relève du second sens du mouvement de la vie humaine, de l'« orientation transcendantale, "historique", de la vie ». Cette orientation est simple. Elle comprend une seule forme de rapport explicite au monde : « … rapport qui embrasse cet ordre [sc. l'ordre du monde] du regard et le domine » [1]. Or dans le rapport explicite au monde, comme auparavant dans les rapports implicites, nous pouvons reconnaître la reprise d'un existential heideggérien. Dans le cas présent, il s'agit de la compréhension (*Verstehen*)[2]. La première question consiste donc à se demander quel rapport le troisième mouvement de la vie humaine, que Patočka nomme à la fin des années soixante la « percée (*průlom*) » [3], entretient avec la compréhension au sens existential. Dans quelle mesure le concept ontique de percée trouve-t-il son fondement ontologique dans la compréhension ? Dans le texte de 1965, Patočka déclare : « La troisième position (*poloha*) du mouvement de la vie se définit comme une approche de la conquête de soi par l'exposition de soi, par la revendication de la finitude et par son assomption » [4]. Comme la compréhension, la percée est une façon pour le *Dasein* de s'advenir comme lui-même à partir de l'assomption de sa finitude et de la projection en elle. Mais contrairement à l'enracinement et au prolongement, qui désignent une assomption et une projection passives, la percée désigne une

1. J. Patočka, « K prehistorii vědy o pohybu », p. 1.2. 8 ; trad. fr., « Notes sur la préhistoire de la science du mouvement », p. 8-9.

2. Nous reprenons ici la traduction que propose Françoise Dastur dans *Heidegger. La question du Logos*, Paris, Vrin, 2007, p. 111.

3. J. Patočka, « [Koncept přednášky o tělesnosti] », p. 2.5. 73 ; trad. fr., « [Leçons sur la corporéité] », p. 113.

4. J. Patočka, « K prehistorii vědy o pohybu », p. 1.2. 9 ; trad. fr., « Notes sur la préhistoire de la science du mouvement », p. 10 (traduction modifiée).

assomption et une projection actives. *La percée est une reprise active, explicite des mouvements par lesquels la vie humaine s'advient comme elle-même de façon passive, implicite.* Par conséquent, elle n'ajoute rien à l'enracinement ni au prolongement. Elle ne leur accorde aucune authenticité qu'ils n'auraient pas. Elle les rend simplement intelligibles à eux-mêmes et les re-configure, à partir de leur authenticité propre, dans le sens d'un même mouvement. Pour autant, cela ne signifie pas qu'« ... il [sc. le troisième mouvement] est la pure réalisation de l'existence dans laquelle il n'y a plus de place pour l'in-authenticité »[1]. En effet, comme la compréhension[2], la percée a une inauthenticité qui lui est propre. L'avenir étant son mode spécifique de temporalisation, elle est inauthentique quand l'extase à partir de laquelle elle se temporalise n'est pas l'avenir (*Zukunft* ou *budoucnost*) mais, en particulier, le présent, c'est-à-dire lorsqu'elle se transforme en refus de voir la finitude[3]. Il reste donc à reprendre ces différents points pour comprendre le sens du mouvement de percée et, à partir de cette compréhension, repenser les trois mouvements de la vie humaine en leur unité extatique authentique.

Reprenons notre question initiale: dans quelle mesure le concept ontique de percée a-t-il un fondement ontologique dans la compréhension? Notre première réponse a été de dire que, dans la percée, comme dans la compréhension, le *Dasein* s'expose activement à sa finitude, c'est-à-dire l'assume en s'y projetant intellectuellement. Ceci distingue la percée de l'enracinement et du prolongement, puisqu'en ces derniers, dans cette « orientation primitive, "naturelle", de la vie », le *Dasein* assume sa finitude en s'y projetant affectivement, instinctivement. Cependant, cette inversion de la passivité en activité, de l'être-jeté en projet (*Entwurf*), ne signifie nullement que la percée serait autonome par rapport aux deux premiers mouvements, ni qu'elle les supprimerait. En effet, comme la compréhension, dont Heidegger montre bien qu'elle « ... ne flotte jamais librement, mais est toujours disposée »[4], la percée n'est jamais pure intellection mais est toujours enracinée. Dans sa méditation de 1969 sur la thèse de 1936, Patočka l'affirme clairement: « Ce [sc. la percée] n'est pas

1. P. Kouba, « Le problème du troisième mouvement », *op. cit.*, p. 194.

2. M. Heidegger, *Sein und Zeit*, § 68, *op. cit.*, p. 338 : « ... es [sc. das uneigentliche Verstehen] zeitigt sich aus dem Gegenwärtigen ». (« ... elle [sc. la compréhension impropre] se temporalise à partir de la présentification »).

3. J. Patočka, « [Koncept přednášky o tělesnosti] », p. 2.5.69; trad. fr., « [Leçons sur la corporéité] », p. 110.

4. M. Heidegger, *Sein und Zeit*, § 68, *op. cit.*, p. 339 : « Das Verstehen ist nie freischwebend, sondern immer befindliches ».

une simple contemplation, ni une réflexion pure … ». Et d'ajouter : « Le fait de vivre dans une possibilité est ici aussi une saisie, une réalisation de cette possibilité et, partant, une modalité de la praxis »[1]. Pour autant qu'elle désigne une « modalité de la praxis », la percée est l'acte d'un *ego* corporel, c'est-à-dire l'acte d'un *ego* qui doit être d'abord accepté par le monde dans lequel il est jeté pour pouvoir assumer son corps et donc avoir un corps. La percée n'est possible que sur le fondement de l'enracinement. La percée est donc bien toujours enracinée : « … *toutes* nos actions, remarque Patočka, sans excepter le travail et la lutte [sc. les actions associées au prolongement], ont lieu sur le fondement de ce mouvement primordial, instinctivement affectif [sc. l'enracinement], qui représente pour ainsi dire l'*ostinato* de la polyphonie de la vie »[2]. Or il faut ici souligner un point significatif : que Patočka n'ait pas éprouvé le besoin de préciser « sans excepter la recherche de la vérité [sc. l'action associée à la percée] », mais « sans excepter le travail et la lutte [sc. les actions associées au prolongement] », prouve que la percée est un acte qui a moins tendance à se dissocier de l'enracinement que le prolongement n'en a tendance. La recherche de la vérité est en relation plus étroite avec l'amour que le travail et la lutte ne le sont. Il y a plus d'écart entre l'assomption passive de la corporéité et la projection passive en elle qu'il n'y en a entre l'assomption passive de la corporéité et la projection active en elle. La frontière passe moins entre la passivité et l'activité qu'au sein de la passivité. Aussi la percée n'est-elle pas le revers d'une passivité mais l'activité qui, inséparable d'une passivité dont elle est co-originaire, tend à réconcilier la passivité avec elle-même.

À la question initiale de savoir dans quelle mesure le concept ontique de percée a un fondement ontologique dans la compréhension, nous devons donc donner deux réponses : a) la percée n'est pas l'épreuve de l'être-jeté qui enracine dans la facticité, mais le déploiement du projet (*Entwurf*) qui vise l'existentialité (*Existentialität*), puisqu'elle désigne une assomption active de la finitude à partir d'une projection active en elle ; b) comme la compréhension, la percée constitue une activité co-originaire d'une passivité, puisqu'elle se fonde sur la passivité qu'elle fonde en retour. Toutefois, il faut faire une distinction essentielle entre la compréhension et la percée : alors que la co-originarité de la compréhension et de la disposition est une stricte fondation réciproque et simultanée, la co-originarité de la percée et

1. J. Patočka, « "Přirozený svět" v meditaci svého autora po třiatřiceti letech », p. 245 ; trad. fr., « Méditation sur "Le Monde naturel comme problème philosophique" », p. 119.

2. *Ibid.*, p. 232 ; trad. fr., p. 107.

de l'enracinement n'est qu'une quasi-fondation réciproque et simultanée. En effet, comme nous l'avons vu, deux ouvertures entrent en jeu dans l'enracinement : l'ouverture primairement phénoménale des possibilités et l'ouverture secondairement humaine des possibilités. Aussi l'enracinement introduit-il une scission dans l'origine, c'est-à-dire *un décalage entre l'ouverture originelle des possibilités et l'ouverture originaire des possibilités*. Pour autant qu'il est le premier des mouvements de la vie humaine, qui sert de fondement à tous les autres, l'enracinement est, pour reprendre la formule par laquelle Claude Romano décrit la naissance, « *le décalage originaire de l'originel et de l'originaire* » [1], décalage qui se répète dans les deux autres mouvements comme l'« *ostinato* de la polyphonie de la vie ». C'est pourquoi la co-originarité de la percée et de l'enracinement est une quasi-fondation réciproque et simultanée : le « quasi » est la marque de cette scission originaire que la percée, dont la fonction est d'unifier la vie humaine, ne pourra jamais combler. Or la mise en lumière de cette scission originaire précise le premier type de rapport que nous avons identifié entre la percée et la compréhension : si la percée est une projection, ce n'est pas, contrairement à la compréhension, une projection primaire, mais une projection secondaire. Autrement dit, la percée « ... n'est pas un projet *de monde*, mais le projet de *mon existence* sur fond du monde ». Dans le même manuscrit daté de 1972, Patočka souligne : « Contre Heidegger : il n'y a aucun *projet* (*Entwurf*) primaire de possibilités ... ». Et de préciser : « ... le monde n'est pas un produit de la liberté, mais simplement ce qui *rend possible* une liberté finie » [2]. Bien qu'elle se fonde sur la compréhension, la percée s'en distingue, puisque ce n'est pas un mode de l'être-au-monde mais une façon, pour la vie humaine, de s'advenir comme elle-même à partir du monde. Plus que l'existentialité, c'est donc l'événementialité que vise la percée en tant que déploiement du projet secondaire des possibilités.

Si la percée est bien un événemential, à l'instar de l'enracinement et du prolongement, est-elle pour autant un mouvement structural du *Dasein*, ou plus exactement, de la vie humaine ? Dans un premier temps, il faut revenir à ce que nous avons montré du rapport entre la percée et l'enracinement. Rappelons que la percée n'est jamais un pur acte intellectuel, mais est toujours enracinée, c'est-à-dire n'est possible que sur le fondement de

1. C. Romano, *L'événement et le monde*, *op. cit.*, p. 31.

2. J. Patočka, « [Tělo, možnosti, svět, pole zjevování] », respectivement p. 2.16.11 et 2.16.9 ; trad. fr., « [Corps, possibilités, monde et champ d'apparition] », respectivement p. 124 et 122 (traduction modifiée).

l'assomption passive du corps, et donc du corps lui-même. Et pour autant que le corps en est l'une des conditions de possibilité, la percée n'est donc pas un moment mais un mouvement structural. Dans un second temps, il faut développer cette réponse en reprenant la critique que Pavel Kouba adresse à la percée – qui n'est pas selon lui un mouvement –, et voir si nous ne sommes pas déjà parvenus à mettre au jour les éléments d'un dépassement radical de cette critique. La critique de Pavel Kouba repose sur deux arguments : a) contrairement aux deux premiers mouvements, la percée ne serait plus déterminée par le corps; b) la percée marquerait l'achèvement de la réalisation des possibilités, et donc la fin même du mouvement. Pour ce qui est du premier argument, suivant lequel, pour reprendre les termes de Pavel Kouba, « Là où il s'agit du sens global de l'existence [sc. là où il s'agit du sens du mouvement de percée], Patočka laisse de côté les résultats de ses analyses du mouvement corporel ... »[1], nous venons de montrer en quoi il n'est pas tenable : la percée est toujours enracinée, car l'enracinement est le mouvement qui nous rappelle constamment « cette domination universelle de la *phusis* dans le tout de notre vie »[2]. La percée est donc bien déterminée par le corps. Toutefois, il est vrai que la percée ne se détermine plus primairement à partir du corps, du *déjà* : « Pour que l'accent soit mis sur l'avenir [sc. pour qu'il y ait percée], explique Patočka, il faut en revanche que ce qui est *déjà* ait cessé de valoir comme instance qui décide des possibilités; la condition du troisième mouvement, c'est la possibilité du non-être ... »[3]. La percée se détermine primairement à partir du *pas encore*, de l'esprit entendu au sens de la dimension événementielle du monde, mais elle n'en reste pas moins co-déterminée par le *déjà*, par le corps entendu au sens de la dimension terrestre, substantielle du monde. En effet, si la percée a pour fonction de battre en brèche la dimension terrestre, substantielle du monde[4] – comme le rappelle Pavel Kouba –, cela ne signifie pas qu'elle a jusqu'au pouvoir de supprimer cette dimension. Ici, « bat en brèche » ne signifie pas « abolit » mais « ouvre une brèche », puisque Patočka ne parle pas de « ... mouvement de *percée* qui bat en brèche le *terrestre* », mais de « ... mouvement *de percée du terrestre* (*pohyb prolomení pozemskosti*) » –, cette ouverture requerrant une possibilité que la vie humaine ne s'ouvre pas de l'intérieur, mais une possibilité qui lui

1. P. Kouba, « Le problème du troisième mouvement », *op. cit.*, p. 200.

2. J. Patočka, « "Přirozený svět" v meditaci svého autora po třiatřiceti letech », p. 232; trad. fr., « Méditation sur "Le Monde naturel comme problème philosophique" », p. 107.

3. *Ibid.*, p. 106.

4. J. Patočka, « [Koncept přednášky o tělesnosti] », p. 2.5.69; trad. fr., « [Leçons sur la corporéité] », p. 110.

survient de l'extérieur, qui est la survenue même du monde en son essence événementielle : « Le temps comme à-venir est l'essence du monde ... »[1].

La percée ne bat pas en brèche la dimension terrestre, substantielle du monde, mais y ouvre seulement une brèche à partir de l'essence événementielle du monde, de l'avenir, autrement dit, de « ... ce qui n'est pas [déjà] là, mais dont l'*advenue* (*příchodem*) donne sens à tout le reste »[2]. La « possibilité du non-être », la possibilité de l'impossibilité, la mort comme « à-venir (*Zu-kunft*) », comme esprit, n'est donc pas une finitude que l'homme porte en lui du seul fait de vivre, une finitude qu'il s'ouvre de l'intérieur, mais une finitude qui lui advient de l'extérieur, qui est l'advenue même du monde en son essence événementielle. La mort retrouve chez Patočka un peu du mystère qu'elle avait perdu chez Heidegger. En effet, comme l'écrit Claude Romano à propos de la mort dans *Sein und Zeit*, « Mort sans adversité, sans mystère, où rien, en vérité, ne se brise de nous-même, où rien d'autre ne nous attend, puisque aussi bien, en existant, nous l'existons depuis toujours »[3]. Et du même coup, nous pouvons réfuter le second argument de Pavel Kouba, suivant lequel, pour reprendre ses termes, « ... un tel acte [sc. la percée] n'est pas un mouvement ... car la sphère des possibilités en tant que telle y est devenue actuelle »[4]. Ce que dévoile la percée, c'est le monde entendu au sens de l'événemential par excellence. Cependant, ce dévoilement, cette manifestation n'a absolument rien à voir avec l'achèvement du processus d'actualisation du monde. Au contraire, ce que manifeste la percée, c'est l'inachèvement voire l'« inachevabilité » du processus d'actualisation du monde. La percée n'épuise pas le mystère mais, à l'inverse, nous ouvre au mystère, et donc à cette possibilité d'approfondir infiniment notre rapport à nous-mêmes, aux autres et aux choses[5]. La percée se distingue

1. J. Patočka, « [Tělo, možnosti, svět, pole zjevování] », p. 2.16.9 ; trad. fr., « [Corps, possibilités, monde et champ d'apparition] », p. 122.

2. J. Patočka, « [Koncept přednášky o tělesnosti] », p. 2.5. 69 ; trad. fr., « [Leçons sur la corporéité] », p. 110.

3. C. Romano, *L'événement et le monde*, *op. cit.*, p. 30.

4. P. Kouba, « Le problème du troisième mouvement », *op. cit.*, p. 200.

5. C'est très précisément ce qu'affirme Patočka dans le texte de 1965 : « ... le mouvement de la conquête de soi par le don de soi et le dévouement [sc. la percée] devient en même temps un rapport explicite au monde en totalité, un rapport qui rend le monde *présent* de la manière la plus originelle, la plus pleine et la plus propre ; un rapport qui n'arrache pas le dernier voile de mystère (*tajemství*), comme s'efforce de le faire l'objectivation conséquente, mais qui préserve le mystère intact, qui se fie à lui, qui s'éclaircit et s'approfondit à travers cet acte de se fier, sans se perdre ni se disperser ». *Cf.* « K prehistorii vědy o pohybu », p. 1.2. 11 ; trad. fr., « Notes sur la préhistoire de la science du mouvement », p. 11.

radicalement de l'achèvement du mouvement, puisqu'elle désigne l'expérience même du mouvement du monde. Nous pouvons donc réfuter le second argument de Pavel Kouba, en rétorquant que la percée est un mouvement, voire le plus en mouvement des trois, puisqu'elle constitue l'acte de l'inachèvement, c'est-à-dire *l'acte par lequel le mouvement originel du monde advient originairement dans le monde.*

Après avoir démontré que la percée est bien un mouvement structural et, plus essentiellement, un événemential – et donc validé notre idée de la phénoménologie asubjective comme « *phénoménologie événementiale* » –, concluons sur l'unité extatique des trois mouvements structuraux (événementiaux) de la vie humaine. Comme nous l'avons vu, l'enracinement, le prolongement et la percée ne sont pas authentiques ou inauthentiques en eux-mêmes. Leur authenticité ou inauthenticité vient de la manière dont ils se temporalisent et, partant, se configurent, puisqu'il s'agit d'actes co-originaires, qui sont tous déterminés par l'ensemble de la temporalité, mais ancrés chacun dans l'une de ses extases. Or étant donné que l'authenticité la plus forte vient de leur temporalisation à partir de l'avenir et l'inauthenticité la plus forte, de leur temporalisation à partir du présent, nous pouvons définir deux grandes configurations ou unités extatiques: a) l'*unité extatique inauthentique*, où la vie humaine, qui se temporalise à partir du présent, refoule l'enracinement (« *répression de l'instinctif* »), subvertit le prolongement (idéologie), ainsi que la percée (« refus de voir la finitude »)[1], si bien que le prolongement passe au premier plan, l'enracinement, au second, la percée, au troisième; b) l'*unité extatique authentique*, où la vie humaine, qui se temporalise à partir de l'avenir, se re-configure sur le fondement de la percée (recherche de la vérité), qui rend son authenticité à l'enracinement (amour), ainsi qu'au prolongement (travail et lutte). Nous retrouvons ici le phénomène de la temporalité authentique tel que Heidegger l'envisage, l'« avenir étant-été-présentifiant »[2], auquel Patočka ajoute une dimension corporelle et une dimension événementielle (quant à la dimension intersubjective, nous y consacrerons le prochain chapitre). Le phénomène de la temporalité authentique devient *phénomène du monde de la vie authentique*, et l'avenir étant-été-présentifiant, « percée enracinée-prolongeante ». *Une définition phénoménologiquement rigoureuse de l'expérience de la liberté est donc l'unité extatique authentique des trois*

1. J. Patočka, « [Koncept přednášky o tělesnosti] », p. 2.5.69; trad. fr., « [Leçons sur la corporéité] », p. 110.

2. M. Heidegger, *Sein und Zeit*, § 65, *op. cit.*, p. 326: « gewesend-gegenwärtigende Zukunft ».

mouvements (ou événements) de la vie humaine – unité dans laquelle l'« orientation primitive, "naturelle", de la vie », transformée en « orientation transcendantale, "historique", de la vie », s'inverse moins qu'elle ne se convertit vers elle-même. Si la percée, comme « ... rapport qui embrasse cet ordre [sc. l'ordre du monde] du regard et le domine », constitue un rapport explicite au monde, c'est parce qu'elle désigne une assomption intellectuelle, active du monde et, partant, une projection active en lui. *En tant que mouvement d'assomption active du monde et de projection active en lui, la percée est l'événemential qui libère la vie humaine en l'inscrivant de manière explicite dans l'horizon de sa responsabilité pour le monde.*

CHAPITRE VI

ÊTRE-AU-MONDE COMME ÊTRE-ENSEMBLE

§ 16. *Corporéité, altérité, communauté*

Si Patočka parvient, dès le milieu des années soixante, à transformer les moments du *Dasein* en mouvements de la vie humaine, c'est en y intégrant deux dimensions négligées par *Sein und Zeit* : la dimension corporelle et la dimension intersubjective. S'il parvient en outre, sans le dire expressément, à leur donner le statut d'événements, c'est en problématisant ces deux premières dimensions à partir d'une troisième dimension, elle aussi négligée par *Sein und Zeit* : la dimension événementielle. Pour décrire les trois mouvements (événements) de la vie humaine et, partant, la liberté humaine sous l'angle de sa possibilité – l'unité extatique des trois mouvements (événements) de la vie humaine – et de son effectivité – l'unité extatique authentique de ces trois mouvements (événements) –, nous avons jusqu'ici laissé de côté la dimension intersubjective, n'insistant que sur les dimensions corporelle et événementielle. Or c'est sur cette dimension que nous voudrions maintenant insister. Nous voudrions montrer comment elle aussi participe de l'approfondissement de *Sein und Zeit*, plus précisément, de la transformation de l'analytique existentiale en une phénoménologie événementiale qui soit une « *dynamique événementiale* ». Toutefois, nous n'analyserons pas la dimension intersubjective indépendamment des dimensions corporelle et événementielle, car si l'intersubjectivité acquiert chez Patočka un statut plus originaire que dans l'analytique existentiale, elle ne redevient pas pour autant aussi originaire que dans la phénoménologie transcendantale. En effet, l'intersubjectivité devient avec Patočka l'une des dimensions du monde à partir desquelles le *Dasein* s'advient comme lui-même, une dimension qu'il ne s'ouvre pas de l'intérieur à partir de sa projection dans sa possibilité la plus propre, mais qui, plus originairement (mieux vaudrait dire : plus originellement), lui survient de l'extérieur et rend possible sa projection dans sa possibilité la plus propre. Nous voyons donc d'emblée la difficulté que soulève un tel approfondissement de l'analytique existentiale: si l'intersubjectivité n'est plus une dimension que le *Dasein* s'ouvre originairement, mais une dimension qui précède et rend possible son ouverture originaire, il faut alors pouvoir rendre compte d'une ouverture pré-originaire, originelle de l'intersubjectivité. Or dans le contexte d'une phénoménologie asubjective, l'ouverture pré-originaire, originelle de l'intersubjectivité ne peut pas se fonder uniquement sur elle-même, c'est-à-dire avoir un fondement purement subjectif: le présupposé ultime de l'apprésentation (*Appräsentation*) d'autrui ne peut pas être la subjectivité pure. Si l'intersubjectivité ne redevient pas aussi originaire que dans la phénoménologie transcendantale, c'est parce que le monde s'est toujours déjà en quelque sorte interposé entre les subjectivités, comme entre la subjectivité et elle-même. Et cette interposition, réalisée dans le corps objectif, constitue le sol à partir duquel l'intersubjectivation peut avoir lieu pré-originairement, originellement et donner lieu à l'ouverture originaire – à la subjectivation.

Cette rapide présentation des questions que nous allons traiter dans ce chapitre manifeste non seulement la dépendance de la dimension intersubjective à l'égard des dimensions corporelle et événementielle, mais aussi le paradoxe qui traverse leur rapport: d'un côté, la corporéité et l'événementialité rendent possible l'intersubjectivité, de l'autre, l'intersubjectivité rend possible la corporéité et l'événementialité, c'est-à-dire rend possible la subjectivité en ses dimensions corporelle et événementielle. Toutefois, un tel paradoxe pourrait être dépassé si nous faisions la distinction entre deux niveaux de réalité et mettions en œuvre la terminologie qui leur est appropriée. Pour le moment, concentrons-nous sur la première partie de la proposition : « la corporéité et l'événementialité rendent possible l'intersubjectivité ». Comme nous l'avons indiqué, cette affirmation prend sens dans le cadre de la transformation de la phénoménologie transcendantale en phénoménologie asubjective et donc en « phénoménologie a-intersubjective ». Autrement dit, elle prend sens dans le cadre d'une pensée pour laquelle l'intersubjectivité n'ouvre pas le monde, mais, à l'inverse, pour laquelle le monde précède et rend possible l'intersubjectivité. Dans ce contexte, le monde n'est pas un résultat, mais le présupposé de la communication des subjectivités. Cependant, rappelons que le monde a avant tout pour fonction de mettre la subjectivité en rapport avec elle-même, c'est-à-dire d'ouvrir la subjectivité à elle-même. L'intersubjectivité n'est jamais ouverte que sur le fond d'une ouverture préalable, de l'ouverture de la subjectivité à elle-même. Reste donc à savoir ce qu'il faut entendre par « ouverture de la subjectivité », puisque l'intersubjectivité que nous cherchons est certes une intersubjectivité rendue possible par le monde et – uniquement en un second temps – par la subjectivité, mais c'est aussi une intersubjectivité qui rend possible la subjectivité – point sur lequel nous reviendrons en analysant la seconde partie de la proposition. *Il faudrait donc pouvoir distinguer deux formes d'ouverture de la subjectivité.* C'est ce que propose la méditation de 1969 sur la thèse de 1936, puisqu'elle identifie une forme pré-originaire, originelle d'ouverture de la subjectivité, c'est-à-dire une ouverture qui précède le rapport de la subjectivité à elle-même : « Notre propre individuation, soutient Patočka, appartiendrait elle aussi à cet univers de l'individuation primordiale englobant tout ce qui se dévoile initialement dans sa simple advenue, dans son déploiement et sa disparition, sans participation à l'être, sans intérêt pour l'être »[1]. C'est sur le fond de l'ouverture originelle de la subjectivité, c'est-à-dire de l'ouverture primairement phénoménale des possibilités, que l'ouverture originelle de l'intersubjectivité doit donc être pensée.

Pour envisager l'ouverture originelle de l'intersubjectivité, il faut donc d'abord comprendre en quoi consiste l'ouverture originelle de la subjectivité, l'« individuation primordiale ». Toujours dans le même texte, cette question reçoit une réponse en deux temps. Dans un premier temps, Patočka met en lumière l'identité de l'ouverture originelle de la subjectivité (ou de l'étant humain) et de l'ouverture originelle des autres étants. En effet, sans distinction préalable, il définit l'individuation primordiale comme une « ouverture primordiale, physique, de l'étant par l'être »[2] – l'être désignant, au-delà de l'être de l'étant humain, l'être de tous les étants, c'est-à-dire le monde. Aussi l'individuation primordiale est-elle un processus paradoxal par lequel les étants sont à la fois séparés les uns des autres et reliés les uns aux autres, leur individuation originelle consistant en leur commune inscription physique, corporelle dans le monde – en leur commune intra-mondanéisation. L'ouverture originelle de la subjectivité fonde l'intramondanéité de la subjectivité (ou de l'étant humain) et, partant, sa communauté originelle avec les autres étants – qu'ils soient égologiques (les autres étants humains) ou non égologiques. Il est donc possible de répondre à la question laissée en suspens au quatrième

1. J. Patočka, « "Přirozený svět" v meditaci svého autora po třiatřiceti letech », p. 224; trad. fr., « Méditation sur "Le Monde naturel comme problème philosophique" », p. 100-101.

2. *Ibid.*, p. 224; trad. fr., p. 100.

chapitre[1] : l'affirmation d'une communauté irréductible, inconstituable doit être étendue à tous les étants – et non restreinte aux étants humains –, puisqu'elle a un fondement dans leur commune ouverture originelle au monde et par lui, dans leur commune intramondanéisation à partir du monde. La conception de l'intramondanéité s'en trouve considérablement transformée : l'intramondanéité, c'est-à-dire la corporéité physique, objective n'est plus, comme elle l'est encore chez Heidegger, un simple fait, mais un événement qui à la fois singularise et universalise l'étant, l'avènement originel de l'étant à lui-même à partir du monde, à partir de l'être entendu au sens événementiel et universel du terme. Aussi la corporéité acquiert-elle chez Patočka une dimension non seulement existentielle mais aussi événementielle-universelle. Il serait même plus juste d'affirmer : si la corporéité accède à un statut existential, c'est parce qu'elle accède, plus essentiellement, à un « statut événemential-universal ». La corporéité se change en « *événement singulier d'union* »[2] commun à tous les étants. Contrairement à ce que l'on aurait pu imaginer jusqu'ici, ce n'est donc pas simplement l'individuation du monde en l'étant humain mais, plus généralement, en l'étant qui, à chaque fois, fait événement. Et c'est parce qu'elle désigne un événement d'être pour l'étant en général que la corporéité fonde ce que l'on pourrait appeler l'« inter-étantité originelle ».

En parlant d'« inter-étantité originelle », il pourrait sembler que nous allions trop loin. Cependant, nous ne forçons en rien le texte de Patočka : c'est bien du monde comme de cet « ... être universel qui permet aux étants la communication ... »[3] dont il est question. Le monde est ce qui permet aux étants de communiquer, car, en s'individuant dans chaque étant à titre d'« être [ou d'événement] universel », il le fait advenir à lui-même en le faisant sortir de lui-même et entrer en contact avec les autres étants. L'inter-étantité originelle naît de cette individuation originelle de l'étant, de la sortie originelle de l'étant hors de lui-même et de son entrée en contact originelle avec les autres étants. C'est cette entrée en contact originelle des étants les uns avec les autres qui constitue l'inter-étantité originelle. Bien entendu, cette entrée en contact originelle est purement sensible. La communication des étants ne relève pas, comme celle des subjectivités, de l'intercompréhension, qui requiert le sensible et l'intelligible. En effet,

1. Voir *supra*, § 12, p. 132.

2. R. Schürmann, *Des hégémonies brisées*, *op. cit.*, p. 191.

3. J. Patočka, « "Přirozený svět" v meditaci svého autora po třiatřiceti letech », p. 224 ; trad. fr., « Méditation sur "Le Monde naturel comme problème philosophique" », p. 100.

pour autant qu'elle ne possède qu'un fondement corporel, la communication des étants relève de la simple interaction. Cependant, il faut bien voir que même la simple interaction suppose une conception de la corporéité en termes non substantiels : « La corporéité substantielle est au point de vue de la connaissance le résultat d'une thématisation secondaire, mais la corporéité doit avoir un statut existential primaire qui rend possible *la localisation parmi les choses et l'action exercée sur elles, ainsi que la réception de l'action exercée semblablement par elles* »[1]. Or suite à ce que nous avons montré, nous pourrions élargir l'idée en posant que la corporéité a un statut événemential-universal primaire, qui rend possible non seulement l'interaction entre l'étant humain et les autres étants, mais aussi, et plus généralement, entre les étants. Ici encore, Patočka nous y engage, puisque, dans la suite de son texte, il note que voir les choses à partir de leur « sortie primordiale hors d'elles-mêmes », cela les rend « ... participantes à la richesse infinie de relations, de possibilités et de systèmes relationnels dans lesquels les sciences modernes de la nature voient l'étant physique dans sa composition élémentaires et ses potentialités d'action, dans l'immensité de ses forces tant potentielles que réellement développées »[2]. Pour rendre compte du contact sensible entre les étants, nous devons reconnaître à la corporéité un statut événemential-universal primaire, qui n'est autre que la possibilité de sortir de soi-même et, partant, d'entrer en contact avec l'autre, de rencontrer l'altérité.

Patočka ne conçoit donc pas l'individuation primordiale ou l'intramondanéisation à partir du corps, mais, à l'inverse, le corps à partir de l'intramondanéisation qu'il manifeste, qui n'est autre qu'une intramondanéisation à partir du monde en tant qu'événement universel. C'est pourquoi le corps a lui-même un sens d'être événementiel-universel, et non un sens d'être substantiel. Et le sens d'être du corps, donc le sens de la corporéité, réside précisément dans la possibilité de rencontrer l'altérité. Nous avons jusqu'ici abordé cette possibilité sous l'angle de l'interaction. Or dans la mesure où nous tentons de penser la possibilité de l'intersubjectivité originelle, nous cherchons la possibilité de l'inter-compréhension, et non de la simple inter-action. Après l'examen de l'identité entre l'individuation originelle de l'étant humain et celle des autres étants, il faut donc passer à celui de leur différence. Mais il ne peut s'agir d'introduire après coup la dimension subjective, en reconduisant, comme le fait

1. *Ibid.*, p. 217 ; trad. fr., p. 93-94 (nous soulignons).
2. *Ibid.*, p. 225 ; trad. fr., p. 100 (traduction modifiée).

Merleau-Ponty, la dualité du corps-objet et de la conscience[1]. Si Merleau-Ponty se trouve « … finalement conduit à réintroduire la dimension de la conscience – dont le corps devient alors le simple "véhicule" … »[2] –, c'est justement parce qu'il ne pense pas la corporéité à partir de l'intramondanéité qu'elle révèle mais, à l'inverse, l'intramondanéité à partir de la simple corporéité. Merleau-Ponty s'interdit ainsi de voir en quoi la corporéité peut porter en elle à la fois l'identité et la différence de la subjectivité (ou de l'étant humain) et des autres étants. Pour ne pas reconduire la division métaphysique du corps-objet et de la conscience, ce n'est donc pas à partir de la conscience, mais à même le corps-objet, qu'il faut rendre compte de l'intercompréhension. Dans son dernier cours d'introduction à la phénoménologie de Husserl, Patočka va même jusqu'à soutenir : « … il est certain que la communication intersubjective se déroule *exclusivement par l'intermédiaire du corps-objet* »[3]. Bien entendu, le corps-objet dont il est ici question n'est pas strictement identique au corps-objet de l'étant non humain, puisqu'il deviendrait impossible de discerner l'intercompréhension de la simple interaction. Il s'agit donc de penser une différence au sein même de la corporéité, qui ne compromette pas l'identité des corporéités humaine et non humaine. La corporéité humaine doit être conçue comme l'unité d'une identité et d'une différence, c'est-à-dire reconduite à l'unité même de la corporéité, qui n'est autre que la possibilité de rencontrer l'altérité – que ce soit sous l'angle de l'interaction ou de l'intercompréhension –, et donc de constituer l'intersubjectivité.

Ceci une fois posé, voyons comment Patočka pense la différence entre l'ouverture originelle de la subjectivité (ou de l'étant humain) et l'ouverture originelle des autres étants : « Nous-mêmes, avec la manière spécifique dont nous nous mettons à part du monde à travers un *rapport intérieur* à lui, serions des participants à cette individuation

1. Sur le rapport entre Patočka et Merleau-Ponty, nous renvoyons au livre de Renaud Barbaras qui a pour titre *Le mouvement de l'existence : études sur la phénoménologie de Jan Patočka*, *op. cit.*, précisément à la cinquième étude (« Appartenance et enracinement : le premier mouvement de l'existence », p. 85-112). Voir aussi R. Barbaras, *Introduction à une phénoménologie de la vie*, *op. cit.*, chap. 2-3, p. 39-126.

2. R. Barbaras, *Le mouvement de l'existence : études sur la phénoménologie de Jan Patočka*, *op. cit.*, p. 92.

3. J. Patočka, « [VIII. Fenomenologické vyjasňování problému konstituce] », p. 583 ; trad. fr., « [VIII. Constitution du corps et de la communauté. Conclusion] », p. 208-209 ; « L'homme et le monde », p. 130.

primordiale»[1]. Alors que l'identité des étants réside dans leur intramondanéisation à partir du monde, leur différence repose sur le rapport qu'ils entretiennent avec ce monde qui les inscrit physiquement, corporellement en lui. Contrairement aux autres étants, l'étant humain n'est pas dans un rapport extérieur au monde, mais dans un «*rapport intérieur* à lui», qui est, en même temps, une mise à part du monde – une extra-mondanéisation. L'individuation originelle de l'étant humain constitue l'unité paradoxale d'une intra et d'une extra-mondanéisation. Pour envisager la corporéité humaine comme l'unité d'une identité et d'une différence, il faut donc rendre compte de cette conception de la corporéité humaine en tant qu'unité paradoxale d'une intra et d'une extra-mondanéité, d'une appartenance et d'un arrachement au monde. Or soulignons d'emblée que la constitution de cette unité doit se comprendre en un sens synchronique et non diachronique. En effet, l'homme n'appartient pas d'abord au monde à la manière d'une simple chose, pour ensuite s'arracher au monde et se différencier des simples choses. L'homme appartient toujours déjà au monde à la manière d'un arrachement et, par conséquent, d'une différence avec les simples choses. À ce titre, Patočka explique que le mouvement de l'étant humain se déploie «... sur le fondement d'une *manière nouvelle* dont l'être [sc. le monde] conditionne l'étant – ... en tant que clarté rendant possible la rencontre *en dedans, à l'intérieur* de l'univers ...»[2]. Nonobstant la participation de l'individuation originelle de l'étant humain à celle des autres étants, il ne peut y avoir d'identification entre les deux: l'intra-mondanéisation de l'étant humain est toujours déjà une extra-mondanéisation, son appartenance au monde est toujours déjà un arrachement. Seul le concept de participation pourrait décrire l'identification dont il est ici question: l'individuation originelle de l'étant humain et celle des autres étants ne peuvent être identifiées que sous le rapport de leur participation au mouvement par lequel le monde ouvre les étants en s'ouvrant en eux. Mais n'oublions pas le statut événementiel de cette auto-ouverture. Le monde ouvre les étants en s'ouvrant «*toujours à nouveau et différemment*»[3], c'est-à-dire en différenciant à l'infini les étants – la différence entre l'étant humain et les

1. J. Patočka, «"Přirozený svět" v meditaci svého autora po třiatřiceti letech», p. 225; trad. fr., «Méditation sur "Le Monde naturel comme problème philosophique"», p. 101 (traduction modifiée).

2. *Ibid.*, p. 225; trad. fr., p. 101.

3. J. Patočka, «Charakteristika fenomenologie jako filosofie a její vztah k historickým tendencím metafyzickým», p. 701; trad. fr., «La phénoménologie caractérisée comme philosophie dans son rapport aux tendances historiques de la métaphysique», p. 27.

autres étants restant la plus déterminante, puisqu'elle constitue la condition de la « clarté », c'est-à-dire la condition de l'auto-manifestation, de l'auto-compréhension du monde.

Si la corporéité humaine constitue l'unité paradoxale de l'intra et de l'extra-mondanéité, c'est parce qu'elle désigne non seulement, comme la corporéité non humaine, une modalité intramondaine, le résultat d'un enracinement dans le monde et par lui, mais aussi, comme l'affirme Renaud Barbaras, « la modalité intramondaine de l'auto-apparition du monde »[1]. La corporéité humaine est la condition de l'auto-compréhension du monde, puisque le monde la met toujours déjà dans un rapport compréhensif à lui, ce qui suppose sa mise à l'écart, son expulsion, son arrachement[2]. Contrairement à la corporéité non humaine, la corporéité humaine est toujours déjà arrachée au monde par le monde pour manifester le monde, le comprendre, l'expliciter. *La corporéité humaine constitue la modalité intramondaine dans laquelle l'auto-ouverture du monde se fait auto-explicitation.* Au lieu d'écrire qu'elle est toujours déjà dans un rapport compréhensif au monde, mieux vaudrait donc dire : la corporéité humaine est essentiellement rapport explicitant au monde. Et pour autant que le monde constitue la transcendance au principe de tout rapport, cela revient à dire que la corporéité humaine est essentiellement rapport explicitant aux autres – comme à soi ou aux choses. Si la corporéité humaine peut être identifiée à la possibilité de constituer l'intersubjectivité, ou plutôt de l'expliciter, c'est parce qu'elle constitue ce rapport explicitant au monde et donc aux autres. Aussi ne reste-t-il plus qu'à identifier la structure qui le lui permet. C'est la question que Patočka se pose dans un texte intitulé « L'espace et sa problématique ». Bien qu'il date de 1960, ce texte doit être lu conjointement aux cours d'introduction à la phénoménologie de Husserl, en particulier au dernier, dans lequel Patočka analyse « … la composante de

1. R. Barbaras, *Le mouvement de l'existence : études sur la phénoménologie de Jan Patočka*, *op. cit.*, p. 86.

2. J. Patočka, « "Subjektivní východisko" a objektivní biologie člověka » [1re moitié des années 50], *Přirozený svět a pohyb lidské existence*, II, Praha, Archivní soubor, 1980, p. 2.1. 25-26 ; trad. fr. E. Abrams, « Le "point de départ subjectif" et la biologie objective de l'homme », dans *Le monde naturel et le mouvement de l'existence humaine*, Dordrecht, Kluwer, 1988, p. 175-176. Toutefois, indiquons que cette idée d'une mise à l'écart, d'une expulsion du monde n'a pas le même sens dans ce texte de 1955, où elle apparaît pour la première fois, et dans la méditation de 1969 sur la thèse de 1936, où elle réapparaît implicitement. En effet, au milieu des années cinquante, Patočka affirme que l'homme « … s'est mis à l'écart », comme s'il s'agissait d'une expulsion plus originaire qu'originelle, d'une expulsion dont l'homme serait à l'origine, alors qu'à la fin des années soixante, il s'agit d'une expulsion originelle, c'est-à-dire d'une expulsion dont le monde est à l'origine.

l'expérience intersubjective qui semble avoir posé jusqu'au bout des problèmes à Husserl», «la composante objective – le corps-objet dans son rapport à l'*ego* et à l'*alter ego*»[1]. Or, de cette analyse, il ressort l'idée selon laquelle l'analogie qui fonde l'expérience intersubjective (le couplage [*Paarung*] en tant que synthèse passive primordiale) se fonde à son tour sur l'expérience du corps-objet, c'est-à-dire sur l'expérience de soi à la troisième personne. Certes, il n'y a ici aucune contradiction avec les thèses de Husserl, notamment avec le § 51 des *Méditations cartésiennes*, dans lequel Husserl considère précisément l'expérience de soi à la troisième personne comme la condition du couplage. Cependant, s'agit-il encore pour Patočka de reconduire cette expérience à la simple auto-perception mondanéisante, à la simple saisie de l'*ego* par lui-même comme étant, à l'instar de l'*alter ego*, dans le monde?

Pour résumer la thèse des deux textes que nous venons de citer, nous dirions que l'expérience de soi à la troisième personne ne peut plus relever d'une simple auto-perception mondanéisante, parce que *l'auto-perception mondanéisante se fonde elle-même sur l'intramondanéisation de l'ego à partir du monde*. L'auto-perception mondanéisante suppose que l'*ego* soit donné à lui-même comme une modalité intramondaine, comme le résultat d'une ouverture physique au monde et par lui. Le monde s'est en quelque sorte toujours déjà interposé entre l'*ego* et lui-même à travers la corporéité physique, objective. Bien entendu, cette interposition fait que l'*ego* est toujours déjà à distance de lui-même. Mais elle fait également qu'il y a toujours déjà dans l'*ego* un sol à partir duquel peuvent avoir lieu l'inter-étantisation et l'inter-subjectivation originelles, c'est-à-dire une structure sur le fondement de laquelle l'*ego* entre originellement en contact avec les autres étants ou *ego*. Dans le texte de 1960, Patočka désigne cette structure sous le nom de «proto-structure *je-tu-ça* (*prastruktura já-ty-ono*)»[2]. Or il est facile d'en comprendre la raison. En effet, pour expérimenter un autre *ego*, l'*ego* doit pouvoir s'expérimenter aux trois personnes, puisque «L'expérience de la deuxième personne, la réalisation du *tu*, présuppose

1. J. Patočka, «[VIII. Fenomenologické vyjasňování problému konstituce]», p. 582; trad. fr., «[VIII. Constitution du corps et de la communauté. Conclusion]», p. 208; «L'homme et le monde», p. 130.

2. J. Patočka, «Prostor a jeho problematika» [1960], *Umění a filosofie*, IV, Praha, Archivní soubor, 1985, p. 4.1.31; trad. fr. E. Abrams, «L'espace et sa problématique», dans *Qu'est-ce que la phénoménologie ?*, Grenoble, Millon, 1988, p. 61.

l'expérience de soi *à la première et à la troisième personne*»[1]. Pour pouvoir être au fondement de l'inter-étantité et de l'inter-subjectivité originelles, la corporéité objective doit donc elle-même avoir (mieux vaudrait dire : être) une structure qui permette à l'*ego* de s'expérimenter aux trois personnes (« *je-tu-ça* »). C'est pourquoi la corporéité objective désigne la « proto-structure *je-tu-ça* », c'est-à-dire la structure qui permet originellement à l'*ego* de s'expérimenter aux trois personnes. Si la corporéité objective s'identifie à la possibilité d'expliciter l'intersubjectivité, c'est parce qu'elle ne désigne rien d'autre que la structure objective, ou plus précisément asubjective, qui met originellement l'*ego* dans une intrigue intersubjective, c'est-à-dire ouvre originellement l'*ego* aux autres *ego* – comme aux autres étants. D'où un paradoxe : d'une part, la corporéité objective est, pour l'*ego*, un « dehors », puisqu'elle le met essentiellement à distance de lui-même ; d'autre part, elle constitue son « "dedans" le plus originaire » – « dedans » signifiant « ... dedans le monde ou dans le monde, disposition originaire ou disponibilité pour ce avec quoi nous entrons en contact », et surtout pour « ... les personnes qui nous interpellent et exercent sur nous une influence particulièrement profonde et intime »[2]. Et que le corps ne soit pas, pour l'*ego*, une simple extériorité, mais l'extériorité qui constitue son intériorité la plus originelle, cela revient à dire que l'ouverture physique de l'étant égologique (ou humain) se définit comme un double mouvement : non seulement comme un mouvement qui met l'*ego* à distance de lui-même, l'aliène au monde (intra-mondanéisation), mais également comme un mouvement qui met l'*ego* à distance du monde, le libère du monde (extra-mondanéisation).

§ 17. *L'authenticité de l'appartenance*

Nous sommes donc parvenus à montrer en quoi « la corporéité et l'événementialité rendent possible l'intersubjectivité » : la corporéité de la subjectivité possède un statut événemential primaire, qui n'est autre que la possibilité, pour la subjectivité, de s'expérimenter aux trois personnes et, par conséquent, d'expérimenter l'autre subjectivité, c'est-à-dire d'expliciter l'intersubjectivité. Examinons maintenant la deuxième partie de la proposition initiale : « l'intersubjectivité rend possible la corporéité et

1. J. Patočka, « [VIII. Fenomenologické vyjasnování problému konstituce] », p. 578 ; trad. fr. E. Abrams, deux versions disponibles : « [VIII. Constitution du corps et de la communauté. Conclusion] », *op. cit.*, p. 199 ; « L'homme et le monde », p. 120.

2. J. Patočka, « Prostor a jeho problematika », respectivement p. 4.1.29 et 4.1.32 ; trad. fr., « L'espace et sa problématique », respectivement p. 56 et 62 (traduction modifiée).

l'événementialité ». Autrement dit, analysons en quoi l'intersubjectivité, ouverte sur le fond de l'ouverture originelle de la subjectivité, fonde à son tour une ouverture, l'ouverture originaire de la subjectivité ou l'ouverture secondairement humaine des possibilités. Dit encore autrement, étudions comment l'ouverture originelle de l'intersubjectivité assure le passage de l'ouverture originelle de la subjectivité à l'ouverture originaire de la subjectivité, de l'ouverture primairement phénoménale des possibilités à l'ouverture secondairement humaine des possibilités. Or pour autant que le mouvement d'enracinement introduit le décalage de l'ouverture originelle et de l'ouverture originaire[1], c'est également lui qui garantit le passage d'une ouverture à l'autre. Mais les deux ouvertures n'en constituant qu'une seule, l'ouverture même de la subjectivité, la subjectivation proprement dite (qui ne suppose pas pour autant la disparition de l'ouverture originelle dans l'ouverture originaire mais, au contraire, l'articulation des deux), il serait même plus juste d'affirmer : *l'enracinement est le mouvement qui assure l'articulation de l'ouverture originelle et de l'ouverture originaire de la subjectivité, c'est-à-dire le mouvement qui garantit l'unité de la subjectivité malgré le décalage, la scission originaire sur laquelle elle se fonde*. C'est pourquoi la possibilité intersubjective du passage d'une ouverture à l'autre de la subjectivité, ou plus précisément de l'articulation des deux ouvertures de la subjectivité, doit être considérée à même le mouvement d'enracinement. Dans le texte inaugural de sa théorie des trois mouvements, Patočka le met clairement en lumière, puisqu'il ouvre sa présentation du mouvement d'enracinement en écrivant qu'« Acquérir le monde, s'ancrer, s'enraciner en lui se déroule exclusivement (*je možno pouze*) par l'intermédiaire des autres »[2]. En d'autres termes, l'acquisition par l'*ego* du monde, l'assomption de l'ensemble des possibilités qui lui adviennent, n'est possible que sur le fondement de son rapport aux autres – de l'intersubjectivité. Reste maintenant à comprendre de quelle manière.

Lorsque nous disons « reste maintenant à comprendre de quelle manière », il faut entendre le « de quelle manière » en deux sens : d'une part, il s'agit de décrire le processus par lequel l'intersubjectivation originelle, qui a lieu sur le fondement de la subjectivation originelle, donne lieu à la subjectivation originaire, à la subjectivation proprement dite ; d'autre part, il s'agit de déterminer le statut de cette advenue : la subjectivité s'advient-

1. Voir *supra* chap. 5, en particulier § 15, p. 158-159.

2. J. Patočka, « K prehistorii vědy o pohybu », p. 1.2. 8 ; trad. fr., « Notes sur la préhistoire de la science du mouvement », p. 9 (traduction modifiée).

elle déjà véritablement comme elle-même à partir de l'intersubjectivité originelle, de son enracinement dans le monde, de son appartenance au monde ? Dans quelle mesure l'appartenance constitue-t-elle déjà un gage d'authenticité pour la subjectivité, c'est-à-dire de liberté ? Tout d'abord, regardons la manière dont Patočka décrit le procès de subjectivation originaire. Dans le texte de 1960, il le décrit comme une « *interpellation* originaire (*původní oslovenost*) »[1]. En effet, à l'encontre de la doctrine husserlienne de l'*ego* en tant qu'« orientation-zéro », Patočka explique que « La centralité du *je* ne signifie pas qu'il soit un point géocentrique qui assignerait à toute chose son lieu. Au contraire, le *je* est *originairement le dedans*, *celui qui*, interpellé, *répond*, non celui qui interpelle, s'exprime. L'interpellé se détermine à partir de l'interpellation, et non l'inverse »[2]. Si le procès de subjectivation originaire se décrit comme une interpellation originaire, c'est parce que l'*ego* est originairement (mieux vaudrait dire : originellement) incapable de se constituer originairement par lui-même. Il ne peut se constituer originairement qu'en étant interpellé par un autre *ego*, par un *là-bas* qui, en provoquant la réponse de l'*ego*, explicite originairement l'*ici*, c'est-à-dire subjective originairement l'*ego* – déjà originellement explicité, subjectivé par le monde. L'interpellation originaire est le processus par lequel l'*ego* devient l'*ici*, l'« orientation-zéro », le point géocentrique qui assigne à toute chose son lieu. C'est pourquoi le mouvement d'enracinement, dans lequel se déploie l'interpellation originaire, est aussi le mouvement dans lequel, souligne Patočka, « ... l'homme *devient* d'abord un centre »[3]. Or si l'*ego* devient l'*ici*, le point géocentrique qui assigne à toute chose son lieu, cela signifie qu'il n'est pas toujours déjà cette « orientation-zéro », contrairement à l'idée véhiculée par l'approche transcendantale husserlienne. De plus, si l'*ego* le devient, c'est-à-dire devient lui-même, exclusivement par l'intermédiaire des autres (« ... où nous sommes *nous-mêmes*, lieu que nous ne nous assignons pas à nous-mêmes mais que nous assigne les autres choses, le "ça" et le "tu" »[4]),

1. J. Patočka, « Prostor a jeho problematika », p. 4.1.30; trad. fr., « L'espace et sa problématique », p. 58.

2. *Ibid.*, p. 4.1.30; trad. fr., p. 58 (nous soulignons comme dans la version originale et modifions la traduction).

3. J. Patočka, « Weltganzes und Menschenwelt » [1972], in *Die Bewegung der menschlichen Existenz*, Stuttgart, Klett-Cotta, 1991, p. 263; trad. fr. E. Abrams, « Le tout du monde et le monde de l'homme », dans *Le monde naturel et le mouvement de l'existence humaine*, Dordrecht, Kluwer, 1988, p. 270.

4. J. Patočka, « Prostor a jeho problematika », p. 4.1.30; trad. fr., « L'espace et sa problématique », p. 58-59 (traduction modifiée).

cela signifie qu'il ne s'en vient pas à lui-même à partir de lui-même, contrairement à l'idée véhiculée, cette fois-ci, par l'approche existentiale heideggérienne. En marge de ces deux approches, Patočka développe une approche événementiale dans laquelle l'*ego* s'advient comme lui-même à partir d'autre chose que de lui-même, plus précisément, à partir de l'événement que constitue sa revendication par l'autre étant, en premier lieu par autrui, « l'étant par excellence »[1] – pour reprendre une formule de Levinas.

Cette idée selon laquelle la revendication originaire par l'autre étant constitue un événement pour l'*ego* trouve sa formulation explicite dans le texte de 1960 : « Dans la présence s'ouvre donc l'*événement* (*výjev*) de l'interpellation qui a un caractère fondamentalement personnel et dramatique »[2]. Le choix du terme « výjev », avec l'ajout du préfixe « vy », pour désigner l'événement marque déjà l'aspect « personnel et dramatique » de l'interpellation. Cette dernière est l'appel que l'autre étant n'adresse pas à n'importe quel *ego*, mais à cet *ego*-ci (aspect personnel), pour qu'il sorte de lui-même, s'explicite (aspect dramatique) – le préfixe « vy » indiquant cette sortie, cet « ex ». Dans le même texte, nous retrouvons à diverses reprises l'idée de l'interpellation par autrui comme d'un événement traumatique, en particulier lorsque Patočka affirme que le *tu* interpelle souvent le *je* « de façon fort pénible (*velmi nepříjemně*) »[3] – une affirmation qui n'est pas sans rappeler tous les développements lévinassiens sur la mise en question par autrui de ma liberté, voire sans les anticiper, car cette mise en question ne devient traumatique qu'à partir de *Totalité et Infini* (1961) et, encore plus expressément, à partir d'*Autrement qu'être ou au-delà de l'essence* (1974), où Levinas va jusqu'à parler d'« Unicité non assumée, non subsumée, traumatique », d'« élection dans la persécution », dans la « persécution par autrui »[4]. L'événement par lequel l'*ego* s'advient comme lui-même n'est donc pas un événement qui laisserait l'*ego* indemne, c'est, au contraire, un événement qui vient briser quelque chose de l'*ego*. C'est pourquoi l'interpellation originaire constitue l'événement par lequel l'*ego* s'advient comme lui-même en venant briser, scinder quelque chose de lui-même. Aussi la scission originaire de l'ouverture originelle et de

1. E. Levinas, *Entre nous*, Paris, Le Livre de Poche, 2004, p. 21.

2. J. Patočka, « Prostor a jeho problematika » [1960], *Umění a filosofie*, IV, Praha, Archivní soubor, 1985, p. 4.1.31 ; trad. fr. E. Abrams, « L'espace et sa problématique », *op. cit.*, p. 61 (nous soulignons et modifions la traduction).

3. *Ibid.*, p. 4.1.32 ; trad. fr., p. 62.

4. E. Levinas, *Autrement qu'être ou au-delà de l'essence*, Paris, Le Livre de Poche, 2001, respectivement p. 95 et 162.

l'ouverture originaire de la subjectivité doit-elle être comprise à partir de l'événement de l'interpellation originaire : c'est le décalage que produit la situation originairement unilatérale dans laquelle autrui, qui m'interpelle en personne, m'oblige à répondre de moi et, partant, à assumer l'ensemble des possibilités qui me sont originellement ouvertes. Mais rappelons que l'assomption par l'*ego* de l'ensemble des possibilités qui lui sont originellement ouvertes (ou l'ouverture originaire de la subjectivité) n'est encore, dans cette situation, qu'une assomption passive, une non-assomption, du moins une non subsomption : c'est bien autrui qui à la fois m'y oblige par son interpellation et me le permet par son acceptation. Le mouvement d'enracinement n'est pas un mouvement de sub-somption, puisque toute sub-somption le présuppose : c'est le procès qui précède et rend possible la sub-jectivité elle-même. Cette thèse pourrait notamment trouver une confirmation chez Renaud Barbaras, qui voit aussi, mais sans s'y arrêter, l'événementialité du mouvement d'enracinement : « … dans la mesure où ce mouvement est celui de la constitution même du je, il ne peut être un mouvement que *je* fais : *c'est donc un mouvement qui advient en moi* … »[1]. En tant qu'événement d'interpellation et d'acceptation, le mouvement d'enracinement est donc bien un procès de subjectivation.

Le processus par lequel l'intersubjectivation originelle donne lieu à la subjectivation originaire peut être reconduit à deux événements. Le premier, l'interpellation originaire, constitue l'événement traumatique qui nous oblige à répondre de nous, c'est-à-dire à assumer l'ensemble des possibilités qui nous adviennent originellement, donc à assumer notre être-jeté (*Geworfenheit*) – être-jeté qui comprend désormais trois dimensions négligées par *Sein und Zeit* : la corporéité, l'événementialité et l'intersubjectivité. Toutefois, nous ne pourrions répondre à l'interpellation originaire, assumer notre être-jeté, si nous n'étions, en même temps que *jetés* dans le monde, *acceptés* par le monde, qui prend ici la figure d'autrui, la figure de l'intersubjectivité. Dans le texte de 1960, Patočka écrit : « … le *je* est tout à fait impossible sans le *nous* »[2]. L'idée est précisée par la suite, du texte de 1965, qui inaugure la théorie des trois mouvements, où il affirme que « Les autres sont le chez-soi originaire (*původním domovem*) … »[3], à un texte de 1976, postface à l'édition française de la thèse de 1936, où il

1. R. Barbaras, *Le mouvement de l'existence : études sur la phénoménologie de Jan Patočka*, *op. cit.*, p. 100 (nous soulignons).

2. *Ibid.*, p. 4.1. 34 ; trad. fr., p. 65.

3. J. Patočka, « K prehistorii vědy o pohybu », p. 1.2. 8 ; trad. fr., « Notes sur la préhistoire de la science du mouvement », p. 9 (traduction modifiée).

confirme : « … l'homme n'est pas seulement jeté dans la réalité, il est aussi accepté »[1]. Au premier événement du procès de subjectivation originaire, à l'*interpellation* originaire, il faut donc en ajouter un second : l'*acceptation* originaire. Mais les deux événements n'en constituant qu'un seul, l'événement de la subjectivation originaire, il ne faut pas entendre cet ajout au sens d'une juxtaposition. À l'inverse, il faut l'entendre au sens d'une interpénétration : l'interpellation originaire doit être en même temps envisagée comme une acceptation originaire. L'interpellation originaire ne peut donc absolument pas être l'appel du souci en tant qu'appel du *Dasein* par lui-même[2], puisque c'est au contraire l'appel de l'autre qui m'accepte[3]. Pour autant, l'interpellation originaire ne doit pas être identifiée à l'appel du visage en tant qu'appel du moi par un autre que j'accueille[4], car, dans cet événement de subjectivation, il va de soi que le moi est encore à l'accusatif (« *m'*accepte ») et non au nominatif (« *j'*accueille »). Patočka propose ainsi une alternative non seulement à Heidegger, car l'interpellation originaire est désormais l'appel de l'autre, de « l'étant par excellence »[5], mais aussi à Levinas, car l'acceptation originaire prend désormais la forme d'une interpellation. Il est vrai que Levinas, du moins dans *Totalité et Infini*, ne donne jamais à l'acceptation originaire la forme de l'interpellation[6]. La subjectivation, l'appropriation qu'elle rend possible n'est jamais fondée sur une expropriation, une sortie de soi-même – contrairement à ce qui se passe dans le mouvement d'enracinement. C'est pourquoi l'approche de Levinas, contrairement à celle de Patočka, ne permet pas d'envisager l'appartenance comme un véritable événement, qui investirait d'emblée ma liberté d'une responsabilité pour ce qui la précède – le monde, autrui.

1. J. Patočka, « Postface », p. 176.

2. M. Heidegger, *Sein und Zeit*, § 57, *op. cit.*, p. 275 : « *Das Dasein ruft im Gewissen sich selbst* ». (« *Dans la conscience, le Dasein s'appelle lui-même* »).

3. En effet, le premier appel à l'existence n'est-il pas l'appel de l'autre qui m'accepte en me donnant un nom et, m'appelant par mon nom, m'oblige à répondre de moi, c'est-à-dire à exister ?

4. Chez Levinas, l'appel de l'autre est l'appel d'un autre qui en appelle à moi « … de sa misère et de sa nudité – de sa faim – sans que je puisse être sourd à son appel ». Cf. *Totalité et Infini*, Paris, Paris, Le Livre de Poche, 1996, p. 219. C'est donc bien l'appel d'un autre que je dois accepter, accueillir, aimer, et non l'appel d'un autre qui m'accepte, m'accueille, m'aime.

5. E. Levinas, *Entre nous*, *op. cit.*, p. 21.

6. Bien que Levinas parle d'« événement de la demeure » (*Totalité et Infini*, *op. cit.*, respectivement p. 185 et 164), nous pouvons toutefois nous demander en quoi l'« accueil de la Maison » constitue un événement, puisqu'il ne parle jamais de cet accueil comme d'un appel, si bien que la subjectivation, l'appropriation qu'il rend possible n'a jamais lieu sur le fond d'une expropriation, d'une sortie de soi-même.

De la description du double événement par lequel l'intersubjectivation originelle donne lieu à la subjectivation originaire, nous sommes progressivement passés à la détermination du statut de cette advenue. Nous avons découvert qu'elle constitue un événement véritable, dans la mesure où le procès de subjectivation originaire, qui se déploie dans le mouvement d'enracinement, est déjà un procès de responsabilisation originaire. En effet, dans le mouvement d'enracinement, la subjectivité n'advient qu'en étant d'emblée investie par l'autre subjectivité d'une responsabilité pour ce qui la précède – le monde, autrui. Et la possibilité de cette investiture réside dans la structure d'appel de l'intersubjectivité originelle. Ce n'est donc pas parce que la subjectivité est simplement acceptée par l'autre subjectivité qu'elle peut être investie d'une responsabilité pour ce qui la précède [1]. Si la subjectivité peut être investie de cette responsabilité, c'est parce que l'acceptation n'est pas une simple acceptation, un simple accueil, mais une interpellation, un événement traumatique qui force la subjectivité à répondre d'elle, à porter la responsabilité de ce qui la précède. Cependant, il faut bien souligner que Patočka ne parle jamais explicitement de l'acceptation originaire en termes d'interpellation originaire. Si nous arrivons à cette conclusion, c'est à partir d'une lecture conjointe du texte de 1960 (dont nous pouvons constater l'isolement chronologique) et des textes postérieurs dans lesquels Patočka élabore sa théorie des trois mouvements, du texte de 1965 à la postface de 1976. Cette lecture conjointe laisserait penser que le texte de 1960 est le chaînon manquant de la réflexion ultérieure de Patočka sur l'enracinement. En effet, dans le texte de 1960, il définit d'abord l'enracinement à partir de l'interpellation originaire : « L'interpellation originaire dont le *je* est l'objet se manifeste par plusieurs phénomènes concrets, en premier lieu par ce que Merleau-Ponty appelle le phénomène de l'“enracinement” » [2]. Mais dans les textes postérieurs, il paraît oublier l'acquis fondamental du texte de 1960, rabattant l'enracinement sur une simple acceptation : « … il [sc. l'homme] doit réellement lui-même *acquérir* son monde – dans la sécurité garantie par l'accueil des autres qui l'acceptent … » [3]; puis : « Ce n'est pas une transformation de ce qui est déjà là … mais bien une acceptation – à la fois, et avant tout, notre

1. Aussi le refus de Levinas d'accorder à l'« accueil de la Maison » le pouvoir de cette investiture est-il parfaitement justifié, mais à condition de concevoir cet accueil comme un simple accueil.

2. J. Patočka, « Prostor a jeho problematika », p. 4.1.30; trad. fr., « L'espace et sa problématique », p. 58.

3. J. Patočka, « K prehistorii vědy o pohybu », p. 1.2. 8; trad. fr., « Notes sur la préhistoire de la science du mouvement », p. 9.

propre acceptation par ce dans quoi nous sommes placés »[1] ; et enfin : « Sans acceptation, pas d'existence humaine ... l'acceptation est une composante de l'être-jeté »[2].

Or pourquoi soutenons-nous la thèse du chaînon manquant, et non celle du simple abandon ? Malgré l'oubli apparent de l'acquis du texte de 1960, nous observons que Patočka continue à attribuer au mouvement d'enracinement le pouvoir d'investir la subjectivité d'une responsabilité pour ce qui la précède – ce pouvoir même que Levinas lui refuse. Bien qu'il semble reconduire l'appartenance au monde à la simple acceptation, il continue néanmoins à l'envisager comme un gage d'authenticité pour la subjectivité, c'est-à-dire un gage de liberté – la liberté s'entendant ici au sens de la liberté véritable, de la liberté qui est en même temps responsabilité pour ce qui la précède. En effet, dans le texte de 1960, alors qu'il interprète l'enracinement à la lumière de l'interpellation originaire, Patočka affirme : « Nous ne sommes jamais d'emblée et sans intermédiaire proches de nous-mêmes. *Nous parvenons à nous-mêmes à travers l'autre* »[3]. Or l'idée de l'advenue authentique de la subjectivité (« *à nous-mêmes* ») à partir de son enracinement (« *à travers l'autre* »), donc l'idée de la *libération originaire* de la subjectivité en tant que *responsabilisation originaire*, est reprise dans les textes postérieurs, alors que l'enracinement n'y est désormais conçu qu'à partir de l'acceptation originaire. Dans le texte de 1965, nous lisons : « *Les autres sont le chez-soi originaire*, qui n'est pas une simple nécessité extérieure mais l'ancre même de l'existence »[4]. Les leçons sur la corporéité de 1968-1969 confirment l'idée : « L'autre est pour moi une révélation essentielle de moi-même ... »[5]. La méditation de 1969 vient une nouvelle fois affirmer la fondation de l'existence, de l'assomption de l'être-jeté, dans l'acceptation originaire : « Cette acceptation est ce qui fournit le fondement nécessaire au développement de nos possibilités propres, des possibilités qui sont données avec nous et ne peuvent être qu'assumées

1. J. Patočka, « "Přirozený svět" v meditaci svého autora po třiatřiceti letech », p. 232 ; trad. fr., « Méditation sur "Le Monde naturel comme problème philosophique" », p. 107.

2. J. Patočka, « Postface », p. 176.

3. J. Patočka, « Prostor a jeho problematika », p. 4.1.30-4.1.31 ; trad. fr., « L'espace et sa problématique », p. 59-60 (nous soulignons et modifions la traduction).

4. J. Patočka, « K prehistorii vědy o pohybu », p. 1.2.8 ; trad. fr., « Notes sur la préhistoire de la science du mouvement », p. 9 (nous soulignons et modifions la traduction).

5. J. Patočka, « [Koncept přednášky o tělesnosti] », p. 2.5.40 ; trad. fr., « [Leçons sur la corporéité] », p. 85.

puisque ce n'est pas nous qui les créons ... »[1]. La postface de 1976 la ratifie de manière définitive : « Sans acceptation, pas d'existence humaine ... »[2]. Par conséquent, faut-il conclure à un simple abandon qui rend inconséquentes les analyses de Patočka à partir du texte de 1965, et donc entérine l'échec de la théorie des trois mouvements ? Ne faut-il pas plutôt soutenir la thèse du chaînon manquant, ou du moins manquant dans le développement explicite de la théorie des trois mouvements ? Patočka ne suppose-t-il pas toujours une certaine compréhension de l'acceptation originaire à partir du texte de 1960 – l'acceptation originaire en tant qu'interpellation originaire ? C'est en tout cas la thèse qui nous semble la plus probable et la plus frutueuse pour expliciter l'extrême cohérence de la philosophie de Patočka, nonobstant sa présentation fort peu systématique.

Dans cette perspective d'explicitation, achevons le présent paragraphe par une reprise critique de la postface de 1976. Regardons comment nous pouvons y réintégrer le chaînon manquant. L'absence du concept d'interpellation vient ici – comme dans les textes antérieurs qui présentent la théorie des trois mouvements – de l'optique dans laquelle l'enracinement est exposé. Cette exposition vise avant tout à critiquer l'idée de Heidegger selon laquelle l'authenticité de l'intersubjectivité dérive de l'authenticité du *Dasein* : « C'est de l'être-soi-même authentique de la résolution que jaillit, pour la première fois, l'être-l'un-avec-l'autre authentique ... »[3] – soutient Heidegger dans *Sein und Zeit* –, idée à laquelle Patočka rétorque : « Les hommes, considérés ainsi, sont des isolés dont chacun ferait seul et pour soi son œuvre de responsabilité ». Et de se demander : « Or, la présence aux autres, aux choses, au tout de l'univers, n'est-elle pas aussi, en elle-même, un rapport susceptible de révélation en profondeur ? »[4]. Pour autant que l'authenticité du *Dasein* dérive de l'interpellation, de l'appel du souci, c'est le concept heideggérien d'interpellation qu'il s'agit in fine de critiquer. Il faut lui substituer un concept à même d'affirmer cette « révélation en profondeur », cette « authentification », pour ainsi dire, dont est capable l'intersubjectivité, entendue au sens de la « présence aux autres », de

1. J. Patočka, « "Přirozený svět" v meditaci svého autora po třiatřiceti letech », p. 232 ; trad. fr., « Méditation sur "Le Monde naturel comme problème philosophique" », p. 107.

2. J. Patočka, « Postface », p. 176.

3. M. Heidegger, *Sein und Zeit*, § 60, *op. cit.*, p. 298 ; trad. fr. E. Martineau, *Être et temps*, Authentica, 1985, p. 232.

4. J. Patočka, « [Rozvrh, příprava a koncept doslovu k francouzskému vydání díla *Přirozený svět jako filosofický problém*] », p. 2.15.21 ; trad. fr., « [Postface à la traduction française du *Monde naturel comme problème philosophique* – notes et fragments] », p. 144.

l'être-ensemble. Autrement dit, le concept heideggérien d'interpellation doit être révoqué et remplacé par un concept qui puisse exprimer l'idée selon laquelle c'est l'authenticité du *Dasein* qui procède de l'intersubjectivité, puisque l'intersubjectivité n'a pas besoin d'être thématique, explicitement orientée vers l'être, pour être authentique, orientée vers l'être. Le concept d'acceptation permet ainsi à Patočka de poser que l'être-ensemble constitue « ... le rapport originel sans lequel l'être-au-monde ne pourrait se déployer »[1]. *Le concept patočkien d'acceptation exprime donc l'idée (non heideggérienne) selon laquelle l'être-ensemble précède et rend possible l'être-au-monde.* Si l'être-ensemble peut rendre possible l'être-au-monde, c'est-à-dire l'advenue authentique du *Dasein*, c'est parce qu'il n'est jamais, pour Patočka, « une coexistence anonyme et interchangeable »[2]. Dans l'enracinement, je ne suis pas présent à n'importe quels autres, mais à ces autres-*ci*, c'est-à-dire aux personnes qui, dans un premier temps, me révèlent à moi-même, pour deux raisons : a) parce que ce sont les personnes qui m'acceptent dans le monde en décidant de mon monde, de moi ; b) parce que ce sont celles qui, en m'acceptant, me permettent en retour d'accepter ce monde qu'elles m'ont ouvert, c'est-à-dire de répondre de moi. Et pour autant qu'elle me permet de répondre de moi, l'acceptation n'est pas une simple acceptation, mais bien une *interpellation*, un appel par lequel ces autres-*ci* me révèlent à moi-même comme ce moi-*ci* – ce « soi ».

§ 18. *Liberté et solidarité des ébranlés*

Nous sommes parvenus au point où il nous est possible d'expliciter pleinement la proposition initiale – proposition selon laquelle la corporéité et l'événementialité, qui rendent possible l'intersubjectivité, sont aussi rendues possibles par l'intersubjectivité. Pour cela, il faut discerner deux formes d'ouverture de la subjectivité : a) l'*ouverture originelle*, soit l'ouverture corporelle de la subjectivité par le monde en tant qu'événement universel, ouverture qui dispose originellement la subjectivité pour les personnes avec qui elle entre en contact – et donc rend originellement possible l'intersubjectivité en tant qu'être-ensemble ; b) l'*ouverture originaire*, soit l'ouverture affective de la subjectivité par autrui en tant qu'événement personnel[3], ouverture qui force originairement la

1. *Ibid.*, p. 2.15.21 ; trad. fr., p. 143.

2. J. Patočka, « Postface », p. 176.

3. En effet, rappelons que Patočka envisage l'interpellation, et donc l'autre, comme un événement personnel et dramatique : « L'événement de l'interpellation, qui a un caractère

subjectivité à assumer son ouverture originelle – et donc rend originairement possible la corporéité en tant qu'être-au-monde. Cette passivité explique pourquoi la libération originaire de la subjectivité est, en même temps, responsabilisation originaire : la subjectivité n'advient qu'en étant investie d'une responsabilité pour ce qui la précède – le monde, autrui. Il y a donc bien chez Patočka, comme chez Levinas, « une responsabilité antérieure à tout engagement libre »[1], une responsabilité constitutive de la subjectivité, qui ne la suppose pas comme pouvoir de choix, mais, à l'inverse, rend possible son advenue. Cependant, il ne faut pas penser cette responsabilité comme une négation de la liberté. En effet, pour la caractériser, Levinas utilise la saisissante formule de « compossibilité de la liberté et de *l'autre* »[2]. Dans le cas de Patočka, il s'agirait plutôt d'une « compossibilité de la liberté et du monde » – cette seconde formule comprenant la première. Bien entendu, ce rapprochement ne doit pas dissimuler un point de désaccord essentiel. Outre un désaccord sur l'événement par lequel la subjectivité contracte cette responsabilité, nous constatons un désaccord sur l'instance qui y préside. Si Levinas ne parle pas de « compossibilité de la liberté et du monde », c'est parce que l'autre ne peut m'apparaître dans le monde, le visage étant « extérieur à tout ordre, à tout monde »[3]. Si Patočka pourrait en parler, ce n'est pas parce que l'autre m'apparaît dans le monde – l'autre vient toujours, pour lui aussi, avant le monde en tant qu'« ordre », puisqu'il l'ouvre –, mais parce que l'autre m'apparaît à partir du monde, le monde me disposant pour l'autre par l'intermédiaire de mon corps. C'est donc sur la définition du monde que Patočka et Levinas divergent : chez Patočka, le monde n'est pas d'abord un « ordre », mais l'événement que suppose tout « ordre ».

Étant fermement établi que la liberté humaine est, dès le premier mouvement de la vie humaine, responsabilité, le problème reste de déterminer le statut exact du troisième mouvement, dont Patočka pense que c'est seulement avec lui que l'homme devient véritablement libre, c'est-à-dire responsable. Pourquoi le premier mouvement ne suffit-il pas à décrire le procès de subjectivation originaire en tant que procès de responsabilisation originaire ? Tout d'abord, rappelons que le troisième mouvement, le mouvement de percée, n'est pas un mouvement autonome

essentiellement personnel et dramatique, s'ouvre dans la présence de l'autre ». *Cf.* « Prostor a jeho problematika », p. 4.1.31 ; trad. fr., « L'espace et sa problématique », p. 61.

1. E. Levinas, *Humanisme de l'autre homme* [1972], Paris, Le Livre de Poche, 2000, p. 83.

2. E. Levinas, *Autrement qu'être ou au-delà de l'essence*, *op. cit.*, p. 197.

3. E. Levinas, *Humanisme de l'autre homme*, *op. cit.*, p. 52.

par rapport au premier mouvement, au mouvement d'enracinement. Si la percée est la version active de l'enracinement – l'ouverture réflexive de la subjectivité par opposition à son ouverture affective –, elle ne peut cependant se déployer que sur le fondement de l'enracinement. La percée est toujours enracinée : elle ne peut avoir lieu que « … sur le fondement de ce mouvement primordial, instinctivement affectif [sc. l'enracinement], qui représente pour ainsi dire l'*ostinato* de la polyphonie de la vie »[1]. Cela revient à dire qu'il ne peut y avoir de percée que sur le fond d'un enracinement. Mais cela revient aussi à dire qu'il ne peut y avoir d'enracinement que sur le fond d'une percée, d'un déracinement, d'un arrachement : comment la percée pourrait-elle avoir lieu sur le fond d'un enracinement, si elle n'y était, en quelque manière, contenue ? Si nous mettons à profit les analyses précédentes, nous pouvons assez facilement comprendre en quel sens l'enracinement contient la possibilité d'une percée. En effet, l'enracinement introduit dans la vie humaine une scission dans l'origine, une scission entre l'ouverture originelle et l'ouverture originaire, puisqu'il constitue le premier événement par lequel la subjectivité s'ouvre originairement, c'est-à-dire reprend son ouverture originelle. Or bien qu'elle entérine l'enracinement de la subjectivité, la reprise de l'ouverture originelle n'en confirme pas moins le déracinement de la subjectivité, et ceci sous deux rapports : a) par rapport aux autres étants : en reprenant son ouverture originelle, la subjectivité vient expliciter ce que contient cette ouverture originelle, c'est-à-dire non seulement son identité mais aussi sa différence avec les autres étants, en premier lieu sa différence avec les étants non égologiques, non humains ; b) par rapport aux autres subjectivités : en reprenant son ouverture originelle, la subjectivité explicite également sa différence avec les autres étants égologiques, humains. Aussi la reprise de l'ouverture originelle, l'ouverture originaire désigne-t-elle le triple événement par lequel la subjectivité advient en tant qu'étant, en tant qu'homme et en tant que personne, une telle advenue constituant à la fois une appartenance (« étant ») et un double arrachement (« homme » et « personne »). Si l'enracinement peut donner lieu à une percée, c'est donc parce qu'il ne constitue pas seulement un enracinement, mais aussi un déracinement, un arrachement.

Pour autant que l'enracinement semble rendre totalement possible la subjectivité – puisqu'elle en explicite l'étantité, l'humanité et l'ipséité –, la question demeure donc de savoir quel est le statut exact de la percée dans le

1. J. Patočka, « "Přirozený svět" v meditaci svého autora po třiatřiceti letech », p. 232 ; trad. fr., « Méditation sur "Le Monde naturel comme problème philosophique" », p. 107.

procès de subjectivation originaire. Après avoir établi la possibilité de la percée – montrant ainsi que la percée rompt moins avec l'enracinement qu'elle n'est l'explicitation d'une possibilité qui y est contenue –, il faut maintenant en établir la nécessité. Mais entendons-nous : il ne s'agit pas d'établir la nécessité d'une percée authentique. En effet, Patočka écrit : « Dire que la vie *peut* surmonter sa fragmentation [sc. effectuer la percée de manière authentique], ce n'est pas dire qu'elle doive nécessairement le faire »[1]. Ce que la vie n'effectue pas nécessairement, ce n'est pas la percée – la percée s'effectue toujours, car c'est un mouvement co-originaire, ou quasi, de l'enracinement –, mais la percée authentique, c'est-à-dire le mouvement qui re-configure les autres mouvements à partir de leur authenticité propre. Et si la vie peut ne pas l'effectuer, c'est précisément parce que la percée peut devenir « l'instrument d'une domination extérieure »[2]. C'est pourquoi il ne s'agit nullement d'établir la nécessité d'une percée authentique – celle-ci ne désignant qu'une simple possibilité de la vie –, mais de comprendre ce que l'enracinement ne peut pas accomplir du procès de subjectivation originaire, accomplissement qui revient à la percée, et en définit le statut exact dans le procès de subjectivation originaire. Pour commencer, il s'agit d'écarter l'idée selon laquelle la percée accomplit le procès d'*humanisation* de la subjectivité. Bien que Patočka dise que « Dans le dernier mouvement, le mouvement propre de l'existence [sc. la percée], il s'agit de me voir dans mon essence humaine ... »[3], il n'affirme pour autant jamais que cette vision accomplit la constitution de l'essence humaine, au sens de sa création. Dès l'enracinement, la subjectivité est totalement humaine, l'homme est pleinement homme. La percée ne vient donc que placer mon essence humaine sous mon regard, elle ne vient que dévoiler l'humanité en moi, et non la créer. Mais pouvons-nous en dire autant du procès d'*ipséisation* de la subjectivité ? En effet, Patočka ne précise-t-il pas « ... et dans ma possibilité la plus propre »[4], et ne soutient-il pas, dans un autre texte, que la percée rend possible un « Amour dans lequel l'ipséité devient enfin elle-même ... »[5] ?

1. J. Patočka, « K prehistorii vědy o pohybu », p. 1.2.9-1.2.10; trad. fr., « Notes sur la préhistoire de la science du mouvement », p. 10.

2. *Ibid.*, p. 1.2.10; trad. fr., p. 10.

3. J. Patočka, « "Přirozený svět" v meditaci svého autora po třiatřiceti letech », p. 245; trad. fr., « Méditation sur "Le Monde naturel comme problème philosophique" », p. 118.

4. *Ibid.*, p. 245; trad. fr., p. 118.

5. J. Patočka, « Přirozený svět a fenomenologie » [1967], in *Přirozený svět a pohyb lidské existence*, I, Praha, Archivní soubor, 1980, p. 1.3.43; trad. fr. E. Abrams, « Le monde naturel

Autrement dit, ce que l'enracinement ne peut accomplir du procès de subjectivation originaire – bien qu'il le rende d'une certaine manière possible en totalité –, n'est-ce pas l'ipséisation de la subjectivité? L'enracinement ne plombe-t-il pas l'ipséité d'une dimension qui en limite nécessairement l'accomplissement en son sein?

Pour répondre à cette question, retournons au texte le plus décisif sur le problème de l'ipséité, qui s'intitule: «Le monde naturel et la phénoménologie» (1967). Comme dans le texte de 1965, l'enracinement y est décrit à partir de sa dimension spécifique, c'est-à-dire du «déjà», qui n'est plus une simple dimension de la temporalité, mais comprend désormais les trois dimensions de la corporéité, de l'événementialité et de l'intersubjectivité. Le «déjà» n'exprime donc plus seulement la dimension du passé, plus précisément de l'être-été (*Gewesenheit*), mais la dimension même de la passivité, le fait qu'il y a «... à partir du monde [corporéité et événementialité], quelqu'un qui nous interpelle [intersubjectivité et événementialité], qui vient en souriant au-devant de nous»[1]. Aussi l'enracinement désigne-t-il le rapport à la personne dont l'appel souriant, ou encore aimant, nous ouvre, à chaque fois, notre monde. Il désigne le «rapport érotique», qu'il s'agisse du rapport entre parents et enfant, entre amis ou entre amants. C'est pourquoi Patočka souligne: «Dans le rapport érotique, je suis donné à moi-même, non dans ce que je fais, ce que j'accomplis ou ce à quoi j'aspire, mais dans ce que je suis, c'est-à-dire dans ce que je suis *déjà* ...». D'une part, le rapport érotique rend possible l'ipséité («ce que je suis»), d'autre part, il la rabat sur le «déjà» («ce que je suis *déjà*»). Or comment comprendre que le «déjà» constitue la dimension qui limite nécessairement l'accomplissement de l'ipséité au sein du rapport érotique, au sein de l'enracinement? Tout d'abord, observons que Patočka n'oublie jamais le statut événemential du «déjà», c'est-à-dire le statut événemential de la corporéité. En effet, il précise qu'«Ici [sc. dans le rapport érotique] se "répète" quelque chose qui à vrai dire n'a jamais été actuel, mais qui maintenant est immédiatement présent en tant que don ...»[2]. Dans le rapport érotique, mon corps se fait (mieux: est fait) à chaque fois «don», il se fait à chaque fois événement. Si Patočka refuse d'accorder à l'enracinement le pouvoir d'accomplir complètement l'ipséisation de la subjectivité, ce n'est donc pas parce qu'il oublie le statut événemential de la corporéité,

et la phénoménologie», dans *Le monde naturel et le mouvement de l'existence humaine*, Dordrecht, Kluwer, 1988, p. 45.

1. *Ibid.*, p. 1.3.38; trad. fr., p. 41.

2. *Ibid.*, p. 1.3.38; trad. fr., p. 42.

ni parce qu'il n'en tire pas toutes les conséquences. C'est parce qu'il n'oublie pas que la corporéité reste la dimension qui nous rattache originairement à une partie du monde – à celle-là même qui nous en fait « don » –, la dimension qui, bien qu'elle nous ouvre toujours déjà au monde en totalité, expose la totalité et, partant, nous expose à la fragmentation. Et c'est cette fragmentation, cette particularisation qui tend à s'exacerber dans le prolongement, quand nous sommes projetés dans des rapports de travail et de lutte pour conserver voire élargir notre partie du monde.

Si l'enracinement ne peut complètement accomplir l'ipséisation de la subjectivité, c'est donc parce qu'il porte en lui une tendance à la particularisation. En effet, pour autant que l'ouverture est, dans l'enracinement, une ouverture affective, une ouverture rendue possible par autrui, par une partie du monde, le monde en totalité et, partant, la subjectivité elle-même prennent la figure d'autrui, d'une partie du monde. L'enracinement porte en lui la tendance à la particularisation qui caractérise le second mouvement, le mouvement de prolongement, puisque l'homme n'y advient pas seulement comme un « centre »[1], mais aussi comme un centre « séparé » des centres qui ne font pas partie de son monde, de sa partie du monde. Outre une tendance à la particularisation, l'enracinement porte donc en lui une tendance à la communautarisation. Nous pourrions même dire que la tendance à la particularisation vient d'une tendance à la communautarisation. Inversement, l'ipséisation vient réduire la particularisation et la communautarisation, puisque l'ipséité advient dans le dépassement par la subjectivité de sa partie du monde vers le monde en totalité, de sa communauté particulière vers la communauté universelle : elle advient dans la « négation des centres séparés »[2]. Aussi revient-il à la percée d'achever l'accomplissement de cette ipséisation paradoxale, ipséisation dans laquelle la subjectivité ne s'enferme pas en elle-même mais, au contraire, sort d'elle-même. En effet, dans la méditation de 1969 sur la thèse de 1936, Patočka soutient que l'ipséisation ne s'accomplit complètement que dans « la vie dans la dévotion, la vie hors de soi »[3]. Mais le paradoxe de l'ipséisation peut être dépassé, si nous précisons ce que veut dire « négation des centres séparés ». Dans un premier temps, il faut bien voir que la négation porte moins sur les centres que sur leur séparation (« *négation* des centres

1. J. Patočka, « Weltganzes und Menschenwelt », p. 263 ; trad. fr., « Le tout du monde et le monde de l'homme », p. 270.

2. J. Patočka, « "Přirozený svět" v meditaci svého autora po třiatřiceti letech », p. 250 ; trad. fr., « Méditation sur "Le Monde naturel comme problème philosophique" », p. 123.

3. *Ibid.*, p. 250 ; trad. fr., p. 122.

séparés »). La percée ne vient pas nier la subjectivité en sa qualité (mieux : quiddité) de centre, elle vient nier ce qui, en sa qualité de centre, la sépare des autres centres : son enracinement dans une partie du monde, son appartenance à une communauté particulière. Dans un second temps, il faut bien voir que la négation ne consiste pas en une suppression mais en une suspension. La percée ne vient pas supprimer l'enracinement, l'appartenance de la subjectivité, elle vient suspendre ce qui, dans son enracinement, dans son appartenance, la sépare des autres centres : ses « intérêts particuliers »[1]. Au lieu de « négation des centres séparés », mieux vaudrait donc parler de « suspension de la séparation des centres » : l'ipséité n'advient jamais dans la négation du « soi », mais dans la suspension, la mise hors jeu de ce qui, dans le « soi », sépare le « soi » des autres « soi ». En tant que suspension de la séparation des « soi », la percée accomplit donc non seulement l'ipséité, mais aussi une communauté universelle, que l'on retrouve dans les années soixante-dix, sur le plan de la philosophie de l'histoire, sous le nom de « solidarité des ébranlés (*solidarita otřesených*) »[2].

Revenons sur les textes des années soixante qui fondent, sur le plan phénoménologique, la solidarité des ébranlés. Dès le texte de 1965, Patočka décrit la percée comme un ébranlement, plus exactement un double ébranlement. C'est d'abord un événement qui vient ébranler l'homme. En effet, Patočka remarque : « L'homme découvre ici [sc. dans la percée] son existence, non comme acceptée (*přijatou*) et enracinée (*zakotvenou*), mais dévastée (*holou*) … »[3]. La percée, c'est l'expérience de la dévastation, de la néantisation de mon existence. C'est l'événement de la mort en tant que ma propre mort. Bien entendu, ce n'est pas l'événement de ma mort en tant que fait de ma mort, sinon je ne pourrais pas l'expérimenter, mais en tant qu'appel de ma mort, appel à l'assumer seul, alors que les autres l'assument pour ou du moins avec moi dans l'enracinement. La percée constitue donc un événement qui s'identifie à un appel, mais un appel qui ne prend pas, comme dans l'enracinement, la forme de l'appel de l'autre. Pour autant, ce ne sont jamais deux appels essentiellement différents qui se déploient dans la percée et l'enracinement. C'est un même appel à assumer ma mort, ma finitude, mon être-jeté, mais sous deux

1. *Ibid.*, p. 248 ; trad. fr., p. 122 (traduction modifiée).

2. J. Patočka, « Války 20. století a 20. století jako válka » [1975], SS, 3, p. 130 ; trad. fr. E. Abrams, « Les guerres du XXe siècle et le XXe siècle en tant que guerre », dans *Essais hérétiques sur la philosophie de l'histoire*, Lagrasse, Verdier, 1999, p. 172.

3. J. Patočka, « K prehistorii vědy o pohybu », p. 1.2. 9 ; trad. fr., « Notes sur la préhistoire de la science du mouvement », p. 10 (traduction modifiée).

formes différentes : a) dans l'enracinement, il se déploie sous la forme de l'appel de l'« étant par excellence »[1], c'est-à-dire sous une forme qui, sans supprimer l'aspect traumatique de l'événement, l'atténue et, l'atténuant, rend possible une réponse naturelle de la subjectivité; b) dans la percée, il se déploie sous la forme de l'appel du « non-étant » (le texte de 1965 parle de la percée comme d'une « révélation du néant »[2], révélation que le texte de 1967 ramène à un appel : « ... appel qui nous somme d'assumer, en y adhérant, ce à quoi, en tant que sort fini, nous ne pouvons échapper, ce qui nécessairement advient ... »[3]). Autrement dit, si la percée désigne un ébranlement, ce n'est pas parce que l'appel qui s'y déploie diffère essentiellement de l'appel qui se déploie dans l'enracinement, mais parce que l'appel s'y déploie sous une forme différente, forme qui n'atténue pas la dimension traumatique de l'événement, voire l'exacerbe. C'est pourquoi la réponse de la subjectivité n'y est plus naturelle, mais héroïque. Contrairement à l'enracinement, la percée constitue une interpellation sans acceptation, sans personne qui puisse affronter pour moi ou avec moi un événement devant lequel je me découvre insubstituable. La percée, c'est la découverte de mon insubstituabilité devant l'événement de ma mort. C'est donc aussi la découverte de l'insubstituabilité de l'autre devant l'événement de sa mort. Si la percée rend possible la solidarité des ébranlés, c'est parce qu'elle désigne d'abord la découverte de l'insubstituabilité de chacun devant une advenue, un à-venir (*Zu-kunft*) qui nous est à la fois propre et commun : l'événement de notre mort.

Si la percée est d'abord un événement qui vient ébranler l'homme, c'est ensuite un événement qui vient ébranler la terre et le ciel, les puissances fondamentales du réel. En effet, Patočka ajoute que l'homme « ... découvre au même moment [sc. lors de la percée] que la terre et le ciel ont un *trans*, un au-delà », précisant que cette découverte constitue « un ébranlement du ciel et de la terre », et mettant l'accent sur l'ébranlement de la terre : « Bien que nous soyons fondés à qualifier l'homme de terrien, la terre subit toutefois en lui un séisme (*zemětřesením*) »[4]. L'événement de notre mort est aussi l'événement d'un au-delà de la terre et du ciel, d'un au-delà des puissances

1. E. Levinas, *Entre nous*, *op. cit.*, p. 21

2. J. Patočka, « K prehistorii vědy o pohybu », p. 1.2. 11; trad. fr., « Notes sur la préhistoire de la science du mouvement », p. 11.

3. J. Patočka, « Přirozený svět a fenomenologie », p. 1.3. 41 ; trad. fr., « Le monde naturel et la phénoménologie », p. 44.

4. J. Patočka, « K prehistorii vědy o pohybu », respectivement p. 1.2. 9, 1.2. 11 et 1.2. 9; trad. fr., « Notes sur la préhistoire de la science du mouvement », respectivement p. 10, 11 et 10 (traduction modifiée).

fondamentales du réel. C'est pourquoi la conscience de notre insubstituabilité devant l'événement de notre mort – ou conscience de soi – est également conscience d'une unité événementielle universelle au principe des unités substantielles universelles – ou conscience du monde. Chez Patočka, il y a donc compossibilité de la conscience de soi et de la conscience du monde, c'est-à-dire compossibilité de la conscience de la liberté et de la conscience du monde. Et pour autant que la percée ne désigne pas un mouvement qui supprime les autres, mais un mouvement qui les rend intelligibles à eux-mêmes, cette compossibilité de la conscience de soi et de la conscience du monde se confond avec la conscience de la compossibilité de soi et du monde. *Si l'enracinement désigne la « compossibilité de la liberté et du monde », la percée désigne donc la conscience de cette compossibilité.* La percée, c'est la conscience de la compossibilité de la liberté et du monde, c'est-à-dire la conscience de la finitude. Si l'homme ne devient véritablement libre, responsable qu'avec la percée, c'est parce que la percée n'est rien d'autre que l'ouverture réflexive de l'homme à la finitude, c'est-à-dire : a) l'ouverture réflexive au « déjà », la compréhension de la corporéité – dont Patočka attribue le privilège à la philosophie, en particulier à la phénoménologie [1] –, compréhension à jamais différée, puisque le sens de la corporéité réside dans la mobilité, l'événementialité du monde ; b) conjointement à cette ouverture, la compréhension de la responsabilité dont l'homme est toujours déjà investi par et pour le monde, compréhension qui, en le rendant activement coparticipant à l'événement du monde, à son automanifestation, son auto-compréhension, le transforme en événement pour le monde – en « séisme ».

1. J. Patočka, « Postface », p. 179.

TROISIÈME PARTIE

LA VIE DE L'ESPRIT

Après avoir étudié les écrits relevant de l'histoire de la philosophie et de la phénoménologie, nous consacrerons cette troisième et dernière partie aux textes de philosophie de l'histoire : les *Essais hérétiques sur la philosophie de l'histoire* (*Kacířské eseje o filosofii dějin*, 1975), ainsi que les textes, des années trente aux années soixante-dix, traduits en français et regroupés dans différents recueils (*Liberté et sacrifice*, *L'Europe après l'Europe*, *La crise du sens* [histoire générale], *L'idée de l'Europe en Bohême*, *Conférences de Louvain* [histoire tchèque], *L'écrivain, « son objet »*, *L'art et le temps* [critique littéraire et histoire de l'art]).

Nous verrons comment les acquis en histoire de la philosophie et en phénoménologie permettent à Patočka de déployer, au cours des années soixante-dix, une philosophie de l'histoire qui correspond à son ambition première d'« histoire universelle »[1]. Dès 1935, Patočka parle de ce projet mais en voit la difficulté : « Une histoire du "monde", une historiographie au sens propre "universelle" ne peut apparaître là où ne s'est pas imposée la *conscience de la variabilité fondamentale de la forme de vie humaine* »[2]. Or cette conscience n'est-elle pas l'expérience de la liberté, c'est-à-dire l'expérience de la problématicité du sens, qu'il met en lumière à partir de sa lecture de l'histoire de la philosophie (Partie I) ? De même, cette variabilité dont elle est conscience n'est-elle pas la possibilité de la liberté, c'est-à-dire

1. J. Patočka, « Několik poznámek k pojmu "světových dějin" » [1935], SS, 1, p. 55 ; trad. fr. E. Abrams, « Quelques remarques sur le concept d'"histoire universelle" », dans *L'Europe après l'Europe*, Lagrasse, Verdier, 2007, p. 168.

2. *Ibid.*, p. 54 ; trad. fr., p. 168 (nous soulignons).

la mobilité, l'événementialité du monde, qu'il met en lumière à partir de son dialogue avec la phénoménologie (Partie II) ?

Aussi voyons-nous la nécessité d'une longue traversée par l'histoire de la philosophie et la phénoménologie pour atteindre le sol de la philosophie de l'histoire en tant qu'histoire universelle. Toutefois, ce sol demeure un sol mouvant, puisque cette traversée montre que le seul sol ferme réside dans la vie de l'esprit en tant qu'« ébranlement principiel »[1]. Précisons que l'« ébranlement principiel » n'est pas le « drame originaire », mais ce qui le reprend, le rejoue. C'est pourquoi l'esprit désigne seulement la conscience du drame originaire, c'est-à-dire la conscience de la variabilité de la vie humaine – et, plus généralement, de l'étant, qu'il soit ou non humain, qu'il soit ou non vivant. Or si la vie de l'esprit désigne la vie consciente de la variabilité, de l'historicité de la vie, cela ne prouve-t-il pas que cette vie ne relève pas d'une division métaphysique entre le vital et le proprement humain, mais d'une conversion phénoménologique de la vie vers elle-même ? La vie de l'esprit n'est-elle pas cette vie dans laquelle s'accomplit l'idée de la vie *comme telle*, l'idée de la vie « *en tant que possible* »[2] ? Et la vie libre est-elle autre chose que cette vie dans laquelle s'accomplit l'idée de la vie comme possible ?

Autrement dit, pour Patočka, l'idée de la liberté n'est-elle pas 7) l'idée même de la possibilité, qui advient avec la politique et la philosophie, au commencement de l'histoire ; 8) mais se voile progressivement à l'époque moderne, avec la constitution du système de la métaphysique, jusqu'à produire la crise de l'Europe, puis du monde ; 9) une crise dont la résolution exige le sacrifice de l'homme, c'est-à-dire sa conversion à la vie de l'esprit, sa re-prise du drame originaire, qui sans cesse se joue et qu'il faut donc sans cesse re-jouer, re-commencer ?

Dans cette dernière partie, nous montrerons que l'idée de la liberté s'accomplit dans la vie de l'esprit, à laquelle la philosophie de l'histoire est la conversion à jamais recommencée.

1. J. Patočka, « Vlastní glosy ke "Kacířským esejům" » [1975], SS, 3, p. 135; trad. fr. E. Abrams, « Gloses », dans *Essais hérétiques sur la philosophie de l'histoire*, Lagrasse, Verdier, 1999, p. 179.

2. *Ibid.*, p. 135 ; trad. fr., p. 179.

CHAPITRE VII

LA POLITIQUE, LA PHILOSOPHIE, L'HISTOIRE

§ 19. *De la métaphore ontologique*

Après avoir examiné la théorie des trois mouvements (événements) sur le plan de l'existence, examinons-la sur le plan de l'histoire, c'est-à-dire montrons en quoi ce que nous avons nommé les « événementiaux » sont en même temps des « historiaux ». Il ne s'agit donc plus de montrer la manière dont l'homme s'advient comme lui-même, mais de montrer la manière dont l'humanité s'advient comme elle-même, devient véritablement libre, responsable. Il s'agit de déterminer en quoi la théorie des trois mouvements (événements) est au principe d'une phénoménologie événementiale qui est aussi une «*phénoménologie historiale*», ou plus exactement, d'une dynamique événementiale qui est aussi une «*dynamique historiale*». Et si nous établissons que la philosophie patočkienne de l'histoire est une phénoménologie historiale, une description de l'histoire à la lumière des trois mouvements (événements) que sont l'enracinement, le prolongement et la percée, nous aurons également établi pourquoi Patočka peut critiquer toutes les formes de déterminisme historique, idéaliste comme matérialiste, toutes les théories qui ne voient pas l'irréductible problématicité du sens de l'histoire. En effet, dans un texte de 1976 intitulé «Le schéma de l'histoire», Patočka explique: «L'extension progressive du champ de l'histoire n'a rien d'inéluctable, il ne s'agit en aucun cas d'une nécessité linéaire, fondée dans la loi de l'évolution, soit de l'esprit humain [idéaliste], soit des conditions économiques [matérialiste] »[1]. Or dans quelle mesure

1. J. Patočka, « Die Epochen der Geschichte » [1976], in *Ketzerische Essais zur Philosophie der Geschichte*, Stuttgart, Klett-Cotta, 1988, p. 183; trad. fr. E. Abrams, « Le schéma

Patočka est-il fondé à renvoyer dos à dos la philosophie hégélienne et la philosophie marxienne de l'histoire ? Sur quels fondements la philosophie patočkienne de l'histoire repose-t-elle pour pouvoir rejeter dans un même mouvement les deux grandes théories dialectiques ? Si l'histoire n'a rien d'une « nécessité linéaire » (plus précisément, n'a rien d'une nécessité tout court, car, chez Hegel et Marx, la dialectique ne peut être qualifiée sans précaution de nécessité « linéaire », intégrant inversement des moments de rupture, de discontinuité, de dislinéarité[1]), c'est parce qu'elle n'est pas reconductible à une loi mais à un événement – à l'événement du monde. En

de l'histoire », dans *L'Europe après l'Europe*, Lagrasse, Verdier, 2007, p. 13 (traduction modifiée).

1. Rappelons que la linéarité exige le respect de deux grands principes : a) le principe de proportionnalité, selon lequel l'effet est proportionnel à sa cause ; b) le principe d'additivité, selon lequel le tout est égal à la somme de ses parties. Or de nombreux phénomènes naturels ou historiques ne répondent pas à ces deux grandes exigences, venant ainsi contredire le postulat de la métaphysique selon lequel « natura non saltum facit » – ou, comme le formule Leibniz, « Tout va par degrés dans la nature, et rien par saut » (*Nouveaux essais sur l'entendement humain*, IV, 6). Prenons le cas de la Première Guerre mondiale, auquel Patočka consacre le dernier texte des *Essais hérétiques*. À partir des années 1890, nous assistons en Europe à une accumulation progressive des tensions internationales, atteignant en 1914 un seuil tel que le seul attentat d'un terroriste serbe contre un dignitaire autrichien suffit à déclencher une guerre mondiale. Non seulement l'effet n'est pas ici proportionnel à sa cause, mais il n'y a pas non plus d'additivité, le processus conduisant à la guerre échappant dans une large mesure à ceux qui en sont parties prenantes. Sans même parler des populations, il appert que la plupart des dirigeants ne souhaitent pas la guerre, mais qu'elle s'impose à eux, comme une nécessité terrifiante venant s'accomplir à la fois par et sans eux. À ce titre, Patočka explique que « La Première Guerre mondiale suscite chez nous de nombreux commentaires, reflétant les efforts des hommes pour comprendre cet immense événement dont chacun se sent dépassé, événement porté par les hommes, mais dont la portée va au-delà de l'humanité – événement en quelque sorte cosmique ». *Cf.* « Války 20. století a 20. století jako válka », p. 152 ; trad. fr., « Les guerres du XXe siècle et le XXe siècle en tant que guerre », p. 117. La Première Guerre mondiale est donc un événement *non proportionnel* et *non additif*, c'est-à-dire *non linéaire*, comme l'est tout véritable événement. Un système déterministe de type classique, c'est-à-dire un système qui repose sur le postulat de la métaphysique précité, ne peut donc prétendre intégrer l'événement de la Première Guerre mondiale. Par contre, un système déterministe de type dialectique – idéaliste comme matérialiste – peut y prétendre, dans la mesure où la dialectique remet en question ce postulat, se définissant comme une logique non classique, non formelle, une logique des contradictions, c'est-à-dire une *logique de la non-linéarité*. En effet, dans l'article de 1913 sur « Karl Marx », Lénine remarque : « … cette idée [sc. l'idée de l'évolution], telle que l'ont formulée Marx et Engels en s'appuyant sur Hegel, est beaucoup plus vaste et plus riche que l'idée courante de l'évolution [sc. l'idée classique de l'évolution] … une évolution [sc. l'évolution dialectique] pour ainsi dire *en spirale et non en ligne droite* ; une évolution par bonds, par catastrophes, par révolutions … ». Cf. *Œuvres choisies*, I, Moscou, Éditions du Progrès, 1982, p. 31 (nous soulignons). Mais pour autant que la dialectique ne pense pas la non-intégrabilité radicale de l'événement, ne reconduit-elle pas in fine la linéarité qu'elle croit pourtant avoir dépassée ?

d'autres termes, si le sens de l'histoire n'est absolument pas déterminable *a priori*, c'est parce qu'il réside – comme le sens de l'existence – dans l'événement du monde, et non dans une loi du monde. En effet, pour autant qu'il donne le sens en s'ouvrant « *toujours à nouveau et différemment* »[1], le monde diffère à l'infini sa compréhension. À jamais différée par ce qui la précède et rend possible, la compréhension du sens est donc toujours *a posteriori* et partielle. C'est pourquoi la phénoménologie événementiale, historiale est bien une pensée qui, à l'inverse des théories dialectiques précitées, voit le caractère rétrospectif et partiel de la compréhension du sens – du sens de l'existence comme du sens de l'histoire.

Ceci une fois posé, examinons comment Patočka parvient à transformer les événementiaux en historiaux – transformation que nous pouvons dater de 1975, puisqu'elle a explicitement lieu dans les *Essais hérétiques sur la philosophie de l'histoire*. Mais avant de mettre au jour cette transformation en reprenant les événementiaux un à un, rappelons une distinction dont les prémisses remontent au *Platonisme négatif*, mais qui ne devient explicite qu'avec les *Essais hérétiques*. Il s'agit d'une distinction qui partage le monde de la vie – c'est-à-dire le monde préscientifique auquel Husserl s'efforce de retourner dans la *Krisis* – en deux mondes : le monde naturel (ou monde préhistorique) et le monde historique. Pour autant, Patočka affirme que le monde historique est encore un monde « naturel », au sens où « ... il n'y a d'artificiel que certaines activités (comme la technique) et les *explications* (*výklady*) correspondantes du monde, pour autant qu'elles tentent de se fonder, non pas sur les phénomènes eux-mêmes, mais sur des constructions dérivées ». En outre, le monde naturel est toujours déjà un monde « historique », puisque, si la question du monde naturel vise, « *sous* l'accumulation de l'"artificiel", c'est-à-dire des conceptions constructives du monde », le dévoilement de l'« originellement-originaire (*prvotně-původní*) en tant qu'invariant », « ... il faut dire, qu'un tel invariant n'existe apparemment pas »[2]. Il s'agit donc de penser la distinction qui partage le monde de la vie en monde naturel et en monde historique à partir d'une double disjonction paradoxale : a) la disjonction de la nature et de la naturalité, l'histoire devant être elle-même qualifiée de « naturelle » ;

1. J. Patočka, « Charakteristika fenomenologie jako filosofie a její vztah k historickým tendencím metafyzickým », p. 701 ; trad. fr., « La phénoménologie caractérisée comme philosophie dans son rapport aux tendances historiques de la métaphysique », p. 27.

2. J. Patočka, « Pre-historické úvahy » [1975], SS, 3, p. 25-26 ; trad. fr. E. Abrams, « Considérations pré-historiques », dans *Essais hérétiques sur la philosophie de l'histoire*, Lagrasse, Verdier, 1999, p. 31 (traduction modifiée).

b) la disjonction de l'histoire et de l'historicité, la nature devant être elle-même qualifiée d'« historique ». Cela revient à soutenir que la nature comprend en elle la possibilité de l'histoire et, partant, que l'homme naturel comprend en lui la possibilité de l'homme historique. En effet, dans un texte de 1967 intitulé « Le monde naturel et la phénoménologie », Patočka indique : « L'homme qui n'a pas d'histoire est lui aussi historique ... ». Et de préciser : « ... il existe de manière historique en ce sens qu'il ne végète simplement pas au rythme de la nature, mais qu'il doit se *rapporter* à son être »[1]. C'est parce que l'homme est toujours déjà en rapport avec son être que l'homme naturel est toujours déjà historique, c'est-à-dire libre, responsable, humain. Aussi Patočka nous engage-t-il à penser l'historicité du monde naturel, et donc la variabilité, la problématicité essentielle de la vie humaine.

Avant de continuer sur la question du monde naturel entendu au sens du monde préhistorique, monde dans lequel la vie humaine, déjà problématique, n'est pas encore vécue comme problématique, revenons sur la double disjonction paradoxale que nous avons mise en évidence : a) disjonction entre nature et naturalité ; b) disjonction entre histoire et historicité. Si cela revient à affirmer que la nature comprend en elle la possibilité de l'histoire (b), cela revient également et quasi inversement à affirmer que l'histoire comprend en elle l'effectivité de la nature (a). Or si l'histoire contient l'effectivité de la nature, cela signifie qu'elle la surpasse sans la supprimer, sans supprimer l'enracinement de l'homme dans une partie du monde, sans supprimer son appartenance à une communauté particulière. Aussi l'homme historique est-il encore non historique, non totalement libre, responsable, lui-même – même s'il est totalement humain. La nature, qui rend possible l'histoire, est en même temps ce qui la rend impossible, c'est-à-dire ce qui rend impossible l'histoire en tant que réconciliation de l'homme avec lui-même. Nous retrouvons ainsi sur le plan de l'histoire ce que nous avions établi sur le plan de l'existence : une dimension qui permet son accomplissement mais interdit son achèvement. Dans le cas de l'existence, on pourrait qualifier cette dimension de « vitale », dans le cas de l'histoire, on pourrait la qualifier de « naturelle ». Mais dans les deux cas, cette dimension doit être reconduite à un seul et même événemential : l'enracinement. À l'instar de la vitalité de l'existence, la naturalité de l'histoire désigne l'action continue de l'enracinement dans le monde

1. J. Patočka, « Přirozený svět a fenomenologie », p. 1.3. 16 ; trad. fr., « Le monde naturel et la phénoménologie », p. 24.

historique. *L'enracinement reste donc actif dans le monde historique de l'homme non naturel*, bien qu'il soit désormais, avec le prolongement, thématiquement subordonné à la percée. Pour autant, cela ne signifie pas que le monde naturel soit réductible à l'enracinement et au prolongement : « ... *le mouvement de vérité [sc. la percée] aussi entre en jeu dans le "monde naturel" de l'homme préhistorique*, même s'il demeure thématiquement subordonné au mouvement d'acceptation et de défense (ou de dessaisissement) de soi [sc. à l'enracinement et au prolongement] »[1]. À l'instar de l'existentialité (plus exactement : événementialité) de la vie, l'historicité de la nature désigne l'action continue de la percée dans le monde naturel. Bien entendu, cette action continue de la percée dans le monde naturel, préhistorique ne se confond pas avec l'action continue de l'enracinement dans le monde historique. Dans le monde naturel, *la percée agit continûment comme l'activité qui empêche la nature d'être parfaitement hermétique à elle-même*. Dans le monde historique, *l'enracinement agit continûment comme la passivité qui empêche l'histoire d'être parfaitement transparente à elle-même*. Mais au-delà de cette différence de nature, elles ont bien la même fonction : empêcher le monde de la vie de se clore totalement, soit dans une obscurité totale, soit dans une clarté totale.

Après ces quelques précisions, concentrons-nous d'abord sur le monde naturel, préhistorique. Pour définir la vie dans un tel monde (que ce soit en sa version radicale, anhistorique ou modérée, préhistorique[2]), Patočka utilise la formule de « métaphore ontologique (*ontologická metafora*) »[3]. Pourquoi la vie naturelle peut-elle être conçue comme une « métaphore ontologique » ? Que faut-il entendre par « métaphore ontologique » ? Tout d'abord, rappelons que la vie naturelle est une vie dans laquelle la percée est thématiquement subordonnée à l'enracinement et au prolongement. En effet, Patočka dit que l'homme naturel « ... se concentre sur le mouvement en tant qu'acceptation [sc. enracinement] et conservation

1. J. Patočka, « Počátek dějin » [1975], SS, 3, p. 45 ; trad. fr. E. Abrams, « Le commencement de l'histoire », dans *Essais hérétiques sur la philosophie de l'histoire*, Lagrasse, Verdier, 1999, p. 55 (nous soulignons).

2. En effet, Patočka discerne finalement trois stades dans le devenir humain : « ... un stade *anhistorique*, qui laisse le passé dans l'anonymat et se déroule à un rythme purement naturel, un stade *préhistorique*, où il y a une mémoire collective sous la forme d'une tradition écrite, et le stade de l'*histoire proprement dite* ». Cf. *Ibid.*, p. 47 ; trad. fr., p. 58 (nous soulignons).

3. *Ibid.*, p. 43 ; trad. fr., p. 51.

[sc. prolongement] ...»[1]. Différents stades doivent être toutefois discernés : a) le stade anhistorique, « sis en deçà du commencement de notre historiographie »[2], où la subordination thématique de la percée est radicale, l'absence d'historiographie limitant la possibilité de l'ouverture réflexive au passé ; b) le stade préhistorique, sis au commencement de notre historiographie – puisqu'il y a une « mémoire collective sous la forme d'une tradition écrite »[3] –, où la subordination thématique de la percée est modérée, la présence d'une historiographie, même s'il s'agit d'une « historiographie sans histoire (*historie bez dějin*) »[4], élargissant la possibilité de l'ouverture réflexive au passé. La vie naturelle est donc une vie dont le sens n'est pas d'abord déterminé par l'ouverture réflexive au passé. Or pour autant que le manque d'ouverture réflexive au passé implique un manque de rapport critique au passé, cela veut dire que la vie naturelle est une vie dont le sens est avant tout déterminé par le passé lui-même. La vie naturelle est donc une vie dont le sens, hérité du passé, est accepté, c'est-à-dire jamais remis en question. C'est pourquoi Patočka pense le monde naturel comme « le monde d'avant la découverte de sa problématicité »[5]. Et la méconnaissance de la problématicité du monde supposant nécessairement une méconnaissance de l'événementialité du monde – de la différence entre le monde comme événement qui se retire dans et de ce qu'il ouvre (l'être) et le monde comme ce qui est ouvert par l'événement (l'étant) –, cela revient in fine à dire que la vie naturelle est une vie qui méconnaît la différence phénoménologique.

Aussi s'agit-il de comprendre en quoi une vie qui méconnaît la différence phénoménologique peut être définie comme une métaphore ontologique. Soulignons d'abord que cette méconnaissance ne signifie pas la méconnaissance de toute différence (du moins dans le cas du monde naturel, puisqu'il n'en va pas nécessairement de même dans le cas du monde technique, posthistorique – nous y reviendrons). En effet, Patočka explique : « Ce n'est pas dire que ce monde [sc. le monde naturel] ne possède pas ou ne connaisse pas des choses secrètes, le sacré, le mystérieux. Au contraire, il peut en être plein et ces choses peuvent y jouer un rôle

1. *Ibid.*, p. 43 ; trad. fr., p. 51.

2. J. Patočka, « Pre-historické úvahy », p. 28 ; trad. fr., « Considérations pré-historiques », p. 32.

3. J. Patočka, « Počátek dějin », p. 47 ; trad. fr., « Le commencement de l'histoire », p. 58.

4. *Ibid.*, p. 42 ; trad. fr., p. 49-50 (traduction modifiée).

5. J. Patočka, « Pre-historické úvahy », p. 26 ; trad. fr., « Considérations pré-historiques », p. 31.

déterminant »[1]. Le monde naturel, qu'il soit anhistorique ou préhistorique, connaît la différence de l'humain et du surhumain. Reste toutefois à savoir comment le monde naturel interprète cette différence. Pour la vie naturelle, le surhumain désigne toujours une puissance dont la fonction principale est de garantir un ordre préétabli. Et c'est notamment ce qui explique pourquoi nous y observons « ... des rapports qui nous paraissent fantastiquement arbitraires, contingents, dépourvus d'objectivité, mais qui n'en sont pas moins systématiques et rigoureusement respectés »[2]. Mais Patočka ne prend aucun exemple pour illustrer cette idée, qui concerne avant tout la vie anhistorique. Nous aurons donc recours à la littérature anthropologique. Dans une célèbre étude sur la communauté des indiens Guayaki du Paraguay, Clastres montre que les rapports entre hommes et femmes y respectent un ordre préétabli, garanti par la croyance en un esprit sanctionnant systématiquement les transgressions : « Si une femme s'avisait de saisir un arc, elle s'attirerait à coup sûr sur son propriétaire le *pané*, c'est-à-dire la malchance de la chasse ... ». Et de préciser : « Quant au chasseur, ce qu'il voit et refuse dans le panier, c'est précisément la menace possible de ce qu'il craint par-dessus tout, le *pané* »[3]. Le surhumain est donc présent pour assurer la division sexuelle du travail – les femmes à la cueillette, les hommes à la chasse –, c'est-à-dire garantir un ordre préétabli en vue de la reproduction de la vie. Et cette précision (« en vue de la reproduction de la vie ») est décisive, puisque la spécificité de la vie naturelle consiste plus en une fin qu'en un moyen. En effet, l'homme naturel remet parfois en question le moyen, c'est-à-dire l'ordre préétabli (Clastres en donne deux exemples), mais il ne remet jamais en question la fin, c'est-à-dire la reproduction de la vie. La formule de « vie nue (*pouhý život*) »[4] (qu'il vaudrait mieux traduire par « vie simple », « vie naïve »[5]) exprime

1. *Ibid.*, p. 26 ; trad. fr., p. 31.
2. *Ibid.*, p. 29 ; trad. fr., p. 32.
3. P. Clastres, « L'arc et le panier », dans *La société contre l'État*, Paris, Minuit, 1974, p. 93.
4. J. Patočka, « Počátek dějin », p. 46 ; trad. fr., « Le commencement de l'histoire », p. 56.
5. En effet, comment Patočka pourrait-il parler de « vie nue » pour désigner la vie qui se concentre sur l'enracinement et le prolongement, puisque cette vie est, à l'inverse, « vie à couvert », par opposition à la « vie à découvert », c'est-à-dire à la vie qui se concentre sur la percée, et donc à la vie qui assume seule sa finitude ? Il vaudrait donc mieux traduire « pouhý život » par « vie simple » (la simplicité de la vie indiquant ici sa naiveté). Remarquons qu'il ne parle pas non plus de « sommet nu » pour caractériser la vie qui se concentre sur la percée, mais de « sommet simple (*jednoduchý vrchol*) » (la simplicité de la vie indiquant ici son unicité). C'est pourquoi Patočka élaborerait moins un « paradigme du nu » qu'un « paradigme

précisément cette spécificité : la vie naturelle est une vie qui n'a d'autre fin que son auto-reproduction, une vie qui croit naïvement que son sens réside simplement dans sa sub-sistance, et non dans son ek-sistance, voire son advenance.

Pour autant qu'il considère le surhumain comme le garant de l'auto-reproduction de l'humain, l'homme naturel envisage la différence de l'humain et du surhumain dans le sens d'une subordination du surhumain à l'humain. Certes, le monde naturel est apparemment un monde avec « … des puissances, dieux et démons, au-dessus de l'homme, qui dominent et décident de lui »[1]. Mais il n'est pas moins un monde dans lequel le surhumain est au service de l'auto-reproduction de l'humain – et non l'humain au service de l'auto-manifestation du surhumain. (Nous retrouvons bien ici la subordination thématique de la percée à l'enracinement et au prolongement.) Ce qui est valable pour la vie anhistorique – comme l'atteste l'exemple des indiens Guayaki – l'est aussi pour la vie préhistorique. Bien que Patočka définisse la vie préhistorique comme une vie « … qui atteint presque le seuil de la problématicité »[2] (car elle désigne la vie des premières civilisations, qui élargissent la possibilité d'un rapport critique au sens légué par le passé en élaborant un première forme d'historiographie), il la considère néanmoins comme une vie naturelle, une vie dans laquelle le surhumain est au service de l'auto-reproduction de l'humain. En effet, son analyse de l'épopée babylonienne d'Atrahasis montre bien que l'historiographie préhistorique (qui se présente avant tout sous la forme de grands récits mythiques) continue à gager l'auto-reproduction de l'humain sur le surhumain : les dieux auraient créé l'homme pour se décharger sur lui de la peine liée au travail, à la reproduction de la vie, c'est pourquoi l'homme n'aurait d'autre fin que la reproduction de la vie – de la vie des dieux comme de sa propre vie[3]. En d'autres termes, la vie naturelle, qu'elle soit anhistorique ou préhistorique, est d'autant plus portée à croire que son sens réside dans sa subsistance que le surhumain est toujours là pour le lui rappeler – soit directement dans la vie (indiens Guayaki), soit indirectement dans le mythe (épopée d'Atrahasis). Or si la vie naturelle peut être définie comme une métaphore ontologique, c'est justement parce que le surhumain s'y

du simple ». *Cf.* G. Sfez, « La vie civile et la vie nue », dans *La pensée politique*, Paris, Ellipses, 2003, p. 433-473.

1. J. Patočka, « Pre-historické úvahy », p. 28 ; trad. fr., « Considérations pré-historiques », p. 31.

2. *Ibid.*, p. 29 ; trad. fr., p. 33.

3. *Ibid.*, p. 33 ; trad. fr., p. 37.

caractérise par son « toujours là », sa présence constante, voire « subsistante ». Selon Patočka, l'homme naturel ne fait pas la différence « entre la terre qui nourrit et donne des fruits et l'arrière-plan de l'univers », si bien que, pour l'homme naturel, « ... les étants et l'être, les phénomènes et le mouvement de leur apparaître se confondent en un même plan qui rappelle le langage des métaphores poétiques ... »[1]. Autrement dit, la vie naturelle n'inscrit pas seulement l'humain dans l'horizon de la subsistantialité ou substantialité (*Vorhandenheit*), elle y inscrit également le surhumain, et donc s'y inscrit elle-même. La vie naturelle est une vie qui ne se comprend qu'à partir de l'horizon de la substantialité, c'est-à-dire à partir d'un horizon impropre – qu'il lui faudra donc remettre en question pour devenir véritablement elle-même.

§ 20. *La liberté au commencement*

Si nous devions résumer ce que nous venons de découvrir, nous dirions que le monde naturel, par opposition au monde historique, et non au monde scientifique, désigne la configuration du monde de la vie dans laquelle l'enracinement (*zakořenění* ou *zakotvení*) occupe le premier plan – il y entre en jeu de manière thématique et prédominante –, le prolongement (*prodloužení*), le second – il y entre en jeu de manière thématique et subordonnée à l'enracinement –, la percée (*průlom*), le troisième – elle y entre en jeu de manière a-thématique et subordonnée aussi bien à l'enracinement qu'au prolongement. Cela revient à dire que la vie naturelle est une vie dans laquelle les trois mouvements (ou événements) se temporalisent primairement à partir du passé, plus précisément à partir de l'être-été (*Gewesenheit*), qui désigne le mode de temporalisation propre à l'enracinement. Par conséquent, c'est une vie dans laquelle le présent (*Gegenwart*) et l'avenir (*Zukunft*) sont au service de la reproduction du *déjà*, et non de la conversion du *déjà* en *pas encore*. En effet, la vie naturelle est une vie qui n'a pas conscience de la problématicité du *déjà*, de la richesse infinie des possibilités qu'il contient, puisqu'elle le reconduit continuellement aux possibilités ouvertes par l'homme dans le passé, c'est-à-dire aux possibilités déjà réalisées, déjà présentes, déjà là. La vie naturelle est une vie qui reconduit son *déjà* à un *déjà là*, et donc une vie qui se reconduit elle-même à un *déjà là*, c'est-à-dire à une substance, et non à un événement (*děj*), à une histoire (*dějiny*). C'est pourquoi nous pouvons affirmer que la vie naturelle est une vie qui se comprend à partir de l'horizon de la substantialité. Pour

1. J. Patočka, « Počátek dějin », p. 45; trad. fr., « Le commencement de l'histoire », p. 54.

autant, cela ne revient pas à dire que l'enracinement soit en lui-même un mouvement (ou événement) qui empêche la vie humaine de se comprendre à partir de son horizon propre, c'est-à-dire à partir de l'horizon de l'événementialité ou historicité (*dějinnost*) – pareil pour le prolongement. En effet, sur le plan de l'histoire, comme sur le plan de l'existence, les mouvements (ou événements) ne doivent pas être confondus avec leur mode de temporalisation : l'enracinement et le prolongement n'empêchent la vie humaine de se comprendre à partir de son horizon propre que lorsqu'ils se temporalisent primairement à partir de l'*être-été* (c'est le cas dans la vie naturelle, qui se comprend à partir de l'horizon de la substantialité [*Vorhandenheit*]) ou du *présent* (c'est le cas dans la vie technique, qui se comprend à partir de l'horizon de l'utilité [*Zuhandenheit*], nous y reviendrons). À l'inverse, lorsqu'ils se temporalisent primairement à partir de l'*avenir*, ils participent de l'auto-compréhension propre de la vie humaine (c'est le cas dans la vie historique, qui se comprend à partir de l'horizon de l'événementialité [*Geschichtlichkeit*]). Mais la question reste de savoir quel est le statut exact de ce « à l'inverse », c'est-à-dire du passage à la vie historique.

Dans le texte qui s'intitule « Le commencement de l'histoire », Patočka explique que le passage de la nature à l'histoire marque une « grande césure (*velká césura*) »[1]. Or quel est le statut précis de cette « grande césure » ? Sur cette question, nous pouvons discerner deux thèses fondamentales qui traversent les études patočkiennes. Revenons d'abord sur ces deux thèses, avant de regarder si leur divergence ne proviendrait pas d'une ambiguïté présente dans le texte même de Patočka. *La première thèse consiste à soutenir que le passage de la nature à l'histoire relève encore d'une division métaphysique*. Patočka continuerait à considérer le passage de la nature à l'histoire comme une rupture entre un état naturel et un état rationnel qui le surmonterait. Certes, il ne s'agit plus chez Patočka, comme chez Kant, de la raison conçue dans une différence fondamentale, ou quasi, avec la nature ou sensibilité. L'histoire n'est plus l'accomplissement de la raison, du « je pense », mais l'accomplissement de l'être même de l'homme, du « je suis », c'est-à-dire d'une unité vivante qui excède la séparation de la sensibilité et de la raison. Cependant, un soupçon pèse sur le troisième mouvement (ou événement), c'est-à-dire sur la percée, dont le passage au premier plan du monde de la vie accomplit le monde historique. Ce soupçon se retrouve notamment chez Renaud Barbaras – soupçon qu'il n'expose que sur le plan de l'existence mais que nous pouvons transposer

1. J. Patočka, « Počátek dějin », p. 54 ; trad. fr., « Le commencement de l'histoire », p. 68.

sur le plan de l'histoire. Dans son *Introduction à une phénoménologie de la vie*, il affirme : « … si Patočka dépasse incontestablement la conception traditionnelle de l'humanité (comme animal rationnel par exemple) en faisant de la vie [ou de la nature] proprement dite le premier mouvement de l'existence [ou de l'histoire], il ne la surmonte pas non plus complètement dans la mesure où cette vie n'en est précisément que le *premier* mouvement. Il propose certes une conception existentiale de la vie mais, dès lors qu'il conçoit d'autres mouvements de l'existence, il conserve la différence entre vie et existence à l'instant où il prétendait la nier : *la vie est existence mais l'existence n'est pas vie de part en part*. Autant dire que la différence entre un plan vital et un plan proprement humain n'est pas tant surmontée que déplacée au plan existential … ». Puis de préciser : « Certes, il s'agit de mouvements et non d'essences ou de substances … Il n'en reste pas moins que le troisième mouvement, qui est de "percée", est décrit par Patočka comme un *revirement*, qu'il faut entendre comme un retournement et une rupture ». Et enfin de soutenir : « Ce revirement est la forme que prend la séparation métaphysique du vital et du proprement humain dans une phénoménologie qui a résolument dépassé ce cadre en se situant sur le seul plan de l'existence » [1]. La thèse critique de Renaud Barbaras se résume donc dans l'idée selon laquelle, chez Patočka, « … *la vie est existence mais l'existence n'est pas vie de part en part* ». Chez Patočka, l'existence désignerait la vie « plus » autre chose que la vie, « plus » qui constituerait une rupture reconduisant, sous une forme existentiale, la division métaphysique de la nature et de la raison. Pour dépasser toute forme de division métaphysique, il s'agirait d'intégrer le « plus » de l'existence dans la vie. C'est dans cette perspective qu'il faut entendre la seconde partie de la thèse de Renaud Barbaras : « … *la vie ne peut être existence que si l'existence est vie de part en part* » [2]. Entre la vie et l'existence, il faudrait choisir la vie, non contre l'existence, mais pour une vie capable de rendre compte de la percée que signifie l'ek-sistance – voire l'ad-venance.

La seconde thèse consiste à prendre le contre-pied de la première, à soutenir que le passage de la nature à l'histoire ne relève plus d'une division métaphysique. Patočka intégrerait le « plus » de l'existence dans la vie. Toute forme de séparation métaphysique serait chez lui dépassée, du moins, s'il y avait encore une séparation, celle-ci serait désormais à envisager comme une tension résidant dans la vie elle-même, voire une

1. R. Barbaras, *Introduction à une phénoménologie de la vie*, *op. cit.*, respectivement p. 123 et 125.

2. *Ibid.*, p. 126 (nous soulignons).

tension caractérisant son essence même. L'existence creuserait moins un écart avec la vie qu'un écart dans la vie. Elle constituerait moins une différence par rapport à la vie que la différence de la vie avec elle-même : la « *différance* »[1]. Patočka verrait la « grande césure » entre la nature et l'histoire comme une rupture dans la continuité entre un état naturel et une expérience qui le renouvellerait, expérience ne conduisant pas de l'état naturel à un autre état mais ouvrant la possibilité de son incessant renouvellement. Cette expérience, qui trouverait son impulsion au sein même de la vie, ne serait rien d'autre que la reconfiguration de la vie à partir de la percée, du troisième mouvement (ou événement), par lequel la vie prend conscience qu'elle n'est pas substance (*podstata*) mais événement (*děj*). Par conséquent, l'existence n'ajouterait rien à la vie. Elle en manifesterait simplement l'essence – qui ne serait pas intemporelle, mais temporelle, qui ne serait pas substance, mais événement. Le passage de la nature à l'histoire serait donc à comprendre comme la manifestation de l'essence même de la vie. Aussi l'histoire, qui advient dans l'écart entre la vie et l'existence, n'ajouterait-elle rien à la vie sinon le « rien » lui-même, la distance qui la laisse être *comme telle*. L'écart entre la vie et l'existence, qui marque l'avènement de l'histoire, constituerait moins une rupture de la vie avec elle-même, une inversion qu'une conversion de la vie vers elle-même. L'existence se confondrait avec la vie, « La vraie vie, la vie enfin découverte et éclaircie, la seule vie par conséquent réellement vécue … »[2] – vie qui ne résiderait pas d'abord dans la littérature, comme le soutient Proust, mais dans la reconfiguration de la vie à partir de la percée, et donc de toute activité orientée vers la recherche de la vérité (dont la littérature). Patočka devancerait la critique de Renaud Barbaras, car l'existence serait pour lui vie de part en part et rien au-delà, sinon le « rien » qu'est la liberté de la vie à l'égard de son *déjà là* – qu'elle peut remettre en question sans se supprimer elle-même, puisque son essence réside dans la possibilité de sa remise en question. Le « plus » de l'existence serait en vérité le « rien » de la liberté, c'est-à-dire le « *plus négatif* (*záporné plus*) »[3] manifestant l'essence événementielle de la vie. Entre la vie et l'existence, il ne faudrait donc pas choisir, la vie rendant compte de la percée que signifie l'ek-sistance, l'advenance. Il

1. J. Derrida, *La voix et le phénomène*, *op. cit.*, note (i), p. 94.

2. M. Proust, *À la recherche du temps perdu*, VII, Paris, Gallimard, « La Gerbe illustrée », 1969, p. 214.

3. J. Patočka, « Negativní platonismus », p. 333 ; trad. fr., « Le platonisme négatif », p. 94.

faudrait laisser la vie se déployer entre les deux termes à la manière d'une fugue de Bach – en une « harmonie contre tendue »[1].

Si nous devions résumer les deux thèses fondamentales qui traversent les études patočkiennes sur le statut de la césure entre la nature et l'histoire, nous dirions que la première considère l'écart historique en termes de rupture sans continuité, donc de division ou d'inversion métaphysique, alors que la seconde considère l'écart historique en termes de rupture dans la continuité, donc d'union ou de conversion phénoménologique. Or sur cette question, les *Essais hérétiques*, notamment le texte intitulé « Le commencement de l'histoire », n'entretiendraient-ils pas une ambiguïté? *D'un côté, Patočka semblerait accréditer la première thèse*, dans la mesure où cette césure affecterait l'essence même de la vie : « ... là où la vie n'est plus simplement pour la vie, mais où s'ouvre la possibilité de vivre pour autre chose, il y a une césure qui n'est pas simplement quantitative ». Patočka précise : « À partir de là, la vie diffère par toute son essence (*podstatou*), son être, de la vie qui se reçoit dans l'acceptation. Ici, la vie ne se reçoit pas pour argent comptant (*hotový*), telle quelle, mais se transforme de fond en comble, est un *essor* (*vzmachem*) »[2]. Entre la nature et l'histoire, entre la vie et l'existence, il y aurait donc bien différence essentielle (« diffère par toute son essence »), ou encore transformation fondamentale (« se transforme de fond en comble »), c'est-à-dire rupture sans continuité. Et cette rupture sans continuité viendrait d'un changement d'orientation vitale : la vie historique, c'est-à-dire ek-sistante, ad-venante, ne serait plus simplement une vie orientée vers la vie, une vie vouée à son auto-reproduction (« la vie n'est plus simplement pour la vie »), mais une vie orientée vers autre chose, c'est-à-dire vouée à autre chose qu'à son auto-reproduction (« possibilité de vivre pour autre chose »). C'est donc cette nouvelle orientation qui entraînerait une rupture sans continuité de la vie avec elle-même, si bien que l'« autre chose », qui devient le terme de la vie, serait fondamentalement autre que la vie. Or qu'est-ce qui peut être fondamentalement autre que la vie, sinon la mort? La vie historique, ek-sistante, ad-venante ne serait pas vie de part en part, mais vie et mort, ou plus exactement : *vie pour ou vers la mort*. Pour autant que l'existence serait vie pour ou vers la mort, le moment constitutif de l'existence ne serait pas la vie mais la mort. Nous aurions ainsi les éléments pour étayer la première thèse, selon laquelle, rappelons-le, Patočka n'envisagerait pas

1. Héraclite, B LI, dans *Les présocratiques*, *op. cit.*, p. 158.

2. J. Patočka, « Počátek dějin », p. 49 ; trad. fr., « Le commencement de l'histoire », p. 60 et 61 (traduction modifiée).

jusqu'au bout la vie comme existence, puisqu'il ne penserait pas la vie comme le moment constitutif de l'existence. L'écart entre la vie et l'existence serait reconductible à l'écart entre la vie et la mort, et rendrait donc compte de deux phénomènes-limites : a) la vie sans existence, c'est-à-dire « la vie simple », précédemment analysée; b) l'existence sans vie, c'est-à-dire « la gloire éternelle dans la mémoire des mortels »[1], sur laquelle nous reviendrons.

De l'autre, Patočka semblerait au contraire discréditer la première thèse, dans la mesure où, nonobstant son caractère essentiel, cette césure ne serait pas pour autant une scission entre deux substances, mais un « *élan* (*vzmach*) », qu'il serait possible d'envisager phénoménologiquement comme un « pas en retrait » de l'être intemporel, de la substance (*podstata*, terme que Patočka réserve à la nature, plus précisément, à la compréhension qu'a la nature de son essence) vers l'être intemporel, l'événement (*děj*, formant la racine de *dějiny*, signifiant l'histoire). En effet, toujours dans même le texte, Patočka écrit que l'histoire est « ... un *élan* (*vzmachem*) au-dessus de son niveau [sc. du niveau de la nature], une expérience de renouvellement et de rehaussement de la vie »[2], expérience dans laquelle la vie « ... *siste* autrement (*jest jinak*) en ce qu'elle s'est elle-même ouvert la possibilité à laquelle elle s'expose ... »[3]. L'existence serait moins l'expérience d'une autre essence qu'une autre expérience de l'essence (« *siste* autrement »), c'est-à-dire un autre rapport de la vie à son essence, plus authentique (« une expérience de renouvellement et de rehaussement »). Entre la nature et l'histoire, entre la vie et l'existence, il n'y aurait donc aucune différence essentielle entendue au sens du passage de la vie à une autre essence – dans une sorte d'inversion métaphysique. Il y aurait différence essentielle entendue au sens du dépassement de l'auto-compréhension impropre de la vie en tant que substance vers son auto-compréhension propre en tant qu'événement – dans une sorte de conversion phénoménologique. En effet, Patočka souligne qu'« ... à partir du moment où la vie se renouvelle, *tout* apparaît sous un jour nouveau ... », jusqu'à comparer l'avènement de l'histoire au « "premier jour de la création" (*"první den stvoření"*) »[4], c'est-à-dire au commencement de

1. J. Patočka, « Války 20. století a 20. století jako válka », p. 130; trad. fr., « Les guerres du XXe siècle et le XXe siècle en tant que guerre », p. 173 (traduction modifiée).

2. J. Patočka, « Počátek dějin », p. 47; trad. fr., « Le commencement de l'histoire », p. 58 (nous soulignons et modifions la traduction).

3. *Ibid.*, p. 50; trad. fr., p. 62 (nous soulignons comme dans la version originale et modifions la traduction).

4. *Ibid.*, p. 51; trad. fr., p. 63 (traduction modifiée).

tout. Mais qu'est-ce que ce « tout (*všecko*) » au premier jour de la création ? Si nous ouvrons le livre de la *Genèse*, nous voyons que le premier jour ne marque pas la création de la vie humaine (elle n'est créée que le sixième jour), ni la création de la vie en général (les végétaux sont créés le troisième jour et les animaux, le cinquième), mais la création du ciel, de la terre et de la lumière (*světlo* en tchèque, dont la racine « svět » signifie le « monde »). Autrement dit, Patočka compare le commencement de l'histoire au commencement, non de la vie, mais du monde dans ses dimensions fondamentales, précédemment mises en évidence[1] : la dimension formelle ou spatio-temporelle (le ciel), la dimension matérielle ou corporelle (la terre), la dimension essentielle ou événementielle (la lumière). Aussi pourrions-nous en conclure que la vie historique, ek-sistante, ad-venante n'est pas vie de part en part, mais vie et monde, ou plus exactement : *vie pour ou vers le monde*. Mais qu'est-ce que le « monde (*svět*) » dont il est ici question, sinon l'ensemble des dimensions à partir desquelles la vie s'advient comme elle-même (la spatio-temporalité, la corporéité, l'événementialité) ? Le moment constitutif de l'existence ne serait pas la mort mais le monde, au sens de l'horizon propre de la vie. L'écart entre la vie et l'existence serait reconductible, non à l'écart entre la vie et la mort, mais à l'écart entre la vie et le monde, entre la vie vécue à partir d'un *horizon impropre* (la substantialité ou l'utilité) et la vie vécue à partir de son *horizon propre* (l'événementialité). Et c'est cet écart qui rendrait compte d'un phénomène que Patočka nomme « la vie au sommet (*život na vrcholu*) »[2], c'est-à-dire la vie *et* l'existence, et non l'existence *ou* la vie.

Au regard de ce que nous avons montré depuis le début de cet essai, nous défendrons cette seconde thèse selon laquelle le passage de la nature à l'histoire relève d'une conversion phénoménologique de la nature vers elle-même, et non d'une inversion métaphysique. C'est pourquoi nous préférons traduire le tchèque « obrat », c'est-à-dire le « revirement » dont parle Patočka à propos de la percée (plus précisément : à propos du passage de la percée au premier plan du monde de la vie), par « conversion ». Patočka nous engage lui-même à le traduire ainsi, employant le grec « μετάνοια » pour rendre le tchèque « obrat »[3]. Mais au-delà de ce point de traduction, et sans répéter ce que nous avons déjà dit, comment expliquer, sur le plan de l'histoire, que la vie est existence et l'existence, vie

1. Voir *supra* chap. 5, p. 138-144.

2. J. Patočka, « Války 20. století a 20. století jako válka », p. 129 ; trad. fr., « Les guerres du XXe siècle et le XXe siècle en tant que guerre », p. 172.

3. *Ibid.*, p. 129 ; trad. fr., p. 172.

de part en part ? *Tout d'abord, voyons la proposition selon laquelle la vie est existence*. Sur le plan de l'histoire, cela revient à montrer en quoi la vie naturelle, « la vie simple », est déjà une vie historique, ek-sistante, ad-venante, c'est-à-dire une vie proprement humaine. Certes, il est vrai que Patočka n'hésite pas à comparer la vie humaine naturelle (parce qu'elle croit naïvement que son sens réside simplement dans sa sub-sistance) à la vie animale : « Sur ce point, la vie des peuples naturels ressemble à celle des animaux qui vivent de façon évidente simplement pour vivre ». Mais il n'oublie pas de remarquer immédiatement après qu'« Elle s'en distingue, bien sûr, dans la mesure où elle [sc. la vie humaine naturelle] est sous-tendue par la possibilité cachée de la problématicité ... ». Or notons que Patočka veut précisément dire ici : « la possibilité cachée de la découverte de sa problématicité ». En effet, dès le début du paragraphe dont est issue la citation, il est possible d'être induit en erreur par la substitution de la définition du monde naturel comme « monde d'avant la problématicité (*svět před problematičnosti*) » à sa définition initiale, plus rigoureuse, comme « monde d'avant la découverte de sa problématicité (*svět před objevením jeho problematičnosti*) »[1]. L'erreur consiste donc à poser que la possibilité dont parle Patočka porte sur la problématicité (comme si la vie humaine naturelle n'était pas déjà problématique), alors qu'elle porte sur sa découverte. Et cette possibilité s'atteste négativement dans la nécessité qu'a la vie humaine naturelle d'avoir recours au surhumain pour légitimer son auto-reproduction – comme si cette fin n'allait pas de soi. À ce titre, l'exemple des indiens Guayaki montre bien que, dans le monde naturel, le surhumain légitime l'auto-reproduction d'une vie ordonnée de manière non strictement naturelle (puisqu'on peut y renoncer à sa propre nature[2]), mais fonctionnelle, c'est-à-dire déjà sociale, déjà proprement humaine.

Aussi pouvons-nous valider sans réserve la proposition selon laquelle la vie est existence, ou encore l'idée selon laquelle la vie naturelle est déjà une vie proprement humaine. *Voyons maintenant l'autre proposition, selon laquelle l'existence est vie de part en part*. Sur le plan de l'histoire,

1. J. Patočka, « Pre-historické úvahy », respectivement p. 29, 28 et 26; trad. fr., « Considérations pré-historiques », respectivement p. 32 et 31.

2. En effet, Clastres affirme : « ... lorsqu'un homme est victime de cette véritable malédiction [sc. la malédiction du *pané*], étant incapable de remplir sa fonction de chasseur, il perd par là même sa propre nature, sa substance lui échappe ... ». *Cf.* P. Clastres, « L'arc et le panier », dans *La société contre l'État*, Paris, Minuit, 1974, p. 93. De plus, l'homme qui a perdu sa nature ne peut être gardé dans la communauté que s'il y renonce définitivement, c'est-à-dire s'il rétablit en lui, de manière inversée, l'identité entre fonction et nature qui est au principe de l'ordre. Cet ordre est donc moins un ordre naturel qu'un ordre fonctionnel.

cela revient à montrer en quoi la vie historique, « la vie au sommet », est encore une vie naturelle, sub-sistante. Reprenons un passage des *Essais hérétiques*, dans lequel Patočka soutient que la vie historique reste une vie naturelle puisqu'« ... il n'y a d'artificiel que certaines activités (comme la technique) et les *explications* correspondantes du monde, pour autant qu'elles tentent de se fonder, non pas sur les phénomènes eux-mêmes, mais sur des constructions dérivées »[1]. Si la vie peut subir un revirement au sens d'une inversion métaphysique, ce n'est pas parce qu'elle se scinde en vie naturelle et en vie historique, mais parce qu'elle se scinde en vie naturelle ou historique et en vie technique. Contrairement à la vie historique, la vie technique est une vie qui tend à se couper de sa dimension « vitale », « naturelle » : l'ouverture affective aux phénomènes tend à y être refoulée au profit, non de l'ouverture réflexive aux phénomènes – puisque celle-ci repose toujours sur celle-là, la percée est toujours enracinée –, mais d'un processus d'objectivation, qui substitue progressivement ses constructions dérivées aux phénomènes *comme tels*. En effet, si se met en place une configuration du monde de la vie où le prolongement se porte au premier plan, l'enracinement, au second, la percée, au troisième, se produit alors un retournement de la vie naturelle en vie anti-naturelle, comme de la vie historique en vie anti-historique, ou du moins post-historique – la technique se définissant comme une forme de « rationalité post-historique »[2]. Nous reviendrons sur la question de la vie technique. Pour le moment, soulignons simplement qu'elle est la seule configuration du monde de la vie dont on puisse soutenir qu'elle rompt avec la vie naturelle en la retournant, en l'inversant. Au contraire, la vie historique n'est pas une vie qui tend à se couper de sa dimension « vitale », « naturelle ». L'ouverture affective aux phénomènes tend à y être éclairée par l'ouverture réflexive aux phénomènes, et non refoulée, si bien que la vie historique n'est pas une vie anti-naturelle, mais, au contraire, une vie qui « ... porte le regard dans la nature des choses et agit en harmonie avec cette nature »[3]. La vie historique désigne la vie naturelle et rien au-delà, sinon le « rien » qu'est la liberté de la vie naturelle pour la découverte et la sauvegarde de la nature des choses. Au commencement de l'histoire, il n'y a donc rien d'autre que la liberté, la responsabilité pour la nature *comme telle*.

1. J. Patočka, « Pre-historické úvahy », p. 26; trad. fr., « Considérations pré-historiques », p. 31.

2. J. Patočka, « Die Epochen der Geschichte », p. 202; trad. fr., « Le schéma de l'histoire », p. 34.

3. J. Patočka, « Počátek dějin », p. 54; trad. fr., « Le commencement de l'histoire », p. 67.

§ 21. *Problématicité de la politique*

Avant de décrire l'événement intramondain qui ouvre l'histoire (événement qui, nous l'avons vu, ne peut se confondre avec la naissance de l'écriture, puisque celle-ci, à travers la forme primitive d'historiographie qu'elle permet d'élaborer, n'entérine que le commencement de la préhistoire), résumons ce que nous avons jusqu'ici découvert du sens de l'histoire. La configuration du monde de la vie que désigne le monde historique correspond au phénomène que nous avons déjà mis en évidence, sur le plan de l'existence, sous le nom de «*percée enracinée-prolongeante*»[1]. Le monde historique correspond à rien de moins qu'au monde de la vie authentique, à l'unité extatique authentique des trois mouvements (événements) de la vie, c'est-à-dire à l'expérience même de la liberté. C'est pourquoi l'histoire désigne une expérience, et non un état. Nous pouvons même préciser qu'il s'agit de l'expérience de la *liberté*, qui n'est autre (comme nous l'avons montré dans la première partie de cet essai) que l'expérience de la *problématicité du sens*, qui elle-même n'est autre (comme nous l'avons montré dans la seconde partie) que l'expérience de l'*événementialité du sens*. Au vu de ce que nous mettons progressivement en évidence dans cette troisième partie, nous pourrions dès maintenant en formuler une troisième déclinaison : l'expérience de la liberté en tant qu'expérience de l'*historicité ou historialité du sens*. Et pour autant que, sur le plan de l'histoire, comme sur le plan de l'existence, l'expérience de la liberté requiert nécessairement l'enracinement, le prolongement et la percée (et non uniquement l'un deux), cela prouve qu'il s'agit d'événementiaux et d'historiaux, c'est-à-dire de modes phénoménologiques non ontologiques selon lesquels la vie humaine, à la fois individuelle et collective, s'advient comme elle-même. La vie historique est une vie dans laquelle ces trois mouvements (ou événements ou histoires) se temporalisent primairement à partir de l'avenir (*Zukunft*), qui désigne le mode de temporalisation propre à la percée. Il s'agit donc d'une vie dans laquelle l'être-été (*Gewesenheit*) et le présent (*Gegenwart*) sont au service de la conversion du *déjà* en *pas encore*, et non de la reproduction du *déjà*. Contrairement à la vie naturelle, la vie historique est une vie qui a conscience de la problématicité du *déjà*, de la richesse infinie des possibilités qu'il contient, puisqu'elle le questionne continuellement pour en expliciter de nouvelles. Et pour autant qu'elle questionne son *déjà* pour le convertir en *pas encore*, la vie se convertit elle-même en *pas encore*,

1. Voir *supra* § 15, p. 162-163.

c'est-à-dire en événement (*děj*) ou en histoire (*dějiny*) (l'événement ou l'histoire étant toujours « à venir » dans la compréhension que nous pouvons en avoir). C'est pourquoi la vie historique est une vie qui se comprend à partir de l'horizon de l'événementialité ou historialité (*Geschichtlichkeit*; *dějinnost*).

Reste à savoir où et quand Patočka situe le commencement de l'histoire entendue au sens de l'expérience par laquelle « ... la vie devient libre et totale »[1] (« libre », puisque l'histoire est l'expérience de la liberté, « totale », puisque l'expérience de la liberté est l'expérience par laquelle la vie s'advient comme elle-même, comme totalité, plus exactement comme « totalité intotalisable »). Quelle est selon lui la première expérience de libération et de totalisation de la vie (nous pourrions dire aussi : de problématisation, d'événementialisation, d'historialisation de la vie)? Se fondant sur les analyses d'Arendt dans la *Condition de l'homme moderne*, Patočka soutient que cette première expérience peut être située en Grèce, plus précisément à Athènes, entre les VIe et Ve siècles avant Jésus-Christ. L'avènement de l'*histoire* peut être reconduit au double avènement de la *politique* (formation de la πόλις) et de la *philosophie* (des Présocratiques à Aristote). La première expérience de libération et de totalisation de la vie réside donc non seulement dans la « vie philosophique (*filosofický život*) » mais aussi dans la « vie politique (*politický život*) »[2]. Or autant l'idée d'un commencement philosophique de l'histoire se trouve déjà chez Husserl et Heidegger – malgré leur divergence sur ce qu'il faut entendre par philosophie –, autant l'idée d'un commencement politique et philosophique de l'histoire constitue une idée nouvelle. D'autant plus que la naissance conjointe de la politique et de la philosophie ne serait pas une naissance simultanée mais quasi simultanée, le « quasi » exprimant le primat de la politique sur la philosophie, du moins dans le texte de 1975 sur « Le commencement de l'histoire » : « ... Le renouvellement du sens de la vie qu'amène avec elle la naissance de la vie politique, écrit Patočka, comprend également le germe de la vie philosophique ... », ou plus précisément : « ... la vie politique est ce qui place brusquement l'homme devant la possibilité d'une totalité de la vie et d'une vie en totalité, la vie philosophique, se greffant sur cette souche, développe ce qui s'y trouve enveloppé ... »[3]. Si la vie philosophique n'est pas aussi originaire que la vie politique, c'est parce qu'elle explicite une possibilité qui n'advient pas

1. J. Patočka, « Počátek dějin », p. 51 ; trad. fr., « Le commencement de l'histoire », p. 64.
2. *Ibid.*, p. 51 ; trad. fr., p. 63.
3. *Ibid.*, p. 51 ; trad. fr., respectivement p. 63 et 64 (traduction modifiée).

avec elle, mais avec la vie politique. Dans le texte de 1976 sur « Le schéma de l'histoire », bien qu'il propose d'interpréter autrement le rapport entre politique et philosophie, Patočka confirme l'idée : « ... la philosophie ne peut venir au monde qu'étant donné une attitude préalable de libre indépendance »[1]. C'est donc avec la politique qu'adviendraient la liberté et la totalité de la vie, c'est-à-dire sa problématicité.

Or pourquoi la problématicité de la vie (nous pourrions dire aussi : l'événementialité, l'historialité de la vie) advient-elle avec la politique, et d'abord avec la πόλις ? Reprenant Arendt, Patočka affirme : « À l'opposé de la clôture générative de ce domaine privé [sc. de l'οἶκος en tant que centre du monde naturel], elle [sc. la πόλις en tant que centre du monde historique] se caractérise par la volonté d'un domaine public, d'une continuité engendrée et entretenue par la libre activité des hommes »[2]. En effet, les réformes clisthéniennes, qui ont lieu vers 510 avant J.-C., favorisent l'émergence à Athènes d'un domaine privilégié[3], dans lequel l'homme se juge désormais capable de régler par lui-même la vie de la communauté, à partir de la discussion avec ses pairs, c'est-à-dire d'une réflexion collective, et de sa réflexion individuelle. Le domaine public est un espace où les décisions prennent une forme réflexive – aussi bien individuelle que collective. C'est pourquoi la πόλις marque le commencement du monde historique : pour la première fois, elle met au premier plan du monde de la vie l'ouverture réflexive du monde de la vie à lui-même, c'est-à-dire la percée. Comme le souligne Patočka, « ... la vie politique tire ses libres possibilités du foyer et du travail domestique [sc. de l'οἶκος] ; pourtant, le foyer ne peut pas exister sans la communauté [sc. la πόλις] qui non seulement le protège, mais lui donne sens ». Cela revient à dire que c'est la percée « ... qui justifie et qui fonde aussi toute acceptation, toute passivité [sc. l'enracinement et le prolongement] »[4]. De plus, le

1. J. Patočka, « Die Epochen der Geschichte », p. 185 ; trad. fr., « Le schéma de l'histoire », p. 16.

2. J. Patočka, « Počátek dějin », p. 49 ; trad. fr., « Le commencement de l'histoire », p. 60.

3. Dans la démocratie athénienne, le domaine public constitue un domaine privilégié, non seulement parce qu'il est dégagé de la charge relative à la sub-sistance commune qui revient à l'οἶκος (la πόλις se concentrant sur l'« ek-sistance commune », pour ainsi dire), mais aussi parce que c'est le domaine des privilégiés, c'est-à-dire des hommes libres athéniens, les femmes, les esclaves et les métèques (même grecs, à moins qu'ils n'aient accompli de hauts faits pour la cité et puissent financer leur accès à la citoyenneté) en étant totalement exclus. Sur cette question, voir P. Vidal-Naquet, *La démocratie grecque vue d'ailleurs*, Paris, Flammarion, 1990.

4. J. Patočka, « Počátek dějin », p. 50 ; trad. fr., « Le commencement de l'histoire », 1999, p. 61.

processus de délibération collective, expression d'une percée accomplie à l'échelle collective, suppose nécessairement la liberté de chacun et l'égalité de tous : « Cette possibilité nouvelle [sc. la πόλις] consiste en la reconnaissance mutuelle d'hommes libres et égaux ... »[1]. Pour que tous participent au processus de délibération collective, il faut que chacun puisse se reconnaître au principe de son résultat, ce qui suppose non seulement que chacun se reconnaisse comme libre et capable de jugement, mais aussi que chacun reconnaisse l'autre comme également libre et capable de jugement. Dans la πόλις, deux concepts expriment l'égalité qu'à la fois requiert et exige la liberté : a) l'ἰσηγορία, soit l'égalité de parole ; b) l'ἰσονομία, soit l'égalité des droits (à laquelle on pourrait reconduire l'ἰσηγορία, soit l'égalité du droit de parole). Les pratiques du tirage au sort des magistrats et de la rotation des charges publiques attestent aussi à quel point les πολίτου, les citoyens, se reconnaissent mutuellement comme libres et égaux.

Pour autant, l'égalité ne signifie pas l'identité des points de vue sur les décisions à prendre et, partant, sur le « bien commun », ni même la volonté de rechercher le « bien commun » au-delà de son « bien propre » : « Ces considérations ne sont pas à lire au sens d'une conception idéalisante de la *polis* grecque, qui en chercherait l'origine dans un esprit de dévouement désintéressé au "bien commun" ... »[2]. Patočka n'envisage pas la πόλις comme l'accomplissement spatio-temporel de la communauté universelle qu'il désigne sous la formule de « solidarité des ébranlés (*solidarita otřesených*) »[3]. Bien entendu, cette solidarité ne requiert pas non plus l'identité des points de vue sur le bien commun. Cependant, elle suppose la volonté de rechercher le bien commun au-delà de son bien propre, dont nous savons qu'elle n'est pas inhérente au πολίτης (citoyen), qui ne peut donc être considéré comme un ébranlé entendu au sens d'un homme résolument tendu vers le bien commun. En revanche, il appert qu'il peut être considéré comme un ébranlé entendu au sens d'un homme pour qui se pose désormais le problème du bien commun. En effet, pour que se pose le problème du bien commun ou de l'intérêt général, il faut que, dans une même communauté, s'imposent des biens propres ou encore des intérêts particuliers, ce qui suppose non seulement que les intérêts s'y particula-

1. *Ibid.*, p. 49 ; trad. fr., p. 60.

2. *Ibid.*, p. 52 ; trad. fr., p. 64.

3. J. Patočka, « Války 20. století a 20. století jako válka », p. 130 ; trad. fr., « Les guerres du XXe siècle et le XXe siècle en tant que guerre », p. 172. Pour l'analyse phénoménologique de la « solidarité des ébranlés », cf. *supra* § 18, p. 187-191.

risent, mais aussi que cette particularisation ne divise pas la communauté en autant de communautés. Autrement dit, pour que se pose le problème de l'intérêt général, il faut que la communauté demeure unie malgré la particularisation des intérêts. Or l'époque à laquelle advient la πόλις se caractérise bien par une particularisation des intérêts socio-économiques, des intérêts relatifs à l'οἶκος. Solon en vient à arbitrer au nom de l'intérêt général dans la mesure où les intérêts particuliers d'une minorité de riches (πλούσιοϊ) se sont séparés de l'intérêt de la majorité du peuple (δῆμος), qui finit aussi par être vu comme un intérêt particulier, la majorité ne signifiant pas la totalité du peuple. *Et, ce qui advient avec la πόλις, c'est justement la possibilité d'une communauté unie malgré la particularisation des intérêts, c'est-à-dire malgré la problématisation du bien commun.* C'est pourquoi l'esprit de la πόλις n'est pas un « esprit de dévouement désintéressé au "bien commun" » mais un « esprit d'*unité dans la discorde, dans la lutte* »[1]. Bien que la πόλις ne désigne pas l'accomplissement spatio-temporel de la communauté universelle, elle n'en désigne donc pas moins la première impulsion vers cette communauté, c'est-à-dire vers ce que l'on pourrait appeler la « *politisation de la phénoménalité en son essence conflictuelle* ».

Aussi Patočka situe-t-il le commencement de l'histoire, aussi bien occidentale ou européenne que mondiale, dans la πόλις, si bien qu'il accorde à une formation spatio-temporelle, précisément aux conflits qui s'y jouent, une signification universelle : « De ces conflits particuliers (*v partikularných bojích*), se jouant sur un territoire exigu et mobilisant des moyens matériels insignifiants, naissent non seulement le monde occidental et son esprit, mais aussi, nous croyons pouvoir l'affirmer, l'histoire du monde en général »[2]. L'histoire mondiale serait reconductible à l'esprit occidental ou européen, c'est-à-dire à un esprit né de ces conflits particuliers se jouant dans la πόλις. Mais s'il faut entendre ces « conflits particuliers » au sens de conflits entre intérêts particuliers, entre intérêts socio-économiques, cela ne revient-il pas à valider l'idée du matérialisme historique selon laquelle l'histoire est essentiellement déterminée par l'économie ? Nous pourrions mettre en avant deux arguments pour montrer qu'il n'en est rien. *Le premier consiste à dire que le commencement de l'histoire ne peut être ramené à aucun facteur déterminant en dernière instance, c'est-à-dire à aucune cause qui en rendrait pleinement compte.*

1. J. Patočka, « Počátek dějin », p. 52 ; trad. fr., « Le commencement de l'histoire », p. 65 (nous soulignons).
2. *Ibid.*, p. 52 ; trad. fr., p. 65 (traduction modifiée).

L'histoire ne serait pas essentiellement déterminée par l'économie, ni par aucune autre cause extérieure à elle-même. Elle se déterminerait en elle-même et d'elle-même, c'est-à-dire s'auto-déterminerait – constituant par là même un véritable événement. Patočka l'affirme explicitement dans les *Essais hérétiques*, à deux reprises au moins. D'abord, dans le texte de 1975 sur « Le commencement de l'histoire », il reconduit certes l'histoire à la πόλις, mais il précise toutefois : « La naissance de la cité n'est pas un processus qu'on puisse localiser avec précision, attribuer à tels ou tels individus. Les présupposés anonymes, les contingences des situations particulières y jouent un rôle impossible à quantifier »[1]. Dans un autre texte des *Essais...*, « L'histoire a-t-elle un sens ? », il écrit encore plus explicitement : « *C'est mal poser la question que de chercher la cause de cet ébranlement* [sc. de l'ébranlement qui marque le commencement de l'histoire] ... ». Et de déclarer : « ... l'entreprise est aussi vaine que celle qui prétendrait cerner la cause qui amène l'homme à quitter l'abri de l'enfance pour entrer dans l'âge adulte où il a à répondre de lui-même »[2]. Or pour autant que l'homme entre dans l'histoire comme il entre dans l'âge adulte, les conflits particuliers qui se jouent dans la πόλις ne désignent pas seulement des conflits entre intérêts particuliers. Ces conflits sont aussi particuliers en un autre sens : ils sont « particuliers » au sens où ils se jouent désormais dans un domaine dont le but consiste à les résoudre au nom du « général ». Il sont « particuliers » par rapport au « général », plus précisément : *par rapport explicite au « général »*. Or comment rendre compte de ce rapport qui définit l'expérience de la liberté, de ce rapport proprement politique, à partir de simples conflits entre intérêts socio-économiques ?

Il semble que rien ne puisse rendre compte, en dernière instance, de l'avènement de la πόλις et, partant, de l'histoire, ni la particularisation des intérêts socio-économiques, ni aucune autre cause, car la possibilité qui advient avec elles (le rapport explicite à la totalité, la conscience d'une unité au-delà des intérêts particuliers) est radicalement nouvelle. Bien entendu, cela ne signifie pas que Patočka refuse à la particularisation des intérêts socio-économiques, ou à l'action d'individus tels que Solon et Clisthène, un rôle significatif dans l'avènement de la πόλις. Mais significatif ne veut pas dire décisif. Sans nier l'influence de nombreux facteurs, sans même dénier la hiérarchie de ces facteurs, il affirme

1. *Ibid.*, p. 52 ; trad. fr., p. 64.

2. J. Patočka, « Mají dějiny smysl ? » [1975], SS, 3, p. 70 ; trad. fr. E. Abrams, « L'histoire a-t-elle un sens ? », dans *Essais hérétiques sur la philosophie de l'histoire*, Lagrasse, Verdier, 1999, p. 87 (nous soulignons).

l'irréductibilité fondamentale de l'avènement de l'histoire à toute cause (qui contient, par définition, au moins autant de réalité que son effet[1]). Et pour autant qu'il remet en question le principe de causalité, Patočka critique définitivement la possibilité d'une compréhension prospective du sens de l'histoire. Si l'avènement de l'histoire est irréductible à toute cause qui en épuiserait le sens, cela contraint à substituer au principe métaphysique un principe phénoménologique de causalité, dans lequel la cause ne se définit plus comme ce qui contient au moins autant de réalité que son effet, puisqu'elle n'est plus qu'un paramètre dans la reconstitution *a posteriori* d'un effet. En l'occurrence, cela signifie que l'économie n'est qu'un paramètre dans la reconstitution *a posteriori* de l'avènement de l'histoire. *Nous pouvons dès lors énoncer le second argument, qui consiste à dire que l'économie n'est pas une cause qui permet de comprendre de manière totale l'avènement de l'histoire et de prévoir en quelque manière son évolution, mais l'un des paramètres qui permet de comprendre l'avènement de l'histoire de manière partielle et son évolution de manière rétrospective et partielle.* À ce titre, Patočka affirme : « L'histoire naît dans cette *séparation*, lorsque le travail, le domaine de la maisonnée, libère certains individus *pour la vie politique*. Si on veut voir là une dépendance de l'histoire par rapport l'économie, à la bonne heure, mais il faut aussi reconnaître que c'est quelque chose de nouveau qui commence : avec l'invention de la politique, il y va d'une dépendance *réciproque*, et non unilatérale »[2]. L'avènement de l'histoire correspond au moment où l'économie et la politique commencent à se déterminer l'une l'autre, c'est-à-dire au moment où l'économie arrête de déterminer unilatéralement la politique, voire au moment où « … l'économie reçoit un sens nouveau, auxiliaire »[3]. Or comment l'économie pourrait-elle se donner à elle-même un sens auxiliaire, et donc se mettre au service d'un sens « plus haut »[4] qu'elle aurait elle-même créé ?

1. Nous reprenons ici la définition du principe de causalité telle que la formule Descartes : « Maintenant, c'est une chose manifeste par la lumière naturelle qu'il doit y avoir pour le moins autant de réalité dans la cause efficiente et totale que dans son effet … ». Cf. *Meditationes*, III, AT VII, p. 40, trad. fr., AT IX, p. 32.

2. J. Patočka, « Vlastní glosy ke "Kacířským esejům" », p. 139 ; trad. fr., « Gloses », p. 186 (traduction modifiée).

3. *Ibid.*, p. 140 ; trad. fr., p. 187.

4. J. Patočka, « Die Epochen der Geschichte », p. 184 ; trad. fr., « Le schéma de l'histoire », p. 14.

Après avoir établi l'événementialité de la πόλις et, partant, de l'histoire – et donc validé notre idée de la philosophie patočkienne de l'histoire comme «*phénoménologie historiale*» –, concluons sur le texte de 1976 intitulé «Le schéma de l'histoire». Dans le texte de 1975 sur «Le commencement de l'histoire», Patočka envisage encore la philosophie comme la «... forme en laquelle l'esprit de la *polis* finit par se perpétuer»[1]. Or dans le texte de 1976, son propos se radicalise, puisque la philosophie n'est plus seulement la forme en laquelle l'esprit de la πόλις se perpétue, mais également et plus essentiellement la forme en laquelle l'esprit de la πόλις s'advient: «... dans l'histoire (*Geschichte*), seule la philosophie dit ce qui advient (*geschah*) proprement dans et avec la liberté politique, et il ne serait rien advenu (*geschehen*) sans la venue de la philosophie»[2]. Autrement dit, d'un texte à l'autre, Patočka substitue à l'idée du primat de la politique sur la philosophie l'idée inverse – revenant ainsi à une position plus proche de celles de Husserl et de Heidegger. Bien entendu, cette primauté doit être encore envisagée au sens d'une quasi co-originarité de la politique et de la philosophie. Toutefois, le «quasi» ne marque plus le privilège de la politique. Pourquoi la politique doit-elle perdre son privilège au profit de la philosophie? Patočka parvient à cette conclusion après avoir constaté que la possibilité qui advient avec la πόλις ne disparaît pas pour autant avec elle. En effet, en comprenant ce qu'il y a d'essentiel («ce qui advient proprement») dans cette possibilité facticielle, la philosophie la convertit en possibilité essentielle, et donc la sauvegarde, voire lui permet de véritablement advenir. Le privilège de la philosophie consiste à comprendre la possibilité qui advient avec la πόλις, et donc lui permettre de véritablement advenir. Or comment la philosophie comprend-elle cette possibilité? Toujours dans le texte de 1976, elle s'énonce sous la forme d'une double possibilité: «la sollicitude responsable pour autrui (*verantwortungsvolle Fürsorge für die Anderen*) et le rapport explicite à l'être (*ausdrückliches Verhältnis zum Sein*), c'est-à-dire la vérité (*Wahrheit*)»[3]. Nous pourrions cependant l'énoncer sous la forme d'une seule et unique possibilité: le rapport explicite au «plus-haut», «plus-haut» dont une note de travail de 1973 indique qu'il signifie la «vie de tous

1. J. Patočka, «Počátek dějin», p. 52; trad. fr., «Le commencement de l'histoire», p. 65.

2. J. Patočka, «Die Epochen der Geschichte», p. 185 et 186; trad. fr., «Le schéma de l'histoire», p. 16 (traduction modifiée).

3. *Ibid.*, p. 186; trad. fr., p. 17.

(*život všech*) »[1]. La possibilité qui advient avec la πόλις est essentiellement le rapport explicite au « plus-haut » (*Darüberstehen* ou *vyšší*), identité d'un rapport explicite à l'être et d'une sollicitude responsable pour autrui, *identité d'une liberté et d'une responsabilité*. Aussi l'histoire advient-elle avec la première impulsion spatio-temporelle vers cette identité, donnée non seulement par la politique mais aussi et avant tout par la philosophie.

1. J. Patočka, « [Lidský život – pohyb ukazování] » [1973], in *Péče o duši*, III, Praha, Archivní soubor, 1980, p. 2.12.2; trad. fr. E. Abrams, « Notes de travail », dans *Papiers phénoménologiques*, Grenoble, Millon, 1995, p. 160.

CHAPITRE VIII

L'EUROPE ET LA CRISE DU SOUCI DE L'ÂME

§ 22. *Les Grecs et le soin de l'âme*

Patočka reconduit l'esprit occidental et l'histoire mondiale à une possibilité radicalement nouvelle qui advient avec la πόλις et se définit comme rapport explicite au « plus-haut », c'est-à-dire identité d'un rapport explicite à autrui (d'une responsabilité pour autrui) et d'un rapport explicite à l'être (d'une liberté pour la vérité). Or c'est cette possibilité que les philosophes grecs – en premier lieu Platon dans l'*Apologie de Socrate* – désigneraient sous la formule d'« avoir souci [ou prendre soin] de l'âme »[1]. En effet, dans le texte de 1976 sur « Le schéma de l'histoire », Patočka écrit : « L'Occident et l'histoire sont issus, au fond, du soin de l'âme (*Sorge um die Seele*), de ce qui en l'homme dépasse la sphère de la simple subsistance », le soin de l'âme désignant « L'action fondée dans la conscience morale et la vie vouée à la "spiritualité" »[2], la responsabilité pour autrui et la liberté pour la vérité. Il s'agit donc de comprendre comment Patočka en vient à identifier le soin de l'âme à cette double possibilité qui advient avec la πόλις. Le thème du soin de l'âme apparaît avant tout dans deux textes majeurs consacrés à la crise que traverse la modernité européenne : le manuscrit allemand des années soixante-dix intitulé « L'Europe et après » et le séminaire tchèque de 1973 intitulé *Platon et l'Europe*. Patočka avoue

1. Platon, *Apologie de Socrate*, 29 *e*, 1-3. C'est en effet dans ce passage que nous retrouvons au mieux le « τῆς ψυχῆς ἐπιμελεῖσθαι » que Patočka attribue à Platon sans en préciser davantage la référence.

2. J. Patočka, « Die Epochen der Geschichte », p. 194-195 ; trad. fr., « Le schéma de l'histoire », p. 27.

d'emblée que l'entreprise qu'il poursuit est bien téméraire, puisqu'il s'agit de « Faire tourner toute la marche de l'*histoire européenne* autour d'*un seul principe* ... »[1], c'est-à-dire autour du « soin de l'âme » – auquel nous pourrions reconduire la genèse, l'essor et le déclin de l'Europe. Il va de soi que « principe » ne veut pas dire ici « cause », comme s'il s'agissait de confirmer la thèse de l'idéalisme hégélien suivant laquelle l'histoire est essentiellement déterminée par l'esprit. Certes, le soin de l'âme est un principe spirituel, mais il ne faut pas l'entendre au sens de Hegel. Il faut l'entendre au sens du § 82 de *Sein und Zeit*, où Heidegger montre que l'histoire n'est pas essentiellement déterminée par un esprit tombant dans le temps, mais qu'elle se détermine essentiellement en retombant de l'« esprit » (« Geist »), c'est-à-dire du phénomène de la temporalité authentique. Chez Patočka, il s'agit moins du phénomène de la temporalité authentique que du phénomène du monde de la vie authentique, mais l'idée reste la même : le principe spirituel n'est en aucun cas une cause, un principe qui détermine essentiellement l'histoire, mais un « *idéal* », un principe par rapport auquel l'histoire se détermine essentiellement – l'histoire ayant dès lors un statut d'événement. Patočka l'affirme explicitement dans son manuscrit : « Les facteurs idéaux que sont les pensées expressément, activement formulées se meuvent d'emblée dans un champ d'intérêts foncièrement codéterminé par le social ; ce champ d'intérêts est cependant lui-même caractérisé par une opposition entre *essor "idéal"* (*"idealem" Aufschwung*) et *déclin lié au laisser-aller*. Ce n'est qu'en partant de cette opposition, telle que nous cherchons à l'esquisser ici, que l'on découvre le noyau "idéal" de l'évolution, à l'opposé des tentatives qui voudraient y voir le pur et simple épiphénomène d'un "cours objectif" ... »[2].

Ceci une fois posé, on peut se demander comment Patočka en vient à identifier le soin de l'âme à cet idéal qui advient avec la πόλις. Nous pourrions diviser en trois temps le mouvement de sa réflexion sur le soin de l'âme chez les Grecs : a) d'abord, l'étude du soin de l'âme chez Démocrite et Platon, dont l'antagonisme (entre la doctrine démocritéenne des atomes, à l'origine du matérialisme, et la doctrine platonicienne des idées, à l'origine de l'idéalisme) révèle par contraste un accord profond sur ce principe dans la philosophie grecque ; b) ensuite, l'approfondissement de la conception platonicienne du soin de l'âme, qui en établit le caractère

1. J. Patočka, « Europa und Nach-Europa » [1re moitié des années 70], in *Ketzerische Essais zur Philosophie der Geschichte*, Stuttgart, Klett-Cotta, 1988, p. 207 ; trad. fr. E. Abrams, « L'Europe et après », dans *L'Europe après l'Europe*, Lagrasse, Verdier, 2007, p. 37 (nous soulignons).

2. *Ibid.*, p. 212-213 ; trad. fr., p. 43-44 (nous soulignons et modifions la traduction).

décisif et systématique à travers sa partition en trois grands projets : onto-cosmologique, politique et existentiel ; c) enfin, l'explicitation de l'apport fondamental d'Aristote à la conception platonicienne du soin de l'âme. *Démocrite, Platon, Aristote* : voici le mouvement qu'accomplit Patočka et que nous devrons donc accomplir à notre tour. Commençons par l'analyse du soin de l'âme chez Démocrite et Platon. Dans une étude inachevée sur ces deux philosophes grecs (qui complète le séminaire de 1973 dans l'édition aussi bien française que tchèque), Patočka soutient que Démocrite constitue le principal représentant d'une réflexion qui, dans la dernière période présocratique, résume et précise tout ce qui précède. *Résumé et précisé par Démocrite, l'héritage présocratique s'énoncerait comme suit* : « l'accent mis sur la valeur de la vérité par-dessus toutes les autres en tant qu'il reflète la volonté d'une réflexion universelle et d'une attitude responsable ; l'attitude réfléchie veut constater les choses telles qu'elles *sont* (ἀλήθεια) par opposition à l'*apparence* et à l'*opinion* (δόξις) »[1]. Même si Démocrite n'est nullement athénien, Patočka voit néanmoins dans la démarche philosophique démocritéenne et, partant, présocratique la possibilité qui advient avec la πόλις : *la réflexion universelle* (*la liberté pour la vérité*) *et l'attitude responsable* (*la responsabilité pour autrui*). Il voit également que cette possibilité d'une liberté responsable provient d'une distinction fondamentale : « Il est probable que la première distinction, entre vie responsable et vie non réfléchie, n'est pas à l'origine de la seconde, mais qu'il en va inversement : *la distinction de la* δόξις *et de l'ἀλήθεια, discernée et visée dans la connaissance des choses, est à l'origine de la distinction morale* »[2]. Autrement dit, la distinction éthique du bien et du mal présuppose la distinction ontologique de la δόξις et de l'ἀλήθεια, de l'apparence et de l'être, si bien que cette liberté responsable qui advient avec la πόλις n'est pas d'abord une possibilité éthique mais une possibilité ontologique. Ce n'est pas parce que l'homme est responsable qu'il peut accéder à l'être, mais parce qu'il accède à l'être qu'il peut être responsable. Or si Patočka peut parler d'un soin de l'âme démocritéen et l'identifier à cette possibilité ontologique, c'est parce que l'âme désigne pour Démocrite l'organe capable de comprendre la distinction de la δόξις et de l'ἀλήθεια, ou plus exactement, le primat de l'ἀλήθεια sur la δόξις, c'est-à-dire de l'être sur l'apparence et, partant, du bien sur le mal.

1. J. Patočka, « Démokritos a Platón jako zakladatelé metafyziky » [1re moitié des années 70], SS, 2, p. 358 ; trad. fr. E. Abrams, « Démocrite et Platon, fondateurs de la métaphysique », dans *Platon et l'Europe*, *op. cit.*, p. 268 (nous soulignons).

2. *Ibid.*, p. 359 ; trad. fr., p. 268 (nous soulignons).

« Prendre soin de l'âme », cela signifie, chez Démocrite, prendre soin de l'organe par lequel l'homme peut être en rapport explicite avec l'ἀλήθεια, c'est-à-dire avec l'être et, partant, avec le bien.

Abordé sous un angle aussi général, le soin de l'âme démocritéen ne semble pas se distinguer du soin de l'âme platonicien. La première raison en est la similitude de la distinction démocritéenne et de la distinction platonicienne de la δόξις et de l'ἀλήθεια. Patočka indique explicitement : « Pour les deux penseurs, l'ἀλήθεια concerne l'invisible, la δόξις, ce qui est simplement donné, surtout aux sens mais aussi au sentiment ; c'est par la réflexion que l'on accède à l'ἀλήθεια, la δόξις, quant à elle, reste en-deçà de la réflexion … »[1]. La deuxième raison en est que l'âme désigne aussi pour Platon « ce qui en l'homme est *capable de vérité* »[2], c'est-à-dire ce qui en l'homme est capable d'entendre le primat de l'ἀλήθεια sur la δόξις, de l'être sur l'apparence et, partant, du bien sur le mal. Chez Platon, comme chez Démocrite, prendre soin de l'âme signifie donc prendre soin de ce par quoi l'homme peut être en rapport explicite avec l'ἀλήθεια, c'est-à-dire avec l'être et, partant, avec le bien. De ce profond accord entre les deux philosophes grecs, Patočka veut notamment pour preuve le principe selon lequel mieux vaut subir l'injustice que la commettre, dont Platon démontre le bien-fondé dans le *Gorgias*, à travers le dialogue entre Socrate, Polos et Calliclès[3], et que nous trouvons déjà, chez Démocrite, sous forme de sentence : « Celui qui commet l'injustice est plus malheureux que celui qui la subit »[4]. Ce principe requiert une pensée du soin de l'âme, une pensée qui reconnaît que le bien avec lequel l'âme peut être en rapport explicite constitue le propre de l'âme, c'est-à-dire l'essence de l'homme, puisque l'homme qui commet l'injustice, c'est-à-dire celui qui, d'une certaine manière, rompt avec le bien qui constitue son essence, se fait encore plus de mal à lui-même (« est plus malheureux ») qu'il n'en fait à l'autre. *Sur la question du soin de l'âme, la période socratique marque donc moins une rupture avec la période présocratique qu'une reprise de l'héritage présocratique*. Si nous envisagions maintenant les deux philosophes grecs comme les représentants, non plus d'une période, mais d'un courant, nous dirions la même chose du rapport entre l'« idéalisme » de Platon et le « matérialisme » de Démocrite. En effet, Patočka remarque : « On parle plus souvent du dépassement (*Überwindung*) de l'atomisme par Platon,

1. *Ibid.*, p. 360 ; trad. fr., p. 269-270.
2. J. Patočka, « Platón a Evropa », p. 172 ; trad. fr., *Platon et l'Europe*, p. 35.
3. Platon, *Gorgias*, 469 *c* et *passim*.
4. Démocrite, B XLV, dans *Les présocratiques*, *op. cit.*, p. 863.

terme qui est alors à entendre au double sens de l'*Aufhebung*, suppression et conservation. La réflexion platonicienne intègre la théorie atomistique à sa démarche »[1]. Le soin de l'âme désigne l'unité de l'héritage philosophique grec au-delà des antagonismes entre périodes ou courants qui le traversent. C'est pourquoi Patočka affirme : « La *philosophie* est le *souci de l'âme* (*starost o duši*) en son essence propre ... »[2]. Autrement dit, c'est avec la philosophie grecque qu'advient proprement le soin de l'âme, qui désigne la possibilité d'une liberté responsable, et dont il reste à montrer qu'il désigne, encore plus précisément, le monde de la vie authentique.

La période socratique reprend l'héritage présocratique, mais elle ne le reprend pas à l'identique. Patočka parle d'« Aufhebung », c'est-à-dire non seulement de conservation, de continuité, mais aussi de suppression, de rupture. Or en quoi le soin de l'âme platonicien marque-t-il une rupture avec le soin de l'âme démocritéen, voire représente-t-il une conception plus décisive du soin de l'âme? Dans le séminaire de 1973, Patočka répond : « La démarche de Platon est inverse, malgré l'affinité profonde qui l'unit à Démocrite ». Et de préciser : « Platon ne se soucie pas de l'âme afin que celle-ci puisse parcourir l'univers comme ce qui est éternel. Au contraire, l'âme parcourt l'univers afin de devenir ce qu'elle doit être »[3]. Si le soin de l'âme platonicien se sépare du soin de l'âme démocritéen, c'est parce que le soin de l'âme n'est plus pour Platon un moyen en vue du savoir. Au contraire, c'est désormais le savoir qui devient un moyen en vue du soin de l'âme (« l'âme parcourt l'univers afin de devenir ce qu'elle doit être »), c'est-à-dire l'« organon d'une activité originaire, d'une *praxis* »[4]. Et pour autant qu'il désigne une πρᾶξις, le soin de l'âme n'est ni une activité orientée vers le savoir, ni une activité orientée vers quoi que ce soit d'autre, sinon vers elle-même. Contrairement au soin de l'âme démocritéen, le soin de l'âme platonicien porte son principe en lui-même et ne vise qu'au bien-être de l'âme entendu au sens de l'εὖπραξις, au sens d'un bien-être qui est aussi un bien-agir, ou plus précisément, l'identité d'un bien-penser et d'un bien-agir. Dans le soin de l'âme platonicien, l'âme se détermine par elle-même et pour son bien-être, c'est-à-dire pour elle-même, alors que, dans le soin de l'âme démocritéen, l'âme est déterminée par et pour autre chose

1. J. Patočka, « Europa und Nach-Europa », p. 245 ; trad. fr., « L'Europe et après », p. 83.

2. J. Patočka, « Platón a Evropa », p. 229 ; trad. fr., *Platon et l'Europe*, p. 101. Voir aussi : J. Patočka, « Europa und Nach-Europa », p. 262 ; trad. fr., « L'Europe et après », p. 104.

3. *Ibid.*, p. 220; trad. fr., p. 91. Voir aussi : J. Patočka, « Europa und Nach-Europa », p. 256 ; trad. fr., « L'Europe et après », p. 96.

4. J. Patočka, « Europa und Nach-Europa », p. 256 ; trad. fr., « L'Europe et après », p. 96 (nous soulignons et modifions la traduction).

qu'elle-même : « L'alpha et l'oméga de la doctrine de Démocrite, explique en effet Patočka, c'est la connaissance fondée; c'est d'elle que procède l'action sur l'âme, laquelle se donne à voir dans un savoir approfondi ayant le caractère d'une systématique universelle »[1]. Le soin de l'âme platonicien rompt radicalement avec le soin de l'âme démocritéen par son exigence d'auto-détermination de l'âme. Il va de soi que cette exigence ne se confond nullement, chez Patočka, avec l'exigence métaphysique d'auto-détermination de la raison, par opposition à la sensibilité. À l'inverse, le souci de l'âme consiste à mettre la sensibilité et la raison au service d'une unité vivante qu'à la fois elles requièrent et exigent – l'âme désignant cette unité. En effet, Patočka explique bien que le souci de l'âme est une « … *praxis* continue d'examen, de contrôle et d'unification de soi-même, *qui engage et la vie et la pensée* »[2]. Il est encore plus explicite dans le texte original, puisqu'il parle du soin de l'âme en termes de « myšlenkově-životní praxe » (« pratique vitale-mentale »). L'exigence d'auto-détermination de l'âme est donc une exigence d'auto-détermination de la vie comme existence, voire événement[3].

1. *Ibid.*, p. 256 ; trad. fr., p. 96.

2. J. Patočka, « Evropa a evropské dědictví do konce 19. století » [1975], SS, 3, p. 87 ; trad. fr. E. Abrams, « L'Europe et l'héritage européen jusqu'à la fin du XIXe siècle », dans *Essais hérétiques sur la philosophie de l'histoire*, Lagrasse, Verdier, 1999, p. 110 (nous soulignons). Patočka résume ici ce qu'il ressort du séminaire de 1973.

3. Cette remarque peut certainement nous amener à nuancer les propos de Foucault qui (selon un document que nous avons trouvé aux Archives Patočka de Prague en novembre 2008, ayant depuis été publié dans le second tome du *Gouvernement de soi et des autres : cours au Collège de France (1983-1984)*, Paris, Seuil, 2009, p. 119) explique à la fin de son cours du 22 février 1984 : « Le point sur lequel je me séparerai de lui [sc. du livre de Patočka sur *Platon et l'Europe*] – tout en reconnaissant combien il est intéressant comme analyse de l'epimeleia et du souci –, c'est qu'il envisage essentiellement l'epimeleia comme le souci non pas de soi, mais de l'âme ». Puis de préciser : « Tout ce qui est au contraire la notion et le thème du souci de soi comme mise en épreuve, mise en question, examen, vérification de la vie (du *bios*) disparaît dans son analyse ». Or si « bios » signifie pour Foucault ce qu'il signifie pour Arendt et signifiera pour Agamben, la vie autonome en tant qu'elle ne vise pas sa simple subsistance, la vie ek-sistante, par opposition à « zoe », la vie non autonome en tant qu'elle vise sa simple subsistance (Arendt utilisant dans la *Condition de l'homme moderne* une distinction soi-disant aristotélicienne mais que nous ne retrouvons pas chez Aristote, sinon qu'il utilise le terme « bios » lorsqu'il identifie à un moment la vie à l'action [« praxis »] [*Politique*, 1254 *a* 7]), n'est-ce pas justement à la vie en tant que « bios » que Patočka identifie l'âme ? Le souci de l'âme patočkien désigne bien le souci de la vie, du « bios ». S'il existe malgré tout des différences entre la conception patočkienne et la conception foucaldienne du souci, il faudra donc en chercher ailleurs la raison (peut-être dans celle-là même qui fait que Foucault refuse d'identifier l'âme et la vie). Nous ne chercherons pas ici cette raison, mais remercions Jean-François Courtine d'avoir attiré notre attention sur le sujet, lors d'une journée d'étude à l'Université de Nantes, le 17 octobre 2008.

Or comment expliquer cette différence du soin de l'âme démocritéen et du soin de l'âme platonicien, et quelles en sont les conséquences? Dans le manuscrit des années soixante-dix, comme dans le séminaire de 1973, Patočka l'explique par la situation géopolitique des deux philosophes grecs, explication qui donnera lieu à la thèse des *Essais hérétiques* suivant laquelle la philosophie advient en reprenant une possibilité qui advient avec la πόλις, la philosophie n'advenant par conséquent véritablement qu'avec Platon : « L'interrogation de Démocrite, souligne Patočka dans le manuscrit, a mûri très loin du centre dramatique des événements qui agitaient alors le monde; sa tranquillité d'âme n'était pas un terrain propre à amener à maturité, par-delà le seul savoir abstrait, un legs effectif de la réalité de la *polis* »[1]. Nous retrouvons cette idée dans le séminaire : « La cité où Démocrite est chez lui [sc. Abdère] est d'ailleurs un peu *procul negotiis* en comparaison du centre mondial qui est la patrie de Platon et sur lequel sa philosophie représente une réflexion incessante »[2]. Autrement dit, si le soin de l'âme platonicien est à la fois différent et plus décisif que le soin de l'âme démocritéen, c'est parce que la réflexion platonicienne se nourrit d'une situation géopolitique à la fois différente et plus décisive. La réflexion platonicienne porte la marque de la situation géopolitique athénienne, mais une marque qui, loin de la réduire à une simple situation, lui donne une dimension universelle. C'est cette universalité qui s'atteste dans le caractère systématique du soin de l'âme platonicien, non au sens de la systématicité d'une vision du monde, mais au sens de la systématicité d'une investigation du monde. En effet, Patočka établit que le soin de l'âme platonicien peut être divisé en trois projets, qui épuisent les formes sous lesquelles le monde se manifeste: a) « une doctrine philosophique universelle qui rapporte l'âme à la structure de l'être », soit un « projet onto-cosmologique (*ontokosmologický rozvrh*) »[3] dans lequel le monde prend la figure de la totalité; b) « une doctrine de la vie du philosophe dans la société et l'histoire », soit un « projet politique » dans lequel le monde prend la figure de la communauté; (c) « une doctrine de l'âme en tant que principe

1. J. Patočka, « Europa und Nach-Europa », p. 256; trad. fr., « L'Europe et après », p. 96-97.

2. J. Patočka, « Platón a Evropa », p. 220; trad. fr., *Platon et l'Europe*, p. 91. Patočka s'appuie sur les analyses de Konrad Gaiser pour établir que la réflexion de Platon s'enracine dans la situation géopolitique athénienne. Voir K. Gaiser, *Platons ungeschriebene Lehre. Studien zur systematischen und geschichtlichen Begründung der Wissenschaften in der Platonischen Schule*, Stuttgart, Klett, 1962.

3. *Ibid.*, respectivement p. 314 et 233; trad. fr., respectivement p. 193 et 105.

de la vie individuelle», soit un «projet existentiel»[1] dans lequel le monde prend la figure de l'individualité. Pour autant, que ce soit dans le *Timée*, la *République* ou le *Phédon* (dialogues auxquels correspond la tripartition du soin de l'âme platonicien), jamais Platon ne transforme ces trois projets en «vision onto-cosmologique», «vision politique» ou «vision existentielle». C'est pourquoi Patočka voit en Platon un penseur «... qui évite toute fixation définitive de ce qu'il avance ...», c'est-à-dire «... un penseur qui comprend la philosophie comme la *praxis vivante* (*živou práci*) [sc. le *travail vivant*] de celui qui se soucie de l'âme ...»[2].

Nous avons jusqu'ici mis en évidence que le soin de l'âme platonicien, c'est-à-dire l'exigence d'auto-détermination de l'âme, l'exigence d'une liberté qui soit en même temps responsabilité – car il s'agit d'une auto-détermination entendue au sens d'une détermination vers l'être (ἀλήθεια) et, partant, vers le bien (ἀγαθόν) –, désigne une véritable activité vivante. Par «activité vivante», il faut entendre trois choses: a) une activité qui engage la vie aussi bien dans sa dimension mentale ou rationnelle que dans sa dimension vitale ou sensible; b) une activité qui s'enracine dans une situation, c'est-à-dire ne se coupe pas de la vie de son temps et du temps passé mais constitue une réflexion incessante sur cette vie; c) une activité qui ne s'achève pas dans une vision, c'est-à-dire qui se garde de tenir ses résultats pour définitifs et ouvre la possibilité de sa reprise infinie par la vie à venir. *Par «activité vivante», il faut donc entendre une activité à la fois enracinée – au sens non seulement du sentiment de la situation (a) mais aussi de la compréhension de la situation (b) – et inachevée (c).* En définissant le soin de l'âme platonicien par l'enracinement et l'inachèvement, Patočka lui accorde les caractéristiques mêmes du mouvement de percée. *Aussi le soin de l'âme platonicien désigne-t-il le mouvement de percée, plus exactement, le mode authentique d'accomplissement du mouvement de percée.* Dans les années soixante-dix, Patočka déploie donc une véritable interprétation phénoménologique du soin de l'âme platonicien à partir de la théorie des trois mouvements (ou événements) de la vie humaine élaborée dans les années soixante. Et nous comprenons mieux alors pourquoi Socrate (dont l'existence fait chez Patočka l'objet d'une méditation continue[3]) a une place centrale dans l'histoire: en tant

1. *Ibid.*, p. 314; trad. fr., p. 193 (nous ajoutons «projet politique» et «projet existentiel»).

2. *Ibid.*, p. 233; trad. fr., p. 106. Sur le bien-fondé de cette thèse de Patočka, nous renvoyons à l'article de Pierre Rodrigo: «"ΤΗΣ ΨΥΧΗΣ ΕΠΙΜΕΛΕΙΣΘΑΙ": Jan Patočka, Platon et la phénoménologie», Athènes, *Diotima*, 19, 1991, p. 120-126.

3. La figure de Socrate traverse l'œuvre de Patočka, des années trente aux années soixante-dix. Patočka y consacre même son cours du semestre d'été 1947 à l'Université

qu'elle incarne le soin de l'âme platonicien, l'existence socratique entérine le premier accomplissement d'une percée authentique, c'est-à-dire le commencement de l'histoire. En effet, dans l'*Apologie de Socrate* ou encore dans le *Criton*, Socrate incarne pleinement le soin de l'âme platonicien, puisqu'il accomplit « ... un souci de l'âme qui se soucie ainsi tout ensemble de la propre âme de celui qui le pratique et, en elle, de l'âme de la communauté ... » (il faudrait même poursuivre : « ... et, en elle, de l'âme de la totalité »). Or pour autant qu'il incarne le soin de l'âme platonicien sous tous ses aspects, existentiel (« propre »), politique (« communauté »), onto-cosmologique (« totalité »), Socrate incarne pleinement la possibilité qui advient avec la πόλις, la liberté responsable, dont nous venons de montrer qu'elle désigne, dans le cas du soin de l'âme platonicien, la percée authentique, c'est-à-dire le monde de la vie authentique. C'est pourquoi la πόλις, en prononçant la mort de Socrate, signe en vérité son propre arrêt de mort. Elle se nie elle-même en niant celui qui l'incarne pleinement en sa possibilité, mais n'annule pas pour autant cette possibilité : « ... le souci de l'âme est la mort de la *polis*, et entre la vie ancienne, fondée sur l'opinion et la tradition, et la vie fondée sur le regard dans ce qui est (fût-ce, pour l'essentiel, en la guise négative de la quête), il n'y aura plus de paix »[1].

Pour terminer cette restitution de la réflexion patočkienne sur le soin de l'âme chez les Grecs, il ne reste plus qu'à voir la manière dont Patočka envisage l'apport fondamental d'Aristote à la conception platonicienne du soin de l'âme. Bien que la conception aristotélicienne du soin de l'âme ne soit pas exposée dans le manuscrit des années soixante-dix, Patočka remarque toutefois à la fin de ce texte : « Chez Démocrite, Platon et Aristote, il s'élabore, pour la postérité historique, un héritage de la *polis*, qui permet d'observer une unité spirituelle dont le lien se maintiendra à travers les transformations sociales les plus étendues »[2]. Mais la question reste ouverte de savoir comment Aristote s'inscrit dans le processus d'élaboration de cette « unité spirituelle » au principe de l'histoire. C'est à cette question que Patočka entreprend de répondre dans la dernière conférence du séminaire de 1973. Nous pourrions résumer sa réponse en disant que l'apport d'Aristote réside dans la problématisation du bien vers lequel l'âme se détermine : « Le bien – souligne Aristote dans l'*Éthique à Nicomaque* – n'est donc pas quelque élément commun dépendant d'une

Charles de Prague, inédit en français mais disponible en italien. Voir *Sókratés* [1947], Praha, Archivní soubor, 1985 ; trad. it. M. Cajthaml, *Socrate : Lezioni di filosofia antica*, Milano, Bompiani, 2003.

1. J. Patočka, « Europa und Nach-Europa », p. 261 ; trad. fr., « L'Europe et après », p. 102.

2. *Ibid.*, p. 286-287 ; trad. fr., p. 134.

Idée unique »[1]. Pour autant, cette problématisation n'implique pas une relativisation du bien, qu'il s'agisse du bien propre ou du bien commun. En effet, Patočka précise : « Aristote dit seulement que celui-ci [sc. le bien] n'est pas *déjà là*, qu'il n'est pas antérieur à l'homme, mais que c'est l'homme qui découvre le bien par le mouvement de sa vie et qu'aucune Idée ne peut le dispenser de cette quête »[2]. Aristote dévoile la problématicité de la vie humaine à partir d'une critique radicale de l'Idée platonicienne, ouvrant ainsi la voie à une interprétation phénoménologique du soin de l'âme platonicien. Bien entendu, il ne s'agit pas encore d'un véritable dévoilement de la problématicité de la vie humaine à partir d'une critique véritablement radicale de l'Idée platonicienne, puisqu'il reste chez le Stagirite un *déjà là* qui identifie le mouvement de la vie humaine à l'actualisation d'une puissance, et non à la réalisation d'une possibilité. Mais il n'en demeure pas moins que, par sa réflexion sur la possibilité qui advient avec la πόλις, la philosophie grecque, des Présocratiques à Aristote, en passant par Platon, ouvre la voie à une nouvelle compréhension de la vie humaine, à une compréhension de la vie humaine comme existence, voire événement – c'est-à-dire « *possible* »[3]. Et c'est par rapport à cette compréhension authentique de la vie humaine que l'histoire va désormais devoir essentiellement se déterminer.

§ 23. *Souci d'être ou souci d'avoir*

Pour achever la description de la genèse de l'histoire européenne et mondiale à partir du soin ou souci de l'âme (*péče* ou *starost o duši*), examinons maintenant la naissance de l'Europe en tant que telle, en tant que réalité politique. Simple concept géographique dans l'Antiquité, l'Europe ne devient une réalité politique qu'au Moyen Âge, puisque l'Europe s'unifie, comme le remarque Patočka, « par les croisades contre le monde islamique (mais aussi, dans la quatrième croisade, contre Byzance) »[4].

1. Aristote, *Éthique à Nicomaque*, 1096 *b* 25.

2. J. Patočka, « Platón a Evropa », p. 348-349 ; trad. fr., *Platon et l'Europe*, p. 230 (nous soulignons).

3. En effet, Patočka affirme : « Le but des efforts, ce n'est pas ici [sc. dans la πόλις] la vie pour la vie (quelle qu'elle soit), mais seulement la vie pour et par la liberté, vie qui est ici comprise, c'est-à-dire activement saisie, *en tant que possible* ». Et de souligner : « C'est ce qui rend cette politique originaire plus proche de la philosophie que ne le sont même la religion et l'art, quelle que soit par ailleurs leur importance dans la vie spirituelle ». *Cf.* « Vlastní glosy ke "Kacířským esejům" », p. 135 ; trad. fr., « Gloses », p. 179.

4. J. Patočka, « Evropa a evropské dědictví do konce 19. století », p. 85 ; trad. fr., « L'Europe et l'héritage européen jusqu'à la fin du XIXe siècle », p. 107.

L'Europe s'unifie au Moyen Âge contre le monde islamique et le monde byzantin, ou plus exactement, s'affirme comme une variante du *sacrum imperium* qui s'oppose aux variantes islamique et byzantine. Or qu'est-ce que cette idée européenne du *sacrum imperium*? En quoi constitue-t-elle une reprise de l'héritage de la πόλις et de la philosophie grecque, c'est-à-dire une reprise du souci de l'âme? L'idée européenne du *sacrum imperium*, c'est avant tout l'idée de la distinction du pouvoir spirituel et du pouvoir temporel, mais entendue au sens du primat du pouvoir spirituel sur le pouvoir temporel. C'est ce primat du pouvoir spirituel sur le pouvoir temporel qui conduit Patočka à souligner l'ambivalence de l'idée européenne du *sacrum imperium*: d'un côté, elle marquerait l'échec du projet politique du souci de l'âme, qui réside dans la réalisation d'une communauté autonome par rapport au pouvoir religieux entendu au sens du pouvoir traditionnel, fondé sur l'opinion (δόξις); de l'autre, elle constituerait une reprise du projet politique du souci de l'âme, puisque le pouvoir religieux ne désigne plus ici un simple pouvoir traditionnel mais aussi un pouvoir proprement spirituel, fondé sur la vérité (ἀλήθεια). Bien qu'elle ne puisse être pensée comme l'accomplissement du projet politique du souci de l'âme, l'idée européenne du *sacrum imperium* continue toutefois le « projet d'un État fondé dans l'esprit »[1] sous une nouvelle forme, qui n'est pas l'« État temporel des Césars, avec son oscillation trop humaine entre l'arbitraire et la volonté de légalité, entre le despotisme de l'état de nature et le "droit naturel" », mais une « … communauté directement fondée dans une *vérité absolue*, qui n'est pas de ce monde-ci, mais de ce monde-là, et dont les normes et l'archétype sont donnés, non par la puissance des hommes, mais par la puissance de Dieu … »[2]. *Loin de signer l'échec du projet politique du souci de l'âme, l'idée européenne du sacrum imperium marque donc simplement l'échec de son accomplissement par la πόλις athénienne et l'Empire romain.* C'est pourquoi Patočka affirme: « L'histoire européenne, la naissance de l'Europe en tant que réalité politique, se fait en deux temps qui ont le caractère d'une destruction créatrice »[3]. Née sur les ruines d'Athènes et de Rome, l'Europe hérite donc de leur idéal, qui n'est autre que le souci de l'âme.

1. J. Patočka, « Europa und Nach-Europa », p. 265; trad. fr., « L'Europe et après », p. 108.

2. J. Patočka, « Evropa a evropské dědictví do konce 19. století », p. 86-87; trad. fr., « L'Europe et l'héritage européen jusqu'à la fin du XIXe siècle », p. 109 (nous soulignons et modifions la traduction).

3. J. Patočka, « Platón a Evropa », p. 158; trad. fr., *Platon et l'Europe*, p. 18.

Patočka consacre plus d'analyses à la πόλις athénienne qu'à l'Empire romain, mais il n'en considère pas moins le rôle déterminant de ce dernier dans la naissance de l'Europe en tant que réalité politique, jusqu'à parler de « La romanité, qui a engendré l'Église catholique [et, partant, l'idée européenne du *sacrum imperium*, c'est-à-dire l'Europe médiévale] et presque tous les États modernes [sc. l'Europe et le monde modernes] ... »[1]. Cependant, il est vrai que, dans cette naissance, l'Empire romain n'a pas le même statut que la πόλις athénienne : *alors que la πόλις athénienne a un rôle fondateur, l'Empire romain assure un rôle de passeur, non seulement de l'héritage grec, mais aussi de l'héritage juif*[2]. Toutefois, à l'inverse notamment de Levinas, ou encore de Strauss avant lui[3], Patočka ne considère pas l'héritage juif comme une source première de l'Europe. Son argument consiste à souligner que le judaïsme, comme le christianisme qui en est issu, n'est devenu une source majeure de l'Europe qu'en passant par la philosophie grecque. Seule la philosophie grecque pourrait donc être envisagée comme une source première de l'Europe : « L'élément juif, dont l'importance capitale dans la tradition judéo-chrétienne européenne ne saurait être niée, a dû s'helléniser, passer par la pensée grecque, avant de pouvoir devenir ce qu'il est pour l'Europe ». Et Patočka poursuit : « On parle des dogmes chrétiens, mais les dogmes chrétiens étaient *justifiés*. Les dogmes chrétiens n'étaient pas de simples mythes; et l'idée même de l'autre monde, du monde vrai, ainsi que d'une divinité qui est la divinité du bien pur, c'est *chez Platon* et nulle part ailleurs qu'elle se présente *pour la première fois* »[4]. Bien entendu, cela ne revient pas à nier le caractère originaire de l'héritage juif. Pour Patočka, l'héritage juif est en lui-même aussi originaire que l'héritage grec, contrairement à l'héritage romain, qui se veut, en quelque sorte, l'héritage de ces deux héritages, c'est-à-dire un héritage du second degré. L'héritage juif et l'héritage grec sont aussi

1. J. Patočka, « Vlastní glosy ke "Kacířským esejům" », p. 135; trad. fr., « Gloses », p. 180.

2. Sur ce point, nous renvoyons au livre de Rémi Brague : *Europe, la voie romaine*, Paris, Gallimard, 1999.

3. Strauss et Levinas considèrent que l'Europe a deux sources premières, la Bible et les Grecs, et non simplement les Grecs. Voir L. Strauss, « Progress or Return? » [1952], in *The Rebirth of Classical Political Rationalism*, Chicago, The University of Chicago Press, 1989, p. 239 et 245; trad. fr. P. Guglielmina, « Progrès ou retour? », dans *La renaissance du rationalisme politique classique*, Paris, Gallimard, 1993, p. 318 et 324; E. Levinas, *Les imprévus de l'histoire* [1980], Paris, Le Livre de Poche, 1999, p. 181; E. Levinas, *Emmanuel Levinas : essai et entretiens* [1987], Arles, Actes Sud, 1996, p. 113.

4. J. Patočka, « Platón a Evropa », p. 228; trad. fr., *Platon et l'Europe*, p. 100 (nous soulignons comme dans la version originale et modifions la traduction).

originaires du point de vue de leur horizon propre (pour l'héritage juif, la foi, pour l'héritage grec, le souci[1]), mais non du point de vue de l'histoire. Certes, comme Patočka le montre dans les années cinquante[2], la foi se différencie du mythe par une nouvelle compréhension de la vie, où ne prime plus l'horizon de l'être-été (*Gewesenheit*), mais l'horizon de l'à-venir (*Zu-kunft*), c'est-à-dire l'horizon de l'historialité (*Geschichtlichkeit*). Mais comme il l'écrit dans les années soixante-dix, cette nouvelle compréhension de la vie n'entérine pas pour autant l'avènement de l'histoire: «… elle [sc. la vie des prophètes juifs, la vie issue de la foi] fait signe en direction d'une vie issue de la liberté, sans être pour autant une telle vie, car la liberté comme thème effectif demeure absente»[3].

Pourquoi la liberté n'est-elle pas thématique dans la compréhension prophétique de la vie? Pourquoi la compréhension prophétique de la vie ne peut-elle prétendre au statut de compréhension authentique de la vie? Cette thèse semble d'autant plus paradoxale que la compréhension prophétique de la vie apparaît bien chez Patočka, du moins dans les années cinquante, comme une compréhension de la vie à partir de l'avenir, c'est-à-dire une compréhension de la vie à partir de son horizon propre. Et comment la compréhension prophétique de la vie peut-elle bien être une compréhension inauthentique de la vie, alors qu'elle constitue une compréhension de la vie à partir de son horizon propre? Pouvons-nous expliquer ce paradoxe à partir d'une rupture dans la pensée de Patočka, entre les années cinquante et les années soixante-dix? Cette hypothèse est peu probable, pour deux raisons: a) d'une part, dans les années soixante-dix, Patočka affirme encore que la compréhension prophétique de la vie constitue «… une transformation intégrale, qui affecte la vie en totalité»[4] – continuant ainsi à envisager une affinité plus grande entre la foi et la philosophie, c'est-

1. La définition patočkienne de l'héritage grec par le *souci* bat en brèche l'idée assez communément admise selon laquelle l'héritage grec réside dans le *savoir*. Elle met en lumière que l'héritage grec consiste moins en l'affirmation de la *raison* qu'en l'affirmation de la *liberté*, l'héritage grec partageant dès lors avec l'héritage juif, c'est-à-dire avec la *foi*, une même compréhension de la vie à partir de l'*avenir* – leur différence résidant avant tout, nous le verrons, dans le fait qu'il s'agit pour le premier d'un «avenir *dans le monde*», alors qu'il s'agit pour le second d'un «avenir *hors monde*».

2. J. Patočka, «[Studie o času II]» [1952], SS, 3, p. 647; trad. fr. E. Abrams, «Le temps, le mythe, la foi», dans *L'art et le temps*, Paris, Presses Pocket, 1992, p. 40 et 41. Pour une analyse approfondie de ce manuscrit, nous renvoyons à l'article de Karel Novotný: «Historicité et altérité: la philosophie de l'histoire de Jan Patočka entre 1934 et 1954», Praha, CTS-99-15, 1999 (disponible aux Archives Patočka de Prague).

3. J. Patočka, «Vlastní glosy ke "Kacířským esejům"», p. 133; trad. fr., «Gloses», p. 177.

4. *Ibid.*, p. 133; trad. fr., p. 177.

à-dire la foi et l'histoire, qu'entre la foi et le mythe ; b) d'autre part, dans les années cinquante, il affirme déjà que la foi ne se confond absolument pas avec la philosophie[1] – annonçant ainsi l'idée selon laquelle la compréhension prophétique de la vie, malgré la transformation intégrale de la vie qu'elle engendre, demeure une compréhension préhistorique de la vie. Or, à partir du moment où nous ne pouvons vérifier l'hypothèse d'une rupture dans la pensée de Patočka, avons-nous d'autre choix que de conclure au statut essentiellement paradoxal de la compréhension prophétique de la vie ? La compréhension prophétique de la vie serait donc bien une compréhension de la vie à partir de son horizon propre, mais cet horizon, c'est-à-dire l'à-venir, n'y serait toujours pas envisagé *comme tel*, c'est-à-dire comme monde, plus précisément, comme essence événementiale, historiale du monde. Ce serait une compréhension de la vie à partir de ce que l'on pourrait appeler un « à-venir *hors monde* », c'est-à-dire un à-venir gagé sur une puissance qui continue à maintenir la vie dans l'« hétéronomie (*heteronomie*) »[2]. Si Patočka n'accorde pas au judaïsme le pouvoir d'ouvrir l'histoire européenne, et donc mondiale, c'est parce que le judaïsme est, comme le christianisme qui en provient, « … originairement, en ses espérances eschatologiques, sans monde (*weltlos*) », si bien qu'« … il n'a pu devenir lui-même historique (*geschichtlich*) qu'en entrant dans un monde *déjà* historique »[3].

Contrairement à l'héritage grec, l'héritage judéo-chrétien ne se déploie pas originairement comme *souci de l'âme*, c'est-à-dire *souci de la réalisation dans le monde d'un monde de la vérité et de la justice*[4]. Et s'il a pu en venir à se déployer comme souci de l'âme dans l'idée européenne du *sacrum imperium*, ce n'est qu'en passant par la philosophie grecque, l'*imperium romanum* étant le lieu de ce passage, le lieu de l'hellénisation de l'héritage judéo-chrétien. C'est pourquoi Patočka ne voit dans l'héritage romain que la reprise de l'héritage grec : « L'héritage de l'Empire romain est donc lui-même la continuation d'un autre héritage légué par la *polis* grecque à ses successeurs, hellénistique et romain, et qui se résume dans l'aspiration vers une communauté de la justice et de la vérité, comprise

1. J. Patočka, « [Studie o času II] », p. 650 ; trad. fr., « Le temps, le mythe, la foi », p. 46.

2. *Ibid.*, p. 133 ; trad. fr., p. 177.

3. J. Patočka, « Die Epochen der Geschichte », p. 186 ; trad. fr., « Le schéma de l'histoire », p. 17 (nous soulignons et modifions la traduction).

4. Dans le séminaire de 1973, Patočka écrit explicitement : « *L'homme est ou du moins, en certaines circonstances, serait à même de faire du monde humain un monde de la vérité et de la justice. Comment atteindre cela – voilà justement l'objet du souci de l'âme* ». *Cf.* « Platón a Evropa », p. 180 ; trad. fr., *Platon et l'Europe*, p. 44.

grâce au regard dans ce qui est, qui constitue l'idée morale culminante de la philosophie classique »[1]. Cette idée des *Essais hérétiques* se trouve déjà énoncée à l'identique, ou peut-être de manière un peu plus pathétique à cause du contexte de clandestinité, dans le séminaire de 1973 : « La *polis* grecque laisse un *héritage*, l'héritage de la réflexion sur un État où les philosophes pourront vivre, un État de la justice fondée, non pas sur la simple tradition, mais sur le *regard dans ce qui est.* Après la catastrophe des cités grecques, à l'époque hellénistique, quand naissent les royaumes des diadoques et enfin l'Empire romain[2], dernière grande puissance hellénistique, ce sont de nouveau les philosophes [sc. les stoïciens] qui viennent avec ce programme, disant bien que cet État devait être une patrie de la justice, un État de philosophes »[3]. La question demeure toutefois de savoir comment le souci de l'âme se manifeste au sein même de l'Empire romain, comment le programme de stoïciens tels que Cicéron (avant l'*imperium*) et Sénèque (pendant l'*imperium*) se réalise. Là encore, la réponse (assez classique pour que Patočka n'ait besoin de la justifier) est absolument identique dans les *Essais hérétiques* et le séminaire de 1973 : « Dans l'Empire romain, déclare Patočka dans les *Essais hérétiques*, ... le souci de l'âme prend la forme d'une aspiration à étendre le droit à l'ensemble de l'*oikoumené* que l'empire englobe ... »; « ... l'Empire romain, confirme-t-il dans le séminaire, vit spirituellement de l'héritage de la *polis* grecque, en ce sens qu'il se veut un État de droit, un État où la *ius civile* se fonde sur la *ius gentium*, qui dérive de ce qu'ont pensé les philosophes grecs, notamment Platon et Aristote, de leurs réflexions sur un État de justice »[4]. Autrement dit, dans l'Empire romain, le souci de l'âme se manifeste à travers la constitution du premier système juridique de l'histoire européenne.

Patočka souscrit donc bien à l'idée selon laquelle l'Europe doit aux Grecs la naissance de la politique et aux Romains la naissance du juridique. Mais il ne conçoit jamais ces deux naissances séparément. Il les conçoit

1. J. Patočka, « Evropa a evropské dědictví do konce 19. století », p. 87; trad. fr., « L'Europe et l'héritage européen jusqu'à la fin du XIXe siècle », p. 109.

2. Patočka dit bien « monarchie romaine (*římská monarchie*) » et non « Empire romain » dans le texte original, mais il s'agit évidemment d'une erreur que nous nous permettons de corriger (la monarchie romaine ne succède pas aux royaumes des successeurs d'Alexandre le Grand mais les précède d'au moins quatre siècles !).

3. J. Patočka, « Platón a Evropa », p. 227; trad. fr., *Platon et l'Europe*, p. 98-99 (traduction modifiée).

4. J. Patočka, « Evropa a evropské dědictví do konce 19. století », p. 88; trad. fr., « L'Europe et l'héritage européen jusqu'à la fin du XIXe siècle », p. 111; J. Patočka, « Platón a Evropa », p. 158; trad. fr., *Platon et l'Europe*, p. 19.

toujours comme le *déploiement d'un même principe*, si bien qu'elles constituent autant de moments dans le mouvement non nécessaire de réalisation dans le monde d'un monde de la vérité et de la justice[1]. Or ce principe advient d'abord avec les Grecs, et non avec les Romains, les Juifs ou les Chrétiens, qui le reprennent, le transforment, mais n'en sont pas pour autant à l'origine. C'est pourquoi l'héritage grec prime sur tout autre héritage: « Dans ma conception, telle que j'ai tenté de la définir ici, l'Europe repose sur *un seul pilier* [sc. les Grecs] – et ce parce que *l'Europe est regard dans ce qui est*, l'Europe est vie fondée sur le regard dans ce qui est (*život založený na nahlédnutí*) »[2]. Pour Patočka, l'histoire européenne se déploie donc à partir du projet d'une vie fondée sur le regard dans ce qui est, le « regard dans ce qui est » désignant moins le « savoir de ce qui est » que le « souci de ce qui est », c'est-à-dire le regard en tant qu'*intuitus*, qui à la fois garde de l'œil, surveille et a des égards pour, se soucie de. Pour autant, il n'idéalise nullement la cité athénienne, comme il n'idéalise pas non plus les accomplissements ultérieurs du principe sur lequel elle repose : la cité athénienne, l'Empire romain et le Saint Empire sont de simples moments dans le mouvement non nécessaire de réalisation d'une vie fondée sur le souci de l'être, qui est à la fois souci de la vérité et souci de la justice. Dans le séminaire de 1973, Patočka déclare: « Il [sc. l'Empire romain] succombe en grande partie parce que, comme la *polis* grecque, il n'a pas su convaincre son public qu'il était réellement un État de justice ». Toujours dans le même texte, il remarque que le Saint Empire n'est pas lui non plus une parfaite réalisation du souci de l'être : « ... cette désunion [sc. la désunion des États modernes qui suit l'effondrement du Saint Empire, au début du XIXe siècle] n'est pas non plus un facteur purement et simplement négatif »[3]. Et dans un texte contemporain du séminaire de 1973, il dit exactement la même chose de l'Europe moderne : « Peut-être la fin de l'Europe [sc. de l'Europe moderne après les deux guerres mondiales, au milieu du XXe siècle] a-t-elle un sens positif »[4]. Bien que le mouvement de réalisation d'une vie fondée sur le souci de l'être ne soit pas un mouvement

1. Nous pourrions aussi bien dire : « le mouvement non nécessaire de réalisation dans le monde d'un monde de la liberté et de la responsabilité, d'un monde de la vie authentique ».

2. J. Patočka, « Platón a Evropa », p. 228; trad. fr., *Platon et l'Europe*, p. 100 (traduction modifiée).

3. *Ibid.*, respectivement p. 227 et 157; trad. fr., respectivement p. 99 et 17 (traduction modifiée).

4. J. Patočka, « Die nacheuropäische Epoche und ihre geistigen Probleme » [1re moitié des années 70], in *Péče o duši*, III, Praha, Archivní soubor, 1988, p. 375; trad. fr. E. Abrams, « L'époque posteuropéenne et ses problèmes spirituels », dans *L'Europe après l'Europe*, Lagrasse, Verdier, 2007, p. 212.

nécessaire (ni au sens d'un progrès ni au sens d'une fin nécessaire), nous voyons donc néanmoins s'esquisser une téléologie de l'histoire européenne profondément optimiste[1], puisque la fin de chaque moment de cette histoire est envisagée de manière positive.

Que la fin de chaque moment de l'histoire européenne soit envisagée sous un angle positif est d'autant plus remarquable que Patočka est un penseur de la crise de l'histoire européenne, un penseur dont la relecture de l'histoire européenne est commandée par l'exigence de comprendre le déclin de l'Europe moderne suite à la Première Guerre mondiale. Mais il faut souligner au moins deux choses : a) d'une part, il n'y a, chez Patočka, aucune nostalgie de l'hégémonie mondiale de l'Europe moderne, puisqu'il suggère que la fin de l'Europe moderne a un « sens positif », et justifie cette thèse en décelant les germes de son déclin dans son essor même, c'est-à-dire dès le XVIe siècle; b) d'autre part, il n'y a pas non plus chez lui de critique de la modernité au bénéfice de l'idéalisation du Moyen Âge et de l'Antiquité, puisqu'il soutient que la fin du Saint Empire, comme celle de l'Empire romain et de la cité athénienne, n'est pas un « facteur purement et simplement négatif », et justifie cette thèse en ramenant le tournant du XVIe siècle à une tension présente dans la genèse de l'histoire européenne, c'est-à-dire dès le Moyen Âge et l'Antiquité. Pour le premier point, précisons que les germes du déclin de l'Europe moderne résident dans une transformation qui affecte le principe du souci de l'âme au XVIe siècle : « Il y a longtemps que le souci de l'âme a subi une singulière transformation – explique Patočka dans le séminaire de 1973 –, qu'il s'est pour ainsi dire estompé sous les alluvions de quelque chose qu'on pourrait appeler le souci, le soin de la *domination du monde*. C'est là une autre histoire, elle aussi unique, qui recèle le germe de ce qui s'est produit devant nos yeux : la *disparition de l'Europe*, vraisemblablement pour toujours »[2]. Et dans les *Essais hérétiques*, il précise : « Le grand tournant de la vie de l'Europe occidentale semble se placer au XVIe siècle. C'est à dater de cette époque qu'un autre

1. Contrairement à la téléologie husserlienne de l'histoire européenne, la téléologie patočkienne de l'histoire européenne n'est plus simplement une téléologie de la raison, c'est-à-dire une téléologie « de la liberté et de la responsabilité dans la pensée », mais une téléologie de la vie, c'est-à-dire une téléologie « de la liberté et de la responsabilité dans l'être ». À ce titre, Patočka affirme bien que « La philosophie de Heidegger, dont l'axe central n'est pas moins étroitement lié à la pensée philosophique que la phénoménologie husserlienne, est cependant mieux adaptée à servir de point de départ à une philosophie de l'histoire, dans la mesure où elle-même part de la liberté et de la responsabilité dans l'être de l'homme, et non pas seulement dans la pensée ». *Cf.* « Počátek dějin », p. 60; trad. fr., « Le commencement de l'histoire », p. 76.

2. J. Patočka, « Platón a Evropa » p. 228; trad. fr., *Platon et l'Europe*, p. 99.

thème, à l'opposé du souci de l'âme, se porte au premier plan, accapare et transforme un domaine après l'autre – politique, économie, foi et savoir –, imposant partout un style nouveau. Le souci d'*avoir*, le souci du monde extérieur et de sa domination, l'emporte sur le souci de l'*âme*, le souci d'*être* »[1]. Le principe du déclin de l'Europe moderne est donc bien identique au principe de son essor – principe qui advient d'une transformation radicale du souci de l'âme au XVIe siècle, plus précisément, d'une inversion du souci d'être (*starost být*) en souci d'avoir (*starost mít*).

La question reste de savoir si le souci d'être et le souci d'avoir sont deux principes différents, ou s'ils sont deux tendances différentes et contradictoires d'un même principe, c'est-à-dire du souci de l'âme. Le principe du déclin et de l'essor de l'histoire européenne est-il ou non identique au principe de sa genèse? Cette question nous conduit au second point, dans lequel nous avancions que Patočka rabat le tournant du XVIe siècle sur une tension présente dans la genèse de l'histoire européenne. Cela se déduit aisément de son entreprise, qui consiste, comme nous le disions au début, à « Faire tourner toute la marche de l'histoire européenne autour d'*un seul principe* ... », autour du souci de l'âme, auquel pourraient donc être reconduits la genèse, l'essor et le déclin de l'Europe. Mais il est beaucoup moins aisé de montrer dans quelle mesure il parvient à réaliser cette entreprise téméraire – ou du moins de reconstruire systématiquement son argumentation à partir des textes qui envisagent cette question. Commençons par le manuscrit des années soixante-dix, où Patočka soutient explicitement que le souci de l'âme est traversé par une tension entre les deux tâches qui le caractérisent : a) d'une part, l'objectivité de la connaissance, c'est-à-dire « ... les choses "connues" qui ont à nous mettre sous les yeux, à divulguer ce qui en elles se tient dans le retrait ... »; b) d'autre part, la responsabilité de l'action, c'est-à-dire « ... l'homme qui se transforme lui-même et se lie à travers sa réflexion fondée ... ». Et « Ceci [sc. la tension] se révélera profondément funeste, remarque-t-il, non pas tout de suite, mais plus tard, quand le savoir humain objectif, s'accroissant, se sera mué en des accumulations démesurées de connaissances spécialisées, qui nivelleront le rôle de la morale à celui d'une simple conscience professionnelle, et quand aura pris le dessus l'idée d'un savoir efficace ... »[2]. *Le souci d'avoir n'est donc nullement un second principe, mais la forme que prend*

1. J. Patočka, « Evropa a evropské dědictví do konce 19. století », p. 88; trad. fr., « L'Europe et l'héritage européen jusqu'à la fin du XIXe siècle », p. 111.

2. J. Patočka, « Europa und Nach-Europa », respectivement p. 207 et 243-244; trad. fr., « L'Europe et après », respectivement p. 37 et 81.

le souci de l'âme quand, en lui, l'action est subordonnée à l'objectivité d'une connaissance par essence non responsable. Revenons ensuite au séminaire de 1973 pour voir comment Patočka conçoit la possibilité de cette subordination de l'action à la connaissance dans le souci de l'âme – c'est-à-dire dans le soin de l'âme platonicien[1]. D'une certaine manière, nous l'avons déjà dit à plusieurs reprises (à travers l'analyse du *Platonisme négatif* ou encore l'apport d'Aristote au soin de l'âme platonicien) : cette subordination de l'action à la connaissance repose sur la possibilité de ramener l'Idée, et donc aussi l'idée de l'homme, à un étant indivisible et immobile, saisissable dans un regard et exprimable dans un discours[2]. La possibilité d'une transformation radicale du souci de l'âme en souci d'avoir réside avant tout dans l'essence métaphysique de l'Idée platonicienne.

Reste à déterminer comment se produit cette radicalisation du souci de l'âme en souci d'avoir. Pour l'expliquer, nous pourrions partir de l'idée de Nietzsche selon laquelle « le christianisme est un platonisme pour le "peuple" »[3] – idée que Patočka utilise à contre-emploi, montrant que l'emploi nietzschéen manifeste une incompréhension aussi bien du platonisme que du christianisme, mais qu'un autre emploi en manifeste la pertinence[4]. Cet autre emploi consiste à affirmer que le platonisme et le christianisme se sont moins révélés à eux-mêmes dans leur rencontre que progressivement déformés, produisant, à terme, cette radicalisation du souci de l'âme en souci d'avoir. En effet, en se rencontrant, plus précisément, en se redécouvrant à la fin du Moyen Âge[5], platonisme

1. Toute l'œuvre de Patočka n'est peut-être elle-même qu'une tentative pour couper court à cette subordination, qui correspond au phénomène de l'idéologie, sans que la connaissance philosophique délaisse le champ de l'action historico-politique.

2. Patočka écrit à ce titre : « L'idéal philosophique de la *vie dans la vérité* prend ici la forme d'un idéal *métaphysique* ». *Cf.* « Platón a Evropa », p. 241 ; trad. fr., *Platon et l'Europe*, p. 114.

3. F. Nietzsche, *Jenseits von Gut und Böse*, Nietzsche Werke, VI/2, Berlin, De Gruyter, 1968, p. 4; trad. fr. C. Heim, *Par-delà bien et mal*, Paris, Gallimard, 1998, p. 18.

4. J. Patočka, « Platón a Evropa », p. 228; trad. fr., *Platon et l'Europe*, p. 100; voir aussi : J. Patočka, « Je technická civilizace úpadková, a proč? » [1975], SS, 3, p. 107; trad. fr. E. Abrams, « La civilisation technique est-elle une civilisation de déclin, et pourquoi ? », dans *Essais hérétiques sur la philosophie de l'histoire*, Lagrasse, Verdier, 1999, p. 139.

5. Patočka ne cite aucun nom à l'appui de sa démonstration, mais nous pouvons penser à la redécouverte du platonisme par le philosophe et théologien allemand Nicolas de Cues (1401-1464), qui vient emprunter la voie ouverte par le néoplatonisme d'une utilisation des mathématiques en théologie (*De Docta Ignorantia*, 1440, *De Mathematica Perfectione*, 1458). Mais cette utilisation est encore symbolique chez Nicolas de Cues, c'est-à-dire ne prétend pas, comme chez Kepler (1571-1630), à une véritable construction mathématique de la théologie.

et christianisme se seraient mutuellement renforcés dans certains de leurs présupposés fondamentaux, mais non déterminants quant à leur signification profonde : a) pour le platonisme, il s'agit du présupposé métaphysique de l'Idée – qui n'est autre que « … la doctrine de l'objectivation idéalisante qui pose *a priori* comme étant réels les résultats de cette objectivation »[1] ; b) pour le christianisme, il s'agit du présupposé, plus généralement judéo-chrétien, d'une domination de la nature par l'homme : « … remplissez la terre, et vous l'assujettissez, et dominez sur les poissons de la mer, sur les oiseaux du ciel, et sur tous les animaux qui se meuvent sur la terre » (*Genèse*, I, 28). Or comme l'explique Patočka, à partir de la fin du Moyen Âge, c'est désormais « … dans le cadre de cette nature que l'homme [sc. l'homme judéo-chrétien, puis l'homme en général] s'efforce de réaliser sa liberté – conçue à la manière de Platon : comme ce au-dessus de quoi il se tient, le saisissant de son regard idéel »[2]. Et c'est bien le XVIe siècle qui entérine cette nouvelle manière pour l'homme de réaliser sa liberté, car il marque le moment où l'homme commence à regarder la nature comme « quelque chose de formel – l'objet des sciences mathématiques de la nature »[3]. Quant à la nature de l'homme, elle ne tardera pas à devenir elle aussi l'objet de ce « regard idéel (*ideový pohled*) », que le tchèque permet également de rendre par « regard idéologique ». Après les sciences mathématiques de la nature, viendront les « sciences mathématiques de l'homme », puisque le XVIIIe siècle voit les débuts de la construction mathématique de la biologie et, surtout, de l'économie. Après avoir aliéné la nature à son regard (au sens du regard idéel, par opposition au regard réel ou non idéologique que désigne le « regard dans ce qui est », l'« intuitus »), *l'homme s'aliénera lui-même à son propre regard*, et perdra progressivement la liberté qu'il avait imaginé gagner en en subordonnant la responsabilité de son action à l'objectivité de sa connaissance.

1. J. Patočka, *Conférences de Louvain* [1965], Bruxelles, Ousia, 2001, p. 58. Soulignons que la conférence précise dont est extraite cette citation (« La mathématisation de la nature : l'étape képlérienne ») est extrêmement intéressante par la manière dont Patočka vient approfondir les analyses husserliennes de la *Krisis* en pensant la continuité entre mathématisation directe et mathématisation indirecte de la nature à travers le platonisme que Kepler et Galilée héritent de Copernic – via Rheticus.

2. J. Patočka, « Je technická civilizace úpadková, a proč ? », p. 110 ; trad. fr., « La civilisation technique est-elle une civilisation de déclin, et pourquoi ? », p. 143.

3. J. Patočka, « Mají dějiny smysl ? », p. 76 ; trad. fr., « L'histoire a-t-elle un sens ? », p. 96.

§ 24. *Le concept de surcivilisation*

En plaçant l'advenue du souci d'avoir au XVIe siècle, Patočka sait qu'il s'agit d'un simple marquage symbolique – dont l'événement de référence est vraisemblablement la révolution copernicienne (*De Revolutionibus*, 1543). Ce marquage est symbolique pour deux raisons : a) d'une part, cette advenue aurait pu être placée soit avant, soit après, Patočka soulignant lui-même que le projet d'une mathématisation de la nature, « en germination depuis le XIVe siècle », « s'impose définitivement au XVIIe siècle »[1] ; b) d'autre part, ce projet n'est pas encore complètement disjoint, aux XVIe et XVIIe siècles, du projet onto-cosmologique du souci de l'âme, puisque « … la science de la Renaissance, celle des Copernic, des Kepler et des Galilée, se réclame encore clairement de la *theoria* antique comme moment du soin de l'âme »[2]. Pourquoi Patočka fait-il donc le choix de placer l'advenue du souci d'avoir au XVIe siècle, sinon pour dire que, malgré l'antériorité du projet d'une *mathématisation de la nature*, et la persistance du souci de l'âme comme souci d'être, les conditions sont désormais réunies ? Et outre la *révolution scientifique* que constitue la révolution copernicienne, quelles sont les conditions de cette advenue ? Patočka en distingue essentiellement une autre : la *révolution religieuse* que constitue la Réforme (Luther et ses « 95 thèses », 1517). Bien qu'il ne le dise pas expressément, Patočka n'ignore pas non plus que la Réforme, et son projet d'une *laïcisation du christianisme*, en germination depuis le depuis le XIVe siècle (avec les écrits du théologien anglais John Wyclif), s'impose définitivement au XVIIe siècle (avec les traités de Westphalie, qui mettent fin en 1648 à la guerre de Trente Ans, en reconnaissant les droits de la Réforme luthérienne et calviniste dans le Saint Empire). Il sait également que la Réforme, comme la révolution copernicienne, relève encore du souci de l'âme, c'est-à-dire du souci de la vérité, de la liberté pour la vérité, d'autant plus qu'entre Wyclif et Luther, c'est le théologien tchèque Jan Hus qui est venu défendre les idées de la Réforme, laissant à ses compatriotes une devise que nous pouvons lire aujourd'hui, comme Patočka en son temps, sur le drapeau de la présidence : « La vérité vaincra (*Pravda vítězí*) »[3]. N'y a-t-il donc pas un paradoxe à voir, dans ces deux événements

1. J. Patočka, « Je technická civilizace úpadková, a proč ? », p. 110 ; trad. fr., « La civilisation technique est-elle une civilisation de déclin, et pourquoi ? », p. 143.

2. J. Patočka, « Evropa a evropské dědictví do konce 19. století », p. 90 ; trad. fr., « L'Europe et l'héritage européen jusqu'à la fin du XIXe siècle », p. 114.

3. Sur la manière dont Patočka envisage la place de la révolution hussite dans l'histoire tchèque et européenne, nous renvoyons à l'essai manuscrit du milieu des années soixante-dix qui s'intitule « Was sind die Tschechen ? », in *Schriften zur tschechischen Kultur und*

proprement spirituels, les conditions de l'advenue du souci d'avoir, c'est-à-dire du pendant *non spirituel* du souci de l'âme ?

Là encore, nous pouvons observer que Patočka a totalement conscience du paradoxe associé à cette conception de l'advenue du souci d'avoir : « Ce sont donc des thèmes *spirituels*, remarque-t-il dans les *Essais hérétiques*, qui s'associent pour aboutir à une conception qui n'a rien de spirituel, à la compréhension entièrement "pratique", mondaine et *matérielle* du réel comme objet de la domination exercée par notre pensée et nos mains »[1]. Il y a donc bien une sorte de « saut » entre le spirituel et le matériel, dévoilant que le souci d'avoir ne peut être pleinement compris à partir de ce qui le précède. D'une part, il ne peut l'être totalement à partir de la *révolution copernicienne*, qui n'entérine que le moment où la science commence à s'autonomiser par rapport à la philosophie, « ... à donner la priorité au résultat sur le contenu, *à la domination sur la compréhension* », et donc le moment où elle « ... se dévoile de plus en plus, par toute sa nature, en tant que technique et s'oriente, en conséquence, vers la technologie et l'application »[2]. D'autre part, il ne peut l'être non plus totalement à partir de la *Réforme*, qui n'entérine que le moment où la politique et l'économie commencent à s'autonomiser par rapport au religieux – la Réforme donnant lieu, dans sa version luthérienne, à la constitution des États modernes (Hegel) et, dans sa version calviniste, au développement du capitalisme moderne (Weber). Si Patočka se réfère aussi bien à Hegel (explicitement) qu'à Weber (implicitement), il faut toutefois préciser que son approche est plus wébérienne qu'hégélienne. La Réforme n'est pas pour Patočka « le soleil qui transfigure tout »[3], c'est-à-dire la réconciliation de l'esprit avec lui-même par son intériorisation individuelle, permettant la constitution d'un État sur des fondements non religieux (dont le modèle est, pour Hegel, la Prusse de Frédéric II[4]). Bien qu'il ne le dise pas

Geschichte, Stuttgart, Klett-Cotta, 1992, p. 29-106 ; trad. fr. E. Abrams, « Qu'est-ce que les Tchèques ? », dans *L'idée de l'Europe en Bohême*, Grenoble, Millon, 1991, p. 13-113.

1. J. Patočka, « Je technická civilizace úpadková, a proč ? », p. 111 ; trad. fr., « La civilisation technique est-elle une civilisation de déclin, et pourquoi ? », p. 144 (nous soulignons).

2. J. Patočka, « Evropa a evropské dědictví do konce 19. století », p. 90 ; trad. fr., « L'Europe et l'héritage européen jusqu'à la fin du XIXe siècle », p. 114 (nous soulignons).

3. G. W. F. Hegel, *Vorlesungen über die Philosophie der Geschichte*, Sämtliche Werke, XI, Stuttgart, Frommann Verlag, 1928, p. 519 ; trad. fr. J. Gibelin, *Leçons sur la philosophie de l'histoire*, Paris, Vrin, 1998, p. 315.

4. En effet, il écrit : « Les rois d'Angleterre avaient été de subtils théologiens, disputant pour le principe de l'absolutisme : Frédéric, au contraire, appréhenda le principe protestant du côté séculier ; et n'étant pas partisan des disputes religieuses, ni ne se décidant en faveur de

expressément, il s'agit bien plus de mettre en évidence des « affinités électives (*Wahlverwandtschaften*) » entre la Réforme et la constitution de l'Europe et du monde modernes, donc entre une conception religieuse ou spirituelle du monde et le développement d'une civilisation non religieuse, non spirituelle – qualifiée par Weber de « civilisation matérielle (*materielle Kultur*) »[1] et désignée par Patočka sous le concept de « surcivilisation (*Nadcivilizace*) »[2]. Il ne s'agit donc pas de revenir à Hegel après avoir critiqué Marx, ni de revenir à une quelconque forme d'approche causale, mais de critiquer définitivement le principe métaphysique de causalité. Nous l'avions montré relativement à la *vie historique*, c'est-à-dire à l'advenue du souci d'être, nous le confirmons maintenant par rapport à l'advenue du souci d'avoir, c'est-à-dire à la *vie technique*.

Le souci d'avoir, c'est-à-dire la vie technique, ne peut être totalement compris ni à partir de la révolution copernicienne, ni à partir de la Réforme, ni même à partir des deux, dans la mesure où leur association – c'est-à-dire l'association de la mathématisation de la nature et de la « … transformation d'essence introduite par la Réforme dans l'orientation de la pratique chrétienne, laquelle devient dans son caractère sacré une pratique dans le monde … »[3] – n'explique pas vraiment deux phénomènes : a) elle n'explique pourquoi le capitalisme moderne « … ne tarde pas à briser la coque de l'impulsion religieuse et conclut une alliance avec le rationalisme moderne … » – alliance permettant la *révolution technique* que constitue la révolution industrielle ; b) elle n'explique pas non plus pourquoi le rationalisme moderne, qui devient « étranger à toute mission personnelle ou morale, avec son formalisme mathématique infiniment efficace »[4], vient briser la coque de l'impulsion philosophique. L'association de la révolution copernicienne et de la Réforme ne peut pleinement expliquer pourquoi le monde moderne, c'est-à-dire le monde technique, s'institue dans un double refoulement : le refoulement de l'impulsion philosophique et le

telle ou de telle des opinions qu'on y soutenait, il avait la conscience de la généralité, qui est l'ultime profondeur de l'esprit et la force consciente d'elle-même de la pensée ». Cf. *Ibid.*, p. 548 ; trad. fr., p. 333.

1. M. Weber, *Gesammelte Aufsätze zur Religionssoziologie*, I, Tübingen, Mohr, 1922, p. 153 ; trad. fr. J. Chavy, *L'éthique protestante et l'esprit du capitalisme*, Paris, Presses Pocket, 1997, p. 104.

2. J. Patočka, « Nadcivilizace a její vnitřní konflikt », p. 247 ; trad. fr., « La surcivilisation et son conflit interne », p. 104.

3. J. Patočka, « Evropa a evropské dědictví do konce 19. století », p. 88-89 ; trad. fr., « L'Europe et l'héritage européen jusqu'à la fin du XIXe siècle », p. 112 (traduction modifiée).

4. J. Patočka, « Je technická civilizace úpadková, a proč ? », p. 110 ; trad. fr., « La civilisation technique est-elle une civilisation de déclin, et pourquoi ? », p. 144.

refoulement de l'impulsion religieuse. Le commencement de la vie technique ne peut être totalement compris à partir de ce qui le précède. La révolution copernicienne et la Réforme sont moins des causes que des paramètres dans la reconstitution *a posteriori* de ce commencement. Le commencement de la vie technique est un effet qui précède sa cause, c'est-à-dire un événement. *Mais si son commencement constitue un événement, cela ne signifie pas pour autant que la vie technique se comprenne à partir de l'horizon de l'événementialité ou historialité* (*Geschichtlichkeit*). Au contraire, s'instituant dans le double refoulement de la religion (précisément: de la révélation) et de la philosophie, de la foi et du souci (précisément: du souci d'être), la vie technique refoule également l'horizon qu'elles présupposent, l'horizon de l'à-venir (*Zu-kunft*), c'est-à-dire l'horizon de l'événementialité ou historialité (*Geschichtlichkeit*). Comme nous l'avons fait précédemment pour la vie naturelle et la vie technique, il devient alors possible d'établir la configuration de la vie à laquelle correspond la vie technique. La vie technique est une vie dans laquelle les trois mouvements (ou événements ou histoires) de la vie humaine se temporalisent primairement à partir du présent (*Gegenwart*), qui désigne le mode de temporalisation propre au prolongement. La vie technique désigne une vie dans laquelle l'être-été (*Gewesenheit*) et l'avenir (*Zukunft*) sont au service de l'objectivation du *déjà*, et non de la conversion du *déjà* en *pas encore*. Contrairement à la vie historique, la vie technique n'est pas une vie qui comprend la problématicité du *déjà*, la richesse infinie des possibilités qu'il contient, puisqu'elle l'objective continuellement pour le rendre toujours plus présent, disponible, exploitable. La vie technique est une vie qui, objectivant son *déjà* pour le rendre *là*, disponible, exploitable, se rend elle-même *là*, disponible, exploitable – comme un objet manipulable, un outil. La vie technique est donc une vie qui se comprend à partir de l'horizon de l'utilité (*Zuhandenheit*).

La vie technique correspond à un phénomène que nous avons déjà mis en lumière sur le plan de l'existence: le phénomène de l'unité extatique inauthentique des trois mouvements (ou événements ou histoires) de la vie humaine, c'est-à-dire l'expérience même de la non-liberté, de l'aliénation. La vie technique constitue une véritable inversion de la vie historique, une véritable inversion de l'expérience de la liberté – la technique se définissant comme «rationalité posthistorique (*nachgeschichtliche Rationalität*)»[1]. La crise de l'histoire européenne n'est donc pas une simple *crise de la*

1. J. Patočka, «Die Epochen der Geschichte», p. 202; trad. fr., «Le schéma de l'histoire», p. 34.

raison, entendue au sens d'une crise « de la liberté et de la responsabilité dans la pensée ». Patočka la voit, plus essentiellement, comme une *crise de la vie*, une crise « de la liberté et de la responsabilité dans l'être » [1]. Et c'est cette idée de la crise de l'Europe en tant que crise de la vie, c'est-à-dire *crise de la liberté et de la responsabilité dans l'être*, que nous trouvons déjà dans les textes des années trente et cinquante. Il faut donc y revenir pour mettre en évidence la cohérence de l'approche patočkienne de l'Europe, des années trente aux années soixante-dix. Tout d'abord, revenons au premier texte qu'il lui consacre : « La conception de la crise spirituelle de l'humanité européenne chez Masaryk et chez Husserl ». Patočka écrit ce texte en 1936, un an après la démission de Masaryk de la présidence tchèque et le cycle de conférences sur la crise de l'humanité européenne, que Husserl était venu donner à Prague sur son invitation – Patočka ayant alors la charge du secrétariat tchèque du Cercle philosophique. C'est à cette époque qu'il reçoit de Husserl le lutrin que celui-ci avait reçu de Masaryk, à Leipzig, en 1878. Devenant ainsi l'héritier d'une grande tradition, comme il le dira lui-même quarante ans plus tard[2], Patočka assume donc la tâche qui lui incombe dès 1936, dans un texte où il ramène tout d'abord les deux pensées dont il hérite à leur dénominateur commun : « … la conviction que l'humanité européenne traverse une crise spirituelle prolongée, dont les racines remontent aux débuts mêmes de la pensée moderne ». Indépendamment de la manière dont ils envisagent les symptômes et le remède de la crise, les deux élèves de Brentano sont d'accord pour en voir l'origine dans le subjectivisme moderne. Or que faut-il entendre par « subjectivisme moderne » ? Patočka explique que la philosophie moderne, pour autant qu'elle repose sur le fondement de l'évidence inébranlable du « je pense », se heurte nécessairement au problème de la corrélation, c'est-à-dire au problème de savoir comment le « je pense » peut être à la fois une condition et un moment du monde. Or, « Dans sa perplexité – poursuit Patočka –, la philosophie moderne cherche refuge dans l'idée de concevoir l'homme comme une partie de la nature, regardée, bien sûr, de façon moderne, c'est-à-dire *more geometrico* », si bien que « L'homme lui aussi devient pour elle géométrique, *il perd la liberté pour la vérité* (*svobodu k pravdě*), il ne vit

1. J. Patočka, « Počátek dějin », p. 60 ; trad. fr., « Le commencement de l'histoire », p. 76.

2. J. Patočka, « Erinnerungen an Husserl » [1976], in *Die Welt des Menschen – Die Welt der Philosophie : Festschrift für Jan Patočka*, La Haye, Nijhoff, 1976, p. XV ; trad. fr. H. Leonardy, « Souvenirs de Husserl », Louvain-la-Neuve, *Études phénoménologiques*, 29-30, 1999, p. 102.

plus au milieu des choses mêmes, mais simplement de ses processus subjectifs, qu'aucun pont ne relie à la véritable réalité (*pravé skutečnosti*) »[1].

Or comment parvenir à réconcilier la subjectivité et la vérité, l'homme et le monde ? C'est sur ce point que Patočka marque son écart, à l'égard aussi bien de Masaryk que de Husserl. Tout d'abord, il reproche à Masaryk de sacrifier la rigueur de ses analyses sur l'autel de sa critique religieuse naïve du subjectivisme moderne. Non que toute approche religieuse soit nécessairement naïve, puisque c'est justement sur la question de la foi que Patočka se démarque de Husserl, de son intellectualisme, qui en fait une « position théorique » alors qu'elle relève d'« … une décision personnelle qui ne se fonde sur des arguments, ni ne provient de la théorie, mais plutôt nous y conduit et s'explicite dans des vues spécifiques sur la totalité du monde ». Ce que vise Patočka, c'est donc moins le caractère religieux de la critique de Masaryk que sa prétention à juger d'une philosophie sur un terrain non théorique. C'est pourquoi la critique de Masaryk, qui fait du subjectivisme moderne la simple expression de l'orgueil titanesque de l'homme, lui semble irrecevable, se rapprochant ainsi de la solution husserlienne d'un dépassement de la philosophie moderne sur son propre terrain. Il reconnaît néanmoins la justesse de l'approche masarykienne de la foi comme « sentiment de confiance et d'amour dans l'abandon au monde (*odevzdanosti světu*) »[2], qui influencera sans doute l'idée de la percée comme mouvement de la conquête de soi par le don de soi au monde[3]. La question de la foi doit être toutefois libérée du rationalisme théologique sur lequel repose l'approche masarykienne pour être résolument posée sur le terrain de la philosophie moderne, dans la perspective radicalement subjective développée par Descartes et renouvelée par Husserl. De manière conséquente, Patočka conclut que la crise ne peut être résolue sans que soit posée « … la question de la foi personnelle sur le terrain du subjectivisme radical »[4]. *Il s'agit donc de poser, sur le*

1. J. Patočka, « Masarykovo a Husserlovo pojetí duševní krize evropského lidstva » [1936], SS, 12, respectivement p. 22 et 28 ; trad. fr. E. Abrams, « La conception de la crise spirituelle de l'humanité européenne chez Masaryk et chez Husserl », dans *La crise du sens*, I, Bruxelles, Ousia, 1985, respectivement p. 20 et 30 (nous soulignons et modifions la traduction).

2. *Ibid.*, respectivement p. 32 et 26 ; trad. fr., respectivement p. 36 et 26 (traduction modifiée).

3. J. Patočka, « K prehistorii vědy o pohybu », p. 1.2. 9-1.2. 12 ; trad. fr., « Notes sur la préhistoire de la science du mouvement », p. 10-12.

4. J. Patočka, « Masarykovo a Husserlovo pojetí duševní krize evropského lidstva », p. 33 ; trad. fr., « La conception de la crise spirituelle de l'humanité européenne chez Masaryk et chez Husserl », p. 37 (traduction modifiée).

terrain husserlien, la question masarykienne de la décision personnelle, qui consiste à se laisser revendiquer par le monde pour manifester la vérité du monde. L'écart de Patočka s'accomplit dans la relève de sa double filiation, pour autant que la phénoménologie, dont la paternité revient à Husserl, aurait le pouvoir de sortir l'Europe de la crise en posant, outre la question de la science, la question de la liberté – la liberté devenant le nom patočkien pour la foi masarykienne en tant qu'abandon au monde. Dès les années trente, nous voyons donc bien s'esquisser les choix séminaux de Patočka sur la question de l'Europe et de la liberté.

Environ vingt ans séparent cette première étude des développements ultérieurs de Patočka sur la question de l'Europe. Ce silence pourrait sans doute s'expliquer par une prise de conscience qui se produit en 1941, sur fond des événements tragiques qui ravagent la Tchécoslovaquie (avec l'annexion des Sudètes en 1938, l'établissement du protectorat de Bohême-Moravie en 1939, etc.), l'Europe et le monde : « *C'est l'Europe*, explique Patočka dans un texte extrêmement court sur la *ratio* européenne, *qui est, en elle-même, dépourvue de clarté et de certitude* »[1]. Patočka réaffirme donc son désaccord avec l'intellectualisme husserlien : l'Europe ne sortira pas de la crise en apportant une solution au problème du fondement commun de la philosophie et de la science, dans la mesure où cette crise, plus profonde qu'un simple conflit d'intention-nalités, relève de l'essence même de l'Europe. En pleine Seconde Guerre mondiale, Patočka expérimente l'Europe en son essence conflictuelle, expérience qui donnera lieu à la thèse des années soixante-dix selon laquelle le principe du déclin de l'Europe ne diffère pas essentiellement du principe de son essor et de sa genèse – *la crise de l'Europe résidant par conséquent dans son héritage grec*. Mais c'est d'abord dans les années cinquante que Patočka commence à tirer les leçons de son expérience, en particulier dans un texte qui s'intitule « La surcivilisation et son conflit interne ». Par le concept de « surcivilisation », Patočka ne désigne pas une civilisation qui serait ontologiquement supérieure aux autres civilisations, mais une civilisation qui s'efforce de pallier son manque d'universalité par un processus de rationalisation qu'elle étend à tous les domaines (économique, politique, spirituel). Bien entendu, l'Europe correspond parfaitement à ce concept, dont Patočka ne fait pour le moment remonter le principe qu'au XVIe siècle, à une distinction métaphysique qui rend possible la vision moderne de la substance – ce que

1. J. Patočka, « Evropský rozum » [1941], SS, 1, p. 116; trad. fr. E. Abrams, « La raison européenne », dans *L'Europe après l'Europe*, Lagrasse, Verdier, 2007, p. 187 (nous soulignons).

nous tenons pour certain, disponible, calculable[1]. Et c'est ce concept de surcivilisation qui, né d'une crise au XVIe siècle, est lui-même en crise au XXe siècle, crise qui s'atteste, au moment de la guerre froide, dans l'opposition entre une version modérée et une version radicale de la surcivilisation[2], opposition qui redouble le conflit interne à la civilisation européenne entre une version spirituelle (avant le XVIe siècle) et une version matérielle de la civilisation (après le XVIe siècle). Or en quoi réside l'opposition entre les deux versions de la surcivilisation ? Leur opposition réside dans le rapport au passé : alors que la version modérée est ouverte au passé sur la question des fins, la version radicale étend à la question des fins le même processus de rationalisation qu'à la question des moyens. C'est pourquoi la surcivilisation radicale (qui correspond à la version non libérale, socialiste de la surcivilisation) constitue le symptôme d'une *crise du second degré*, qui exprime la négation du monde *comme tel* au profit d'un monde dans lequel l'homme ne vit plus qu'au milieu de ses processus subjectifs – d'un monde idéologique.

Pour sauver l'Europe de la crise paroxystique qui l'oppose à elle-même à l'échelle du monde, Patočka propose une solution qui nous interpelle au-delà du contexte de la guerre froide. Si l'exigence phénoménologique d'un retour au monde *comme tel* suppose un refus de l'idéologie, cela ne veut pas dire qu'il faille pour autant épouser aveuglément la version modérée, c'est-à-dire libérale : « La crise du libéralisme comme, plus généralement, celle de la civilisation modérée tient peut-être au fait que la *ratio*, en tant qu'élément de la vie et de la diffusion de cette forme de civilisation, n'est pas l'élément de la décision ultime ... »[3]. Dans les années cinquante, Patočka pose donc de nouveau la question de la décision, de la foi, pour critiquer l'idée de la surcivilisation modérée, libérale qui consiste à soutenir que la *fides* est essentiellement reconductible à la *ratio*. Or dans la philosophie de Patočka, il est vrai que la foi ne peut être rabattue ni sur la raison en tant qu'étant subjectif, ni sur Dieu en tant qu'étant objectif, ni sur un quelconque étant. L'expérience de la foi n'est que l'autre nom, le nom

1. Patočka ne le précise pas, mais nous pouvons penser qu'il parle de la définition du concept objectif d'étant chez Suárez et la seconde scolastique. Sur ce point, nous renvoyons au livre de Jean-François Courtine intitulé *Suárez et le système de la métaphysique*, Paris, P.U.F., 1990. On pourra également en trouver les réminiscences dans l'œuvre de Jacobus Fontialis (1630-1707), qui fut en controverse avec Comenius à Amsterdam vers 1660, et que Patočka, spécialiste de Comenius, devait sûrement connaître, en particulier : *De idea mirabilis Matheseôs de Ente* (1660 ?).

2. J. Patočka, « Nadcivilizace a její vnitřní konflikt », p. 250 ; trad. fr., « La surcivilisation et son conflit interne », p. 109.

3. *Ibid.*, p. 285 ; trad. fr., p. 154-155.

encore métaphysique, de l'expérience de la liberté, dont l'essai de 1953, *Le platonisme négatif*, montre bien qu'elle désigne l'expérience d'une transcendance négative, d'une transcendance sans transcendant. En effet, l'expérience de la liberté consiste en un dépassement de l'étant mondain qui ne conduit jamais à un étant absolu mais ouvre à l'Idée – entendue en un sens heideggérien, c'est-à-dire à l'être lui-même. Si l'expérience patočkienne de la liberté est l'expérience d'une transcendance négative, elle est toutefois l'expérience d'une liberté « positive », car elle est l'expérience d'une liberté « pour » l'Idée. Dans un premier temps, c'est ce qui la différencie de l'expérience libérale de la liberté, qui est l'expérience d'une liberté négative : « ... la liberté est présente [dans la surcivilisation libérale], bien qu'on ne voie pas clairement "pour" quoi cette liberté est liberté »[1]. Dans un deuxième temps, ce qui la différencie de l'expérience libérale de la liberté, c'est qu'elle est « négative » en un tout autre sens. Contrairement à l'expérience libérale, l'expérience patočkienne de la liberté n'est pas une expérience dont l'homme est à l'initiative. Dans l'expérience patočkienne de la liberté, l'homme répond à l'appel de l'Idée. Plus précisément, il répond à l'Idée en tant qu'appel, puisque Patočka définit l'Idée comme « pur appel de la transcendance »[2]. Contrairement à l'expérience libérale, expérience positive d'une liberté négative, l'expérience patočkienne est l'expérience négative d'une liberté positive, au sens où elle est l'expérience d'une liberté « par » et « pour » l'Idée. La liberté ne désignerait-elle donc pas cette foi convertie en une expérience dans laquelle l'Europe est appelée à dépasser le monde de l'idéologie vers le monde de l'Idée, qui ne serait pas un autre monde, mais le monde *comme tel*? En effet, « La solution, s'interroge Patočka, ne résiderait-elle pas dans la conversion (*obratu*) du positif en négatif de l'élément non rationnel [sc. de la *fides*] que nous venons d'évoquer en passant ? »[3].

1. J. Patočka, « Nadcivilizace a její vnitřní konflikt », p. 261 ; trad. fr., « La surcivilisation et son conflit interne », p. 123.

2. J. Patočka, « Negativní platonismus », p. 333 ; trad. fr., « Le platonisme négatif », p. 95.

3. J. Patočka, « Nadcivilizace a její vnitřní konflikt », p. 286 ; trad. fr., « La surcivilisation et son conflit interne », p. 155 (traduction modifiée).

CHAPITRE IX

L'IDÉE PHÉNOMÉNOLOGIQUE DE SACRIFICE

§ 25. *L'im-possibilité du sacrifice*

La question du sacrifice ne prend tout son sens qu'à partir de la manière dont Patočka conçoit la résolution de la crise de l'Europe et du monde modernes. Comme nous l'avons vu précédemment, Patočka partage bien avec Husserl l'idée d'une résolution phénoménologique de la crise. Mais cette résolution, loin de supposer une solution théorique, comme chez Husserl[1], ou poétique, comme chez Heidegger[2], suppose une solution pratique : elle suppose l'accomplissement d'un acte de foi phénoménologique, c'est-à-dire d'un acte qui vienne réinscrire la vie dans l'horizon de l'événementialité ou historialité (*Geschichtlichkeit*). C'est dans la conférence de Varna – donnée par Patočka en 1973 lors du Congrès mondial de philosophie – que cette idée devient entièrement claire : l'acte de foi phénoménologique qui peut réinscrire la vie dans l'horizon que lui a progressivement dissimulé la technique n'est autre que le sacrifice en tant qu'expérience de la liberté. Or en quoi le sacrifice est-il capable de réinscrire la vie dans son horizon propre ? Comment est-il même possible de parler encore de sacrifice dans un monde où la distinction sur laquelle il se fonde, la distinction entre le profane et le sacré, quand elle n'a pas

1. E. Husserl, « Die Krisis des europäischen Menschentums und die Philosophie » [1935], Hua. VI, p. 314-348 ; trad. fr. P. Ricœur, « La crise de l'humanité européenne et la philosophie », dans *La crise des sciences européennes et la phénoménologie transcendantale*, Paris, Gallimard, 1999, p. 347-383.

2. M. Heidegger, « Die Frage nach der Technik ? » [1953], GA, 7, p. 7-36 ; trad. fr. A. Préau, « La question de la technique », dans *Essais et conférences*, Paris, Gallimard, 1999, p. 9-48.

radicalement disparu, est au mieux laissée à l'appréciation de chaque individu? Patočka voit nettement la difficulté : « ... la vision technique du monde ne reconnaît pas de plus-haut, aucune distinction de rang au sein de l'étant; dans cette perspective, toute hiérarchie est le fait d'un arbitraire subjectif; il n'y a de facto que des différences quantitatives entre un plus et un moins de force. C'est pourquoi le fait de continuer à parler de sacrifices dans le monde technique apparaît comme une inconséquence et un préjugé». Pour autant qu'il ne reconnaît aucune hiérarchie au sein de l'étant – pour autant qu'il conçoit tous les étants comme de simples « fonds utilisables » –, le monde technique tend à entériner l'impossibilité radicale du sacrifice, qui suppose toujours une hiérarchie au sein de l'étant, plus exactement, une hiérarchisation de l'étant –, le sacrifice (*sacrificium*) résultant de l'acte par lequel l'homme consacre un étant, c'est-à-dire l'extrait du profane et le rendre sacré (*sacrum facere*). Or, bien que la technique tende à rendre impossible le sacrifice, nous parlons cependant toujours de sacrifice dans le monde technique, nous y avons en particulier le sentiment du sacrifice de nous-mêmes et, partant, le sentiment d'une hiérarchie entre l'homme et les autres étants : « Lorsque les hommes ont le sentiment de se sacrifier, explique Patočka, lorsqu'ils voient d'autres hommes se sacrifier ou être sacrifiés, ils se laissent aller tout naturellement à une compréhension de soi, ou plutôt à une compréhension du mode d'être propre à l'homme, pénétrée du sens d'une hiérarchie ontologique »[1]. Nous pouvons toutefois nous demander dans quelle mesure le sentiment naturel que nous avons est véritablement justifié : dans quelle mesure ne procédons-nous pas à une auto-consécration arbitraire de l'homme que la raison technique viendrait dénoncer?

Tout d'abord, rappelons que la supériorité ontologique de l'homme vis-à-vis des autres étants ne doit pas être ici entendue au sens de la supériorité de celui qui est appelé à dominer l'étant mais au sens de la supériorité de celui qui est appelé à le manifester, c'est-à-dire à « laisser être l'étant ce qu'il est et comme il est, mais toujours à nouveau et plus profondément »[2].

1. J. Patočka, « Die Gefahren der Technisierung in der Wissenschaft bei E. Husserl und das Wesen der Technik als Gefahr bei M. Heidegger » [1973], in *Die Bewegung der Menschlichen Existenz*, Stuttgart, Klett-Cotta, 1991, respectivement p. 355 et 356; trad. fr. E. Abrams, « Les périls de l'orientation de la science vers la technique selon Husserl et l'essence de la technique en tant que péril selon Heidegger », dans *Liberté et sacrifice*, Grenoble, Millon, 1990, respectivement p. 271 et 272 (nous soulignons et modifions la traduction).

2. J. Patočka, « Vlastní glosy ke "Kacířským esejům" », p. 134; trad. fr., « Gloses », p. 178.

La supériorité ontologique de l'homme est donc la supériorité d'un être qui amène progressivement l'étant à *l'*être mais non à *être* : « Le mouvement de notre vie est en même temps ce qui porte les choses à l'être », dit explicitement Patočka dans le séminaire de 1973. Avant de préciser : « Ce n'est pas une subjectivation. Les choses *sont* là-bas, hors de nous, mais elles sont moindres (*jsou méně*) »[1]. Les choses ne sont pas moindres parce que leur être ne relèverait pas du même horizon que l'être de l'homme, c'est-à-dire de l'horizon de l'événementialité, historialité (*Geschichtlichkeit*), mais parce que, contrairement à l'homme, les choses sont incapables de se comprendre à partir de leur horizon propre. C'est pourquoi la supériorité ontologique de l'homme est la supériorité d'un être capable de se comprendre à partir de son horizon propre et de comprendre les choses à partir de leur horizon propre – qui est rigoureusement le même : l'horizon du monde entendu au sens de l'événemential ou historial par excellence. En d'autres termes, ce que la technique tend à nous dissimuler au moyen de la raison et ce que le sacrifice continue à nous manifester au moyen du sentiment, c'est notre supériorité ontologique, mais entendue au sens de notre capacité à nous comprendre et à comprendre les choses à partir d'un horizon radicalement différent de l'horizon de l'utilité (*Zuhandenheit*). La question reste de savoir dans quelle mesure le sacrifice accomplit véritablement cet arrachement à l'horizon de l'utilité et cette ouverture à l'horizon de l'événementialité. Que le sacrifice arrache véritablement l'étant à l'horizon de l'utilité, c'est un fait que même la technique ne saurait nier, qu'il le fasse de manière radicale – en détruisant physiquement un étant qui ne devrait normalement pas l'être – ou modérée – en donnant à un étant un statut qu'il ne devrait normalement pas avoir. Nous avons une parfaite illustration de ces deux cas dans le *Lévitique*, à travers l'exemple des deux boucs que « toute la multitude des enfants d'Israël » (*Lévitique*, XVI, 5) est censée apporter au grand-prêtre pour l'expiation des péchés. Premièrement, il ne peut s'agir de deux boucs inutilisables, puisqu'il s'agit toujours, dans l'offrande au Seigneur d'une bête à quatre pieds, de sélectionner un « mâle sans tache » (*Lévitique*, I, 10). Il ne peut ainsi s'agir que de deux boucs parfaits, c'est-à-dire parfaitement utilisables. Deuxièmement, si le bouc

1. J. Patočka, « Platón a Evropa », p. 326 ; trad. fr., *Platon et l'Europe*, p. 206 (traduction modifiée). Soulignons que Patočka ne fait pas lui-même la distinction entre « *l'*être » et « *être* », puisqu'il n'y a pas d'article défini en tchèque – nous pourrions aussi bien dire : « Le mouvement de notre vie est en même temps ce qui porte les choses à être (*být*) ». Cette distinction n'a donc qu'un but didactique, qui est d'insister sur la différence entre le phénomène de *l'*être (la compréhension, l'individuation seconde) et le phénomène d'*être* (l'individuation première).

émissaire n'est pas immolé, il n'en est pas moins sacrifié : être sacrifié ne signifie pas d'abord être immolé, être détruit physiquement, mais être consacré, c'est-à-dire rendu sacré par un retrait hors du profane. Or, non moins que le bouc immolé, le bouc émissaire est arraché au profane, puisqu'il ne s'agit pas plus pour lui de continuer à être au service de la reproduction de la vie humaine, mais d'être envoyé au désert pour y porter les péchés (*Lévitique*, XVI, 10, 21, 22). Comme le bouc immolé, mais de manière différente, le bouc émissaire est donc véritablement arraché à l'horizon de l'utilité.

Ceci une fois montré, reste encore à déterminer dans quelle mesure le sacrifice ouvre véritablement l'étant à l'horizon de l'événementialité. Dans la conférence de Varna, Patočka semble avancer que tous les sacrifices ne répondent pas à cette exigence d'ouverture de l'étant, en particulier de l'homme, à son horizon propre, car il reconduit les « "victimes" des guerres » à une « expérience naïve du sacrifice », c'est-à-dire à une expérience du sacrifice qui, tout en supposant une « compréhension du mode d'être spécifique de l'homme », « demeure simple "pré-compréhension" ». Autrement dit, l'« expérience naïve du sacrifice » désigne une *expérience inauthentique du sacrifice*, puisque « L'être de l'homme dans sa spécificité n'y devient pas explicite », si bien que le sacrifice y devient un « sacrifice au sens objectif, on pourrait presque dire chosique, une manière d'*échange d'un étant contre un autre* » [1]. Patočka nous met donc face au paradoxe d'un sacrifice qui désigne déjà un sacrifice – pour autant qu'il marque bien, dans le cas des « "victimes" des guerres », un arrachement à l'horizon de l'utilité par destruction –, mais qui ne constitue pas encore un sacrifice authentique, pour autant qu'il continue à s'inscrire, en tant qu'« échange d'un étant contre un autre », dans l'horizon de l'utilité. Aussi tragique soit-elle, l'expérience des soldats de la Première Guerre mondiale – à laquelle Patočka consacre une intense réflexion dans les *Essais hérétiques* [2] – constitue elle-même un exemple d'expérience inauthentique du sacrifice.

1. J. Patočka, « Die Gefahren der Technisierung in der Wissenschaft bei E. Husserl und das Wesen der Technik als Gefahr bei M. Heidegger », p. 357 ; trad. fr., « Les périls de l'orientation de la science vers la technique selon Husserl et l'essence de la technique en tant que péril selon Heidegger », p. 274 (nous soulignons).

2. J. Patočka, « Války 20. století a 20. století jako válka », p. 117-131 ; trad. fr., « Les guerres du XXe siècle et le XXe siècle en tant que guerre », p. 153-174. Dans ce texte, Patočka tente néanmoins une interprétation phénoménologique de l'expérience du front à partir des écrits d'Ernst Jünger et de Pierre Teilhard de Chardin. Il met ainsi au jour en quoi cette expérience préfigure une expérience authentique du sacrifice, c'est-à-dire une expérience authentique de la liberté. Voir notamment : M. Crépon, « La guerre continue : note sur le sens du monde et la pensée de la mort », Bucarest, *Studia Phaenomenologica*, VII, 2007, p. 395-408.

Le sacrifice des soldats de la Première Guerre mondiale peut être reconduit au contrat qui les lie, en tant que citoyens, à un État leur garantissant, en échange d'une obéissance exigeant jusqu'à la destruction, un ensemble de droits politiques, économiques et sociaux. La destruction ne suffit donc pas à arracher totalement un étant à l'horizon de l'utilité et donc à caractériser authentiquement le sacrifice. Dans la destruction, la technique parvient encore à rendre raison du sacrifice et, partant, à le nier en tant que sacrifice, c'est-à-dire en tant qu'arrachement radical à l'horizon de l'utilité. C'est pourquoi, soutient fermement Patočka, « La reprise du sacrifice présuppose davantage que l'immolation volontaire ... ». Mais n'est-ce pas une position trop radicale, aussi incompréhensible qu'inacceptable? Que peut bien vouloir dire « davantage que l'immolation volontaire »? Que le sacrifice authentique peut-il requérir de plus que le don même de la vie? Il requiert justement le don, il requiert de ne pouvoir être reconduit à l'échange, c'est-à-dire à l'horizon de l'utilité. *Après avoir établi l'impossibilité d'une définition authentique du sacrifice par la destruction, Patočka s'oriente donc vers une définition authentique du sacrifice par le don.*

Dans quelle mesure le sacrifice n'est-il pas toujours reconductible à l'échange d'un étant contre un autre? Dans la conférence de Varna, Patočka affirme qu'un sacrifice peut être arraché au principe de l'échange à partir du moment où il s'accomplit pour « rien », autrement dit, à partir du moment où un étant se sacrifie, ou est sacrifié, pour « ce qui n'est pas un étant »[1]. Mais dans quelle mesure est-il possible à un étant de se sacrifier, ou encore de sacrifier un étant, pour le rien entendu au sens du non-étant? Dans quelle mesure le visage d'autrui, de l'« étant par excellence »[2], n'est-il pas du sacrifice le dernier des horizons? Le soldat de la Première Guerre mondiale ne se sacrifie-t-il dans le désir de sauver, avant même l'État à qui il est lié par le « contrat social », les vies qui le composent, en particulier la vie de ses proches? Les Européens occidentaux ne se résignent-ils pas au sacrifice des Européens de l'« autre Europe »[3] par la signature des accords de Munich, dans le désir de sauver la vie de leurs proches – comme Mauriac qui avoue en 1967 dans ses *Mémoires politiques*: « J'ai donc approuvé

1. J. Patočka, « Die Gefahren der Technisierung in der Wissenschaft bei E. Husserl und das Wesen der Technik als Gefahr bei M. Heidegger », p. 358; trad. fr., « Les périls de l'orientation de la science vers la technique selon Husserl et l'essence de la technique en tant que péril selon Heidegger », p. 275.

2. E. Levinas, *Entre nous*, *op. cit.*, p. 21.

3. Par « autre Europe », nous entendons l'Europe centrale en tant que « face oubliée », voire sacrifiée, de l'Europe, de 1938 à 1989. Sur cette question, voir J. Rupnik, *L'autre Europe : crise et fin du communisme*, Paris, Odile Jacob, 1990.

Munich sur le moment, mais sans illusion … En fait, je pensais à mes deux fils et ce fut cette angoisse provisoirement apaisée qui m'inspira d'abord »[1] ? Dans le sacrifice, la seule chose qui se manifesterait serait donc le principe de l'échange. La réduction du sacrifice aux conditions de son apparition manifesterait la raison technique à son principe, une manifestation qui en même temps l'annulerait en tant que sacrifice, c'est-à-dire en tant que don. En effet, le don comprend toujours trois éléments : le donateur, le donataire et le donné. Quand il se réduit à l'échange, cela revient à dire qu'il y a une parfaite réciprocité entre le donateur qui donne, le donataire qui reçoit et donne en retour au donateur. Sur la base du don réduit à l'échange, reprenons l'exemple du soldat de la Première Guerre mondiale. L'État désigne le donateur et le soldat, le donataire. Le donateur donne au donataire un ensemble de droits politiques, économiques et sociaux. Et en retour, le donataire donne au donateur son obéissance jusqu'au sacrifice de lui-même, entendu au sens de sa mort pour la patrie. Nous voyons bien qu'il y a ici une parfaite réciprocité entre le donateur et le donataire, réciprocité qui réduit le sacrifice du donataire à l'échange, et donc l'annule en tant que don. Le sacrifice n'accèderait ainsi au concept qu'en passant par l'échange, il ne constituerait qu'une interprétation pré-conceptuelle de l'échange, interprétation dont se servirait la raison technique pour parvenir à ses fins – par exemple dans l'exaltation perverse de l'« esprit de sacrifice » contre l'« esprit de jouissance ». Sous le régime de la raison technique, le sacrifice ne serait qu'un échange qui n'aurait pas encore atteint son concept. Le concept de sacrifice nous place donc devant une alternative : a) soit le sacrifice est un phénomène dont l'essence contredit les conditions de possibilité de l'apparition dans un monde où règne la raison technique ; b) soit le sacrifice est un phénomène qui se contredit lui-même et donc s'illusionne sur sa véritable essence. Certes, Patočka soutient la première proposition, mais encore faut-il démontrer, sur le plan phénoménologique, ce qui le lui permet, c'est-à-dire montrer en quoi le sacrifice apparaît dans le monde technique – au moins à titre de phénomène-limite, voire de contre-phénomène.

§ 26. *Liberté ou négativité du don*

Pour établir la possibilité d'une expérience authentique du sacrifice, il faut donc repartir de la question du don et de sa possibilité phénoménologique – par opposition à son im-possibilité technique et, plus essentielle-

1. F. Mauriac, *Journal, Mémoires politiques*, Paris, Laffont, 2008, p. 750.

ment, métaphysique. Précisons que nous inscrirons notre analyse dans le sillage des travaux de Jean-Luc Marion sur le don réduit à la donation[1], en empruntant à leur trame conceptuelle les éléments qui permettent de cerner avec rigueur l'idée de sacrifice authentique. Pour commencer, reprenons l'idée de sacrifice authentique à partir de la définition la plus rigoureuse que nous en avons : « … une explicitation du rapport authentique de l'essence de l'homme à ce qui fonde sa compréhension, à ce qui le rend humain et qui, étant radicalement fini, n'est ni cause ni force, n'est pas le fondement en raison de l'étant »[2]. Dans cette définition, nous observons que le sacrifice authentique excède les principes premiers de la métaphysique – tels que Leibniz les énonce. D'abord, il excède le principe d'identité, qui implique que rien ne peut être, de manière synchronique, ou sous le même rapport, autre que soi, c'est-à-dire contradictoire[3]. Or, pour autant qu'il désigne un « rapport authentique de l'essence de l'homme à ce qui fonde sa compréhension », le sacrifice au sens authentique n'est pas seulement une « perte de soi », mais également, sous le même rapport, un « gain de soi ». Aussi le sacrifice authentique désigne-t-il une expérience paradoxale dans laquelle, en devenant autre que moi-même, je demeure néanmoins moi-même, et le deviens même encore plus. Ensuite, le sacrifice authentique excède le principe de raison suffisante, qui implique que rien ne peut être sans raison, c'est-à-dire qu'un phénomène ne peut être qu'à partir du moment où la raison peut en rendre raison[4]. Et, pour autant que son principe, « radicalement fini, n'est ni cause ni force, n'est pas le fondement en raison de l'étant », le sacrifice authentique échappe nécessairement à la raison qui ne peut par conséquent en « rendre raison ». Aussi le sacrifice authentique contredit-il les principes de la métaphysique, qui sont en même temps les

1. J.-L. Marion, *Étant donné : Essai d'une phénoménologie de la donation*, Paris, P.U.F., 1997, p. 103-168. Voir aussi : « La raison du don », Paris, *Philosophie*, 78, 2003, p. 3-32; *Certitudes négatives*, Paris, Grasset, 2010, p. 187-241.

2. J. Patočka, « Die Gefahren der Technisierung in der Wissenschaft bei E. Husserl und das Wesen der Technik als Gefahr bei M. Heidegger », p. 358; trad. fr., « Les périls de l'orientation de la science vers la technique selon Husserl et l'essence de la technique en tant que péril selon Heidegger », p. 275 (traduction modifiée).

3. Le principe d'identité s'énonce comme suit : « … nous jugeons faux ce qui en [sc. de la contradiction] enveloppe et vrai ce qui est opposé ou contradictoire au faux ». *Cf.* G. W. Leibniz, *Principes de la nature et de la grâce fondés en raison – Principes de la philosophie ou Monadologie*, *op. cit.*, § 31, p. 89.

4. Le principe de raison suffisante s'énonce comme suit : « … nous considérons qu'aucun fait ne saurait se trouver vrai, ou existant, aucune énonciation véritable, sans qu'il y ait une raison suffisante, pourquoi il en soit ainsi et pas autrement ». Cf. *Ibid.*, § 32, p. 89.

principes sur lesquels repose la réciprocité de l'échange[1]. En contredisant ces principes, il contredit également les conditions de possibilité de l'apparition dans un monde où règne la raison technique. C'est pourquoi Patočka peut affirmer : « Les sacrifices sont ainsi la présence persistante de ce qui n'apparaît pas dans les calculs du monde technique »[2]. Il faudrait simplement ajouter : de ce qui n'apparaît pas mais néanmoins « contre-apparaît », c'est-à-dire apparaît négativement, librement, inconditionnellement.

Se trouvent-ils des sacrifices qui répondent aux exigences du sacrifice authentique ? Pour Patočka, la réponse est évidemment positive : « En parlant du sacrifice – explique-t-il un mois après la conférence de Varna, dans le séminaire sur l'ère technique –, je pensais approximativement à ce que nous pouvons voir surtout chez des hommes comme les Russes Soljenitsyne et Sakharov ». Et de préciser le sens de la démarche des deux dissidents : « ... manifester *in concreto* que la liberté est quelque chose de négatif, manifester la positivité de cette négativité. C'est seulement si l'homme est à même d'intuitionner *cela*, et non seulement de l'intuitionner, mais aussi de l'accomplir jusqu'au bout, qu'il pourra devenir manifeste qu'il y a dans le monde et la vie quelque chose comme une *différence* : la différence absolue que nous cherchons à atteindre entre les étants et ce qui *n'*est *pas* un étant et qui domine les étants »[3]. Patočka établit donc une distinction entre le sacrifice inauthentique du citoyen-soldat et le sacrifice authentique du dissident. Cette distinction réside dans la capacité du sacrifice dissident à manifester autre chose que le principe de l'échange – que celui-ci prenne sens dans le cadre du « contrat social » entre moi et ma patrie ou dans le cadre du « contrat moral » entre moi et autrui. Le sacrifice du dissident échappe aussi bien au « contrat social » qu'au « contrat moral », dans la mesure où il n'est pas un « sacrifice pour quelque chose ou quelqu'un, tout en étant, en un sens, un sacrifice pour tout et pour tous »[4].

1. La réciprocité de l'échange suppose un « prêté *pour* un rendu » (principe de raison suffisante), mais un rendu qui, bien qu'il puisse équivaloir au prêté en termes de quantité ou de qualité, *n'*est *pas* pour autant *identique* au prêté, c'est-à-dire n'équivaut pas au prêté en termes de quiddité (principe d'identité de chaque terme).

2. J. Patočka, « Die Gefahren der Technisierung in der Wissenschaft bei E. Husserl und das Wesen der Technik als Gefahr bei M. Heidegger », p. 356 ; trad. fr., « Les périls de l'orientation de la science vers la technique selon Husserl et l'essence de la technique en tant que péril selon Heidegger », p. 273.

3. J. Patočka, « Čtyři semináře k problému Evropy », p. 416 ; trad. fr., « Séminaire sur l'ère technique », p. 315 (traduction modifiée).

4. J. Patočka, « Die Gefahren der Technisierung in der Wissenschaft bei E. Husserl und das Wesen der Technik als Gefahr bei M. Heidegger », p. 358 ; trad. fr., « Les périls de

Que le sacrifice du dissident échappe au « contrat social », cela se comprend aisément. Contrairement au citoyen-soldat, le dissident est par définition celui qui rompt le « contrat social » en refusant son obéissance à l'État dont il est citoyen. Le sacrifice du dissident est donc toujours un cas de désobéissance civile. Bien entendu, dans le cas des dissidents russes, comme dans celui des dissidents tchécoslovaques de la Charte 77 (dont Patočka assumera la charge de porte-parole jusqu'au sacrifice de sa vie, à peine quatre ans après la conférence de Varna, qui se transforme ainsi rétrospectivement en une intense réflexion sur son propre sacrifice pour la liberté dans son pays, en Europe et dans le monde), il s'agit d'une désobéissance civile particulière – qu'il vaudrait peut-être mieux appeler « résistance ». Ces dissidents se revendiquaient de la légalité même de leur État, et non d'une légitimité censée la transcender, puisque les États communistes signèrent – comme à Helsinki en 1975 – des pactes internationaux incluant les droits de l'homme. Pour ces dissidents, désobéir revenait à réclamer la réalisation légale, et non seulement légitime, des droits de l'homme – leur désobéissance relevant ainsi d'une forme plus haute d'obéissance civile, c'est-à-dire de respect du « contrat social » [1].

Qu'en est-il maintenant du « contrat moral » ? Le sacrifice du dissident rompt-il également ce contrat pour une forme plus haute de respect de ce contrat ? C'est en tout cas ce que suggère Patočka, lorsqu'il affirme que ce n'est pas un sacrifice « pour quelqu'un », mais néanmoins un sacrifice « pour tous ». Or que le sacrifice du dissident rompe le « contrat moral », cela se comprend moins aisément, puisque cette rupture n'est pas comprise dans le concept de dissidence – contrairement à la rupture du « contrat social ». Patočka envisagerait donc le concept de dissidence dans un sens hyperbolique. Il ne s'agirait plus d'un simple concept de désobéissance civile, ni même d'un concept de résistance civile, mais d'un concept de « résistance ontologique », pour ainsi dire. Le concept de dissidence

l'orientation de la science vers la technique selon Husserl et l'essence de la technique en tant que péril selon Heidegger », p. 275.

1. Un passage du document rédigé par Patočka en tant que porte-parole de la Charte 77 pour les droits et libertés civiques en Tchécoslovaquie exprime parfaitement cette idée : « C'est à cette conviction que répond la Charte 77, expression de la joie des citoyens que leur État, ayant ajouté sa signature au pacte [sc. au pacte signé à Helsinki en 1975] qui affirme sa volonté de soutenir les droits de l'homme, acte par lequel ce pacte est devenu loi tchécoslovaque, recourt à un fondement supérieur, moral de tout le domaine politique ; c'est en même temps l'expression de la volonté des mêmes citoyens de contribuer à une réalisation publiquement contrôlée des principes proclamés dans le même acte ». *Cf.* « Čím je a čím není Charta 77 » [1977], SS, 12, p. 429 ; trad. fr. « Ce qu'est la Charte 77 et ce qu'elle n'est pas », Paris, *Istina*, 22, 1977, p. 199.

désignerait la résistance de l'homme au principe même de l'échange, qui reconduit sans cesse un étant à un autre, dissimulant ainsi la « différence absolue que nous cherchons à atteindre entre les étants et ce qui *n'*est *pas* un étant et qui domine les étants ». Il désignerait donc la résistance de l'homme à la dissimulation de la différence ontologique entendue au sens de la différence entre l'étant et l'être. Plus précisément, il désignerait la résistance de l'homme à une double dissimulation, ou encore à la dissimulation d'une double différence ontologique, à la dissimulation de la différence entre l'homme et les autres étants et de la différence entre l'être et l'étant. Or bien qu'elles ne soient pas identiques, l'une étant relative au sens où elle signifie au sein de l'étant, l'autre étant absolue au sens où elle signifie au-delà de l'étant, ces deux différences ontologiques sont néanmoins indissociables dans la mesure où c'est la différence de l'homme qui permet à la différence de l'être de se manifester. En revendiquant sa différence, l'homme revendique moins sa propre différence que la différence même de l'être. Dans le sacrifice du dissident, il ne s'agirait donc nullement d'une auto-consécration arbitraire de l'homme, mais d'une hétéro-consécration, plus exactement d'une auto-consécration de l'être à travers l'homme. En manifestant la supériorité ontologique de l'homme, le sacrifice du dissident manifesterait en vérité une supériorité ontologique supérieure : la supériorité ontologique même de l'être. Dans son sacrifice, le dissident s'affirmerait moins qu'il ne s'effacerait à la faveur même de l'être, ou plutôt s'affirmerait d'autant mieux ainsi : « Dans le sacrifice – remarque Patočka dans la conférence de Varna –, "il y a" (*es gibt*) l'être : l'être "se donne" à nous non plus dans le retrait mais expressément. C'est une faveur, une faveur toutefois que seul peut ressentir celui qui est à même d'éprouver, dans cette expérience en apparence négative, la volte de l'être qui se tourne vers lui, de comprendre que cette indigence donne accès à la suprême richesse, à ce qui donne tout en tous »[1]. Si le sacrifice du dissident n'est pas un sacrifice « pour quelqu'un », mais néanmoins un sacrifice « pour tous », c'est parce qu'il désigne un sacrifice pour « l'être », c'est-à-dire un sacrifice pour « ce qui donne tout en tous » – l'être devant être ici entendu en un sens non heideggérien, comme un mode de donation du monde, le mode de son retrait, de son excès[2]. C'est pourquoi, malgré

1. J. Patočka, « Nebezpečí technizace ve vědě u E. Husserla a bytostné jádro techniky jako nebezpečí u M. Heideggera » [1973], SS, 3, p. 153 ; trad. fr. E. Abrams, « Les périls de l'orientation de la science vers la technique selon Husserl et l'essence de la technique en tant que péril selon Heidegger », p. 266.

2. Voir *supra* § 9, p. 105-106.

l'ambiguïté du texte sur la question de l'être, mais étant donné son inscription dans l'ensemble de l'œuvre, il vaudrait mieux parler, à propos de la dissidence, de « *résistance phénoménologique* ».

Le sacrifice du dissident répond parfaitement aux exigences du sacrifice authentique, au sens où il désigne une « explicitation du rapport authentique de l'essence de l'homme à ce qui fonde sa compréhension », c'est-à-dire à l'être qui n'est « … ni cause ni force, n'est pas le fondement en raison de l'étant ». Cela revient à dire que le sacrifice du dissident contredit les principes premiers de la métaphysique, qui sont en même temps, comme nous l'avons vu, les principes sur lesquels repose la réciprocité de l'échange. Aussi le sacrifice du dissident n'est-il pas un phénomène qui se contredit lui-même, mais, à l'inverse, un phénomène qui contredit les conditions de possibilité de l'apparition dans un monde où règne la raison technique. *Dans le monde technique, le sacrifice du dissident désigne un phénomène-limite ou un contre-phénomène : il n'apparaît qu'en contre-apparaissant, c'est-à-dire en apparaissant négativement, librement, inconditionnellement.* Et il désigne un contre-phénomène d'autant plus extrême qu'il peut être décrit comme un don réduit à la donation. En effet, le sacrifice du dissident ne rompt pas seulement avec le principe de l'échange, il déploie aussi pleinement le principe du don. Comme le montre Jean-Luc Marion, le don se réduit à la donation à partir du moment où il se donne indépendamment des trois éléments qu'il est censé contenir, c'est-à-dire à partir du moment où il est possible de penser un don sans donateur, sans donataire et sans donné. Dans le cas du sacrifice dissident, il est possible de dire qu'il s'agit d'un don sans donataire, puisqu'il s'agit d'un sacrifice pour l'être, c'est-à-dire pour le rien entendu au sens du non-étant. Bien que Patočka ne le souligne pas expressément, il est également possible de dire qu'il s'agit d'un don sans donateur. Certes, cette seconde élimination ne va pas de soi, dans la mesure où le sacrifice du dissident désigne le sacrifice de l'homme pour l'être, le donateur étant l'homme lui-même, c'est-à-dire un étant et non « rien ». Mais elle ne s'en impose pas moins, dans la mesure où, en se sacrifiant pour l'être, l'homme se sacrifie pour « ce qui donne tout en tous », donc pour le donateur par excellence. Pour autant que l'être en est à la fois le donataire et le donateur, le sacrifice du dissident désigne le sacrifice de l'homme par et pour l'être, c'est-à-dire par et pour le rien entendu au sens du non-étant. C'est pourquoi le sacrifice du dissident peut être paradoxalement décrit comme un don à la fois sans donateur et sans donataire. Or est-il possible de procéder à une troisième élimination, c'est-à-dire à l'élimination du donné ? Pour autant qu'il ne requiert pas nécessairement le don de la vie, pour autant qu'il doit être pensé « dans la seule perspective de la protestation » contre le principe de l'échange, le sacrifice du dissident est également un don sans donné, le donné n'étant rien d'autre que le « "non" »[1] qui s'adresse à la manière dont la technique comprend le monde.

§ 27. *La responsabilité pour l'être*

Contrairement au sacrifice inauthentique, le sacrifice authentique ne manifeste pas le principe de l'échange mais le principe du don, puisqu'il peut être décrit comme un don à la fois sans donateur, sans donataire et sans donné. Le sacrifice authentique, dont le sacrifice du dissident est un parfait accomplissement, rompt d'autant plus radicalement avec le principe de l'échange qu'il peut être décrit comme un don dont le déploiement n'est gagé sur « rien », sinon sur le rien entendu au sens du non-étant. Pour autant qu'il ne manifeste pas le principe de l'échange mais le principe du don, le sacrifice authentique manifeste le rien entendu au sens du non-étant, c'est-à-dire l'être même. C'est pourquoi Patočka peut affirmer dans la conférence de Varna : « Dans le sacrifice, "il y a" (*es gibt*) l'être : l'être "se donne" à nous non plus dans le retrait mais expressément ». Dans le sacrifice authentique, se donne « ce qui donne tout en tous », le sacrifice authentique désignant par là même l'auto-donation du donateur par excellence. Or le donateur par excellence n'étant nullement un étant, encore moins un objet, mais le mouvement d'une advenue – venue d'ailleurs que du sujet ou de l'étant –, il se confond donc nécessairement avec la donation *comme telle*. Le sacrifice authentique désigne l'auto-donation de la donation *comme telle*, c'est-à-dire l'auto-donation du monde entendu au sens de l'événemential par excellence. Il faut cependant distinguer cette auto-donation du monde dans le sacrifice authentique de l'événement d'être, c'est-à-dire de l'auto-donation du monde dans laquelle l'être donne l'étant en se donnant. Dans l'événement d'*être*, qui n'est autre que l'événement même de *l'*étant, l'être se donne toujours en s'effaçant à la faveur de l'étant, ce qui donne se donne toujours en s'effaçant à la faveur de ce qu'il donne. Au contraire, dans le sacrifice authentique, l'auto-donation du monde désigne l'auto-affirmation de l'être, et non son auto-effacement, dans la mesure où l'être vient s'y donner, nous l'avons rappelé, « non plus dans le retrait mais expressément ». C'est pourquoi, dans le sacrifice

1. J. Patočka, « Die Gefahren der Technisierung in der Wissenschaft bei E. Husserl und das Wesen der Technik als Gefahr bei M. Heidegger », p. 357 ; trad. fr., « Les périls de l'orientation de la science vers la technique selon Husserl et l'essence de la technique en tant que péril selon Heidegger », p. 274.

authentique, l'auto-donation du monde ne désigne pas l'événement d'*être* (l'individuation première), mais l'événement même de *l'*être (la compréhension, l'individuation seconde), c'est-à-dire l'auto-donation du monde dans laquelle l'étant donne l'être en se donnant en retour. Dans le sacrifice authentique, l'auto-donation du monde ne désigne pas la donation de l'être à l'étant, mais la donation en retour de l'étant à l'être, le mouvement dans lequel l'auto-effacement de l'être se retourne en auto-effacement de l'étant, l'auto-effacement de ce qui donne, en auto-effacement de ce qu'il donne. Aussi le sacrifice authentique ne doit-il pas être décrit comme un simple don mais comme un *don en retour*, plus précisément comme la donation en retour de l'étant à l'être, du donné à ce qui le donne.

Si le sacrifice authentique réinscrit l'homme et, par lui, les autres étants dans leur horizon propre, c'est parce qu'il désigne la contre-donation de l'étant à l'être, c'est-à-dire le mouvement par lequel l'étant s'arrache à l'horizon de l'utilité (*Zuhandenheit*) et s'ouvre à l'horizon de l'événementialité ou historialité (*Geschichtlichkeit*). Il faut cependant remarquer qu'il s'agit moins, dans ce mouvement, d'un auto-effacement (par arrachement au visible et ouverture à l'in-visible pour le monde technique) que d'un hétéro-effacement de l'étant. Cet hétéro-effacement de l'étant peut être envisagé dans deux perspectives différentes. La première n'est autre que la perspective du *Platonisme négatif*, c'est-à-dire la perspective de l'appel de l'Idée – ou de l'être en son acception heideggérienne. Dans cette perspective, l'effacement de l'étant à la faveur de l'être est une réponse à l'appel de l'être. Or pour autant que l'appel précède la réponse, cela revient à dire que l'étant n'est pas à l'initiative de son effacement. Aussi l'étant s'efface-t-il moins à la faveur de l'être que l'être ne l'efface à sa faveur. C'est pourquoi, dans le sacrifice authentique, l'effacement de l'étant à la faveur de l'être est moins un auto qu'un hétéro-effacement. Bien évidemment, cet hétéro-effacement de l'étant ne doit absolument pas être entendu au sens d'un mouvement d'aliénation de l'étant. L'hétéro-effacement de l'étant n'est pas un mouvement qui aliène l'étant, mais, à l'inverse, un mouvement qui le libère, dans la mesure où il le re-place dans sa position propre, c'est-à-dire en position de donataire. Dans la contre-donation de l'étant à l'être, l'étant n'est paradoxalement pas plus donateur que dans la donation de l'être à l'étant. Et cela n'est possible que dans la mesure où la seule fonction de la contre-donation de l'étant à l'être consiste à manifester la donation de l'être à l'étant et, par conséquent, à reconnaître aussi bien à l'être son statut de donateur qu'à l'étant son statut de donataire. Autrement dit, contrairement au contre-don d'un étant à un autre, le contre-don de l'étant à l'être n'est pas un simple don en retour dans lequel les statuts des deux termes s'inversent. Il ne constitue pas un don en retour d'un donateur à un donataire, mais le don en retour du donataire au donateur – l'impossibilité de l'inversion des statuts de donateur et de donataire permettant au don en retour de l'étant à l'être de transgresser le principe de l'échange. En tant que contre-don du donataire au donateur, le contre-don de l'étant à l'être a pour seule fonction de manifester le don de l'être à l'étant, c'est-à-dire de le re-présenter, de le re-donner dans une simple redondance, sans rien y ajouter ou retrancher. Le contre-don de l'étant à l'être n'est ainsi rien d'autre que la redondance du don à partir du donataire – qui ne devient pas pour autant le donateur –, c'est-à-dire la redondance du don à partir de l'étant – qui ne devient pas pour autant l'être même. Le sacrifice authentique ne se décrit donc pas comme un simple don en retour, mais comme la redondance du don à partir du donataire, c'est-à-dire la redondance de la donation à partir de l'étant.

Avant d'aborder la seconde perspective dans laquelle l'hétéro-effacement de l'étant peut être envisagé, précisons une chose concernant la redondance du don à partir du donataire. Dans la mesure où elle prend sens dans le cadre de la réponse de l'étant à l'appel de l'être, cette redondance n'est rien d'autre que la réponse positive de l'étant à l'appel de l'être, c'est-à-dire l'assomption par l'étant de la tâche qui consiste à devenir le lieu de la manifestation de l'être. La redondance du don à partir du donataire désigne l'expérience par le donataire d'une *responsabilité pour le donateur*, c'est-à-dire l'expérience par l'étant d'une *responsabilité pour l'être*. Or dans la seconde perspective, qui n'est autre que celle du « Séminaire sur l'ère technique » – de strictement vingt ans postérieur au *Platonisme négatif* –, cette expérience change quelque peu de nature. En effet, le sacrifice authentique se décrit toujours comme l'expérience d'une responsabilité pour l'être, mais cette expérience devient encore plus négative, dans la mesure où l'effacement de l'étant devient encore plus passif. Certes, dans la perspective du *Platonisme négatif*, l'effacement de l'étant désigne déjà un mouvement passif, puisqu'il s'agit d'un hétéro-effacement. Mais cet hétéro-effacement requiert nécessairement une réponse positive de l'étant à l'appel de l'être, réponse qui n'a, quant à elle, rien de nécessaire, si bien que l'étant demeure véritablement libre, actif. C'est pourquoi nous pouvons parler d'une redondance de la donation « à partir de l'étant ». En effet, « à partir de l'étant » souligne bien que c'est l'étant qui accomplit ce mouvement, nonobstant la passivité dans laquelle il l'accomplit. Or dans la perspective du « Séminaire sur l'ère technique », nous ne pouvons certes aller jusqu'à parler d'une disparition du « à partir de l'étant », mais le « à partir de l'étant » devient encore plus passif, puisque l'être n'appelle plus simplement l'étant, mais l'envoie au combat pour l'y consumer : « À nous demander en même temps – souligne Patočka – si ce péril [sc. le péril de la technique] ne devrait pas être conçu autrement [sc. autrement que chez Heidegger], s'il ne faudrait pas y voir, non pas un simple voile, mais un conflit qui nous envoie au combat et nous y consume »[1]. Dans la perspective du « Séminaire sur l'ère technique », l'étant se sacrifie moins pour l'être qu'il n'est véritablement sacrifié par et pour l'être. C'est pourquoi, au-delà du sacrifice dissident, Patočka envisage le sacrifice du Christ comme le parfait accomplissement du sacrifice authentique. Tout d'abord, il le suggère en conclusion de la conférence de Varna mais sans en donner la raison : « Le christianisme en revanche, du moins serait-on fonder à le croire, se construit en faisant fond sur la maturité de l'homme autour du sacrifice radical au sens de l'interprétation que nous venons d'esquisser »[2]. Puis dans le « Séminaire sur l'ère technique », il indique que la raison réside dans la question que le Christ adresse à Dieu au moment où s'accomplit son sacrifice : « Mon Dieu, mon Dieu, pourquoi m'avez-vous abandonné ? » (*Matthieu*, XXVII, 46)[3]. À travers cette question, le Christ s'abandonne moins pour Dieu qu'il n'est totalement abandonné par et pour Dieu, comme l'étant, dans le sacrifice authentique, est totalement abandonné par et pour l'être. Or, bien entendu, contrairement au sacrifice du dissident, le sacrifice du Christ n'est pas un acte qui prend historiquement sens dans le contexte de la résistance contre la compréhension technique de l'étant. Toutefois, dans la mesure où il accomplit parfaitement le sacrifice authentique, le sacrifice du Christ n'a précisément pas à prendre sens dans un quelconque contexte. Au contraire, c'est lui qui donne sens, voire redonne sens à tout contexte, à tout étant. C'est pourquoi nous devons le reprendre, le rejouer (au moins) de manière phénoménologique, comme une conversion à jamais recommencée à la compréhension événementiale, historiale de l'étant.

1. J. Patočka, « Čtyři semináře k problému Evropy », p. 393 ; trad. fr., « Séminaire sur l'ère technique », p. 285.

2. J. Patočka, « Die Gefahren der Technisierung in der Wissenschaft bei E. Husserl und das Wesen der Technik als Gefahr bei M. Heidegger », p. 358-359 ; trad. fr., « Les périls de l'orientation de la science vers la technique selon Husserl et l'essence de la technique en tant que péril selon Heidegger », p. 275.

3. J. Patočka, « Čtyři semináře k problému Evropy », p. 403 ; trad. fr., « Séminaire sur l'ère technique », p. 298.

CONCLUSION

LE SENS DE LA LIBERTÉ

Au terme de cet essai, la question de la liberté apparaît bien comme le fil conducteur d'une relecture historique et systématique de l'œuvre patočkienne, qui dévoile son extrême cohérence malgré la fragmentation des écrits qu'elle recouvre, et sans passer sous silence les moments de rupture qui font sa richesse.

Dans la première partie, nous avons montré que la pensée de Patočka connaît une rupture fondatrice au début des années cinquante (dont les prémisses remontent à la fin des années quarante, et qui s'approfondit au début des années soixante-dix), qui coïncide avec le sens radicalement nouveau que reçoit la liberté dans *Le platonisme négatif* (*Negativní platonismus*, 1953). Alors qu'elle n'est encore, dans les années trente et quarante, que la manifestation d'une intériorité infinie, la liberté devient, au début des années cinquante, le principe de la manifestation, plus précisément, le principe totalement fini de la manifestation – l'être en son acception heideggérienne. À la définition *transcendantale* de la liberté – que nous trouvons notamment dans la thèse de 1936 –, c'est-à-dire à l'identification de la liberté et de la subjectivité transcendantale, Patočka substitue une définition *existentiale* de la liberté : la liberté n'est plus ce que possède l'homme mais, à l'inverse, ce qui possède l'homme, c'est-à-dire, pour reprendre les mots de Heidegger, « … l'essence qui contient et transit d'un bout à l'autre l'être-homme »[1]. La rupture fondatrice du début des

1. M. Heidegger, *Schelling Abhandlung Über das Wesen der menschlichen Freiheit (1809)*, *op. cit.*, p. 11 ; trad. fr., *Schelling*, *op. cit.*, p. 26.

années cinquante – dans laquelle Patočka abandonne son concept d'intériorité (d'origine plus bergsonienne que husserlienne) au profit d'un concept heideggérien de négativité – constitue donc une *reprise de la pensée heideggérienne*. Cette reprise s'accomplit à partir d'une interprétation non métaphysique de l'expérience de la liberté, qui devient une *ἐποχή existentiale*, c'est-à-dire un arrachement à l'étant intramondain, qui ne conduit nullement à un étant extramondain – qu'il soit d'essence objective ou subjective –, mais ouvre à l'être même, ou encore – selon une interprétation qui anticipe les développements des années soixante et soixante-dix – un arrachement au monde naturel, qui ne conduit nullement à un monde transcendant, mais ouvre au monde transcendantal de l'existence historique. Puis cette reprise s'approfondit au début des années soixante-dix, approfondissement qui s'opère, là encore, à la faveur d'un infléchissement décisif du sens de la liberté dans *Platon et l'Europe* (*Platón a Evropa*, 1973). La liberté désigne toujours le principe totalement fini de la manifestation, mais ce principe est désormais un principe au sens originaire, et non au sens originel, puisque la manifestation n'est plus simplement ce qui est ouvert par la liberté, mais également, et plus essentiellement, ce qui l'ouvre – le monde en son acception patočkienne. À la définition *existentiale* de la liberté, Patočka substitue une définition *polémologique* de la liberté : la liberté est toujours « … l'essence qui contient et transit d'un bout à l'autre l'être-homme », mais cette essence est désormais conçue en un sens moins originel – comme ce qui n'ouvre le monde que parce qu'elle est d'abord ouverte par le monde, c'est-à-dire par l'unité qui contient la dualité, voire le conflit de l'être et de l'étant. L'expérience de la liberté n'est donc plus seulement l'expérience de l'être, mais aussi, et d'abord, l'expérience du monde en tant qu'unité conflictuelle, problématique de l'être et de l'étant. L'expérience de la liberté devient ainsi une véritable *ἐποχή sans réduction* – sans réduction aussi bien à la conscience qu'à l'être –, que l'on pourrait désigner sous le nom d'« ἐποχή polémologique ».

Dans la seconde partie, nous avons montré comment Patočka conquiert, au cours des années soixante, cette définition polémologique de la liberté. Il la conquiert en conquérant, sur le terrain de l'analyse husserlienne de la temporalité, le phénomène qu'à la fois elle requiert et réalise : le phénomène du monde. En dévoilant le paradoxe de la subjectivité absolue, plus absolue que subjective puisque ni l'existence ni l'individualité n'y sont incluses, Patočka démontre que l'auto-donation de la subjectivité absolue équivaut en vérité à l'auto-donation de l'horizon du monde. Cela revient à dire que la subjectivité transcendantale ne donne pas le monde

– donc ne limite pas sa donation –, mais que le monde se donne – donc sans limite, sans condition –, sous forme d'horizon, en chaque subjectivité transcendantale. Bien qu'il ne le formule pas encore ainsi, Patočka met en évidence que l'analyse husserlienne de la temporalité inclut déjà en elle la possibilité, voire même l'exigence, d'un approfondissement de la phénoménologie transcendantale en phénoménologie a-subjective – qui n'est donc pas une phénoménologie sans subjectivité mais une phénoménologie qui pose que « La subjectivité est renvoyée à et dépendante du monde, [qu'] elle requiert comme telle le monde »[1]. Or pour autant qu'il ne vient pas de la subjectivité transcendantale, mais, au contraire, la précède et rend possible, le monde est un processus a-subjectif. Et il l'est d'autant plus au milieu des années soixante que Patočka ne l'identifie plus, comme dans la thèse de 1936, à la « subjectivité préexistante »[2], absolue, infinie. Tirant toutes les conséquences du paradoxe de la subjectivité absolue comme « subjectivité asubjective », Patočka soutient que le monde n'est pas la subjectivité infinie mais, d'une certaine manière, l'asubjectivité finie à partir de laquelle la subjectivité s'en vient à elle-même, c'est-à-dire l'être même. Mais au milieu des années soixante, il ne s'agit plus d'une simple reprise de la phénoménologie existentiale. L'approfondissement de la phénoménologie transcendantale entérine en même temps l'approfondissement de la phénoménologie existentiale en phénoménologie événementiale. Le monde ne désigne plus l'ensemble des possibilités que le *Dasein* s'ouvre de l'intérieur, mais, à l'inverse, l'ensemble des possibilités qui surviennent au *Dasein* de l'extérieur, c'est-à-dire l'ensemble des possibilités qui lui adviennent. Pour autant qu'il ne vient pas du *Dasein*, mais, à l'inverse, le précède et rend possible, le monde est un processus aussi bien a-subjectif que a-ontologique. La définition *polémologique* de la liberté s'approfondit en définition *événementiale* de la liberté : si la liberté requiert et réalise l'unité problématique de l'être et de l'étant, c'est parce qu'elle en requiert et réalise l'unité événementiale. Mais bien qu'il soit essentiellement un processus temporel, l'avenir en son événementialité, le monde n'en inclut pas moins une autre dimension négligée par *Sein und Zeit* : la dimension matérielle, la corporéité. Et c'est en prenant en compte ces trois dimensions (la corporéité, la spatio-temporalité, l'événementialité) que Patočka transforme les existentiaux heideggériens en mouvements structuraux et,

1. J. Patočka, « Analýza vnitřního vědomí času », p. 305 ; trad. fr., « Analyse de la conscience intime du temps », p. 177.

2. J. Patočka, « Přirozený svět jako filosofický problém », p. 150 ; trad. fr., *Le monde naturel comme problème philosophique*, p. 27.

plus essentiellement, en événementiaux. Les trois mouvements de la vie se décrivent essentiellement comme des modes non ontologiques selon lesquels l'homme s'advient comme lui-même, c'est-à-dire devient véritablement libre, responsable. Le système de Patočka – qui est un « système de la liberté » – se définit donc très précisément comme une « dynamique événementiale ».

Dans la troisième et dernière partie, nous avons montré comment, au cours des années soixante-dix, Patočka met en œuvre cette définition *événementiale* de la liberté dans une relecture de l'histoire du monde – la définition événementiale de la liberté s'approfondissant en définition *historiale* de la liberté. La philosophie patočkienne de l'histoire procède entièrement d'une transformation des trois mouvements structuraux en historiaux – l'enracinement, le prolongement et la percée se décrivant ainsi comme des mouvements selon lesquels l'homme s'advient comme lui-même, aussi bien sur le plan de l'existence (événementiaux) que sur le plan de l'histoire (historiaux). À partir des configurations possibles de ces trois historiaux – que nous avions mises en lumière sur le plan de l'existence dans la seconde partie –, nous avons identifié *trois moments dans la relecture patočkienne de l'histoire du monde*, se décrivant suivant leur mode spécifique de configuration et, partant, de temporalisation et de compréhension. *Le premier correspond au « monde naturel »* et court des débuts de la vie humaine à la πόλις athénienne, entre les VIe et Ve siècles avant Jésus-Christ. Le monde naturel désigne la configuration de la vie dans laquelle l'enracinement occupe le premier plan, le prolongement, le second, la percée, le troisième. La vie naturelle est donc une vie dans laquelle les historiaux se temporalisent à partir de l'*être-été* et qui se comprend à partir de l'horizon de la *substantialité*, c'est-à-dire à partir d'un horizon impropre. C'est pourquoi la vie naturelle n'est pas encore une vie véritablement libre. *Le second correspond au « monde historique »* et court de la πόλις athénienne aux débuts de l'époque moderne, au XVIe siècle. Le monde historique désigne une re-configuration de la vie dans laquelle la percée passe au premier plan, l'enracinement au second, le prolongement au troisième. La vie historique est donc une vie dans laquelle les historiaux se temporalisent à partir de l'*à-venir* et qui se comprend à partir de l'horizon de l'*événementialité ou historialité*, c'est-à-dire à partir de son horizon propre. C'est pourquoi la vie historique est désormais une vie véritablement libre. *Le troisième et dernier correspond au « monde technique »* et court des débuts de l'époque moderne à nos jours – sans que nous puissions dater l'« à nos jours ». Le monde technique désigne une dé-configuration de la vie dans laquelle le prolongement passe au premier plan, l'enracinement au second, la percée au troisième. La vie technique est donc une vie dans laquelle les historiaux se temporalisent à partir du *présent* et qui se comprend à partir de l'horizon de l'*utilité*, à partir d'un horizon impropre, même le plus impropre. C'est pourquoi la vie technique n'est plus une vie véritablement libre, est même une vie radicalement aliénée. Or dans le contexte de cette extrême aliénation, Patočka nous engage – comme il l'a fait lui-même en pensée et en action – à reprendre phénoménologiquement l'expérience du sacrifice, qui désigne dans ses derniers écrits une ἐποχή par laquelle l'homme et, à travers lui, le monde se retirent du monde technique et se re-donnent au monde historique, c'est-à-dire au monde *comme tel*. Pour autant qu'elle accomplit la donation en retour du monde « à la vie libre et au monde »[1], l'expérience du sacrifice n'est donc rien d'autre que l'expérience de la liberté en tant qu'« ἐποχή événementiale ou historiale ».

1. Novalis, « Tiecks Bericht über die Fortsetzung (*Heinrich von Ofterdingen*, Zweiter Theil, *Die Erfüllung*) », *op. cit.*, p. 360 : « Wenn sich die Welt ins freie Leben / Und in die Welt wird zurückbegeben ».

BIBLIOGRAPHIE

ÉCRITS DE PATOČKA

1934

« Několik poznámek k pojmům dějin a dějepisu », in *Sebrané Spisy* [édition des œuvres complètes, ci-après notée : SS], 1 ; trad. fr. E. Abrams, « Quelques remarques sur les concepts d'histoire et d'historiographie », dans *L'Europe après l'Europe*, Lagrasse, Verdier, 2007.

« Několik poznámek o mimosvětské a světské posici filosofie », SS, 1 ; trad. fr. E. Abrams, « Remarques sur la position de la philosophie dans et en dehors du monde », dans *Liberté et sacrifice*, Grenoble, Millon, 1990.

1935

« Několik poznámek k pojmu "světových dějin" », SS, 1 ; trad. fr. E. Abrams, « Quelques remarques sur le concept d'"histoire universelle" », dans *L'Europe après l'Europe*, Lagrasse, Verdier, 2007.

1936

« Přirozený svět jako filosofický problém », SS, 6 ; trad. fr. J. Daněk et H. Declève, *Le monde naturel comme problème philosophique*, La Haye, Nijhoff, 1976.

« Masarykovo a Husserlovo pojetí duševní krize evropského lidstva », SS, 12 ; trad. fr. E. Abrams, « La conception de la crise spirituelle de l'humanité européenne chez Masaryk et chez Husserl », dans *La crise du sens*, I, Bruxelles, Ousia, 1985.

« Der Geist und die zwei Grundschichten der Intentionalität », in *Die Bewegung der Menschlichen Existenz*, Stuttgart, Klett-Cotta, 1991 ; trad. fr. E. Abrams, « L'esprit et les deux couches fondamentales de l'intentionnalité », Paris, *Cahiers philosophiques*, mars 1992.

1939

« Životní rovnováha a životní amplituda », SS, 4 ; trad. fr. E. Abrams, « Équilibre et amplitude dans la vie », dans *Liberté et sacrifice*, Millon, Grenoble, 1990.

1941

« Evropský rozum », SS, 1 ; trad. fr. E. Abrams, « La raison européenne », dans *L'Europe après l'Europe*, Lagrasse, Verdier, 2007.

1946

« Ideologie a život v ideji », SS, 4; trad. fr. E. Abrams, « L'idéologie et la vie dans l'idée », dans *Liberté et sacrifice*, Grenoble, Millon, 1990.

« Lettres à Robert Campbell (1946-1950) », Paris, *Les Temps Modernes*, septembre 1992.

1947

Sókratés, Praha, Archivní soubor, 1985; trad. it. M. Cajthaml, *Socrate : Lezioni di filosofia antica*, Milano, Bompiani, 2003.

« Věčnost a dějinnost », SS, 1 ; trad. fr. E. Abrams, *Éternité et historicité*, Lagrasse, Verdier, 2011.

1950

« Kulhavý poutník Josef Čapek » [1950-1953, 1964], SS, 4; trad. fr. E. Abrams, « Josef Čapek, pèlerin boiteux », dans *L'écrivain, son « objet »*, Paris, Presses Pocket, 1992.

« Nadcivilizace a její vnitřní konflikt » [1re moitié des années 50], SS, 1 ; trad. fr. E. Abrams, « La surcivilisation et son conflit interne », dans *Liberté et sacrifice*, Grenoble, Millon, 1990.

« "Subjektivní východisko" a objektivní biologie člověka » [1re moitié des années 50], *Přirozený svět a pohyb lidské existence*, II, Praha, Archivní soubor, 1980; trad. fr. E. Abrams, « Le "point de départ subjectif" et la biologie objective de l'homme », dans *Le monde naturel et le mouvement de l'existence humaine*, Dordrecht, Kluwer, 1988.

1952

Rec. : R. Bultmann, *Das Urchristentum im Rahmen der antiken Religionen* [1949], Křesťanská revue, XIX, 1952, n° 10.

« [Studie o času II] », SS, 3 ; trad. fr. E. Abrams, « Le temps, le mythe, la foi », dans *L'art et le temps*, Paris, Presses Pocket, 1992.

1953

« Negativní platonismus », SS, 1; trad. fr. E. Abrams, « Le platonisme négatif », dans *Liberté et sacrifice*, Grenoble, Millon, 1990.

1960

« Prostor a jeho problematika », *Umění a filosofie*, IV, Praha, Archivní soubor, 1985 ; trad. fr. E. Abrams, « L'espace et sa problématique », dans *Qu'est-ce que la phénoménologie ?*, Grenoble, Millon, 1988.

1964

Aristoteles, jeho předchůdci a dědicové : studie z dějin filosofie od Aristotela k Hegelovi, Praha, Nakladatelství Československé Akademie Věd, 1964.

« O filosofickém významu Aristotelova pojetí pohybu a historických výzkumů věnovaných jeho vývoji », in *Přirozený svět a pohyb lidské existence*, I, Praha, Archivní soubor, 1980; trad. fr. E. Abrams, « La conception aristotélicienne du mouvement, signification philosophique et recherche historique », dans *Le monde naturel et le mouvement de l'existence humaine*, Dordrecht, Kluwer, 1988.

1965

« Charakteristika fenomenologie jako filosofie a její vztah k historickým tendencím metafyzickým », dans *Úvod do Husserlovy fenomenologie*, Filosofický časopis, XIII, 1965, n°5 ; trad. fr. E. Abrams, « La phénoménologie caractérisée comme philosophie dans son rapport aux tendances historiques de la métaphysique », dans *Introduction à la phénoménologie de Husserl*, Grenoble, Millon, 2002.

« K prehistorii vědy o pohybu », in *Přirozený svět a pohyb lidské existence*, I, Praha, Archivní soubor, 1980; trad. fr. E. Abrams, « Notes sur la préhistoire de la science du mouvement », dans *Le monde naturel et le mouvement de l'existence humaine*, Dordrecht, Kluwer, 1988.

Conférences de Louvain, Bruxelles, Ousia, 2001.

1966

« První výklad fenomenologické redukce », in *Úvod do Husserlovy fenomenologie*, Filosofický časopis, XIV, 1966, n°1 ; trad. fr. E. Abrams, « Premier exposé de la réduction phénoménologique », dans *Introduction à la phénoménologie de Husserl*, Grenoble, Millon, 2002.

« Analýza vnitřního vědomí času », in *Úvod do Husserlovy fenomenologie*, Filosofický časopis, XIV, 1966, n°3 ; trad. fr. E. Abrams, « Analyse de la conscience intime du temps », dans *Introduction à la phénoménologie de Husserl*, Grenoble, Millon, 2002.

« [VIII. Fenomenologické vyjasňování problému konstituce...] », in *Úvod do Husserlovy fenomenologie*, Filosofický časopis, XIV, 1966, n°5 ; trad. fr. E. Abrams, deux versions disponibles : « [VIII. Constitution du corps et de la communauté. Conclusion] », dans *Introduction à la phénoménologie de Husserl*, Grenoble, Millon, 2002 ; « L'homme et le monde », dans *Qu'est-ce que la phénoménologie ?*, Grenoble, Millon, 1988.

1967

« Přirozený svět a fenomenologie », in *Přirozený svět a pohyb lidské existence*, I, Praha, Archivní soubor, 1980; trad. fr. E. Abrams, « Le monde naturel et la phénoménologie », dans *Le monde naturel et le mouvement de l'existence humaine*, Dordrecht, Kluwer, 1988.

1968

« Husserlova fenomenologie, fenomenologická filosofie a "Kartesiánské meditace" », in *Kartesiánské meditace*, Praha, Svoboda, 1968 ; trad. fr. E. Abrams, « La phénoménologie, la philosophie phénoménologique et les *Méditations cartésiennes* de Husserl », dans *Qu'est-ce que la phénoménologie ?*, Grenoble, Millon, 1988.

Tělo, společenství, jazyk, svět [1968-1969], Praha, OIKOYMENH, 1995.

« [Koncept přednášky o tělesnosti] » [1968-1969], in *Péče o duši*, II, Praha, Archivní soubor, 1980 ; trad. fr. E. Abrams, « [Leçons sur la corporéité] », dans *Papiers phénoménologiques*, Grenoble, Millon, 1995.

1969

Úvod do fenomenologické filosofie [1969-1970], Praha, OIKOYMENH, 2003.

« "Přirozený svět" v meditaci svého autora po třiatřiceti letech », in *Přirozený svět jako filosofický problém*, Praha, Československý spisovatel, 1992 ; trad. fr. E. Abrams, « Méditation sur "Le Monde naturel comme problème philosophique" », dans *Le monde naturel et le mouvement de l'existence humaine*, Dordrecht, Kluwer, 1988.

1970

« Der Subjektivismus der Husserlschen und die Möglichkeit einer "asubjektiven" Phänomenologie », in *Die Bewegung der Menschlichen Existenz*, Stuttgart, Klett-Cotta, 1991 ; trad. fr. E. Abrams, « Le subjectivisme de la phénoménologie husserlienne et la possibilité d'une phénoménologie "asubjective" », dans *Qu'est-ce que la phénoménologie ?*, Grenoble, Millon, 1988.

« Duchovní základy života v naší době », SS, 2 ; trad. fr. E. Abrams, « Les fondements spirituels de la vie contemporaine », dans *Liberté et sacrifice*, Grenoble, Millon, 1990.

« Démokritos a Platón jako zakladatelé metafyziky » [1re moitié des années 70], SS, 2 ; trad. fr. E. Abrams, « Démocrite et Platon, fondateurs de la métaphysique », dans *Platon et l'Europe*, Lagrasse, Verdier, 1997.

« Europa und Nach-Europa » [1re moitié des années 70], in *Ketzerische Essais zur Philosophie der Geschichte*, Stuttgart, Klett-Cotta, 1988 ; trad. fr. E. Abrams, « L'Europe et après », dans *L'Europe après l'Europe*, Lagrasse, Verdier, 2007.

« Die nacheuropäische Epoche und ihre geistigen Probleme » [1re moitié des années 70], in *Péče o duši*, III, Praha, Archivní soubor, 1988 ; trad. fr. E. Abrams, « L'époque posteuropéenne et ses problèmes spirituels », dans *L'Europe après l'Europe*, Lagrasse, Verdier, 2007.

1971

« Der Subjektivismus der Husserlschen und die Forderung einer asubjektiven Phänomenologie », in *Die Bewegung der Menschlichen Existenz*, Stuttgart, Klett-Cotta, 1991 ; trad. fr. E. Abrams, « Le subjectivisme de la phénoménologie husserlienne et l'exigence d'une phénoménologie asubjective », dans *Qu'est-ce que la phénoménologie ?*, Grenoble, Millon, 1988.

1972

« Weltganzes und Menschenwelt. Bemerkungen zu einem zeitgenössischen kosmologischen Ansatz », in *Die Bewegung der menschlichen Existenz*, Stuttgart, Klett-Cotta, 1991 ; trad. fr. E. Abrams, « Le tout du monde et le monde de l'homme », dans *Le monde naturel et le mouvement de l'existence humaine*, Dordrecht, Kluwer, 1988.

« [Tělo, možnosti, svět, pole zjevování] », in *Péče o duši*, III, Praha, Archivní soubor, 1980 ; trad. fr. E. Abrams, « [Corps, possibilités, monde et champ d'apparition] », dans *Papiers phénoménologiques*, Grenoble, Millon, 1995.

« Weltform der Erfahrung und Welterfahrung », in *Vom Erscheinen als solchem : Texte aus dem Nachlass*, Freiburg (Breisgau) / München, Alber, 2000; trad. fr. E. Abrams, « Forme-du-monde de l'expérience et expérience du monde », dans *Papiers phénoménologiques*, Grenoble, Millon, 1995.

« [Phänomenologie als introspektive Bewusstseinslehre und als Lehre von der Erscheinung : Das Problem einer Épochè] » [1972-1973], in *Vom Erscheinen als solchem : Texte aus dem Nachlass*, Freiburg (Breisgau) / München, Alber, 2000; trad. fr. E. Abrams, « [La phénoménologie comme doctrine de la conscience introspective et comme théorie de l'apparition] », dans *Papiers phénoménologiques*, Grenoble, Millon, 1995.

1973

« Platón a Evropa », SS, 2; trad. fr. E. Abrams, *Platon et l'Europe*, Lagrasse, Verdier, 1997.

« Die Gefahren der Technisierung in der Wissenschaft bei E. Husserl und das Wesen der Technik als Gefahr bei M. Heidegger », in *Die Bewegung der Menschlichen Existenz*, Stuttgart, Klett-Cotta, 1991 ; trad. fr. E. Abrams, « Les périls de l'orientation de la science vers la technique selon Husserl et l'essence de la technique en tant que péril selon Heidegger », dans *Liberté et sacrifice*, Grenoble, Millon, 1990.

« Čtyři semináře k problému Evropy », SS, 3 ; trad. fr. E. Abrams, « Séminaire sur l'ère technique », dans *Liberté et sacrifice*, Grenoble, Millon, 1990.

« [Lidský život – pohyb ukazování] », in *Péče o duši*, III, Praha, Archivní soubor, 1980 ; trad. fr. E. Abrams, « *Notes de travail* [I] », dans *Papiers phénoménologiques*, Grenoble, Millon, 1995.

1974

« [Rozvrh, příprava a koncept doslovu k francouzskému vydání díla *Přirozený svět jako filosofický problém*] », in *Péče o duši*, III, Praha, Archivní soubor, 1980; trad. fr. E. Abrams, « [Postface à la traduction française du *Monde naturel comme problème philosophique* – notes et fragments] », dans *Papiers phénoménologiques*, Grenoble, Millon, 1995.

« [Phänomenologie als Lehre vom Erscheinen als solchem] », in *Vom Erscheinen als solchem : Texte aus dem Nachlass*, Freiburg (Breisgau) / München, Alber, 2000; trad. fr. E. Abrams, « [*Épochè* et réduction – manuscrit de travail] », dans *Papiers phénoménologiques*, Grenoble, Millon, 1995.

1975

« Pre-historické úvahy », SS, 3; trad. fr. E. Abrams, « Considérations préhistoriques », dans *Essais hérétiques sur la philosophie de l'histoire*, Lagrasse, Verdier, 1999.

« Počátek dějin », SS, 3; trad. fr. E. Abrams, « Le commencement de l'histoire », dans *Essais hérétiques sur la philosophie de l'histoire*, Lagrasse, Verdier, 1999.

« Mají dějiny smysl? », SS, 3; trad. fr. E. Abrams, « L'histoire a-t-elle un sens ? », dans *Essais hérétiques sur la philosophie de l'histoire*, Lagrasse, Verdier, 1999.

« Evropa a evropské dědictví do konce 19. století », SS, 3; trad. fr. E. Abrams, « L'Europe et l'héritage européen jusqu'à la fin du XIXe siècle », dans *Essais hérétiques sur la philosophie de l'histoire*, Lagrasse, Verdier, 1999.

« Je technická civilizace úpadková, a proč? », SS, 3; trad. fr. E. Abrams, « La civilisation technique est-elle une civilisation de déclin, et pourquoi ? », dans *Essais hérétiques sur la philosophie de l'histoire*, Lagrasse, Verdier, 1999.

« Války 20. století a 20. století jako válka », SS, 3; trad. fr. E. Abrams, « Les guerres du XXe siècle et le XXe siècle en tant que guerre », dans *Essais hérétiques sur la philosophie de l'histoire*, Lagrasse, Verdier, 1999.

« Vlastní glosy ke "Kacířským esejům" », SS, 3; trad. fr. E. Abrams, « Gloses », dans *Essais hérétiques sur la philosophie de l'histoire*, Lagrasse, Verdier, 1999.

« Épochè und Reduktion », in *Die Bewegung der menschlichen Existenz*, Stuttgart, Klett-Cotta, 1991; trad. fr. E. Abrams, « Épochè et réduction », dans *Qu'est-ce que la phénoménologie ?*, Grenoble, Millon, 1988.

« Duchovní člověk a intelektuál », SS, 3; trad. fr. E. Abrams, « L'homme spirituel et l'intellectuel », dans *Liberté et sacrifice*, Grenoble, Millon, 1990.

« Was sind die Tschechen? », in *Schriften zur tschechischen Kultur und Geschichte*, Stuttgart, Klett-Cotta, 1992; trad. fr. E. Abrams, « Qu'est-ce que les Tchèques? », dans *L'idée de l'Europe en Bohême*, Grenoble, Millon, 1991.

1976

« Erinnerungen an Husserl », in *Die Welt des Menschen - Die Welt der Philosophie : Festschrift für Jan Patočka*, La Haye, Nijhoff, 1976; trad. fr. H. Leonardy, « Souvenirs de Husserl », Louvain-la-Neuve, *Études phénoménologiques*, 29-30, 1999.

« Postface », dans *Le monde naturel comme problème philosophique*, La Haye, Nijhoff, 1976.

« Husserlova transcendentální filosofie po revizi », Praha, Archiv Jana Patočky, 1992/4; trad. fr. E. Abrams, « La philosophie transcendantale de Husserl après révision », dans *Introduction à la phénoménologie de Husserl*, Grenoble, Millon, 2002.

« Die Epochen der Geschichte », in *Ketzerische Essais zur Philosophie der Geschichte*, Stuttgart, Klett-Cotta, 1988; trad. fr. E. Abrams, « Le schéma de l'histoire », dans *L'Europe après l'Europe*, Lagrasse, Verdier, 2007.

1977

« Čím je a čím není Charta 77 », SS, 12; trad. fr., « Ce qu'est la Charte 77 et ce qu'elle n'est pas », Paris, *Istina*, 22, 1977.

ÉTUDES SUR PATOČKA

Textes et ouvrages

BARBARAS R., *Vie et intentionnalité. Cf.* chapitre 5 : « La phénoménologie du mouvement chez Patočka » ; chap. 6 : « Le mouvement de l'existence chez Patočka. Vers une phénoménologie du devenir », Paris, Vrin, 2003.

– *Le mouvement de l'existence : études sur la phénoménologie de Jan Patočka*, Chatou, La Transparence, 2007.

– « L'unité originaire de la perception et du langage chez Jan Patočka », in *Jan Patočka and the European heritage*, Bucarest, *Studia Phaenomenologica*, 7, 2007.

CRÉPON M., « La guerre continue : note sur le sens du monde et la pensée de la mort », in *Jan Patočka and the European heritage*, Bucarest, *Studia Phaenomenologica*, 7, 2007.

DASTUR F., *La phénoménologie en questions. Cf.* la quatrième partie : *Finitude et moralité* : « La phénoménologie et la question de l'homme (Patočka et Heidegger) » ; « La phénoménologie de la finitude (Heidegger et Patočka) », Paris, Vrin, 2004.

– « L'Europe et ses philosophes : Nietzsche, Husserl, Heidegger, Patočka », Louvain-la-Neuve, *Revue philosophique de Louvain*, 104, 2006.

– « Réflexions sur la "phénoménologie de l'histoire" de Patočka », in *Jan Patočka and the European heritage*, Bucarest, *Studia Phaenomenologica*, 7, 2007.

DERRIDA J., « Donner la mort », dans *Donner la mort*, Paris, Galilée, 1999.

KARFÍK F., *Unendlichwerden durch die Endlichkeit : Eine Lektüre der Philosophie Jan Patočkas*, Würzburg, Königshausen & Neumann, 2008.

KOUBA P., « Die Erscheinung als Konflikt im Sein », in *Phänomenologie nach Husserl : Fink und Patočka*, Stuttgart, *Internationale Zeitschrift für Philosophie*, 1998.

– « Le problème du troisième mouvement », dans *Jan Patočka : phénoménologie asubjective et existence*, Milan, Mimesis, 2007.

LAIGNEL-LAVASTINE A., *Jan Patočka : l'Esprit de la dissidence*, Paris, Michalon, 1998.

NOVOTNÝ K., « Dějinnost a svoboda », Praha, *Reflexe*, 14, 1995.

– « L'esprit et la subjectivité transcendantale : sur le statut de l'épochè dans les premiers écrits de Patočka », Louvain-la-Neuve, *Études phénoménologiques*, 29-30, 1999.

– « Historicité et altérité : la philosophie de l'histoire de Jan Patočka entre 1934 et 1954 », Praha, CTS-99-15, 1999.

– « Die Transzendentalität der Welt : Épochè und Reduktion bei Jan Patočka », CTS-99-18, Praha, octobre 1999.

– « Épochè jako událost ztráty smyslu života : Patočkova fenomenologie dějinné obnovy smyslu », Praha, *Reflexe*, 33, 2007.

– « L'ouverture du monde phénoménologique : donation ou compréhension? Sur le problème de l'apparaître comme tel chez Jan Patočka? », dans *Jan Patočka : phénoménologie asubjective et existence*, Milan, Mimesis, 2007.

REZEK P., *Jan Patočka a věc fenomenologie*, Praha, OIKOYMENH, 1993.

RICŒUR P., *Lectures 1. Autour du politique. Cf.* « Préface aux *Essais hérétiques (1981)* » ; « Jan Patočka, le philosophe-résistant », Paris, Seuil, 1991.

RODRIGO P., « "ΤΗΣ ΨΥΧΗΣ ΕΠΙΜΕΛΕΙΣΘΑΙ" : Jan Patočka, Platon et la phénoménologie », Athènes, *Diotima*, 19, 1991.

– « L'émergence du thème de l'asubjectivité chez Jan Patočka », dans *Jan Patočka : phénoménologie asubjective et existence*, Milan, Mimesis, 2007.

SFEZ G., « La vie civile et la vie nue », dans *La pensée politique*, Paris, Ellipses, 2003.

Collectifs

Jan Patočka, Le soin de l'âme, Lille, *Les Cahiers de Philosophie*, 11-12, hiver 1990-1991.

Jan Patočka, Paris, *Cahiers philosophiques*, mars 1992.

Jan Patočka : philosophie, phénoménologie, politique, Grenoble, Millon, 1992.

Texte, Dokumente, Bibliographie, Freiburg (Breisgau) / München, Alber, 1999.

Fenomén jako filosofický problém, Praha, OIKOYMENH, 2000.

Jan Patočka, Andere Wege in die Moderne, Würzburg, Königshausen & Neumann, 2006.

Jan Patočka, Phénoménologie asubjective et existence, Paris, Mimesis, 2007.

Jan Patočka and the European heritage, Bucarest, *Studia Phaenomenologica*, 7, 2007.

AUTRES TEXTES OU OUVRAGES CONSULTÉS

ARENDT H., *The Human Condition*, Chicago, The University of Chicago Press, 1958 ; trad. fr. G. Fradier, *La condition de l'homme moderne*, Paris, Presses Pocket, 1998.

ARISTOTE, *Physique*, trad. fr. A. Stevens, Paris, Vrin, 1999.

– *Métaphysique*, trad. fr. J. Tricot, Paris, Vrin, 2000.

– *Éthique à Nicomaque*, trad. fr. J. Tricot, Paris, Vrin, 1997.

– *Politique*, trad. fr. J. Tricot, Paris, Vrin, 1995.

AUBENQUE P., *Le problème de l'être chez Aristote*, Paris, P.U.F., 1997.

AUGUSTIN saint, *Confessions*, dans *Œuvres de Saint Augustin*, XIII, Paris, Solignac, 1962.

BARBARAS R., *Introduction à une phénoménologie de la vie*, Paris, Vrin, 2008.

BENOIST J., *Kant et les limites de la synthèse : le sujet sensible*, Paris, P.U.F., 1996.

BERGSON H., *L'évolution créatrice*, Paris, P.U.F., 1998.

BOULNOIS O., *Être et représentation*, Paris, P.U.F., 1999.

BRAGUE R., *Europe, la voie romaine*, Paris, Gallimard, 1999.

CLASTRES P., « L'arc et le panier », dans *La société contre l'État*, Paris, Minuit, 1974.

COURTINE J.-F., *Suárez et le système de la métaphysique*, Paris, P.U.F., 1990.

DASTUR F., *Heidegger et la question anthropologique*, Louvain, Peeters, 2003.

– *La phénoménologie en questions*, Paris, Vrin, 2004.

– *Heidegger. La question du* Logos, Paris, Vrin, 2007.

DÉMOCRITE, « Démocrite », dans *Les présocratiques*, « Bibliothèque de la Pléiade », Paris, Gallimard, 1988.

DERRIDA J., *La voix et le phénomène*, Paris, P.U.F., 1976.

DESCARTES R., *Meditationes*, AT VII ; trad. fr., AT IX.

FERNANDEZ D., *La perle et le croissant : l'Europe baroque de Naples à Saint-Pétersbourg*, Paris, Plon, 1995.

FINK E., *Welt und Endlichkeit*, Würzburg, Königshausen & Neumann, 1990.

– *Grundphänomene des menschlichen Daseins*, Freiburg (Breisgau), Alber, 1979.

FOUCAULT M., *Gouvernement de soi et des autres : cours au Collège de France (1983-1984)*, Paris, Seuil, 2009.

FRANCK D., *Chair et corps : sur la phénoménologie de Husserl*, Paris, Minuit, 1981.

HEGEL G.W.F., *Phänomenologie des Geistes*, Leipzig, Hoffmeister (suiv. le texte de l'édition originale), 1937; trad. fr. J. Hyppolite, *Phénoménologie de l'esprit*, I, Paris, Aubier, 1997.

– *Vorlesungen über die Philosophie der Geschichte*, Sämtliche Werke, XI, Stuttgart, Frommann, 1928; trad. fr. J. Gibelin, *Leçons sur la philosophie de l'histoire*, Paris, Vrin, 1998.

HEIDEGGER M., *Sein und Zeit*, Tübingen, Niemeyer, 2001 ; trad. fr. F. Vezin, Paris, Gallimard, 1998.

– « Was ist Metaphysik ? », GA, 9; trad. fr. R. Munier, « Qu'est-ce que la métaphysique ? », Paris, *Cahiers de l'Herne*, 1983.

– « Vom Wesen des Grundes », GA, 9 ; trad. fr. H. Corbin, in *Questions I et II*, Paris, Gallimard, 1998.

– *Vom Wesen der menschlichen Freiheit. Einleitung in die Philosophie*, GA, 31 ; trad. fr. E. Martineau, *De l'essence de la liberté humaine*, Paris, Gallimard, 1987.

– « Vom Wesen der Wahrheit ? », GA, 9; trad. fr. A. de Waelhens et W. Biemel, « De l'essence de la vérité », dans *Questions I et II*, Paris, Gallimard, 1998.

– *Vom Wesen der Wahrheit. Zu Platons Höhlengleichnis und Theätet*, GA, 34; trad. fr. A. Boutot, *De l'essence de la vérité*, Paris, Gallimard, 2001.

– *Schelling Abhandlung Über das Wesen der menschlichen Freiheit (1809)*, Tübingen, Niemeyer, 1971 ; trad. fr. J.-F. Courtine, *Schelling. Le traité de 1809 sur l'essence de la liberté humaine*, Paris, Gallimard, 1993.

– *Hegel*, GA, 68 ; trad. fr. A. Boutot, *Hegel*, Paris, Gallimard, 2007.

– « Brief über den Humanismus », GA, 9; trad. fr. R. Munier, « Lettre sur l'humanisme », dans *Questions III et IV*, Paris, Gallimard, 1990.

– « Die Frage nach der Technik ? », GA, 7; trad. fr. A. Préau, « La question de la technique », dans *Essais et conférences*, Paris, Gallimard, 1999.

– « Zur Seinsfrage », GA, 9 ; trad. fr. G. Granel, « Contribution à la question de l'être », dans *Questions I et II*, Paris, Gallimard, 1998.

HÉRACLITE, « Héraclite », dans *Les présocratiques*, Paris, Gallimard, « Bibliothèque de la Pléiade », 1988.

HOLAN V., « Mozartiana », Holan Spisy, I ; trad. fr. J. Pelan et Y. Bergeret, *Mozartiana*, Saint-Clément, Fata Morgana, 1991.

HUSSERL E., *Logische Untersuchungen*, Prolegomena, 1 ; trad. fr. H. Elie, A. L. Kelkel et R. Schérer, *Recherches logiques*, 1, Paris, P.U.F., 2002.

– *Logische Untersuchungen*, V, 2 ; trad. fr. H. Elie, A. L. Kelkel et R. Schérer, *Recherches logiques*, 2, 2e partie, Paris, P.U.F., 2002.

– *Logische Untersuchungen*, VI, 2 ; trad. fr. H. Elie, A. L. Kelkel et R. Schérer, *Recherches logiques*, 3, Paris, P.U.F., 2003.

– *Vorlesungen zur Phänomenologie des inneren Zeitbewußtseins*, Hua. X ; trad. fr. H. Dussort, *Leçons pour une phénoménologie de la conscience intime du temps*, Paris, P.U.F., 2002.

– *Ideen*, I, Hua. III ; trad. fr. P. Ricœur, *Idées directrices pour une phénoménologie*, I, Paris, Gallimard, 1989.

– *Zur Phänomenologie der Intersubjektivität*, Hua. XV ; trad. fr. N. Depraz, *Sur l'intersubjectivité*, I, Paris, P.U.F., 2001.

– *Zur Phänomenologischen Reduktion : Texte aus dem Nachlass (1926-1935)*, Hua. XXXIV.

– « Nachwort zu meinen Ideen », in *Jahrbuch für Philosophie und phänomenologische Forschung*, XI, 1930.

– « Grundlegende Untersuchungen zum phänomenologischen Ursprung der Räumlichkeit der Natur », in *Philosophical Essays in Memory of Edmund Husserl*, Cambridge, Harvard University Press, 1940 ; trad. fr. D. Franck, « L'arche-originaire Terre ne se meut pas », dans *La Terre ne se meut pas*, Paris, Minuit, 1989.

– *Cartesianische Meditationen*, Hua. I ; trad. fr. M. de Launay, *Méditations cartésiennes*, Paris, P.U.F., 1994.

– *Die Krisis der europäischen Wissenschaften und die transzendentale Phänomenologie*, Hua. VI ; trad. fr. G. Granel, *La crise des sciences européennes et la phénoménologie transcendantale*, Paris, Gallimard, 1999.

JASPERS K., *Philosophie*, II, Berlin, Springer-Verlag, 1973 ; trad. fr. J. Hersch, *Philosophie*, Paris, Springer-Verlag, 1989.

– *Philosophie*, III, Berlin, Springer-Verlag, 1973 ; trad. fr. J. Hersch, *Philosophie*, Paris, Springer-Verlag, 1989.

KANT I., *Kritik der reinen Vernunft* (B) ; trad. fr. A. Tremesaygues et B. Pacaud, *Critique de la raison pure*, Paris, P.U.F., 1950.

– *Kritik der praktischen Vernunft* ; trad. fr. F. Picavet, *Critique de la raison pratique*, Paris, P.U.F., 1949.

– *Grundlegung der Metaphysik der Sitten*, AK, IV ; trad. fr. V. Delbos, *Fondements de la métaphysique des mœurs*, Paris, Vrin, 1997.

KOJÈVE A., *Introduction à la lecture de Hegel*, Paris, Gallimard, 2005.

LEIBNIZ G. W., *Principes de la nature et de la grâce fondés en raison – Principes de la philosophie ou Monadologie*, Paris, P.U.F., 1986.
LÉNINE V., *Œuvres choisies*, I, Moscou, Éditions du Progrès, 1982.
LEVINAS E., *Totalité et Infini*, Paris, Le Livre de Poche, 1996.
– *Humanisme de l'autre homme*, Paris, Le Livre de Poche, 2000.
– *Autrement qu'être ou au-delà de l'essence*, Paris, Le Livre de Poche, 2001.
– *Les imprévus de l'histoire*, Paris, Le Livre de Poche, 1999.
– *Emmanuel Levinas : essai et entretiens*, Arles, Actes Sud, 1996.
– *Entre nous*, Paris, Le Livre de Poche, 2004.
MARION J.-L., *Réduction et donation : Recherches sur Husserl, Heidegger et la phénoménologie*, Paris, P.U.F., 1989.
– *Étant donné : Essai d'une phénoménologie de la donation*, Paris, P.U.F., 1997.
– « La raison du don », Paris, *Philosophie* 78, 2003.
– *Au lieu de soi : l'approche de Saint Augustin*, Paris, P.U.F., 2008.
– *Certitudes négatives*, Paris, Grasset, 2010.
MAURIAC F., *Journal, Mémoires politiques*, Paris, Laffont, 2008.
NIETZSCHE F., *Jenseits von Gut und Böse*, Nietzsche Werke, VI/2, Berlin, De Gruyter, 1968 ; trad. fr. C. Heim, *Par-delà bien et mal*, Paris, Gallimard, 1998.
NOVALIS, « Tiecks Bericht über die Fortsetzung (*Heinrich von Ofterdingen*, Zweiter Theil, *Die Erfüllung*) », in *Schriften*, I, Stuttgart, Kohlhammer, 1977.
PLATON, *Apologie de Socrate*, trad. fr. L. Robin, M.-J. Moreau, Paris, Gallimard, 1997.
– *Phédon*, trad. fr. L. Robin, M.-J. Moreau, Paris, Gallimard, 1997.
– *Timée*, trad. fr. E. Chambry, Paris, Fammarion, 1999.
– *Gorgias*, trad. fr. M. Canto-Sperber, Paris, Fammarion, 1997.
– *République*, trad. fr. P. Pachet, Paris, Gallimard, 1998.
PROUST M., *À la recherche du temps perdu*, VII, Paris, Gallimard, « La Gerbe illustrée », 1969.
ROMANO C., *L'événement et le monde*, Paris, P.U.F., 1998.
– *L'événement et le temps*, Paris, P.U.F., 1999.
RUPNIK J., *L'autre Europe : crise et fin du communisme*, Paris, Odile Jacob, 1990.
SCHÜRMANN R., *Des hégémonies brisées*, Mauvezin, Trans-Europ-Repress, 1996.
STRAUSS L., « Progress or Return? », in *The Rebirth of Classical Political Rationalism*, Chicago, The University of Chicago Press, 1989; trad. fr. P. Guglielmina, « Progrès ou retour ? », dans *La renaissance du rationalisme politique classique*, Paris, Gallimard, 1993.
VIDAL-NAQUET P., *La démocratie grecque vue d'ailleurs*, Paris, Flammarion, 1990.
WEBER M., *Gesammelte Aufsätze zur Religionssoziologie*, I, Tübingen, Mohr, 1922; trad. fr. J. Chavy, *L'éthique protestante et l'esprit du capitalisme*, Paris, Presses Pocket, 1997.

TABLE DES MATIÈRES

Imprimerie de la Manutention à Mayenne (France) - Mai 2011 - N° 676101Z
Dépot légal : 2e trimestre 2011